KB261902

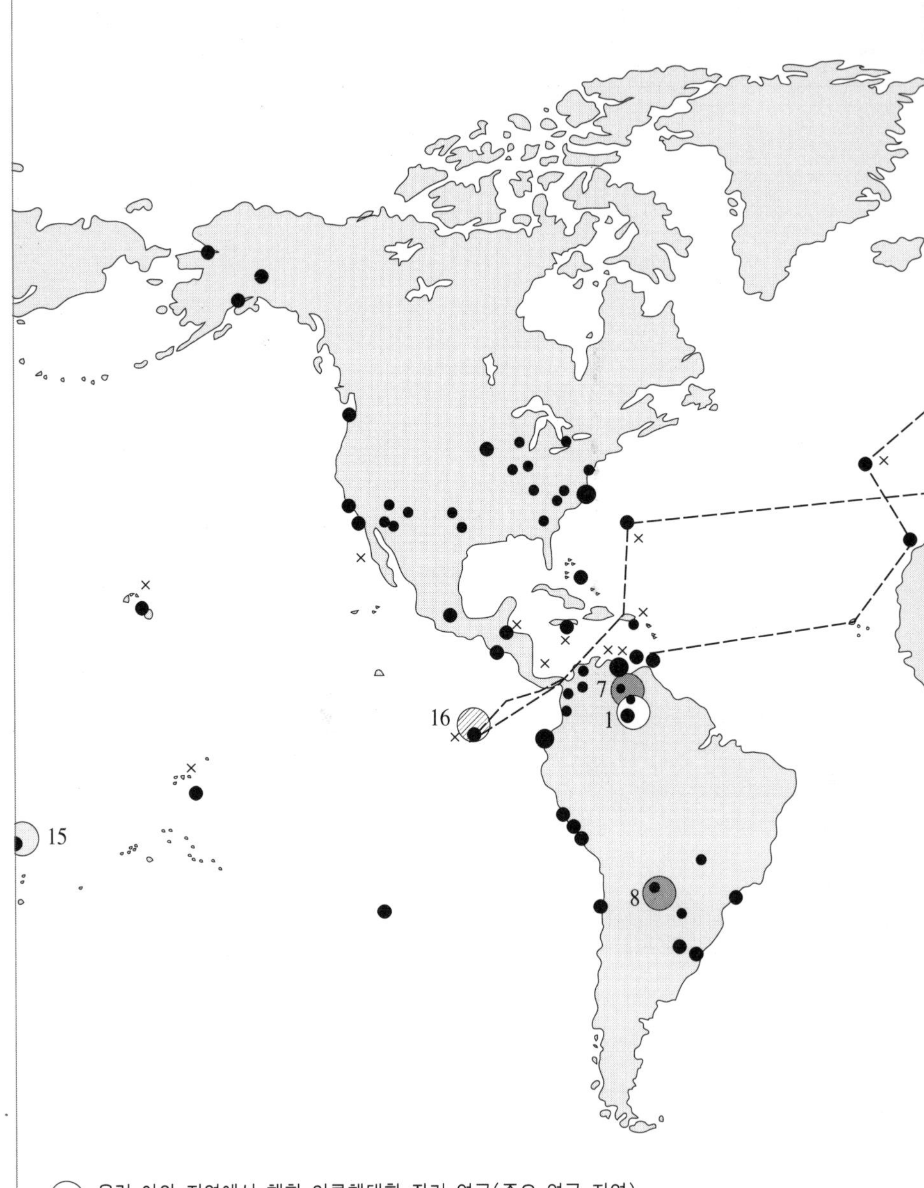

유럽 이외 지역에서 행한 인류행태학 장기 연구(주요 연구 지역)
1. 야노마미 2. 힘바, 쿵-부시맨 3. 코-부시맨 및 그위 부시맨
4. 발리네시아 인 5. 에이포 6. 트로브리안드 부족

한 차례에 걸쳐 행한 다큐멘트 취재 여행
7. 호티 8. 아요레오(모로) 9. 기징갈리 10. 핀투비와 발브리 11. 아그타
12. 타사다이, 블리트와 트볼리 13. 카라모조, 투르카나
14. 보이타프민, 다리비, 쿠쿠쿠 및 비아미 15. 사모아

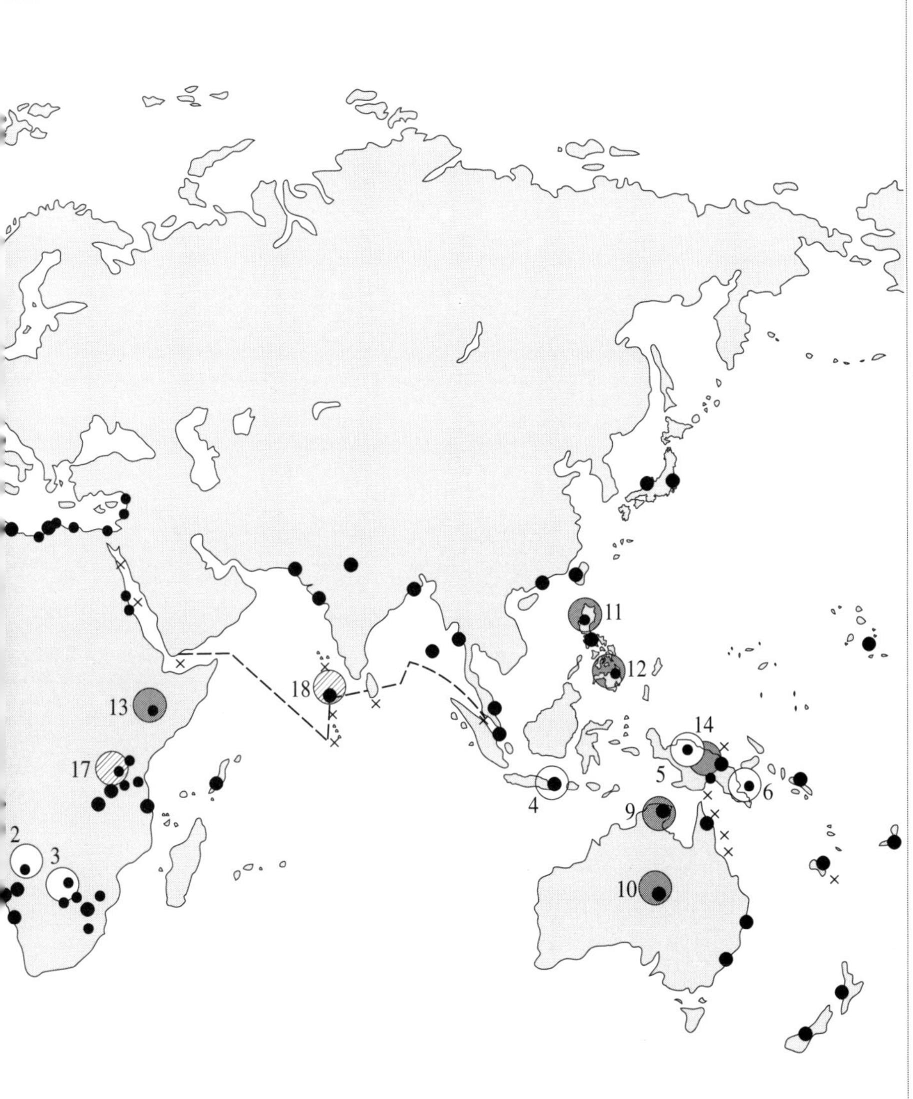

동물학에 관한 연구 지역
16. 갈라파고스 17. 탕가니카 18. 말레디벤

유럽 외의 방문 지역

× 잠수했던 지역

— 1차 및 2차 '자리파' 탐사 항로

한 인류행태학자의 삶과 학문

생명의 황금나무야 푸르러라

한 인류행태학자의 삶과 학문

생명의 황금나무야 푸르러라

이레내우스 아이블 아이베스펠트 지음 박여성 옮김

Grau, treurer Freund, ist alle Theorie,
Und grün des Lebens goldner Baum.

모든 이론은 다 회색빛 무용지물이니, 생명의 황금나무야 푸르러라

– 괴테, 『파우스트』

저자와의 대담 · 9
발견하는 자의 기쁨 · 19

1장 유년기와 청소년기

키얼링 · 27
비엔나 · 39
전쟁 · 50
전후의 혼란과 새로운 희망 · 76

2장 학창시절

빌헬미넨베르크 · 85
오소리와 자유의 뿌리 · 99
학창시절: 행동주의자들과의 논쟁 · 109
콘라트 로렌츠의 귀향 · 118

3장 동물행태학

불더른 · 131
제1차 '자리파' 탐사 · 144
갈라파고스 · 172
자연-환경 논쟁 · 185
호수 목장(Seewiesen) · 192
제2차 '자리파' 탐사 · 198
쿡 선장의 발자취를 따라 · 220

4장 인류행태학

새로운 길을 찾아서 · 229
어둠과 정적 속에서 살아가는 아이들 · 246
뉴기니에서의 첫 연구 · 251
다큐멘터리 프로그램 · 270
유치원에서의 연구 · 299
사회생물학의 개화 · 302
최초의 접촉 · 312
예술행태학 · 328
인간과 침팬지 · 342

5장 오늘과 내일

해야 할 과제 · 353
인류행태학의 미래 · 379
안덱스 · 393

지은이 소개 · 396
역자 후기 · 402
주석 · 406

저자와의 대담

— 한국어판 서문을 대신하여 —

옮긴이는 1999년 1월 29일과 30일 이틀 동안, 독일 뮌헨(München) 슈타른베르크 근교의 죄킹(Söcking)에 위치한 아이베스펠트 교수의 자택과 안덱스(Andechs) 성(城)에 자리잡은 막스 플랑크 인류행태학 연구소(Max Planck Gesellschaft-Forschungsstelle für Human-ethologie)를 방문하였다. 한국어판의 서문으로 딱딱한 글을 올리는 것 보다는 대담을 넣자는 옮긴이의 의견에 저자도 흔쾌히 동의하였다.

야콥 폰 윅스퀼(J. von Uexküll)로부터 출발하여 노벨상 수상자인 콘라트 로렌츠와 니코 틴베르헨을 거쳐서 정립된 행동연구를 행태학 (Ethologie)으로 완성한 장본인인 아이베스펠트 교수를 만난다는 사실만으로도 흥분되었다. 집 앞에 쌓인 눈을 삽으로 치우다가 옮긴이를 맞이한 아이베스펠트 교수는 오늘날의 얄팍한 지식산업인과는 다른, 지혜가 넘치는 현인(賢人)의 풍모였다. 대담 장소인 그의 집무실과 방대한 자료실, 여러 운영기관이 자리잡은 막스 플랑크 인류행태학 연구소를 둘러보니 마치 정보기관 같다는 느낌이 들었다.

아래에는 저자와 이틀간 나눈 대담의 내용을 정리하였는데, 'E'는 아이블 아이베스펠트 교수를, '박'은 옮긴이를 나타낸다. 독자들이 본문에 앞서 이 대담을 먼저 읽어 보면, 아이베스펠트의 학문과 인생을 편안하게 접할 수 있을 것이다.

박 : 안녕하십니까! 외람된 말씀이지만 교수님의 세계적인 명성과 왕
성한 활동에도 불구하고 한국에는 교수님의 업적이 널리 알려진 편
은 아닌데요, 우선 교수님과 막스 플랑크 인류행태학 연구소의 활동
에 대해 설명해 주시면 좋겠습니다.

E : 우선, 멀리에서 이곳을 방문해 주셔서 감사합니다. 유감스럽지만
한국의 학자들과 여태껏 학문적 교류가 없었습니다. 내 자서전을 번
역하는 박 교수와의 대담을 계기로 교류의 첫발을 내디디니 반갑습
니다. 막스 플랑크 인류행태학 연구소의 활동과 학문적 기본 노선은
나의 정년퇴임을 기념하여 당시까지 추진해 온 행태학 연구의 결산
보고 격인 자서전에 상세히 서술하였습니다. 간략히 말하자면, 전세
계 모든 지역에 대한 행태학 연구를 종합하는 것이 나의 궁극적인
연구목표입니다. 아시아에도 일본, 중국, 한국, 캄보디아, 태국, 인
도네시아 등 인류행태학의 무궁무진한 자료를 제공해 주는 국가들
이 있으니 당연히 큰 관심을 가지고 있습니다. 나는 일찍이 문화비
교 다큐멘테이션의 기법을 통하여 행태학의 기초자료들을 수집해
왔습니다. 여러 분야의 과학자들과의 공동 연구를 통하여, 그리고
막스 플랑크 재단의 지원으로 오늘날의 인류행태학 연구소가 정착
된 것입니다. 일차적으로 1980년대까지는 동물행태학(Tier-
ethologie)의 이론적 토대를 제시하였고, 1990년대 초반까지 관심
의 영역을 인류행태학(Humanethologie)으로 넓혀 갔습니다. 그리
고 현재는 문화행태학(Kulturethologie)에 대한 연구를 진행하고
있습니다. 그것이 완결되면 동물로부터 출발하여 인간을 거쳐서 궁
극적으로 문화에 이르는 행태학 3부작이 확립되겠지요. 학문사적으
로 보자면 윅스퀼과 로렌츠에서 출발하여 명실상부한 새로운 과학,
즉 행태학으로 집대성된다고 할까요.

박 : 동물의 행태로부터 출발해서 인간을 설명한다는 구상에 대해서는

여러 진영에서, 특히 인본주의자들이나 신학자들의 반론이 제기될 것 같은데요.

E : 물론입니다. 그러나 행태학이 동물에서 관찰한 사실을 인간에게 적용한다고 비난하는 사람들의 대부분은 나의 저작을 면밀하게 읽지 않은 경우입니다. 나는 동물에 대한 관찰결과를 인간에게 그대로 적용하고 있지 않습니다. 중요한 것은 생물학적 메커니즘 및 생리학적 유사성과 호르몬 분비 등의 조건들 중에서 인간에게도 적용될 수 있는 것이 무엇인지를 검증하는 것이지, 동물과 인간 사이의 근본적 동일성을 주장하는 것은 아니지요. 나의 경우는 관찰방식과 관심의 출발점이 다릅니다. 예를 들면, 야노마미와 에이포 부족을 관찰할 때 간접촬영(거울) 방법을 적용했지요. 한편 마가렛 미드와 데릭 프리맨의 연구는 동물과 인간의 행태를 혼동하는 전형적인 한계를 보여 주고 있습니다. 예를 들면, 미드는 사모아 인들의 문화적 특성을 피상적으로만 관찰한 결과, 동물적 표층성향으로부터 인간행동의 심연을 읽어 내는 데 실패했습니다. 그래서 사아나푸 파알레 원주민은 인간적 감정이 부족하다는 그릇된 관찰을 했던 프리맨과 논쟁을 벌인 적이 있습니다. 반면에 나는 인간행태의 동물적 표층속성뿐만 아니라 상호작용에 더욱 주의를 기울였습니다. 그래서 인사, 위협, 화해, 투쟁, 교류, 위안, 축하 등의 행동을 행태언어학(Etho-linguistik)의 단초로 제시했던 것입니다. 나아가 사회적 모델을 효과적으로 배울 수 없는 농맹아도 인류의 기본적 행동 프로그램을 개발할 수 있음을 보여 주었습니다. 행태학 연구는 생물로서의 인간의 복잡한 행동을 생물체인 동시에 문화담지자의 층위에서 종합적으로 고찰하고 기계문명에 오염되지 않은 문화들에서 객관적 자료를 수집하는 것입니다.

박 : 그런데 선생님의 자서전 제목인 *Und grün des Lebens goldner*

*Baum*은 매우 시적으로 들리는데요. 혹시 어떤 특별한 의미를 부여하신 건지요? 어떻게 보면 단순하지만 보면 볼수록 아리송한 제목이라서 번역할 때 난감했습니다(역자도 실은 이 대담을 마치고 나서야 번역본의 제목을 확정했다).

E : 그렇게 붙인 이유가 있지요. '푸르다'는 것은 '성장, 피어남'을 의도한 것입니다. 이를테면 "자라나거라, 네 푸르른 생명의 황금나무여, 스스로 만개하는 인생의 나무여"라고 할까요. 사실 그 제목은 괴테의 『파우스트』에 나오는 한 구절입니다. 수많은 학문 중에서 무엇을 공부해야 하냐고 물어 보는 학생에게 메피스토는 의학과 연애술 등에 대해 설명하면서 잠언과 같은 말을 해줍니다. "Grau, treurer Freund, ist alle Theorie, Und grün des Lebens goldner Baum(모든 이론은 다 회색빛 무용지물이니, 생명의 황금나무야 푸르러라).

　그 제목에는 진화란 결국 긍정적 현상이라는 나의 바람이 담겨 있습니다. 물론 독일 철학의 일부, 예를 들면 쇼펜하우어와 같은 비관적 인생관도 있습니다만, 나는 그런 시각을 반박하고 싶군요. 따라서 그 제목은 나의 학문관도 대변하는 셈입니다. 과학과 가치창출이 동정이나 연민을 외면하여 곤궁에 처한 사람을 돕지 못하고, 냉철한 이성으로만 무장한 이성만능주의로 빠진다면 끔찍한 결과를 초래할 것입니다. 그 결과 우리의 문명사회조차 위기에 처할지 모릅니다. 그래서 나는 이러한 문제들을 생물학적 다양성의 연구와 함께, 동물·인류·문화 행태연구의 통합이론에서 다루어 보려고 한 겁니다.

박 : 선생님의 설명을 듣다 보니 새 천년(Millennium)을 앞둔 우리의 준비자세가 궁금해지는군요. 일반적으로 비관적 분위기가 팽배해 있습니다. 중세에는 하느님의 가르침을, 근대에는 합리성과 계몽, 즉 과학의 진리를 추구했지만, 이제는 더 이상 추구해야 할 가치를

찾지 못하는 포스트모던의 시대라고 진단하고 있습니다.

E : 인류의 미래에 대해서는 큰 의구심을 가지고 있습니다. 이기주의
의 팽배, 시민사회의 덕목의 소멸, 전통적인 유대공동체의 붕괴로
인한 아노미 현상 등……. 이런 것들은 지구의 글로벌화(이하 세계
화)와 더불어 나타나는 현상들입니다. 도대체 우리는 어디로 가고
있습니까? 무차별한 경쟁사회에서는 부익부 빈익빈의 격차는 더욱
벌어지고, 가난과 기아는 인구증가와 더불어 상승효과를 나타냅니
다. 토양의 침식으로 인하여 경작지는 나날이 눈에 띄게 줄고 있습
니다. 난민과 집단유랑도 증가하고 있습니다.

　우리 선조들은 농경문화를 가꾸어 오면서 땅을 정성스레 일구고
후손들을 위하여 정성스럽게 나무를 심어 왔습니다. 그들은 자연을
착취하지 않았습니다. 그러나 근대 이래로 상황이 급속히 바뀌었습
니다. 지나친 개발과 대량목축은 우리의 토대 자체를 위협하고 있습
니다. 그래서 토양이 압축되고(Bodenverdichütung) 집중적인 비
료살포로 인해서 토양 생물의 2/3가 죽었습니다. 토양을 부드럽게
해주는 지렁이가 대표적인 피해자이지요. 그렇게 되면 빗물이 토양
에 충분히 스며들지 않아서 농작물 수확은 기대할 수도 없고, 토양
보호층이 사라져 수개월이 지나다 보면 예기치 않은 홍수와 가뭄 등
의 재앙이 생길 수도 있습니다. 이런 식으로 어떻게 2000년을 버틸
수 있겠습니까? 지금 당장은 어느 정도 수확을 얻겠지만 말입니다.

박 : 그렇다면 너무 비관적인 입장 아닙니까?

E : 비관적인 것만 얘기했군요. 성공으로 볼 수 있는 것도 많습니다.
인류만큼 지구 역사에서 번창한 종은 없으니까요. 우리는 불과 지난
100년 동안에 자동차부터 우주비행까지, 기계시대 · 전자시대, 위성
방송과 인터넷 등 불가능은 없다는 모토를 실증해 왔습니다. 오늘날
의 아이들은 19세기에는 유토피아에서나 있었을 법한 그런 전자기

기에 통달해 있습니다. 인류는 후베르트 마르클이 말했듯이 그야말
로 진화의 완전성공(Volltreffer)입니다. 그러니 무조건 절망적인 것
만은 아닙니다.

박 : 불과 100년 만에 이토록 눈부신 발전을 이룩한 종이 앞으로의 천
년, 아니 만년을 어떻게 준비하고 있는가를 생각해 보면, 그때는 좀
걱정스러워집니다. 생물학자들은 보통 사람들과는 전혀 다른 시공
간을 고민하는 것 같군요.

E : 예, 잘 지적했습니다. 소규모의 대면 커뮤니케이션이 지배했던 환
경은 오늘날 갑자기 수백만, 수십억 익명의 사회로 돌변해 가고 있
습니다. 이로 인해서 생태계의 한계와 해체상황, 윤리적 진화의 문
제가 노출되는 것입니다. 정치가들은 어떻습니까? 그들의 윤리수준
은 석기시대보다 나아진 것이 없습니다. 전쟁의 광란상태를 보면 알
겁니다. 종족사적으로 우리를 위협하는 가장 오래 된 문제는 바로
경쟁 프로그램입니다. 20억 년 전 최초의 생명체가 지구상에 태어난
이래로 생명체는 유한한 자원을 확보하기 위해서 경쟁해 왔고 이제
그 경쟁속도는 가속화되고 있습니다. 다른 식물들보다 더 빨리 자랄
수 있었던 식물들만이 빛과 양분을 독차지했고, 다른 동물들보다 더
빨리 먹이를 차지할 수 있었던 종들만이 진화의 고비를 극복해 온
것입니다. 이러한 경쟁에서는 인류도 예외가 아니었습니다. 그 결과
인류 또한 기회주의 전략을 극대화해 왔고, 후손들을 전혀 고려하지
않는 착취가 횡행하고 있습니다.

박 : 그리스 신화에 나오는 서로의 꼬리를 잘라 먹으며 사멸해 가는 두
마리의 용을 그린 그림(Ouroboroi)이 생각나는군요.

E : 적절한 비유로군요. 오스카 하인로트는 로렌츠를 인용해서, 인간
의 무절제한 템포야말로 인간 종 내부의 가장 끔찍한 발명이라고 지
적한 바 있습니다. 동물계의 보기를 들까요? 'Argus Fasane'라는

공작(孔雀)의 종은 암놈을 유인하기 위해 아름다움에만 치우친 결과 지나치게 길어진 꼬리 깃털 때문에 그만 멸종했습니다. 인간의 무제한 경쟁은 결국 종족사 최대의 비극이 될지 모릅니다. 한정된 자원을 쟁탈하기 위한 경쟁은 석기시대부터 있었습니다. 하지만 당시의 수렵과 채집은 생태학적 한계를 넘어서지 않는 범위에서만 행해졌습니다. 지금도 원시민족들은 당시 수준의 최소한의 수렵만을 행하고 있는 것을 관찰할 수 있습니다. 그들이 전통적인 도구만을 쓰는 한, 자연에 입히는 피해는 항상 생태학적 한계치를 넘어서지 않는 것입니다. 하지만 그런 수렵행태도 북아메리카의 프레이리 인디언들이 백인들에게 넘겨 받은 총으로 말을 사냥하기 시작한 다음부터는 타락하기 시작했습니다. 에스키모도 무기로 무차별한 수렵을 한 결과 그들의 생활근거까지도 붕괴되기 일보직전입니다. 그래서 덴마크 정부가 그린란드에 보호구역법을 제정하지 않으면 안 될 지경에 이르게 되었던 겁니다.

박 : 인간에게 선천적으로 주어진 공격성 프로그램에 대해서 묻고 싶군요. 교수님의 저서 『사랑과 증오』(*Liebe und Hass*)에 따르면 인간의 사랑이나 증오, 공포나 시기 등은 사회적 행동에 기저한다는 입장인데요.

E : 예, 그러한 성향은 우리 인류가 구석기시대의 수렵생활이나 채집생활을 하던 시대로부터 물려받은 것입니다. 인류가 거슬러 올라갈 수 있는 역사의 98퍼센트를 차지하는 그 시대 동안 인류는 다른 종과의 투쟁을 통해서 끊임없이 환경에 적응해 왔습니다. 그런 성향들의 적지 않은 부분이 종족발생에 각인되었습니다. 게다가 폭발적인 문화 발전은 사회와 생태학적인 조건들을 변화시켰습니다. 그 결과 우리는 생물학적으로 감당하기에 힘겨운 환경을 창출했습니다. 특히 경쟁으로 치닫는, 그리고 권력의 획득으로 경도된 오늘날에는 그

런 성향이 더욱 과격해지고 있습니다.

박 : 혹시 그러한 성향이 환경이나 생물학적 강화에 의해서 각인되는 것인가요?

E : 생리학적 관점에서 말해 보지요. 경쟁이나 투쟁의 과정에서는 도파민이라는 호르몬이 분비되는데, 그것은 신체의 운동기전과 공격성을 조절하는 뇌 호르몬이지요. 그래서 어떤 일을 성취하면 호르몬 분비가 증가하고, 다시 증가된 호르몬 때문에 더욱 상승효과가 일어납니다. 이를테면 테니스 선수가 시합에 이기면, 그의 혈중 테스토스테론 수치는 24시간 내에 급격히 높아지게 됩니다. 하지만 지게 되면 다시 내려갑니다. 비슷한 현상을 다른 분야의 경쟁에서도 볼 수 있습니다. 예를 들어서 의과대학생이 시험에 합격하면 그의 테스토스테론 수치는 올라갑니다. 하지만 낙방하면 수치도 같이 떨어지지요. 물론 이러한 호르몬 반사는 자신감을 강화해 주는 성공을 보상해 주는 겁니다. 그러나 성공이 반복되면 문제가 생길 수 있습니다. 이러한 긍정적 피드백은 성공과 승리를 위한 권력욕과 의지를 격앙시켜서 종종 과열상태로 만들게 됩니다. 자연은 인간의 이런 성향에 어떤 제동도 걸지 않기 때문에, 오히려 우리를 위험으로 몰아넣고 있습니다. 오늘날의 근시안적이고 경쟁주의적인 전략은 생리학적으로도 이미 위험요인을 안고 있는 겁니다.

박 : 문화행태학적 보기를 들어서 공격성을 좀더 설명해 주시지요.

E : 나는 야노마미 부족이 이방인들을 영접할 때 드러내는 공격성을 연구한 적이 있습니다. 그들은 손님을 맞이할 때 전투와 공격 또는 살육을 상징하는 춤으로 시작합니다. 그러고 나서야 화동이나 여인들의 따스한 행동이 뒤따릅니다. 알고 보면 그런 성향은 유럽 인들에게도 존재합니다. 외국의 국가 원수를 영접할 때, 거창한 열병사열과 위협적인 군사행진을 하는 것을 보면, 결국 공격성은 인간에게

보편적이라는 생각이 듭니다. 그 근본원리는 이렇습니다. 일단은 파트너의 약점을 이용해서 우월성을 확인하려고 공격성을 내보이는 겁니다. 손에 힘을 주어서 상대방과 군세게 악수하는 것도 실은 마찬가지 원리지요. 예절을 가지는 문화도 실은 공격성을 은폐하고 있는 것입니다. 물론 공격적 행동에 뒤따르는 예절의 형태는 매우 다양하리라 봅니다. 그런 점에서 유럽은 아시아로부터 배울 것이 많을 것으로 생각합니다.

나의 문화행태학을 구축하는 데는 지구상의 여러 지역에 대한, 그리고 많은 분과들 사이의 유기적 협동이 요구됩니다. 그런 점에서 인류행태학 연구소의 프로젝트에는 생물학자뿐만 아니라, 민속학자와 고고학자 그리고 언어학자들도 참여했던 겁니다. 연구과정에 오랫동안 참여했던 폴커 헤셴은 생태언어학의 지평을 열었습니다.

박 : 교수님의 행태연구의 기본입장을 들으니, 21세기는 문명의 충돌이 본격적으로 벌어질 것으로 진단한 후쿠야마와 헌팅턴의 테제가 생각나는군요. 그렇다면 현재 진행중인 세계화와는 자가당착이 아닐까요? 아니면 충돌을 예상한(또는 촉발시키려는) 고도의 전략인지도 모르겠구요.

E : 나는 세계화라는 캐치 프레이즈를 일단 경제적 차원에서 무제한 경쟁과 상품과 돈, 인간들 사이의 자유로운 왕래를 보장하기 위한 관세장벽 철폐 따위로 이해합니다. 그러나 이 문제는 사회생태학적으로 생각해 볼 여지가 있습니다. 오늘날의 경제는 엄청난 경쟁을 통해서 증식하려는 경향이 있고, 이것은 환경을 적절히 다루는 문명화된 나라들에게는 사회생태학적 덤핑 현상을 초래할 것입니다. 말하자면 생태학적으로 무책임한 나라에서 생산되는 값싼 상품을 무차별 수입하는 것을 의미합니다. 그 상품들이 헐값이라는 이유 때문만은 아닙니다. 환경파괴나 아동을 이용한 노동착취로 만들어진 상

품이라는 점에 더 큰 문제가 있습니다. 진정한 자유무역은 우선 등
질적인 생태사회학적 · 윤리적 수준을 요구해야 합니다.

한편 인간의 노동을 대신하는 기계들로 인한 문제도 생기겠지요.
그래서 대량실업의 문제가 바로 산업혁명의 증기기관의 출현과 동
시에 생긴 것 아닙니까! 물론 창조적 혁신은 새로운 일자리를 창출
했고 새로운 생산가능성을 꾸준히 높여 왔습니다. 그렇다고 해도 재
교육과 위기의 문제는 늘 다시 제기됩니다.

오늘날 무역으로 점철된 무차별 경쟁과 세계화의 물결은 자연과
생태학적 균형을 착취하지 않는 방향으로 진행되어야 합니다. 생물
학자들도 경쟁이 없다면 어떤 진전도 없다는 것을 잘 압니다. 그러
나 경쟁이 인본주의적 원리를 파괴하거나, 미래의 기회를 박탈하는
방향으로 진행되어서는 안 됩니다. 즉 우리의 경쟁행태를 문명화시
켜야 합니다.

박 : 교수님! 오랜 시간 대담해 주셔서 감사합니다.

E : 즐거웠습니다. 나의 행태학의 기본입장이 한국에도 소개되기를 바
랍니다. 나아가 저의 필생의 연구목표인 동물행태학, 인류행태학 그
리고 문화행태학 3부작도 논의되면 좋겠군요.

발견하는 자의 기쁨

"이 작은 눈으로 어떻게 저 큰 세상을 볼 수 있어요?"
(내 아들의 네 살적 물음)

긴 장마가 끝나고 나자 시들어 버린 비둘기주머니꽃의 꽃받침에 물방울이 달려 있었다. 방울의 크기는 20밀리미터나 될까. 나는 스포이트로 물방울 시료를 채취하여 현미경으로 관찰하였다. 그러자 놀라운 광경이 펼쳐졌다. 그 안에는 털 모양의 벌레가 시야를 뚫고 쏜살같이 지나갔다. 미세한 편모충과 박테리아가 뒤엉켜 움직이고 있었으며, 윤충류(輪蟲類)의 군락과 더불어 매우 빠르게 증식하고 있었다. 그야말로 끊임없는 삶의 의지를 보여 주고 있었다. 나는 우리집 정원에 있는 아마도 가장 작은 하천에 사는 생물들을 유심히 관찰하였다.

발견이란 큰 것은 물론, 작은 것에서도 이루어지게 마련이다. 거대한 산호초는 물론 바위에 붙어 있는 이끼판에서도 무엇을 발견하듯이 말이다. 이 행복한 상황을 통하여 나는 관찰과 발견으로 인한 기쁨을 누리게 되었다. 그래서 이 책에서 나의 호기심이 어떻게 자극받았는지 밝히고 싶은 것이다. 말하자면, 침실의 창문맡에 쥐를 기르던 어린 시절에 가졌던 발견의 기쁨에서부터 수중탐사를 거쳐서, 우리와 동떨어진 민족과의 만남, 그리고 우리 시대의 문제들에 이르기까지의 온갖 모험들 말이다.

나는 40년 이상을 학자로서 살아 왔다. 첫발을 내디딘 것은 1946년,

비엔나 근교에 있는 빌헬미넨베르크의 생물학 연구소에서 동물을 관찰하는 학생으로서였다. 나에게 동물학에 대한 동기를 불어넣어 준 사람은 최초의 행태학자 중의 한 분인 오스트리아의 조류학자 오토 쾨니히였다.

그로부터 2년 후 장차 나의 스승이자 아버지처럼 모시게 될 콘라트 로렌츠를 알게 되었다. 나는 그에게서 실험을 통한 비교 행동연구의 결정적인 수업을 받았으며, 당시까지 생물학 분야에서 전혀 정립되지 않았던 새로운 분야를 전개할 수 있게 되었다. 생애의 20년 이상에 걸쳐 펼쳐지는 동물행태에 대한 연구과정에서, 나는 동물이나 인간의 행동이 경험에 의해서 습득된다는 뒤떨어진 가설을 주장했던 행동주의자들과 자연·환경에 대하여 논쟁을 벌이게 되었다. 또 하인츠 질만과는 학술영화를 만드는 작업을 하였고, 한스 하스가 조직하고 이끌어 온 '자리파' 탐사에 참여하게 되었다. 바다 밑의 경이로운 세계를 알게 되었고, 열대 산호초를 연구했으며, 물고기들 사이의 청소 공생관계를 발견했으며, 갈라파고스 군도에 사는 바다도마뱀의 왕위 쟁탈전을 연구했으며, 비교 관찰방식을 배우게 되었다.

그리고 나서 나의 관심은 인간의 행동연구, 즉 인류행태학으로 옮아가게 되었다. 나는 20년 이상이나 세계의 매우 다양한 지역에 사는 인간들의 일상생활을 영상에 담았다. 그 일을 위해 베네수엘라의 오리노코 강 유역의 야노마미 인디언들을 자주 방문하였고, 칼라하리 사막의 부시맨이나, 뉴기니의 서부 산지에서 아직도 신석기시대의 재배생활을 하는 에이포 부족을 찾아다녔다. 그래서 모험으로 가득한 연구생활을 동경하던 어린 시절의 꿈을 이룰 수 있었고, 아직 사람의 손길이 닿지 않은 바닷속으로 잠수하거나 당시까지 외부 세계와 전혀 접촉이 없었던 민족들을 만나면 겪을 수밖에 없던 흥분감도 느낄 수 있었다.

나의 인생 역정은 행동연구의 역사에만 국한되지 않으며, 다른 사람들과 함께한 우리 시대사의 흥미있는 많은 경험들도 포괄한다. 1928년 생인 나는 히틀러가 나의 조국 오스트리아를 독일제국에 '합병'하고 제2차 세계대전을 일으켰을 당시 아직 어린 아이였다.

이러한 맥락을 손쉽게 접하려면 윌리엄 로저스 감독의, 줄리 앤드류 스와 크리스토퍼 플러머가 열연한 불후의 뮤지컬인 〈사운드 오브 뮤 직〉을 보면 알 수 있다. 이 영화는 뮤지컬이 가지는 경쾌함에도 불구 하고 역사적 메시지를 담아 냈다는 점에서 상반된 기호 세계를 잘 조 화하는 수작 중의 수작인 동시에 좋은 교과서 역할을 하기도 한다.

부모 세대는 내 나이에 제1차 세계대전을 겪을 수밖에 없었다. 나치 제국의 패색이 짙어지자, 나는 반은 아이로 반은 어른으로 동년배들과 마찬가지로 무기 나르는 일을 해야 했다. 우리 세대의 청년들은 전후 세대로 성장했기 때문에, 정치적 사안에 민감하여 늘 참여할 준비가 되어 있었다. 심지어 슈투트가르트의 정치학자인 마르틴 그라이펜하 겐은 1928년생과 1929년생은, 이미 그 독특한 경험 때문에 1년 차이지 만 서로 다른 세대라고 정의하였다. 이때 그가 기초하고 있는 '세대'라 는 개념은, 개인의 중첩되는 정치적·경제적·사회적 경험이 상실된 생물학적 세대개념과는 다른 사회학적 세대개념이다. 그라이펜하겐은 자신의 책 『1928년생』에서 "그런 점에서 우리는 전쟁 세대, 전후 세 대, 경제기적 세대, 저항 세대 아니면 미래가 없는 세대"로 불린다고 술회하고 있다.

나의 세대에게는 이를테면, '배반당하고 불안정한 세대'인 동시에 '기만당한 자 내지 실망한 자의 세대'라는 식으로 늘 많은 수식어가 따 라다닌다. 이런 표현들에는 하나의 개념으로 딱 집어 낼 수는 없지만 우리가 체험했던 세계의 파편들이 모두 담겨 있다. 또한 우리는 바로 우리의 정치지도층에 의해서 배반당했기 때문에 '분노의 세대'라고도 불린다. 여기에서 마르틴 그라이펜하겐은, 1957년에 "회의의 시대"를 역설한 (전후 독일 사회학을 정립한 뮌스터 대학의) 사회학자 헬무트 셸스키의 정의를 이어받고 있다. 사실 내 또래의 사람들은 대부분 —— 어떤 종류의 것이든 —— 구원론에 대해 냉담하다. 우리는 고향에서 전쟁을 겪었다. 그것도 패전군으로서 말이다. 우리에게 전쟁이란 곧 죽음이자 파괴였다. 물론 우리는 적군에게 죄를 지었다. 그것은 너무도 명백하다. 하지만 당시에는 우리가 옳았다고 믿었다. 바로 그렇기 때문에 우리는 철저하게 속았다는 것을 뼈저리게 뉘우치는 것이다. 우리 세대의 회의는 바로 이런 경험에 기인하는 것이다.

우리는 찾아 헤매는 사람들이다. 나 또한 오늘날까지 그렇게 살아오고 있다. 왜냐하면 모든 탐구자는 찾아다니는 사람이기 때문이다. '학자(연구자)'라는 말은 '물어 보다' '샅샅이 찾아 내다'라는 뜻을 가지는 독일어 'forscon'에서 파생된 것이다. 사실, 학자라는 게 무덤을 파헤쳐 보물을 도굴하는 도굴꾼과 다를 게 무엇인가? 그래서 종종 지렁이라도 찾아 내면 그렇게 기뻐하는 게 아닐까? 학자도 알고 보면 땅을 파헤집고 도랑을 파며, 딱정벌레의 유충이라도 찾아 낼라치면 기뻐하는 돼지(라틴 어로는 porcus) 같은 존재다.

그래서 학자(Forscher), 도랑(Furche) 그리고 딱정벌레의 유충(Ferkel)이란 독일어 낱말들은 동일한 어간에서 파생된 것이다. 그밖의 공통점은 주장할 수 없을 테지만 말이다.

우리는 요람에서 시작하여 무덤으로 가는 순간까지 물음을 제기한다. 삶이 시작할 때 묻는다. "저게 무엇이지?" 그리고는 그것이 어떻게 작동하고 어디에 쓰이는지 알고 싶어한다. 그리고 마지막으로 '우리'라는 존재의 의미에 대해서 궁금해한다. 이처럼 우리에게 물음을 충동하는 원동력은 바로 호기심이다. 호기심은 인간뿐만 아니라, 모든 고등 포유동물이 가지는 속성이다. 물론 대부분의 포유동물의 호기심은 유년기와 청년기에만 국한되지만 말이다. 그러나 인간은 나이가 먹어서도 호기심을 가지며, 그런 점에서 죽을 때까지 유년기에 머무르는 존재라고 하겠다.

한스 하스는 그의 텔레비전 영화에서 인간이 새로운 것에 대하여 가지는 갈망을 구체적으로 보여 주었다. 그는 저속도촬영을 통하여 인간이 개미와 유사하게 아크로폴리스의 계단을 쌓아 나가는 것을 보여 주었다. 다른 행성에서 온 외계인이라면 다음과 같이 물었을 것이다.

"그들이 저기서 무엇을 찾고 있지?" "저기 먹을 거라도 있나?" "없을걸." "저기서 짝짓기를 하나?" "몇몇은 전희를 즐기고 대부분은 미동도 하지 않고. 그들은 그저 쳐다보며 계속 걸어가는군."

또 다른 저속도촬영에서는 신문을 읽고 있는 노인을 찍었다. 그 노인은 신문의 각 면에 나온 뉴스를 소비하고 있다. 신문을 열심히 넘기며 별로 쓸모도 없는 정보를 집어삼키고 있다. 끝으로 나이 든 부인 하나가 맨발로 해변에 서 있다. 그녀는 치마를 약간 쳐들고서 파도와 장난치고 있다. 앞으로 가서 찰싹거리는 파도에 몸을 댔다가 뒤로 물러서고, 또 나아갔다가 물러서면서 환경과 대화를 즐기고 있다.

물론 호기심의 유희에는 정도의 차이가 있다. 대부분의 사람들은 더 이상 경이로움을 느끼거나 질문을 던지지도 않으며, 그들의 삶을 그냥 살 뿐이다. 하지만 또 다른 이들에게는 질문하는 일이 평생의 업이 되기도 한다.

1장 유년기와 청소년기

키얼링

"오로지 경탄하고 또 기뻐할 뿐이로다."
(프란츠 슈베르트, 독일 미사)

나는 1928년[1] 6월 15일에 비엔나 근교의 되블링에서 태어났다. 그러나 나의 삶을 본격적으로 인식하기 시작한 곳은 비엔나 숲의 변두리에 있는 작은 마을 키얼링이었다. 나는 그곳에서 열 살까지 유년기를 보내면서 눈부신 인상을 받았다. 얼마 전 제1차 세계대전 때의 모습을 간직하고 있는 당시의 초등학교 건물을 보러 간 적이 있었다. 아련한 추억에 잠겨 있는데, 누군가가 말을 걸어 왔다.

"야! 나 모르겠니? 나 노베르트야! 유치원에 같이 다녔잖아!"

맞다. 그제서야 유치원 식기 당번 노베르트가 생각났다. 우리는 그날 저녁 그가 운영하는 술집에서 포도주를 마시면서 편안한 시간을 보냈다. 그는 자그마한 마을의 시장이 되어 있었다. 그곳에는 유치원 시절의 또 다른 친구였던 펜싱 선수 프란츠도 있었다. 우리는 수학여행을 늘 같이 가려고 했었다. 그런 경험들은 바로 나의 고향이 얼마나 아름다운 풍경을 가졌는지 말해 주고 있다. 그 풍경 속으로 다가가면서 우리는 친구가 되었고 우정도 쌓여 간 것이다.

어린 시절, 유치원에 다닐 때의 어떤 것이 기억날까? 풍경화, 내가 기억하고 있던 많은 소소한 에피소드들과, 옛 일을 기억나게 해준 건물과 공간의 윤곽이 막 떠올랐다. 나는 아직도 레나우 거리 10번지의 그 집을 기억하고 있다. 그 집 구석에는 식탁이 놓인 주방이 하나 있었고, 가운데로 갈수록 점점 작아지는 반지 모양의 고리가 두 개 달린, 뚜껑이 덮인 커다란 아궁이가 있었다. 뜨거운 화덕 위에는 가끔 물방울이 튀기도 했고 얇게 썰어 놓은 감자가 구워지곤 했다. 화덕 뒤에는 물탱크가 달린 타일이 붙은 구조물과 빵 굽는 도관이 있었는데, 몸을 따뜻하게 하려고 가끔 그 위에 걸터앉고는 했다. 주방 옆에 있던 작고 어두컴컴한 방은 온갖 잡동사니로 가득한 쥐들의 천국이었다. 오른쪽으로는 도로변으로 향한 거실로 연결되는 문 하나가 있었고, 아버지의 침실, 벽장을 사이에 두고 나뉜 아이들 방이 나란히 붙어 있었다. 우리는 방을 반으로 나누어 반은 나와 두 살 어린 여동생 테레지아가 함께 썼으며, 나머지 반은 여섯 살 손위인 누나 마리아가 썼다. 그 뒤에는 어머니 방이 있었다. 하지만 낮에 방에서 논 적이 별로 없었기 때문에, 그 방들에 대한 별다른 추억은 없다. 다만 겨울이 되면 살을 에는 듯이 추워서 냉골 침대 속으로 뛰어들 때의 느낌은 아직도 생생하다. 먼저 발을 집어넣고 잠시 후 침대 속이 따뜻해지면 그제서야 천천히 몸을 다 집어넣었다. 간혹 날이 아주 추워지면 부모님은 뜨뜻하게 달구어서 보자기로 싼 벽돌을 침대 속에 밀어넣어 주었다. 우리는 두꺼운 오리털 이불을 덮고 잤는데, 밤새 입으로 내쉰 김이 이불 호청에 얇게 얼어붙어도 이불 속은 보온이 잘되었다.* 서리가 내려 창문에 아름다운 얼음꽃이 그려지면, 10전짜리 동전을 손으로 비벼 따뜻하게 만들어 그것으로 창에 붙은 서리를 녹여서 밖을 내다보곤 했다.

거실이나 침실보다 기억에 남는 것은 그 옆의 방들이었는데, 특히 커다란 다락이 생각난다. 그 다락의 반은 건초가 쌓여 있었는데, 사다리를 타고서야 간신히 올라갈 수 있었다. 우리는 커다란 지붕을 떠받치고 있는 대들보 위에 올라가서 먼지가 풀썩거리는 건초 더미 위로 뛰어내리곤 했다.

---

* 유럽 사람들은 잠을 잘 때, 겨울에도 창문을 약간 열고 난방을 낮춘 채, 이불을 푹 뒤집어쓰고 잔다. 뜨뜻한 아랫목에서 머리를 내놓고 자는 우리와 취침 습관이 다른 것을 알 수 있다.

다락의 다른쪽 구석에는 쓰다 남은 판자 조각들이 널려 있었다. 그런데 거기에서 낡은 책상자 몇 개를 찾아 냈다. 종종 그 상자에 걸터앉아서 안에서 꺼낸 책들을 뒤적거렸다. 「좋은 친구」라는 잡지 하나가 특히 관심을 끌었다. 그 잡지는 모험과 여행에 관한 책으로 흥미진진한 그림이 많이 실려 있었다. 나는 커다란 판형의 그 잡지를 즐겨 읽곤 했다. 지붕에는 조그마한 유리가 끼워진 창이 하나 있었는데, 해가 비치면 그 사이로 무수히 많은 먼지 알갱이가 보이면서 다락을 어슴푸레하게 밝혀 주었다. 나는 당시 책과 나무에서 나던 냄새를 생생히 기억한다. 그래서 요즘도 낡은 책을 손에 들면 여전히 냄새를 즐겨 맡는다.

다락방의 대들보 사이에 나만의 조그마한 은신처 하나를 만들었다. 그리고 마치 동굴 속의 짐승처럼, 가을에 마당에서 주워 둔 밤이나 도토리 같은 것을 감추어 놓았다.

그밖에도 키얼링의 집에는 뒷산 밑에 파놓은 멋진 지하실이 있었다. 그 지하실에는 커다란 쪽방이 하나 있었는데, 무너지긴 했지만 전에는 어떤 비밀통로가 있었던 곳이라고 상상했다. 우리는 음산하지만 그 지하실에서 놀기를 좋아했으며, 나는 지하실 한켠에 작은 굴 하나를 파놓았다. 당시에 나는 알로이스 존라이트너의 『동굴소년』이라는 책을 읽던 참이었다.

1938년 3월, 히틀러 군대가 오스트리아로 진격하기 며칠 전, 독일사회주의노동당(나치의 정식 명칭)은 내 고향에도 대독일제국을 위한 횃불행진을 조직하였다. 키얼링의 냇가에 버려진 쓰고 남은 횃불 막대들이 둑처럼 쌓였다. 동네 애들은 그것을 주워 와서 지하실에서 횃불로 썼다. 그런데 어느 날 큰 홍수가 나서 지하실이 물에 잠겼다. 나는 촛불 하나를 들고 나무로 만들어진 물통을 조각배로 삼아 그 지하제국을 노 저어 갔다.

나는 대부분의 시간을 밖에서 놀면서 지냈다. 부모님이 집 밖으로 돌아다니는 나를 제지하지 않았기 때문에 몇 시간씩 숲과 들판을 쏘다니면서 놀 수 있었다. 나는 숲속 어디에서 버섯이 자라는지 —— 불도마뱀 새끼가 사는 —— 시원한 약수터가 어디에 있는지 속속들이 알고 있었다. 작은 오아시스의 질퍽한 언저리에는 쇠뜨기풀이 무성했고, 물가에는 석회 자국이 점점이 굳은 낙엽들이 떠다니고 있었다.

그때의 인상을 더이상 일목요연하게 정돈할 수 없다. 그것들은 내가 기억하는 각각의 여러 사건들인 동시에 나의 각별한 체험과 결부된 장소들에 대한 이미지이기 때문이다. 나는 우리집 마당에서 거대한 붉은 숲개미 떼를 몇 시간이나 관찰하였다. 집의 벽 쪽으로는 판자로 막아 놓은 구덩이가 있었는데, 그 안에는 지렁이 모이를 주며 키우던 거북들이 살았다.

유년 시절에는 부모님과 우호적이기는 해도 좀 어색한 관계였다. 어머니는 나의 출생을 시 한 수로 읊어 놓았고,[2] 아버지는 생후 3일째 되는 나의 모습을 그려 놓았다. 대부분의 사람들은 그때의 초상화가 오늘날의 나와 닮았다고 말한다. 나는 그 그림을 얼마 전에야 다시 발견하였다. 나에게 이레내우스라는 세례명을 지어 주었을 때, 부모님은 나에게 어떤 임무를 상징적으로 부여하려고 했다. 즉, 평화를 위해 봉사해야 한다는 것이었다. 내 이름 'Irenäus'의 어원인 그리스어 'Eirene'가 '평화'를 의미하기 때문이다. 그러나 나중에는 이름을 독일식으로 'Renki'라고 불렀고, 요즘도 내 친구들은 나를 그렇게 부른다.

나는 3남매 중 둘째이다. 누이 마리아는 여섯 살 위였고 여동생 테레지아는 두 살 아래였다. 그러니까 아마 두 명의 여자 형제와 함께 여성적인 심성에 익숙해지면서 유년 시절을 경험한 것 같다. 뭐 그리 끔찍한 일도 아니었지만.

아기였을 때 분명히 엄마를 더 좋아했을 텐데, 그런 달콤한 추억은 자세히 기억나지 않는다. 애들은 당연히 엄마를 더 좋아하는 법이기

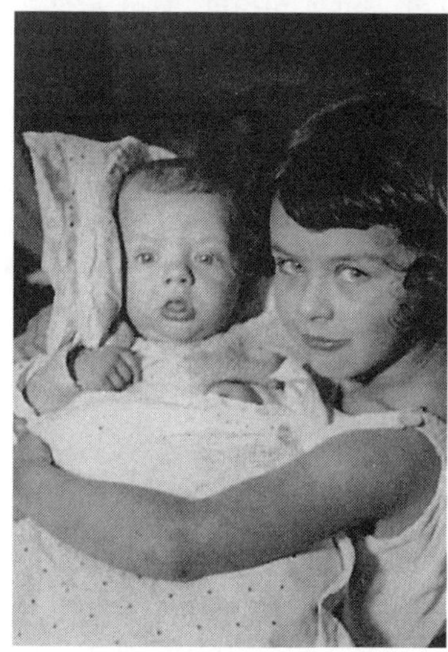

아버지가 나를 안고 있는 모습(위). 오른쪽은 누나 마리아이다. 젖먹이인 나를 마리아가 안고 있다(아래 왼쪽). 내가 여동생 테레지아를 안고 있는데, 힘에 부친 모습이다(아래 오른쪽).

때문에, 오히려 엄마가 없어야 기억 속에 뚜렷이 각인된다. 가족 앨범을 보면 부모님과 누이 그리고 여동생이 나를 좋아했다는 것을 알 수 있다. 누나는 내가 젖먹이였을 때 품에 안고 다녔다. 또 내가 작은 새끼 돼지를 안고 굴뚝 청소부 분장을 한 채 신년 우편엽서에 쓰려고 찍은 사진을 보고, 사람들은 나를 '깜찍하다'고 했다.

내 기억에 아버지는 매우 중요한 존재였다. 그것은 아버지가 어머니보다 무엇을 더 잘 해주어서가 아니라 우리의 환상을 자극하는 이야기를 많이 들려 주었기 때문이다. 그는 우리에게 동굴소년과 공룡, 그리고 모험에 관한 이야기를 들려 주었다. 대부분은 아버지가 지어 낸 것이었고, 때로는 줄 베르느나 아더 코난 도일의 책 내용을 각색해 얘기해 주기도 했다. 열대림으로 덮인 브라질과 가이아나의 국경지대에 있는 넘어가기 힘든 요새처럼 가파르게 솟아 있는 베네수엘라의 높은 평탄고원(Tafelberge)인 아우얀-테푸이에 올랐을 때, 나는 전설적인 셜록 홈즈의 창조자인 코난 도일을 떠올릴 수밖에 없었다. 독일계 영국인 식물학자 로버트 호만 숌버그는, 이 산맥의 정상에는 수백만 년의 고독 속에서 태어난 그 산 특유의 생태계가 형성되어 있다고 써놓은 바 있다. 숌버그의 보고서를 읽었던 코난 도일은 —— 과학자가 세계를 탐구하듯이 —— 그 산을 배경으로 익룡과 공룡이 사는 원시시대로부터 살아 남은 자들을 주인공으로 한 소설을 썼다. 높은 암벽들 사이로 솟은 아우얀-테푸이 절벽이 안개 속에 잠겨 있는 모습을 보자 바로 그의 소설이 떠올랐던 것이다.[3]

그런 이야기들은 나의 환상을 자극했다. 나는 깔판으로 사용했던 양털 가죽을 앞치마로 개조하였다. 거머쥐고 있던 뾰족한 돌로 창을 만들었고 화살과 활도 만들었으며, 황토 지반에 땅굴을 파고 둥지를 만들어서 석기시대 원시인의 입장에서 그 지역을 탐구하였다. 최근에 그 경작지대에서 재미있는 것을 꽤 많이 발견했다. 특히 그 중에는 중기

석기시대 것으로 보이는 정교하게 다듬어진 작은 부싯돌 조각이 있었다. 당시의 부싯돌이 어떤 모양이었고, 그것이 유럽에서는 발견되지 않았다는 사실도 알았다. 그 세모꼴의 자그마한 부싯돌을 발견한 즉시, 그것이 석기시대 유물이라는 것을 알아차렸다.

석고로 공룡의 모양을 뜨는 빌헬름 뵐셰의 원시시대 동물에 대한 이야기가 흥미로웠다. 하지만 아버지는 그 책들을 태워 버렸다. 어쨌든 그 책 덕분에 나는 아주 어려서부터 티라노사우르스, 트리케라톱스 그리고 이구아노돈 같은 공룡들을 잘 알고 있었다.

나의 아버지 안톤은 1897년 1월 비엔나에서 태어났다. 그는 식물학자였으며 포도주, 과일 및 과수원을 관할하는 클로스터노이부르크에 있는 고등연방청에서 교편을 잡았다. 그는 고대 이집트의 정원과 작용 식물의 배아와 육종에 대한 논문을 썼다. 그는 아주 쾌활하였으며 나에게 권위적으로 대한 적이 없었다. 오히려 늘 충분한 이해심을 가지고 대해 주었다. 산책할 때 나를 데리고 다녔으며, 걸어가면서도 많은 이야기를 해주었다. 그래서 산책하면서 내 생각을 표현하고 교환하는 습관이 생긴 것 같다. 초등학교에 들어간 후부터 아버지가 요절한 1941년 3월에 이르기까지, 아버지는 나의 가장 고마운 말벗이었다.

아버지는 키얼링에 자그마한 실험농장을 만들어서 토끼와 닭을 키웠고, 자신의 전공인 육종학에 필요한 다양한 농작물도 심었다. 덕분에 우리집에는 커다란 채소밭과 목축장이 생겼다. 언덕빼기에는 버찌, 자두, 사과, 배 등의 과일나무가 심어져 있었고, 과일나무 아래쪽에는 여러 종류의 밤나무들이 있었다. 뿐만 아니라 아버지는 경작지도 일구어서 해바라기와 여러 작물을 심었다.

여름이 되면 아버지와 함께 자주 등산을 갔다. 그는 오래 된 농가, 교회, 나무 및 풍경을 그리려고 늘 스케치북을 들고 다녔다. 오늘날 우리가 사진기를 누르듯이 아버지는 교차로에 앉아서 잽싼 손놀림으로 종이 위에 마음에 드는 풍경을 그렸다. 최근에 나는 그 스케치북 중의 하나를 넘겨 보다가 다음과 같은 메모가 적힌 교회의 그림을 하나 찾아 냈다. "렝키와 같이 아홉 시간이나 걸어왔다." 당시 나는 열한 살이었고, 우리는 룽가우에 있는 바이스브리아크라는 마을의 한 여관에 묵었다. 당시 그 마을을 지나가는 같은 이름의 개울에서 물을 거슬러 올라가던 민물 칠성장어 떼를 발견했었는데 아직도 있을까?

룽가우 근교의 징크반트로 소풍 갔을 때의 에피소드가 생생하게 기억난다. 우리가 숙소로 되돌아오던 때는 이미 안개가 깔리기 시작했다. 하지만 아직 (고산지의) 수목 생육 한계선까지도 못 내려온 상태였다. 한 치 앞도 보이지 않는 상황에서 식물이 전혀 자라지 않는 원시 바위지대의 암벽을 타고 내려왔다. 안개덩이가 우리 옆을 지나가자 가죽모자 위에는 물방울이 맺히기 시작했다.

그때 아버지는 칼을 꺼내서 회색 암반을 긁어 대더니, 그 표면 아래 깊숙한 곳에서 암반식물들이 어떻게 생존하는지 설명해 주었다. 그것들은 버섯과 조류(藻類)로 이루어진 덩어리로서 마치 암반에 만들어진 작은 온실 속의 식물 같았다. 그 온실 위에 씌워진 얇고 투명한 광석 표면이 혹독한 날씨로부터 암반식물을 보호해 준다는 것이다. 광석에 뚫린 작은 구멍으로는 공기와 물이 드나들었다. 아버지는 이 식물들이야말로 예를 들면, 작은 이빨이 달린 혀로 광석층을 긁어 내 이 암반식물들을 잘게 부수어 먹는 달팽이 같은 다른 동물을 위한 먹이로서 개척자의 역할을 한다고 설명해 주었다.

그 이후로 나는 숨겨진 경이로움에 대한 안목을 가지게 되었다. 그때부터 나는 햇볕에 말라서 바위에 붙은 이끼판에는 그야말로 생명의 모든 수수께끼가 숨어 있다고 추측하기 시작하였다. 이끼판에 물을 부어 넣으면 그 이끼판이 어떻게 잎을 열고, 마치 죽은 식물 같던 것이 다시 한 번 생명을 활짝 펼치는지를 내 손자 앞에서 설명하는 기쁨을 가질 수 있는 것도 그때의 경험 덕택이다. 나는 손자들에게 이리저리 어슬렁거리면서 먹이를 찾아 헤매는 완보류(緩步類)에 대한 얘기를 들려 주었다. 그들은 고도로 조직된 시각기관과 내장, 네 개의 갈퀴가 달린 다리쌍을 가지고 있으며, 유성생식은 극도로 미미하게 일어난다. 그들은 순식간에 건조되어서 다음번 우기가 돌아올 때까지 덩어리로 뭉쳐져 있다. 건기에는 잠을 자면서 무려 92℃의 고온도 견뎌 낸다. 심지어 영하 200℃의 액체 속에서 두 달 동안이나 생명을 유지시킬 수 있다. 그리고 다시 정상 온도의 물을 주면 생명으로 되돌아온다.

나는 비로소 얼마 전에야 정원 쪽으로 나 있는 창문 앞 발판 위에서 완보류를 다시 발견하였다. 늘 그렇듯이 발판은 햇볕에 말라 비틀어져 있었다. 하지만 비가 내리면, 그 푸른 이끼판은 다시 살아나기 시작한다. 촘촘히 난 잎사귀들 사이의 물기에 붙어 있는 이끼를 실험용 빨대로 채취해 보면, 늘 몇 마리의 완보류를 발견할 수 있다.

나는 아버지와 함께했던 산책에 대한 수많은 기억을 간직하고 있다. 특히 슈밤멜른으로 돌아올 때 버섯을 찾았던 일은 두고두고 생각나는 추억이다. 당시에 나는 다리가 저려서 몇 시간 동안 감각이 거의 없었다. 그곳에는 아주 아름다운 바위 버섯들이 피어 있었는데 그런 것을 찾을 때마다 한아름씩 따와 얇게 썰어서 말렸다.

나는 어린 시절부터 동물을 키우며 관찰하였다. 처음으로 키운 것은 동그란 어항 속의 금붕어였는데, 그 금붕어를 얻었을 때를 아직도 기억한다. 그때 나는 세 살쯤이었는데, 금붕어가 담긴 동그란 어항이 우리집 일층에 있는 작은 기도실의 하얀 탁자 위에 있었던 것을 기억한다. 그밖의 일은 부모님이 나중에 설명해 주었다. 내가 늘 "물고기! 물고기!" 하면서 정신 없이 중얼거리면 아버지는 우스갯소리로 "아이구, 이놈아!" 하였다고 한다.

금붕어 뒤를 따라다니던 거북 한 마리가 있었다. 나는 그 놈을 '수지'라고 불렀으며, 정원에 있는 자그마한 집에서 키웠다. 그러던 어느 날 나는 "수지, 수지!"라고 울먹이는 소리로 수지를 부르며 뛰어갔다. 거북이 죽었던 것이다. 열 살 때에는 처음으로 까마귀를 키웠다. 그리고 그 당시에 현미경도 처음으로 얻었다.

그때 나는 이미 자연과학자가 되기로 마음먹었고, 그래서 빌헬름 뵐세와 쿠르트 플로리케의 '우주' 이야기 시리즈나 에르네스트 톰프슨 – 세톤이나 줄 베르느의 책을 즐겨 읽었다. 그리고 나는 오늘날까지도 현미경을 가지고 나를 매료시키고 있는 미생물의 세계를 발견하고 있다. 부모님은 나의 관심에 참견하지 않았다.

어머니는 예술적 재능을 타고난 분이었다. 그래서 시도 많이 썼고 그림도 그렸다. 아직도 나는 유화 물감의 신선한 냄새를 기억하고 있다. 하지만 나의 동물학에 대한 점점 커져 가는 관심에 어머니가 직접적인 영향을 끼쳤는지는 모르겠다. 하지만 나의 관심으로 인한 무질서가 어머니를 성가시게 하지 않았던 것은 분명하다. 예를 들면, 다람쥐 뼈나 유리통 속에 박제한 나비 등의 잡동사니를 끌어모아도 별말씀이 없었다.

나의 최초의 수집도구는 양은 냄비였다. 애들이 눈싸움을 할 때면 나는 그것을 눈사람 머리 위에 씌우곤 했다. 토끼 우리에서는 정열적으로 모기 애벌레(장구벌레)를 찾아 내었다. 내가 그냥 '변소벌레'라는 세례명을 붙여 준 말똥벌파리(Eristalis)의 꼬리가 달린 애벌레들이 특히 매혹적이었다. 애들은 가리는 게 없는 법이다. 오늘날 같았으면 '쥐꼬리벌레'를 만지려고도 하지 않을 것이다. 기껏해야 연구대상으로만 삼았을 텐데.

말똥벌파리는 성충이 되면 벌처럼 보이기 때문에 그렇게 불린다. 벌 같이 보이는 위장술을 보호수단으로 사용하는 것이다. 그것이 얼마나 효과적인지 30년 전에 경험한 바 있다. 단풍이 들면 그 주위에 벌과 말똥벌파리가 꼬여 들었다. 나는 말똥벌파리 한 마리를 잡아서 아내에게 벌처럼 흉내내는 습성에 대해서 설명해 주었다. 며칠 후 우리집에 손님이 찾아왔다. 아내는 그 이야기를 들려 주면서 아주 능숙한 손놀림으로 탁월하게 흉내내기 시작하였다. 그 즉시 그녀는 벌에게 한 방 쏘였고 그 다음부터는 벌과 말똥벌파리를 구별하려는 어떤 흉내도 내려 하지 않았다.

나는 거미들에게 줄 먹이로 파리를 잡았다. 깔때기거미(Agelena labyrinthica)는 화장실에다가 누구도 파괴할 수 없는 아름다운 거미집을 만들었다. 그리고 집에 있는 덤불에는 파리를 주면 곧바로 달려드는 십자거미들이 있었다.

전쟁이 나기 전 시골에서의 생활은 오늘날에 비해서 훨씬 더 좋았다. 당시엔 아스팔트 포장이 별로 되어 있지 않았기 때문에, 발꿈치로 땅바닥에 구멍을 파서 자그마한 공기돌이나 유리구슬로 놀이를 했다. 우린 그것을 '구슬치기'라고 불렀다. 길은 아이들의 놀이터였고 남녀노소 할 것 없이 누구에게나 훌륭한 만남의 장소였다. 오리와 닭들도 꽥꽥거리며 돌아다녔다. 자동차나 오토바이가 귀하던 시절이었으니 말이다. 운동을 좋아하고 기개가 높았던 어머니는 푸크-오토바이를 타고 다녔다. 그것 때문에 동네에서는 어머니를 놀려 대는 노래까지 생겼었는데, 당시 시골에는 운송수단이라고는 소달구지나 마차가 고작이었으니……. 애들은 마부가 채찍을 휘둘러 대면서 마차를 몰고 오기 전까지, 울퉁불퉁하게 파인 마차바퀴 자국 위에서 뛰어놀았다.

길거리의 또 다른 명물은 이른바 행상 잡상인들이었다. 여름이 되면 지벤뷔르겐*에서 수저와 다른 목기를 팔러 상인들이 왔다. 특히 땜쟁이나 점쟁이 집시들이 문을 두드리고는 했다. 마을 사람들은 그들이

---

* 루마니아 지역에 있는 독일 소수민족 거주지역으로서, 일종의 정치 · 문화 · 언어적으로 고립된 지역이다.

냄비를 꼭 되돌려 주었기 때문에 주저하지 않고 구멍난 냄비의 수리를 맡겼으며, 그들에게 먹을 것을 주면서 닭을 훔치지 말라고 주의를 주었다. 머물러 쉴 집이 없는 사람에게 아무것도 주지 않는 사람은 죄인이었다.

그밖에도 라벤더 향수를 파는 여자, 가위나 칼을 가는 아저씨, 고물장수 등도 왔는데, 그들은 각기 그들 특유의 노래를 불렀다. 그 노래 구절이 아직도 귀에 선하다. 라벤더 향수 장수는 다음과 같이 노래했다.

Aan Lavendl håmma do
Wer kauft ma an o
Aan Lavendl, aan Lavendl, håmma do.
라벤더 향수
사세요
라벤더, 라벤더 사세요.

그리고 고물장수들은 다음과 같이 불렀다.

Fetzen, oide Floschn, der Heitlmå is do
Fetzen, oide Floschn, der Heitlmå is do.
못 쓰는 냄비나 고물 사요, 고물장수 왔어요.

나는 그 당시의 일이 나에게 큰 영향을 주었다고는 생각지 않는다. 나는 나뭇가지를 꺾어서 동네 애들과 칼싸움을 하였고 친구들도 사귀었다. 이미 어린 시절부터 나를 격분하게 한 유일한 일은 동물 학대였다. 세상의 모든 것을 탐구해 보는 실험기에 있는 아동들은 종종 동물을 잔인하게 다룰 때가 있다. 나는 거북 학대에 반대하는 데모를 했기 때문에 다른 애들과 싸우기도 하였다. 하지만 그 문제 때문에 집안에서 심각한 갈등을 일으켰던 기억은 없다. 나에게는 항상 "내게 또다시 작은 불행이 일어났도다!"라는 말이 따라다녔다. 그래서 내가 화가 나서 "일부러 그런 건 아니야!"라고 말해도 곧장 편안한 마음으로 돌아오지는 않았다. 하지만 좋은 이유에서 한 이야기라면 부모님에게 거의 야단을 맞지는 않았다.

비 엔 나

큰 탈 없이 재미있게 지낸 키얼링의 유년기는 고향에 대한 인상을 심어 주었을 뿐만 아니라, 나에게 자유에 대한 갈망도 결정적으로 각인시켜 주었다. 이토록 다채로운 세계를 관찰하며 경탄하는 것을 배웠고, 그 경탄을 오늘날까지도 간직하기 때문이다.

하지만 1939년 초 비엔나로 이사했을 때, 아름다운 시절은 이미 처절한 종말을 고하고 있었다. 우리 식구는 숲이 우거진 되블링의 별장지대에 있는 호프차일레 27번가의 일층 주택에서 살았는데, 정원으로 통하는 나만의 출입구가 있는 구석방이 딸린, 그 집의 정원은 내가 보기에도 비좁았을 뿐만 아니라 우리 것도 아니었다. 가을이 오면 방문 앞에 있던 커다란 밤나무에서 밤송이가 후드득 떨어지곤 했다. 떨어진 밤을 열심히 모으면 — 키얼링에 살 때 이미 그것을 배웠다 — 집주인은 나에게 눈치를 주었다. 내 방으로 들어오는 입구 틈새에서는 — 누군가 그 구석에 코크스 재를 뿌려서 다져 놓기는 했지만 — 늘 냉기가 돌았다. 나는 그 구석에 동그랗게 구덩이를 파서 만든 작은 정원에 크로커스꽃(사프란 속)과 봄꽃들을 심었다. 밤나무잎이 드리울 때면 나의 작은 정원은 완전히 그늘에 가리기 때문에 다른 꽃들은 심지 않았다.

나의 구석방에는 높은 창문틀이 두 개나 있었다. 당시에 유행하던 이중창 사이의 넓은 공간에 톱밥을 뿌려서 쥐들이 살게 하였다. 내 방은 작은 동물원이 되었으며, 곧 여러 개의 사육장이 들어서게 되었다. 낡은 축전지통 껍데기인 유리 용기에 말린 찻잎을 깔고 비엔나 숲속의 연못가에서 모은 표본들을 심었다. 큰 어항 속에서는 진흙메기 (Schlammpeitzger : 메기 종류)와 농어, 도롱뇽이 헤엄치고 있었고, 좀 작은 어항 속에는 웅덩이에 사는 고기들이 살았다. 어항은 그리 두껍지는 않았다. 어머니는 그림을 그렸으며 아버지는 클로스터노이부르크에서 교사를 하였다. 누이들은 자기들 일에 바빠서 돌아다녔기 때문에, 나만의 휴식을 조용히 취할 수 있었다.

짧은 순간이긴 했지만, 많은 동물들이 방 안을 자유로이 기어다녔다. 고슴도치가 민달팽이를 잡아먹기 전에 침을 바르며 앞발로 이리저리 굴리고 다니면, 그 자국이 방바닥에 남곤 했다. 어떤 책 —— 독일계 네덜란드 인 동물학자 에리히 바스만의 책인 걸로 기억하는데 —— 에 적혀 있는 대로 만든 석고 둥지에서는 빨간 불개미들이 겉으로 보기에는 무질서하게 이리저리 쏘다니고 있었다. 나는 여왕 개미가 번데기를 어떻게 보살피고, 나중에 그 중에서 뛰어난 일개미들에게 어떻게 도움을 받는지 자세히 관찰하였다. 이 작은 공간 속의 경이로운 삶의 모습에 몰두하면서, 나는 도시로 이사 온 후의 충격을 극복할 수 있었다.

알고 보니 비엔나에도 찾아 낼 만한 게 꽤 있었다. 호프차일레 27번 가의 대지에는 쇠로 된 울타리가 보도 쪽으로 가로질러져 있었다. 그 울타리에는 야생 포도덩굴이 자라고 있었다. 집의 외벽 앞에는 약 1.3 미터의 보도선이 나무와 겹쳐져 있었고, 그 보도선은 벽에 있는 약 20

센티미터의 모래판에 이르기까지 블록으로 덮여 있었다. 모래는 하루 종일 땡볕에 노출되어서 땅말벌이 집을 만들기에 안성맞춤인 듯했다. 땅말벌들은 애벌레를 먹이기 위하여 마비된 유충이나 거미 또는 다른 곤충들을 잡으러 하루 종일 거의 쉬지 않고 날아다녔다. 땅말벌들은 잡은 먹이를 내려놓고는 구멍을 파서 애벌레들이 먹을 수 있게 지하통로 속으로 밀어넣는다. 그리고 나서 다시 흩어진다.

프랑스의 유명한 곤충학자인 장 앙리 파브르는 이 땅말벌의 일생을 전무후무한 방식으로 묘사하였다. 나는 당시 그의 책들을 읽고 있었기 때문에 벽 속에서 일어나는 일들에 대한 안목을 가지게 되었다. 몇 년 전에 그곳을 다시 찾아본 적이 있었다. 창살도 그대로 붙어 있고 벽의 모래선도 남아 있었으며, 땅말벌도 예전처럼 붕붕 날아다니고 있었다.

1941년 3월, 아버지는 오랫동안 백혈병으로 투병하다가 세상을 떠났다. 나는 슈피탈에서 요양하던 아버지를 자주 찾아보았고 그가 죽기 직전까지도 다시 나을 것으로 생각했었다. 아버지는 오늘날의 나에게 희망을 불어넣어 준 분이었다. 배고픈 나를 위해 늘 자신의 음식을 덜어 주곤 하던 아버지였다.

돌아가시던 날 그의 음성은 그때까지와는 전혀 다른 것이었다. 내가 집에 들어가자, "재에게 먹을 걸 좀 주려무나!"라고 말하였다. 나는 눈물이 북받쳐올라 집 밖으로 뛰어나갔다. 그것이 아버지의 마지막 한 마디였다. 며칠 뒤에 꽃으로 뒤덮인 관을 따라가야 했다. 햇살이 화창한 그 봄날, 꿀벌들이 관 위에 얹힌 꽃 주위를 맴돌고 있었다.

아버지를 잃는다는 것은 괴로운 일이었다. 나는 동물학에 대한 작업을 통하여 위안을 얻으려 했다. 현미경을 들여다보기도 하고 자전거로 비엔나 교외를 산책하기도 하였다. 당시에는 여기저기 자그마한 웅덩이와 연못이 많았고 그 안에는 커다란 검은 물방개, 노란색 풍뎅이, 물빈대, 무당개구리, 말거머리, 개구리, 거북, 빗도롱뇽과 연못도롱뇽

등이 살고 있었다. 나는 늘 곤충채집망을 가지고 다녔으며 자그마한
양동이 두 개를 들고 다니며 어항에 집어넣을 물고기를 잡기도 하고
때로는 웅덩이를 물끄러미 쳐다보기만 할 때도 있었다.

　나는 미친 듯이 쏘다녔고 학교는 등한시하게 되었다. 얼마 전에 당
시의 급우였던 헬무트 렌둘릭을 만난 적이 있다. 내가 학교 다닐 때 그
에게 커다란 메뚜기를 선물로 주고 그 대가로 그의 부메랑을 던졌던
적이 있다. 그는 내가 언젠가 아주 짧은 반바지 차림에 맨발로, 웃옷도
걸치지 않고 물에 사는 곤충들이 가득 담긴 양동이와 곤충채집망을 들
고 교실에 들어온 적이 있었다고 말했다. 그래서 놀란 표정을 한 선생
님에게 "오늘, 고기를 잡고 있었는데 누가 내 웃옷과 신발을 훔쳐가서
정말로 학교에 올 수 없었어요"라고 말했다는 것이다. 그 일은 잘 기
억나지 않는다. 아마 부끄러워서 잊으려 했던 것 같다. 하지만 당시에
학교 수업을 자주 농땡이치고, 숙제도 거의 해 가지 않았으며 제대로
된 공책 하나 들고 다니지 않았던 것은 사실이다.

　그래도 동물학 과목만은 늘 일등이었다. 당시에 벌써 나는 리하르트
헤세와 프란츠 도프라인의 『동물의 구조와 삶』(*Tierbau und
Tierleben*)[4] 같은 전공서적을 독파했는데, 그것은 다행스럽게도 영어
를 가르치던 여선생님이 베르트하임 슈타인파크의 도서관 사서로 일
했던 덕분이었다. 고교 시절에는 너그럽고 좋은 선생님들을 만날 수
있었다. 라틴어 선생님만 "저 놈은 라틴 어는 한마디도 못 하는군!"이
라고 빈정댔다. 그들은 나에게 잘 대해 주며 관심을 가졌지만 어떤 노
력도 큰 도움이 못 되었다. 결국 선생님들은 일년을 낙제하거나 인터
나트(Internat)*에서 엄격하게 배우라는 의견을 내놓고, 내게 선택하
라고 할 지경에 이르렀다. 나는 인터나트에 들어가기로 했다. 인터나

＊ 인터나트는 기숙사에서 철저히 통제받는 생활을 하면서 다니는 학교이다. 이를테면
　사관학교식 교육기관이다.

트에 들어가기 전까지는 제3구역의 헝가리 거리에 사는 고모들이 나를 올바른 길로 인도하는 일을 맡게 되었다. 고모 두 분은 다 교사였고 애정을 듬뿍 주었기 때문에 나는 말을 잘 들었다. 왜냐하면 인터나트를 마치면 자연과학자가 될 테니까 말이다. 하지만 그것은 내가 고등학교를 성공적으로 마치는 것을 전제로 한 것이었다. 고모의 친구 한 분이 라틴 어 교수였는데, 내가 진심으로 다시 시작하고자 했기 때문에 그 분의 도움으로 라틴 어를 빨리 배웠고, 제때 졸업시험에 합격할 수 있었다.

1942년 가을부터는 하르트에커 거리에 있는 인터나트에 살면서 크로텐바하 거리에 있는 고등학교를 다녔다. 그때부터 나와 볼프강('볼피') 슐라이트와의 우정이 시작되었다. 우리는 공동의 관심사를 찾아냈다. 서로 경쟁하면서 현미경 관찰은 즐겨 했지만, 축구공을 따라 달음박질한다거나 발걸음을 맞추는 따위의 일에는 별 관심이 없었다. 한편 우리는 생물학자가 되기로 다짐했기 때문에 서서히 삶의 의미 같은 문제를 고민하고 있었다. 당시에 우리는 과학자로서 그 문제에 답할 수 있을 거라고 믿었다.

인터나트에는 작은 생물을 관찰할 수 있는 조용한 장소가 없었기 때문에 볼프강에게 내 현미경을 맡겨 두었다. 그는 솜씨 좋은 조립의 명수였다. 그는 마치 영화 속에서처럼 우리 둘 다 영상 속을 헤엄치면서 볼 수 있도록 현미경을 이용해서 벽에다 섬모충류의 모습을 투사하였다. 그는 표본을 자르고 염색하는 등 나에게 새로운 것을 많이 가르쳐 주었다.

아버지가 돌아가신 후, 나는 어머니의 속을 많이 썩였다. 열세 살이 되면서 심리적으로 불안정한 상태에 빠지게 되었고, 첫번째 독립단계에 접어들고 있었다. 또한 처음으로 이성과의 낭만적인 연애에도 빠졌다. 돌이켜보건대, 당시 어머니는 속수무책이었던 것 같다. 그녀는 나를 되는 대로 놔두었는데 내게 그런 어머니의 태도가 무관심으로 느껴졌다. 그러다가 아버지의 2주기가 되던 날, 어머니는 내게 한 통의 긴 편지를 썼다. 어머니는 자신의 유년기, 부모님과 조부모님 그리고 자신의 성장 과정에서 겪었던 고충들을 써놓았다.

할아버지와 할머니는 내게 직접적인 영향을 주시지는 않았다. 그들은 내가 태어나기도 전에 돌아가셨다. 할아버지는 엄격한 사람으로서 매우 검소했다고 한다. 아마 힘겹게 얻어 낸 성공의 결과가 아닌 듯싶다. 그는 고전어 학자로서 비엔나의 김나지움 교수였다. 음악적 재능을 타고난 할머니는 피아노 선생이자 국어 선생이었다. 두 분은 비엔나에 살았다. 할아버지는 내가 어렸을 때 가끔 놀러 가서 몇 번 뵌 적밖에는 없다.

하지만 조부모들이야말로 내 부모의 성격을 형성해 주었고, 약간의 변화를 거쳐서 내게 전수되어야 할 가치들을 나의 부모에게 물려 준 분들이 아닌가. 그런 점에서 조부모 또한 나를 각인한 분들이다. 인간은 비로소 청소년기에야 공동체의 가치를 물려받는다. 하지만 내가 사춘기에 들어서기 전에 아버지가 돌아가셨기 때문에, 아마 외가의 영향이 더 크지 않았나 싶다.

외할머니 레오폴디네는 고트 지방 출신으로, 아름답지만 콧대가 세며 허영심이 많은 분이셨다. 어머니는 맏딸로 태어났는데, 출산 때 외할머니가 심한 고생을 했던지, 아들 낳기를 학수고대하던 외할머니는 맏딸의 치다꺼리를 일찌감치 가정교사에게 맡겨 버리고 말았다. 2년 뒤 학수고대하던 아들이 태어나자 외할머니는 아들에게 모든 애정을 쏟았다. 어머니에게 주어진 정이라고는 외할아버지와 외증조모의 사랑뿐이었다. 그래서 나는 외할머니를 접근하기 어려운 노부인으로만 기억하는 것이다. 외할머니는 크렘스에 살았고, 전쟁 후에는 놀러 갔을 때 잠깐씩 보았을 뿐이다.

할머니와 할아버지(위). 아래 오른쪽은 어머니이고, 아래 왼쪽은 외할아버지와 외할머니, 그리고 어머니의 어렸을 때 모습. 젖먹이는 어머니의 동생 프란츠이다.

외할머니는 매우 우아하며 갈색 피부에 잘생긴 용모와 검은 눈을 가진 반면에, 장군의 부관 출신 대위였던 외할아버지 프란츠 폰 하우닝어는 커다란 덩치에 금발이었다. 음악에 소질이 있었던 그는 바이올린을 연주했다. 비엔나 군사기술학교를 졸업한 외할아버지는 당시 엔지니어 군대라고 불리던 프라하 공병 사령부에 배속되었다. 그는 군복무 외에도 틈틈이 프라하 콘서바토리의 바이올린 마스터 코스를 다니면서, 죽을 때까지 교류하게 된 스승 베네비츠의 애제자가 되었다.

어머니의 장문 편지에서는 다음과 같이 외할아버지를 그리고 있다. "누구나 그 분을 한번 알게 되면 좋아하게 되지. 그 분은 명랑했고 다른 이에게 호의를 베풀었지만 자신에게는 엄격한 분이셨어. 군인이나 예술가일 뿐만 아니라 모범적인 남편이자 아버지로서 또 조국에 충성하는 아들로서, 훌륭한 상관이면서도 낙천주의자이셨지."

아마도 나의 정체성과 가치관의 뿌리를 찾는 물음에 대해 어머니가 상술하는 부분은 흥미를 끌 것이다.

"나[=어머니]의 아버지는 부코비나(모나스타치스카) 근교의 동갈리치아의 작은 점령군 지역에서 태어났다. 그는 오스트리아·헝가리 제국 군대의 장교로서 어느 정도는 국제시민이었지만, 자신의 출생지에 대해서는 자신이 없는 것 같았다. 왜냐하면 그 또한 인간이었기에 독일 혈통에 애착을 가졌으며, 나중에 정착했던 아버지의 고향 잘츠부르크를 열광적으로 사랑했기 때문이다. 그에게는 알프스 사람이자 황제의 군인이었던 자신이 1919년 당시의 우연한 출생장소 때문에, 폴란드 인으로 규정되어 오스트리아 국적을 따로 취득해야 했던 사실이 청천벽력이었을 것이다."

어머니와 나 사이에 가로놓인 어색함에도 불구하고, 어머니는 편지와 시들을 계속 써내려 갔다. 그것에서 어머니는, 우리가 서로 연결되어 있는 세대로서 목걸이의 구슬과 같이 서로 간의 역할에 대한 의무감을 암시하였다. 그녀는 다음과 같은 시로 가족사에 대한 장문의 편지를 끝맺고 있다.

> 보라, 네 어머니는 휘영청 달 뜬 밤 밖으로 나가서,
> 그리고는 네 생각을 한다. 그래, 아직도 아이인 네 생각을.
> 그리고 너를 어떻게 대장부로 키울까
> 그 마음 속에는 네 아버지의 자취가 있으리니
> 그것이 한 아이의 모습이 되어,
> 네 삶에 항상 꿋꿋하게 버티고 깨어 있기를!
> 힘을 내거라, 내 아들아. 그리고 가끔씩
> 아주 가끔씩은
> 내가 너를 찾는 꿈을 꾸어다오.
> 그리고 나의 시간이 다하면 나를 지켜다오.
> 아들아, 땅은 경작되고 씨가 잘 뿌려져야 하지.
> 네 주위의 말을 잘 듣고, 네 행동으로
> 우리 둘 삶의 가치가 빛나기를.

어머니는 일년 뒤에 모든 정성을 기울여 또 다른 시를 써 보냈는데, 이전과 마찬가지로 세대 간의 유대를 당부해 놓았다. 동시에 그것은 어머니와 나의 관계를 회복시키는 노력의 반영이기도 했다. 어머니의 노력은 전쟁중에도 계속되었다. 그때 나는 이미 징집영장을 받은 상태였기 때문이다.

어머니는 제1차 세계대전이 시작할 무렵에는 충심으로 가득한 청소년기의 애국적인 시들을 지었고, 그때마다 자원간호사로서 전쟁으로 인한 고난과 역경을 몸소 겪곤 했다. 그녀는 교육과 예술적 기질 덕분에 국제시민이었고, 유년기를 부다페스트에서 보냈기 때문에 독일어

보다는 헝가리 어와 프랑스 어를 더 잘할 수 있었다. 그녀의 친구들은 국적과 종교로 보자면 각양각색이었다. 고유의 문화민족에 대한 자부심 또한 결코 다른 민족을 얕잡아봄으로써 얻어진 것이 아니었다. 나는 아버지나 어머니 누구에게서도 유태인이나 다른 민족 또는 다른 국적을 헐뜯는 말을 들어 본 적이 없다. 양친은 가톨릭 신자로서 신앙심이 깊었지만 맹렬한 신도는 아니었다.

하지만 정치가들에 대해서는 그다지 높이 평가하지 않았다. 특히 우둔하기까지 한 정치가들에 대해서는 그들의 거만함을 비난하였다. 어머니는 언젠가 "정치에서 우둔함이란 곧 범죄야"라고 말한 적이 있다. 양친은 볼셰비즘이나 공산주의가 다 반종교적이고 독재이며, 시민사회 및 귀족적 전통에 극단적으로 반대하고 어떤 점에서는 문화를 적대시하는 시각을 가졌다고 비판하였다. 전쟁이 진행되면서 국가사회주의(나치)가 그런 방향으로 흘러가자, 나의 부모는 초창기에 가졌던 나치에 대한 동정심을 버렸다. 대다수의 오스트리아 인과 마찬가지로 당시엔 그들도 일단 대독일주의와 국가사회주의를 동일시했었다.

당시의 오스트리아 사람들은 대부분 나폴레옹의 침략으로 붕괴된, 그리고 약 400년 전 비엔나에서 주도되었던 대독일제국의 재건을 꿈꾸었다. 제1차 세계대전이 끝나자 오스트리아는 고립된 거주구역에 사는 독일 민족의 1/3을 잃었으며, 절망감은 물론이고 경제적인 곤란까지 겪게 되었다. 1918년에 '독일-오스트리아 공화국'이 결성되면서 오스트리아는 독일제국에 합병되기를 원한다고 선언하였다. 하지만 연합국들은 이런 식으로 자결권을 사용하는 데 대하여 거부권을 행사하였다. 이미 아는 사실이지만, 격앙된 소(小) 오스트리아는 저항하였고 결국 일종의 시한폭탄이 되고 말았다. 저명한 정치가인 사회주의자 칼 렌너와 같은 고매한 인물도 당시에는 "독일제국으로의 합병"을 찬성했다. 독일인들에게도 자결권을 인정했었다면 아마 모든 것은 완전히 달라졌을지도 모른다. 오스트리아 인을 특히 허탈하게 만들었던 경험 중의 하나는 남부 티롤 지방이 이탈리아에 할양된 것이었다. 이탈리아의 베니토 무솔리니 정권은 독일민족을 억압하기 위해선 무슨 일도 서슴지 않았다. 하지만 나중에 '두체'(Duce : 이탈리아 어로 '지도자')와 '휘러'(Führer : 독일어로 '지도자') 사이의 연대에는 지장이 없었다.

우리 부모 및 조부모 세대가 1938년 4월에 '합병'에 찬성했을 때, 그 합병이 어떻게 귀결될 것인지 예감한 사람은 거의 없었다. 1936년 베를린 올림픽에 참여함으로써 히틀러에게 명예를 선사해 준 연합국들도 미래를 모르기는 마찬가지였다. 심지어 대영제국의 수상인 아더 네빌 체임벌린조차 1938년까지도 당대를 위하여 히틀러와 정치적 협상에 성공할 것으로 믿었다.

그러나 정상적인 사람이라면, 이미 '합병'이 이루어지고 며칠 후부터 시작된 유태인 박해가 불길한 신호탄임을 알아차렸을 것이다. 대부분의 사람들은 이것을 다만 혁명 과정에서 일어나는 잠정적인 궤도이탈 정도로 생각하고 속았던 것이다. 물론 그에 대항하여 싸울 —— 비스마르크가 1864년에 말한 —— 시민적 용기도 부족하였다. 아마 이 모든 소요와 맹목의 시기가 지나면 평화가 오리라고 막연하게 생각했던 것 같다. 그렇다고 해도 그것은 변명이 될 수 없다. 알고 보면 사실 그들은 예전부터 존재하던 강력한 반(反) 세미티즘*을 묵인했기 때문이다. 반 세미티즘이 그토록 살인적으로 격앙될 줄은 아무도 몰랐지만, 알고 보면 그 끔찍한 씨앗은 유태인을 핍박하고 무관심의 모자를 푹 눌러 쓰고 아무런 저항의 신호도 보내지 않은 우리 모두가 뿌린 것

---

* Anti-Semitism : 셈(Sem)족, 즉 넓은 의미의 아랍-인도계를 가리키는 민족에 대하여 유럽 인이 가지는 편견을 지칭한다. 그래서 유태인, 아랍 인, 페르시아 인 등에 대한 갈등이 배태되곤 한다.

이다. 이와 비슷한 재앙을 막기 위해서는 역사로부터 교훈을 얻을 준비가 되어 있어야 한다. 그것은 바로 이전에 일어났던 일을 망각하지 않는 것이다. 바로 그 점에 오늘날 우리의 책임이 있는 것이다.

전 쟁

1944년 1월 4일, 민간인 생활이 끝나면서 나는 바로 공군보조병으로 입대하게 되었다. 당시까지 —— 좀 놀랍게 들리겠지만 —— '합병'이나 전쟁은 나와는 거리가 먼 일이라고 생각했었다. 열다섯 살이 될 때까지 정치나 역사 따위에는 별로 신경을 쓰지 않았다. 그러나 그 후부터는 그런 것을 어느 정도 익숙하게 받아들이게 되었다.

아버지가 돌아가시고 난 후, 청소년기에는 다른 일에 몰두했다. 인터나트에서는 학업에만 매달릴 뿐 바깥 세계와 거의 단절된 채로 지냈다. 키얼링 사람들에 대한 향수에 얽매이지도 않았고 이러한 사건들의 파급을 의식하지도 않았다. 하지만 당시의 모습이 아직도 눈에 선하다. 우리는 키얼링 상공에 뿌려진 전단을 주워 모았다. 거기에는 다음과 같이 씌어 있었다. "국가사회주의 독일은 국가사회주의 오스트리아를 우리와 떼어 놓을 수 없는 진정한 혈맹으로서 환영해 마지않는다. 하일 히틀러!"

마을 사람들은 반 유태인 데모를 하면서 위협적인 리듬으로 "유태인 놈들, 유태인 놈들, 팔레스티나로 꺼져라!" 그리고 "우리 민족, 우리 제국 그리고 우리 총통 만세! 국민들은 점점 더 말라가고 있다. 유태인 놈들은 돼지가 되어가고 말이다. 하일 히틀러, 우리를 구원해 주소서!” 따위의 구호를 외쳐 댔다.

내가 키얼링 사람들을 비난하기 위해서 이 이야기를 하는 게 아니다. 오히려 불과 열 살짜리 아이가 흥분한 군중의 입에서 흘러나왔던 그 구호를 기억하고 있다는 놀라운 사실을 환기시키기 위해서이다. 나는 독트린이나 한 집단의 가치와 규범을 담는 방식들, 아울러 집단구성원을 통하여 전달되어 심지어 아이들의 영혼까지도 멍들게 한 적대적인 구호에 관심을 가지게 되었다. 미래의 젊은이들이 그 따위 구호들을 외치지 않게 하려면, 그들의 행위가 선천적 학습 기초 성향에 기인한다고 추측하게 되었고, 따라서 그것을 연구해야 한다고 생각하게 된 것이다.

부모님은 나치를 찬성하는 행진에 가담하지 않았다. 나도 당시에 확산되었던 구호를 입에 담지 않았다. 부모님은 내 앞에서 유태인과 비유태인을 전혀 차별하지 않았다. 그래서 나는 도대체 무슨 일이 일어나는지 몰랐으며, 그 일을 따지려고 하지도 않았다. 나를 놀라게 한 것은 군중들의 흥분이었는데, 그것은 나중에 숙고를 위한 거름이 되었다. 그 당시 관심을 가졌던 것은 키얼링 시냇가에 버려진 횃불뿐이었다.

나는 학교와 공적인 생활에서는 당시의 나치 및 인종주의적인 구호들을 외쳤던 친구들과 별로 다를 게 없었다. 전쟁이 터지자 ‘베르사유와 생 제르망의 굴욕적인 강화조약’을 지적하면서 전쟁이 정당화되고 나아가서 독일과 방위조약이 체결되었다. 열한 살이던 당시에 그것을 숙고했었는지는 잘 모르겠다. 어쨌든 승전보는 나에게 깊은 인상을 주었다.

나는 바로 사춘기로 접어드는 낭만적인 시기에 들어가고 있었다. 뿐만 아니라 내 동물들을 정성스럽게 돌보았다. 청소년단체 모임에 몇 번 참석하기는 했지만 집단행동이라고 할 만한 게 별로 없었기 때문에 행진에 가담하거나 운동을 하며 공을 차는 따위의 일은 하지 않게 되었다. 그래서 나는 모임에도 곧 흥미를 잃었다.

어쨌든 나는 동년배들과 곧잘 무리를 이루어서 하는 낭만적인 탐색의 시기를 체험하지 못하였다. 1939년에 딱 한 번 어떤 병영에 가보았는데, 정말 생지옥이었다. 그러면서도 당시의 군가가 드리우는 어두운 영향력에서 벗어날 수 없었다. 그 노래들은 젊은이와 자유에 호소하였고 미래를 힘차게 칭송하고 있었다.

앞으로! 앞으로! 휘황찬 팡파르가 울리네.
앞으로! 앞으로! 젊은이는 위험을 모른다네.
그것은 최고의 목표가 아니던가,
우리 젊은이들도 따르지 않을 수 없으리!
(……)

군가들은 모두 천편일률이었으며 그야말로 행태학의 연구대상이 되기에 충분했다. 나는 바로 그 일을 하고자 마음먹었다.

그 군가의 가사는 고풍스런 성향을 겨냥하여 젊은이들을 유혹해서 어떤 지침을 주려고 하였다. 게다가 "거룩한 나의 조국이여! 위험에 처했도다……" 따위의 애국주의적 선동이 동원되었다. 하지만 젊은 층 사이에서 전적으로 유행하였던 그것이 국가사회주의적인 경향으로까지 발전하지는 않았다.

되블링에는 단단하게 압축시킨 붉은색 연탄재를 깔아 놓은 연병장이 있었다. 연병장의 거친 바닥 위에는 납작하게 달라붙은 자그마한 하얀 잎사귀가 달린 여뀌가 자라고 있었는데, 그것이 생명에 대한 강한 인상과 경외심을 주었다. 히틀러 유겐트에 의무적으로 가입해야 했을 때, 적어도 쓸모 있는 것이라도 배우려는 심정에서 운전병-유겐트로 갔다. 하지만 배우는 것이라고는 행군과 군가뿐이었다. 그래서 글라이더 비행 따위를 배우는 비행병-유겐트가 차라리 나을 거라고 생각했다. 하지만 거기에서도 마찬가지로 행군이나 "하늘 높이 독수리처럼" 따위의 공군 군가만 불러 댔다. 마지막으로 나는 해군-유겐트로 발길을 돌렸다. 다뉴브 강에서 흑해까지 배를 타고 가기를 기대했으나, 거기에서도 하는 일이라고는 매한가지로 "회색빛 탱크가 적군을 뭉개면, 검은 연기가 휘날리네"라는 가사를 합창할 수밖에 없었다.

그렇게 해서 나는 상당한 분량의 군가를 배우게 되었고, 마음 깊은 곳으로부터 군사훈련에 대한 거부감을 가지게 되었다. 나는 당시에 군사훈련의 무력시위가 주는 열광에서 완전히 벗어나지는 못했지만, 집단행진 따위는 나의 개인적 취향과는 거리가 먼 것이었다. 차라리 연못에 가서 노는 게 좋았다.

우리는 그런 집단행동이 집단무도나 록 콘서트의 광경과 마찬가지로 분위기 전달을 통하여 참가자와 구경꾼에게 일종의 중독상태를 야기하는 이상한 의식상태에 영향을 줄 수 있다는 것을 안다. 아마 두뇌 속의 일정한 화학적 과정이 개입되었을 것이다. 자연상태의 인간이 오랫동안 춤을 추면 몰아지경에 빠지며, 이때 이른바 ── 뇌 속의 아편성분이라고 불리는 ── 엔돌핀이 분비된다. 이것만으로도 고통으로부터의 해방, 편안함 그리고 인위적으로 주입할 수 있는 모르핀이 주는 광란상태를 야기할 수 있다. 몰아지경이 생겨나려면, 아드레날린과 노르아드레날린같이 활성적으로 반응하는 카테코라민 같은 성분이 개입되어야 한다. 이런 상태에서는 감격이나 집단적 공격성향이 촉진되고 자극받을 수 있다. 행진과 무도는 공동 행위로서 매우 강하게 작용한다.

집단행위에 참가한 사람들 사이의 분위기 전달은 특히 공포나 공격의 위기에 처한 동물의 세계에서도 볼 수 있다. 사람들에게서는 춤이나 행진, 또 다른 형태의 행동을 통하여 '다른 인간들'과의 차별성이 강조된다. 의식을 통한 집단형성과 이로 인하여 생기는 구별은 평화롭게 진행될 수 있다. 엄마와 젖먹이는 이미 그런 공동 행동의 의식을 치르는 것이다. 그러나 그 구별은 공격적인 특성을 띨 수도 있다. 행진은 권력의 느낌을 선동하며 전달한다. 그 점에 대해서는 다시 말할 기회가 있을 것이다(그와 같은 인류행태학적 문제들에 관심이 있는 사람은 필자의 『인간행동의 생물학』 *Biologie des menschlichen Verhaltens*[5]을 참고하기 바란다).

나는 설익은 편집광적인 동물학자로서 외톨이가 되어 나 자신의 길을 갔다. 나는 사교성이 없던 것은 아니지만, 일단 나와 관심이 같은 동년배들과의 교분만을 추구하였다. 소년 시절의 나는 조국과 나 자신을 동일시했으며, 그래서 1944년 4월 초에 공군보조병으로 징집되었을 때, 국토수호 의무를 다할 준비가 되어 있었다. 당시 내가 얻을 수 있는 정보로는 이것은 말할 것도 없이 자명한 일이었으니까 말이다.

나치 선동은 독일과 오스트리아가 제1차 세계대전 후에 충돌했었다는 낭패감을 늘 다시 주고는 했다. 베르사유와 생 제르망 강화조약 이후의 합병, 라인란트 점령, 인플레이션과 실업을 야기했던 끔찍한 배상요구 등. 그것이 우리가 가질 수 있었던 정보의 수준으로, 우리의 도시를 잿더미로 만드는 미국과 영국의 공습 때문에 연합군의 인도적인 의도 따위에는 신경쓸 수 없었다.

어쨌든 우리는 다르게 생각하는 자들에 대한 나치 독재의 무자비함을 의식하게 되었고, 공개석상에서 비판적인 언동을 삼가는 방법을 배우게 되었다. 예를 들면, 보직을 맡을 때 나치 당원인가의 여부가 결정적이라거나 젊은이들은 전선에서 싸우고 있는데 후방의 당원들은 호의호식하고 있다는 사실을 입 밖에 내지 않았다. 하지만 당시에 그 무대 뒤에서 어떤 비인간적인 일이 자행되는지 알 수 없었다. 늘 우리가 격파할 잔인무도한 적군과 대적하여 기사처럼 용감무쌍하게 싸우는 군대에 대해서만 들었기 때문이다. 오늘날의 입장에서 보자면 정말 헛소리이지만, 당시에는 정말 그 이상은 알 수 없었다.

어머니는 그녀의 몇몇 친구가 곤경에 처해 있었기 때문에 사태를 더 잘 알고 있었다. 그러나 어머니는 나를 보호하려는 마음에서 그런 것에 대해서는 말하지 말라고 했다. 명예와 기사도를 존중하는 우리 젊은이들이 그것이 선동에 의해 왜곡되었다고 말하면 아마 반역자로 낙인찍혔을 테니까 말이다.

징집된 이후 바깥 세계와는 거의 단절되어 있었다. 군 당국은 우리 반과 학교의 한 학급에서 뽑은 징병 합격자들로 1개 중대를 만들었는데, 이 두 그룹은 곧 커지게 되었다. 그렇게 해서 오래 사귄 친구들끼리는 교분을 더 가지게 되었고 모든 일에 대해서 털어놓고 말할 수 있었다.

히틀러 유겐트와 당의 영향으로부터도 벗어날 수 있었다. 우리는 히틀러 유겐트의 공군보조병이 아니라, 공식적으로 말하는 정규군이 되고자 하였다. 그래서 공군복과 공군 유겐트 군복의 일부를 바꾸려고 애썼다. 많은 애들은 보병 모자 대신에 공군 모자를 썼고, 외출할 때는 군인으로 보이려고 팔에 찬 유겐트 완장을 걷어 내기도 하였다. 우리 대부분은 제국과 지도층을 신뢰했고 전쟁에 승리하기를 희망했다. 나 또한 당시에는 적군으로부터 조국을 지켜야 한다고 믿었다. 우리 모두는 그 일에 한몫 하기를 희망했다.

당시에 누구도 증오하지는 않았지만 두려워했던 것은 많았다. 오스트리아의 역사학자 레오폴트 바니(Leopold Banny)는, 근본적으로는 나의 체험과 같은, 공군보조병의 삶과 감정 및 전쟁동원에 대한 재미있는 보고서[6]를 쓴 바 있다.

배치받은 후 처음 몇 주 동안 우리는 병영 안에 있는 학교에 묵었다. 교실에 있는 이층 침대에 각자 자리를 받았으며 새로운 환경에 적응하

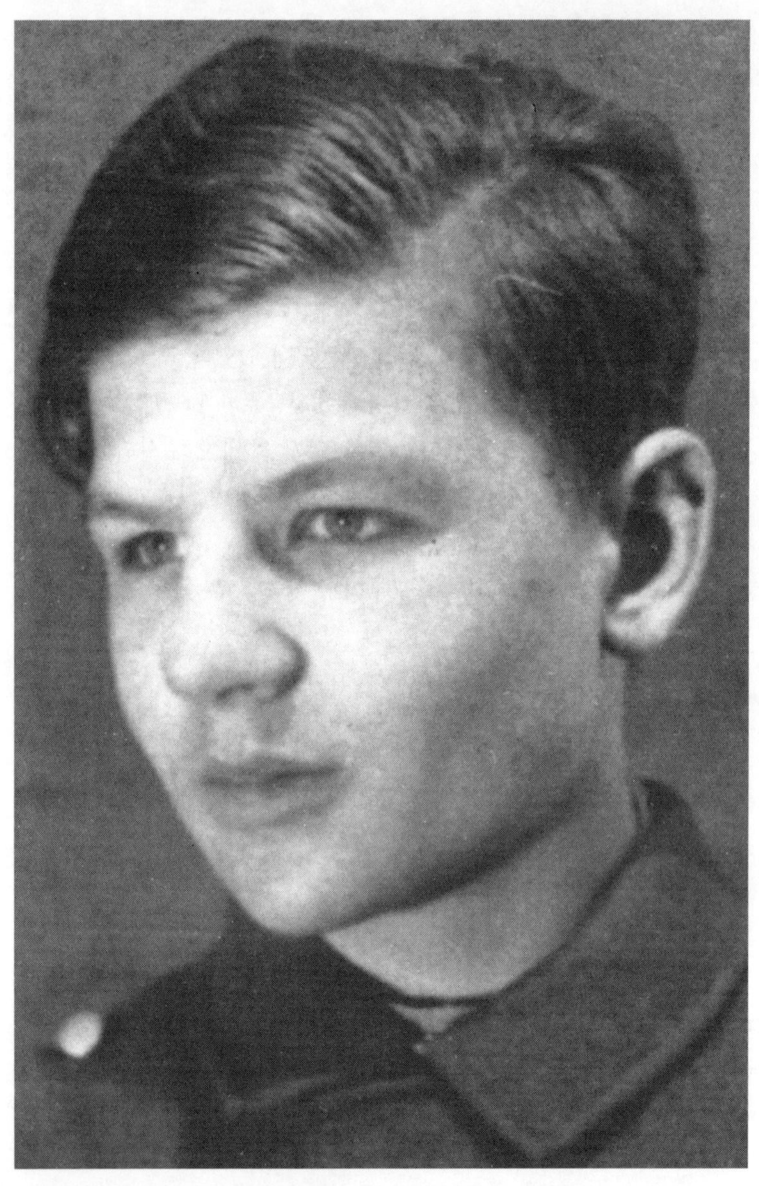

공군보조병에 입대할 당시(1944년 1월 5일)

려고 했다. 우리에게는 낡아빠진 고사포부대 제복이 지급되었는데, 자존심이 상하였다.

병영생활에서는 약간의 개인적인 자유가 있었지만 그래도 힘들었다. 점호가 끝나고 소등되면 우리는 숨겨 놓았던 고주파 탐색기를 꺼내서 헤드폰을 끼고 추적할 수 있는 방송국 주파수를 탐색하였다. 그밖에는 기상, 세면, 조식, 행군, 훈련, 중식, 행군 등 엄격한 규칙을 따랐다. 하지만 다 의미 있는 것으로 느껴졌다. 조국을 지켜야 했기 때문이다.

한 달 후 우리는 중대로 배속되었다. 우리 그룹은 비엔나 북쪽 카그란 근교 연료 창고 근처의 측면 방어선에 배치되었다. 나는 신병 전입 신고를 하고 다섯 개의 더블 베드와 옷장이 달린 10인용 막사로 인도되었다.

그 안에는 각기 두 개의 걸상이 달린 탁자 두 개가 있었으며, 가운데에는 자그마한 갈탄 난로가 있었다. 서쪽과 동쪽으로 난 창문으로 빛이 들어왔다. 각 병사에게 옷장이 지정되었고 세면용 대야가 주어졌다. 샤워시설이나 목욕탕 따위는 없었다.

나는 고도 측정병으로 훈련을 받았다. 포 분대는 한 명의 분대장과 두 명의 정규군 포 장전병으로 구성되었다. 다른 군인 하나가 중화기를 건네 주었다. 우리를 보조하는 소련군 —— 우리의 경우, 대부분 우크라이나 인 —— 포로들은 다른 일을 맡았고, 공군보조병인 우리는 고도 측정병(K1), 측도 측정병(K2), 장약 장전병(K6) 등을 맡았다. 우크라이나 인 포로들은 따로 떨어진 막사에 살았다. 그들은 다 친절했으며 우리에게 새를 잡아다 주었고, 우리는 그들에게 빵을 나누어 주었다. 그리고 막사 안에서 담뱃잎의 줄기 부분으로 만들어진 마초르카(러시아산 저질 담배)를 같이 피워 댔다. 우크라이나 인 포로들은 봉지에 담아 놓은 담뱃잎을 꺼내서 신문지로 능숙하게 말아 피웠다. 공군보조병들에게는 담배가 지급되지 않았기 때문에 우리에게도 건네 주었다. 조국을 방어하기에 충분한 나이인데도 우리에게 담배를 배급해 주지 않는다는 사실은 화나는 일이었다. 담배를 못 받는 대신에 하루에 저지방 우유, 대부분은 일종의 우유 수프 같은 것을 1/8리터씩 배급받았다.

우크라이나 동료들은 1944년에 독일의 패퇴를 희미하게나마 예감했기 때문에 불행한 사람들이었다. 그들 중 소수만이 1945년에 살아 남았을 것이다. 우리를 도와 주었던 슈타이어마르크 지역의 우크라이나인들은 자신들을 소비에트군에 넘기지 않는다는 조건 하에 영국군에게 투항하였다. 하지만 영국군은 그 약속을 저버렸다. 영국군은 이 젊은 이들을 소비에트군에게 넘겨 주었고, 그들 중 몇 명은 영국군이 보는 앞에서 총살당하기도 했다. 그것은 안드레이 블라조프 장군이 그들의 군대와 함께 항복했을 때 미군에게 넘겨지지 않은 것과 마찬가지 이유였다. 1941년 모스크바 전방에서 독일군을 격퇴시켰던 그는 포로수용소로 보내져서 소련군에 협력할 것을 선언하였지만, 1946년 모스크바에서 처형되었다. 그가 임명한 대부분의 군인들도 오래 살지 못했다.

우리의 일상생활은 엄격히 통제되었다. 식사를 배급받기 위하여 식기를 들고 하루 세 번 만났을 뿐이다. 빵과 잼, 약간의 마가린, 우유 수프, 그리고 점심식사로는 대부분 충분한 양의 아인토프*가 나왔다. 출구 쪽에는 더 나은 제복들을 걸어 놓게 하였다.

우리는 교육을 받았다. 오전에는 다양한 병과의 교관이 왔다가 다시 그들의 소속으로 돌아갔다. 교육 내용은 방공 훈련이나 탄약 정비 등이었다. 정비 일은 따분할 뿐만 아니라 지랄 같았다. 누군가가 화기의 포신에 칠을 했는데, 우리는 그것을 다시 벗겨 내야만 했다. 야외에서 그것도 2~3월에 물청소를 했으니 손이 얼어붙을 수밖에 없었다. 방

---

* Eintopf는 여러 가지 재료(고기, 야채 등)를 넣고 푹 끓인 일종의 잡탕찌개다. 다만 반찬이 아니라 빵과 함께 주식으로 먹는다.

공 훈련에서는 검지로 신호를 보내어 중지로 명령 위치의 방향을 표시하면 운전대 비슷하게 생긴 바퀴를 돌려야 했다. 그리고는 "K1 폐쇄, K2 장전" 따위의 구호를 외쳐 댔다. 그런데 나는 그 조종 바퀴를 어느 쪽으로 돌려야 올라가고 내려가는지 늘 헷갈렸다. K1에서 실수를 많이 했는데 그렇게 되면 포신이 땅으로 뚝 떨어지면서 꽝 소리가 나서 혼나고는 했다. 하지만 곧 제대로 할 수 있었다.

처음 몇 달 동안 우리는 지독하게 뺑뺑이를 돌았다. 한 상사는 우리를 야전으로 데리고 가서 땅바닥에 굴리면서 "돌격, 앞으로!" "낮은 포복 실시!" "우측에 탱크!" "좌측에 탱크!" 따위의 불호령을 쳐댔다. 그는 우리를 좋아하지 않았다. "자네들 직업이 뭔가, 학생? 그래, 이 학생놈들아! 제대로 못 하겠어!"라고 자주 소리쳤다. 그렇게 정신 없이 구르던 어느 날, 저 멀리 군용차 한 대가 멈추어 섰다. 어떤 남자가 우리 상사 몰래 그 차에서 내렸다. 그는 비엔나 근교 루프트가우 17대 소속의 공군 장성이었다. 나는 그가 에곤 되르스트링이라고 생각했다. 그는 우리 곁으로 와서 훈련 내용을 훑어보더니만, 상사에게 중지하라고 명령했다. 우리는 나중에 상사가 경고받은 것을 알게 되었다. 공군 보조병은 특정한 규정을 따르게 되어 있었다. 아직 정규군이 아닌 우리에게 그런 훈련을 시키면 안 된다는 것이다. 그 장군이 왔다간 뒤에는 훨씬 덜 힘들었다.

우리는 대부분 열 대여섯 살 정도의 소년들이어서 이런저런 이야기를 많이 했는데, 여자 얘기가 특히 많았다. 그럴 나이가 되기도 했지만 밖으로 나갈 기회가 별로 없었기 때문이기도 했다. 우리는 2주에 한 번씩 외박할 수 있었는데, 말썽을 부리면 그것조차 금지당했다.

우리 분대의 외출은 기가 막힌 경험이었다. 당시 우리를 감독하던 상사는 상당한 시간 동안 같이 있지 않았다. 그러면 나는 대부분 이모 집으로 갔다. 거기에서 밤 늦게까지 라디오를 들었고 목욕했으며 아침 일찍 병영으로 되돌아오곤 했다. 당시에 나는 생물학에 관심이 많아서 파울 캄머러가 쓴 『동물학 강의』(*Lehrbuch der Zoologie*)나 다른 유명한 전문서적들을 읽었다.

우리는 정치에 대해서는 별로 토론하지 않았지만 일단 하게 되면 툭 터놓고 하였다. 우리는 맹목적으로 모든 것을 받아들일 만큼 순진하지는 않았다. 우리 중 몇몇은 예를 들면, 히틀러-무솔리니 협정의 결과로 인한 남부 티롤 인의 이주에 대해 반대하는 입장이기도 하였다. 그것은 나도 동의했던 일종의 묵시적인 반감이었다. 우리는 티롤 지방의 붉은 독수리 문장을 모자에 꿰매어 달았다. 그런 행위가 금지되지는 않았지만 일종의 저항으로 받아들여졌기 때문에 달갑게 여겨지지도 않았다. 그렇다고 무슨 불이익을 당한 것은 아니다. 장교들은 조국과 군 지도층에 충실한 것처럼 보였지만, 정치적인 선동꾼처럼 행동하는 것 같지는 않았다. 우리는 간첩을 알 기회가 없었다.

금지된 일이지만 라디오를 통하여 특히 음악을 들었는데 연합군 방송에서 나오는 베니 굿맨*의 음악에 아주 익숙해졌다. 장교가 나타나면 재빨리 라디오의 주파수를 돌렸다. 영국군이나 미군이 독일어로 보내는 방송은 유언비어로 생각했다. 우리는 나치에 의해 영국으로 추방된 ― 당시엔 잘 몰랐지만 ― 위대한 비엔나 가수 리하르트 타우버의 노래도 들었다.

전쟁의 승리에 대한 확신은 점점 약해져 갔지만, 수긍할 만한 휴전이나 평화를 기대하기도 하였다. 대략 1944년까지 우리 대부분은 여전히 획기적인 전쟁 무기가 전선에서 사용될 것이라고 믿었다. 하지만 나는 통신병 볼프강 슐라이트를 통해 전쟁이 처참하게 끝날 거라는 사실을 진작부터 알고 있었다. 우리는 최신형 제트 전투기인 메서슈미트 Me 262에 대한 이야기를 들었다. 또 V2 로켓 신형이 나왔다는 말도

---

* 스윙 재즈로 잘 알려진 미국의 클라리넷 연주가

들었다. 물론 다 상상 속에 떠도는 것이었지만 말이다.

훈련할 때는 정말 많은 고생을 하였다. 나는 "우향 우!"라고 말하면 종종 왼쪽으로 돌기도 하고 그 반대의 실수도 했다. 실수를 하면 혼이 나기 때문에 일부러 그런 것은 분명히 아니었다. 너무 긴장한 나머지 곧잘 흥분하여 실수를 했던 것이다. 어쨌든 군대에서 발도 못 맞추는 고문관 취급을 받았다. 이를테면 행진할 때마다 꼭 잘해야 한다는 강박감 때문에 가끔 손과 발을 동시에 내딛는 실수를 저질렀다. 그 밖의 경우에는 네 박자의 보조를 잘 맞추었다. 발을 잘못 맞추면 웃음거리가 되기도 했는데 아마 그래서 정규 공군보조병으로 승진할 수 없었던 것 같다. 그래서 나는 화가 치밀었다. 그리고 결국 이것이 다른 사람을 불쾌하게 만들었다. 그렇지만 우호적인 분위기는 전혀 손상되지 않았다. 대신에 17연발 고사포부대병 혁대를 받았다. 그렇지 않았다면 정말로 열받았을 것이다.

대부분의 병사들은 이데올로기나 군사적인 독려 때문이 아니라 실제적인 이유에서 공군에 지원한 것이다. 그래서 지원병 공고가 나자마자 거의 다 지원했다. 나는 산속에 머물면서 스키를 타며 등산을 배우고 싶어서 기꺼이 산악병을 선택했다. 그런데 징병검사를 받기 전에 폐렴에 걸려 2주간이나 군병원 신세를 졌다. 나는 산악병으로는 부적격이라는 판정을 받아서 위축되었다. 그 사실이 부끄러웠다. 상당수의 동료들은 그것이 병역에 적합하지 않은 결격사유라고 느꼈다. 그들 모두가 전선으로는 가고 싶어하지 않았다. 대부분은 전쟁 막바지에 전선으로 보내지지 않은 것에 기뻐했다. 그러나 어딘가 부족한 군사적인 능력은 약점으로 간주되었고 우리는 그것을 그대로 체험하였다.

당시 나는 심한 감정의 기복을 체험하였다. 앞서 말했듯이 나는 누구도 증오하지 않았지만, 조국의 처절한 패배를 원하지도 않았다. 우리 중의 어느 누구도 범죄적인 국가 지도층이 우리에게서 영광스런 평화를 박탈했다는 사실을 알지 못했다. 당시에는 나도 대독일주의는 당연하다고 여겼지만, 나치에는 마음 속으로 반대하였다. 나의 조국과 특히 사랑하는 고향 비엔나를 지켜야겠다는 생각은 했지만, 그 어떤 형태의 정치적 광란주의도 원하지 않았다. 그렇다고 레지스탕스가 되려고 한 것도 아니었다. 전선을 등지면 안 된다고 생각했다.

우리는 1944년 7월 20일에 있었던 히틀러 저격사건 이후 그것에 대해서 토론하였다. 제3제국 지도층의 처참한 종말로 전쟁이 끝나고 나서야, 나는 반나치 저항운동의 동기를 이해하였고 그 사람들을 존경하게 되었다.

전선이 비엔나 근처로 다가오자 우리의 삶은 결정적으로 바뀌었다. 내 생일 바로 다음 날인 6월 16일, 미군은 드디어 나의 고향에 대해 최초로 본격적인 공격을 감행하였다. 그래서 우리가 지키고 있던 카그란에 있는 연료창이 불타게 되었다. 나는 격분했다. 전투가 계속되는 동안 대포의 조준간을 검지손가락에 맞추는 것이 어려웠지만 그렇다고 두려워하지는 않았다. 전투를 하면서 긴장감은 사라졌다. 다가오는 폭격기들의 엔진 소리, 날아가면서 생기는 짙은 연기띠……. 우리는 불안한 마음으로 폭격기를 바라보면서 동요하였고, 그러다가 포격이 다시 시작되곤 하는 일이 일상사가 되었다.

나는 금지명령에도 불구하고 사격하는 동안에 하늘을 보곤 했는데, 우리가 사격한 포탄들이 궤적을 그리며 적기 근처의 구름 속으로 사라지는 것을 보았다. 나중에는 비행기들이 어떻게 불붙기 시작하는지도 보았으며 검은 먹구름을 내뿜으며 떨어지는 비행기에서 낙하산을 타고 탈출하는 적군 조종사도 보았고, 결국 비행기가 추락하는 장면도 지켜보았다.

우리는 우리의 행위가 인간에 대한 투쟁이 아니라, 비엔나를 잿더미로 만들려는 저 썩을놈의 비행기들로부터 고향을 방어하는 것이라고 생각하였다. 우리는 가능한 한 피해를 줄이고자 노력하였으며, 한 발씩 쏠 때마다 기뻐했다. 하지만 양편의 어느 누구도 인간의 생명이 파괴되고 있다는 사실에는 관심을 두지 않았다

적이란 존재하지 않는다는 것을 알게 된 것은 격추된 미군기 조종사가 낙하산으로 탈출하여 우리 포대 근처에서 구조된 이후였다. 그는 키가 엄청나게 컸다. 가장 가까운 포로수용소로 넘겨 주기 위하여 그를 데리고 가는데, 껌을 질겅질겅 씹으며 팔 밑에 무엇인가를 —— 아마 낙하산인 것 같았다 —— 움켜쥐고 가는 것을 보고는 놀랐다. 우리는 그를 전혀 적개심 없이 보았으며, 야릇하게도 우호감까지 느꼈다. 그도 누가 자신을 격추했는지 알고 싶은 것 같았다. 대부분이 열여섯 살이었던 우리는 덩치가 아주 작고 철모만 뒤집어쓴 젖비린내나는 애송이인 반면, 다른 동료들은 면도도 하고 승리를 확신하는 군대 최후의 좌우명인 늠름함도 갖추고 있었다.

미군의 포트리스(Fortress) II 편대와 영국군의 리버레이터(Liberator) 폭격기들은 주로 낮에 비엔나를 공격하였기 때문에, 우리들은 점점 더 바빠졌다. 종종 빠른 속도로 나는 두 개의 동체가 달린 라이트닝(Lightning) 전투기가 우리를 사격해 왔다. 매우 빨리 다가왔다가 아주 빨리 사라지는 전투기에는 속수무책이었다. 우리 포대에도 폭격했지만 별 타격을 입지는 않았다. 폭탄이 들판에 떨어지면 땅이 약간 뒤흔들리고 포연이 치솟으면서 흙더미들이 튀었지만 별다른 피해는 없었다.

포대는 숲속 비행장 근처에 있었기 때문에 격렬한 전투를 했는데, 1945년에 제대할 때까지 21대를 격추시켰다.[7] 사격보다 더욱 효과적인 것은 포대가 장착해 놓은 차단빗장으로, 그것은 적의 폭격기들이 선회해서 비엔나 북쪽의 경작지에 오폭하도록 유인하는 적군 교란용이었다. 그래서 그곳에서는 전쟁이 끝나고 나서도 포탄흔을 많이 볼

수 있었다. 포탄흔에는 종종 물이 고여서 재미있는 생태계가 형성되었는데, 그 안에는 두꺼비, 무당개구리, 개구리들의 작은 낙원이 만들어졌다. 그것이야말로 모든 가능성을 이용하여 폐허까지도 정원으로 만드는 놀라운 생명의 표출 그 자체였다.

여러 단계의 경보가 울리기 시작하면서 야간에도 자주 방어선에 투입되었다. 경보가 울리면 고사포에 걸터앉아 마냥 적기를 기다렸다. 나는 뭔가를 읽으면서 시간을 때웠다. 당시에 레클람(Reclam) 문고판을 많이 가지고 있었는데, 대부분 고전문학 전집이었다. 나는 셰익스피어, 몰리에르, 괴테, 쉴러, 그릴파르처, 클라이스트, 레싱을 읽었다. 특히 셰익스피어의 궁정 희곡과 『햄릿』, 그릴파르처의 『바다와 사랑의 파도』, 『오토 카를 대제의 행운과 종말』, 『메데아』, 레싱의 『현인 나탄』을 읽었다. 그 중에서도 가장 큰 감동을 준 것은 말할 것도 없이 괴테의 『파우스트』였다. 우리는 모두 의식이 깨어 있었고 세상을 살아가는 길잡이를 갈구하였던 터라 그 작품 속의 사건들이 몇백 년 전의 일이기는 하지만, 그 속에 우리의 삶과 시대를 투영해 보았다. 협상과 갈등의 모티브는 예나 지금이나 변한 것이 없기 때문에 우리는 곧잘 꿈의 세계로 몰입했다.

공습이 있고 난 후 나는 짧고 사실적인 내용이 담긴 편지를 몇 줄 적었다. 최근 당시의 편지 중 하나를 발견하였다. 그것은 두 번의 전투 중에 긴박한 상황에서 썼음에도 불구하고 강한 의지로 가득한 열여섯 살짜리 소년의 편지였다.

사랑하는 어머니에게!

오늘 공습이 있었지만 무사했어요. 비엔나를 지키는 것이 고사포대의 임무이니 우리도 많이 쏘아 댔어요. 카그란과 아스퍼른에는 포탄들이 떨어졌어요. 적군들이 아마 더 공습을 할 것 같아요. 우리 가족에게도 아무

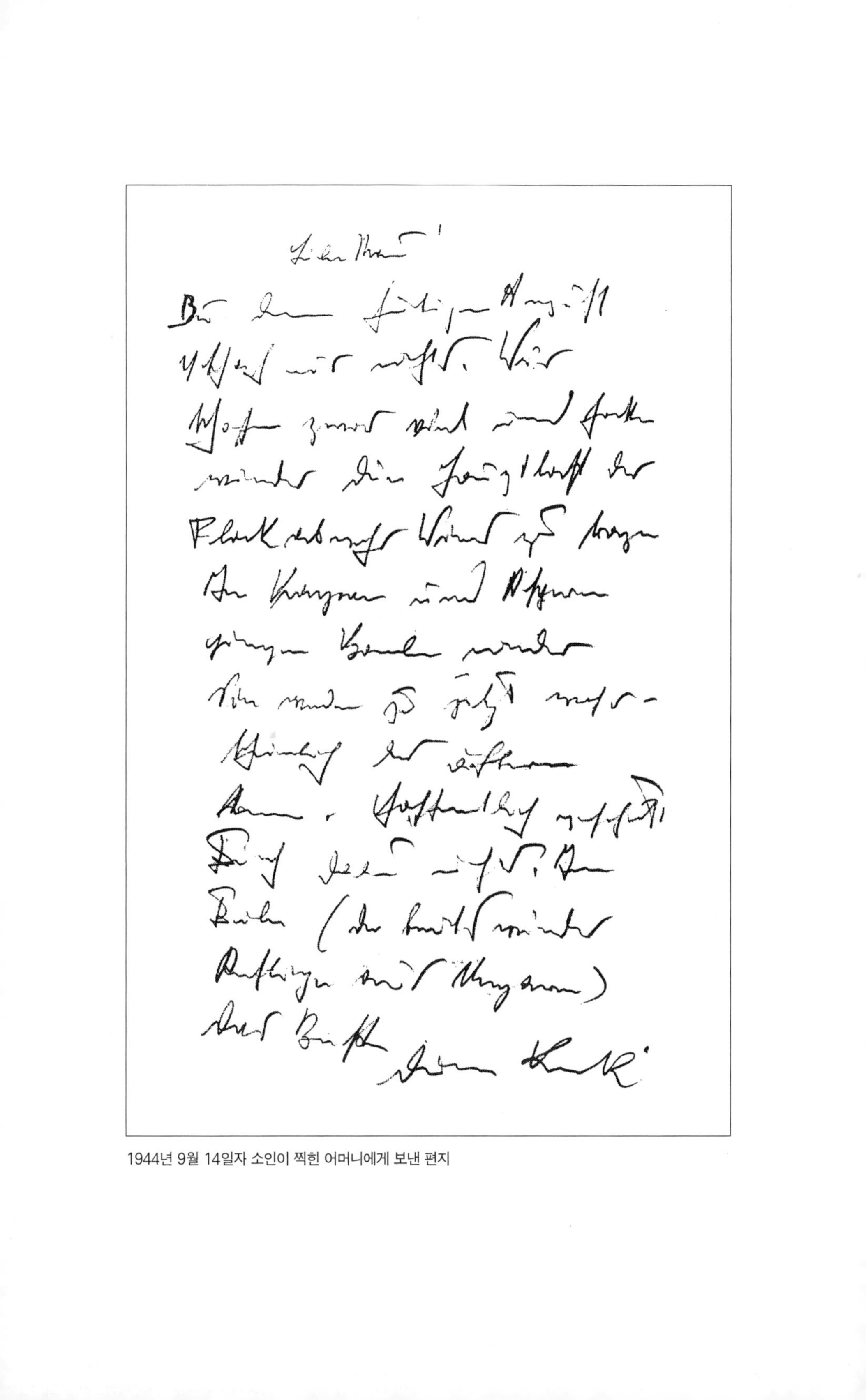

1944년 9월 14일자 소인이 찍힌 어머니에게 보낸 편지

일 없기를 바랄 뿐입니다. 급히 적습니다(헝가리 쪽으로부터 공습이 시
작되었다는군요).

사랑하는 아들 렝키로부터!

편지봉투 위에 찍힌 야전 우체국 소인은 1944년 9월 14일이었다.

우리는 방학도 없이 다시 수업을 받기 시작했는데, 6학년과 7학년
의 교재를 배우게 되었다. 수업기간중에도 경보가 울리면 우리는 모든
것을 그대로 둔 채 방공호로 갔고 선생님들도 대피호로 안내하였다.
가을이 돼서는 탱크 저지훈련을 했기 때문에 방공호가 철거되었다. 아
군 대포들은 이제 완전히 들판에 노출되었고, 종종 여기저기에 오물이
묻어 있곤 했는데 그것은 일련의 공격 후에도 별로 큰 타격이 없었음
을 보여 주는 증거였다. 폭탄이 정확히 명중되었다면 사정이 달랐을
것이다.

전투로 생기는 소음은 불쾌했다. 사격할 때는 입을 벌리고 귀를 틀
어막았다. 나는 아직도 화약에서 풍기던 동물의 체취와 같은 암모니아
냄새를 기억한다. 전투가 끝나면 경작지에는 지렁이들이 들끓어 땅을
일구어 놓았다. 그러면 다시 여기저기서 두더지들이 땅 위로 고개를
내밀기 시작하였다. 두더지들의 행동은 별로 좋을 게 없었다. 왜냐하
면 벌레들을 발견한 무수히 많은 새들만 이득을 보았기 때문이다.

그때까지 우리를 거들떠보지도 않았던 노련한 병사들도 이 전투로
인하여 우리를 다르게 생각하게 되었다. 자식이 있는 노병들은 종종 우
리를 걱정하며 친근하게 대해 주었지만 나이차가 너무 컸다. 하지만 이
제 우리는 적어도 그들에게 인정받았다고 느꼈다. 우리를 더이상 학생
이라고 조롱하지도 않았으며, 전우를 대하는 목소리로 대접해 주었다.

때때로 우리에게도 오락이 허용되었다. 그러면 제2군의 배우들이
왔다. 이상한 옷을 걸치기는 했지만 우리를 즐겁게 해주었다. 나는 그

배우가 연기한 〈파우스트〉를 기억하고 있다. 당시에는 한 사람의 배우가 모든 배역을 했었다. 파우스트 역을 할 때는 노란색 조명으로, 메피스토가 되면 녹색 빛으로 바뀌는 식으로 말이다. 언젠가 아름다운 리본을 맨 독일연방 소녀단의 배우들이 왔었다. 에디트라는 귀여운 소녀가 나의 마음에 들었다. 나는 전쟁이 끝날 때까지 계속 연락을 취하다가 그 후 연락이 두절되었다. 그녀는 지금 어떻게 지내는지…….

토요일이 되면 가족과 친구들이 포대를 방문할 수 있었다. 이모들이 자주 왔었는데, 과자와 비타민 정제를 가지고 왔으며, 늘 그랬듯이 내 걱정을 끔찍이 했다. 볼프강 슐라이트도 주기적으로 왔다. 그는 나의 현미경으로 무엇을 관찰했으며 학교에서는 무슨 일이 일어났는지 말해 주었고, 그 나이에 우리를 설레게 하는 얘기, 즉 여자애들과 전쟁에 대해 이야기하였다. 그는 올 수 없을 때면 편지를 썼다. 그 편지에는 우리가 고민하였던 것들에 대한 순간이 간직되어 있으며, 그런 붕괴의 시대에도 무엇인가 정상적인 게 남아 있다는 것을 보여 주고 있다.

1944년 6월 23일 그는 다음과 같은 편지를 썼다.

어제 나는 삼각대를 사서 그 위에 네 현미경을 거꾸로 붙여 놓았어! 그랬더니 아주 근사한 환등기가 되더군. 반사경이나 프리즘이 필요없었기 때문에 훨씬 더 빛에 민감했지. 그리고는 슈마허가 지은 역사학 책의 몇 부분을 발췌해서 환등기로 비추어 보았지. 학교는 지금 시험중이야.

그는 편지에 자기가 고안한 것을 그려 동봉했다. 볼피 또한 군복을 입어야 했는데, 1944년 7월 28일에 그는 다음과 같은 편지를 썼다.

사랑하는 렝키!
난 지금 열차역에서 다시 페턴키르헨으로 떠나려는 중이야. 지금까지 나는 비엔나에 있었고 9월 9일자로 켐펜(지금은 슐레지엔인 서부 폴란드)의 제국노역봉사대(RAD)[8)]로 배속받았어. 나는 같은 날 너무나도 기쁜 너의 편지를 받았지. 네가 생각하듯이 나도 될 수 있으면 시간을 알차게 보내려고 해. 7월 25일에는 룬츠(Lunz)에서 뒤른슈타인(해발 1877미터)으로 갔어. 거기서 하루를 보낸 후, 다시 룬츠로 돌아왔어. 25일에는 15분씩 세 번의 휴식을 취한 것 외에는 아침 9시 15분부터 저녁 8시 30분까지 행군했는데, 이상하게도 피곤하지 않았어. 그날 날씨가 아주 좋았단다. 점심시간에는 약 90대씩 편대를 지어 날아오는 1,000여 대의 폭격기를 셀 수 있었어. 그들은 마치 V1 로켓이 무용지물이라는 것을 증명하려는 듯 삐라를 몇 장 떨어뜨리곤 했지. 그곳의 풍경은 기가 막혔어. 막 봄이 오는 중이거든. 커다란 눈송이 옆에는 자그마한 솔다넬라 풀이 솟아났지.

월요일에는 욋처(Ötscher)에 가고 싶어! 8월 8일 화요일에는 너를 다시 방문하려고 해. 너의 포대장이 너에게 휴가를 주었으면 좋겠는데. 아니면 네가 시 외곽으로 나를 보러 올 수 있었으면 해. 즉시 답장을 보내주기 바래. 현미경과 캄머러의 『일반생물학』에 대해서 말할 게 있어. 혹 우리 어머니가 가을에 비엔나로 다시 오면 함께 너희 집에 머물 수 있으면 좋겠는데, 아니면 내가 너에게 가서 현미경을 보여 줘도 되고. 어쨌든 답장을 해줘.

슐레지엔에서 온 다음 번 편지는 그의 군복무, 괴테와 에커만의 대화, 그리고 그곳의 풍경과 꽃에 대해서 쓴 1944년 9월 6일자 편지였다.

이 지방은 나에게는 수수께끼야. 내가 남쪽을 바라보면 땅이 곧 사라져 버리지. 지평선은 500미터쯤 떨어져 있고 떡갈나무와 가문비나무 등의 낙엽송들로 이루어진 숲이 있어. 앞쪽에는 작은 잔디밭이 있고, 산에는 대부분 조각난 돌들이 흩어져 있어. 남쪽을 향하여 커다랗게 자란 밤나무들과 너도밤나무들이 이런 모습으로 윤곽을 이루고 있지(볼피는 내게 스케치를 한 장 그려 보냈다). 하늘은 아주 작은 구름들로 가득 차 있어. 북쪽으로 약간 기울어지다가 다시 완만한 언덕으로 연결되지. 한 20킬로미터쯤 떨어진 지평선에는 빽빽한 떡갈나무 숲이 있어. 기나긴 구름 띠로 덮인 하늘이 드리워져 있고 말이야.

코스모스 출판사에 연락해서 벨룸 지역의 지리적인 상황에 대한 정보를 구해 줄 수 있겠니? 여기에는 다채로운 모든 것들이 어우러져 있어. 휴식시간이라고 해도 편지지를 제대로 펼쳐 놓을 시간도 없네. 자, 이제 편지를 맺어야겠군.

친구, 볼피로부터!

전쟁의 막바지에도 자연에 대한 우리의 관심은 사그라들지 않았다. 오히려 도처에 죽음이 널려 있어서 우리의 지각을 더 예민하게 만들었다. 꽃 하나하나가 다 체험이었으며, 구름의 다양한 모습과 함께 우리의 공상도 뻗어 나갔다. 전쟁 기간중에 받은 마지막 편지는 1945년 2월 12일자였다.

보고 싶은 렝키!
어떻게 지내니? 오늘은 우리가 전선으로 온 지 14일째 되는 날이야. 처음에는 낯설었지만 이제는 다 익숙해져 가. 그래도 네가 그리운걸. 우베 덴쉬란 놈은 전선이 이제야 제대로 되어간다고 우기더군. 내가 보기에는 전혀 그런 것 같지 않은데 말이야. 이 시대는 전혀 변함이 없는데 말이야. 육체적으로 매우 힘들어. 밤이 되면 거의 잠을 잘 수가 없지. 낮에는 모든 시간을 빼앗겨 편지 쓸 시간조차 없어. 오랫동안 연락을 못 받았다고 섭섭해하지 마. 우리가 다시 일하게 되기까지는 얼마 안 남았을 거야. 그러면 우리의 약속도 지킬 수 있을 거구. 잘 있게!

볼피로부터

볼프강 슐라이트가 말했던 우베 덴쉬는 우리 둘 다 괜찮게 생각했던 친구였다. 그는 에른스트 윙어의 영향을 받아서 군인 정신이나 전쟁에 윤리적 가치를 두었다. 그에게 어느 정도는 공감하였으나, 분명히 우리가 더 비판적이었다. 조국을 지켜야 한다는 필요성은 절감했지만 영웅주의의 사탕발림이 우리를 사로잡지는 못하였다.

마지막 편지를 쓰고 난 직후 볼프강 슐라이트는 부상당했다. 다른 두 동료와 더불어 그는 소비에트 탱크와 보병을 대적하는 기관총 사수로 복무하였다. 기관총 참호가 명중되어서 볼피의 전우가 전사하자 그가 기관총을 집어들려고 할 때 적탄에 맞은 것이다. 총알이 한쪽 손을 관통했고 두 발에는 찰과상을 입었다. 그가 잠깐 의식을 잃고 깨어났을 때는 탱크의 꽁무니를 발견할 수 있었다. 전선은 이미 그의 앞쪽으로 이동한 후였다. 러시아군은 그가 죽은 줄 알았던 것이다. 그는 얼어붙은 개울가를 기어서 힘겹게 독일군 진영으로 돌아올 수 있었다. 젊은군인들은 훈련을 너무 적게 받았고 전선에서의 경험이 부족했기 때문에 희생이 매우 컸다. 볼피는 바이에른의 알프스 지역에 있는 야전병원으로 옮겨졌다. 그래서 목숨을 구한 것이다. 나는 전쟁이 끝나고 몇 달이 지나서야 그 이야기를 듣게 되었다.

여름에는 나의 사촌 만프레트가 찾아왔다. 우리는 어떻게 보면 이름이 서로 닮았다. 만프레트라는 이름은 ‘평화를 갈구한다’는 뜻인데, 독일어로 ‘Irenäus’라는 뜻에 상응하는 것이었다. 우리 부모님이 아들의 이름에서 얼마나 평화를 갈구했는지 알 수 있었다. 만프레트는 성직자가 되었다. 진정으로 평화를 사랑하는 사람이 있다면 만프레트는 분명히 그 중의 한 사람이었다. 그는 심성이 착하고 감수성이 예민

했다. 어쩌면 너무 연약했는지도 모르겠다. 1944년 6월, 한 차례 지독한 공습이 훑고 지나간 후에 그가 나를 찾아왔다. 그날은 해가 창창한 더운 날이었는데, 붉은 양귀비꽃과 푸른 옥수수꽃으로 가득한 노란 들판 위로 바람이 넘실대고 있었다. 우리는 불안하고도 어려운 시대에 대하여 얘기를 나누었다. 만프레트는 신과 시험에 대한 얘기를 했으나 나는 귀기울이지 않았다. 헤어지면서 그가 나의 이마에 성호를 그어 주었고 우리는 서로 껴안았다. 그의 동그란 뺨 위로 눈물이 흘러 내렸다.

나는 더이상 그를 보지 못하였다. 그는 징집되어서 군목으로 발령을 받았는데 프랑스에서 레지스탕스에게 저격당했다고 한다. 무기 대신에 가지고 다니던 십자가도 그를 구해 주지는 못했다.

만프레트에 대한 그밖의 기억은 별로 없다. 그와의 마지막 만남은 나에게 깊은 영향을 주어 오늘날까지도 뇌리에 박혀 있다. 나는 현실주의자로서 인간이 가진 사악한 잠재성을 알고 있지만, 인간의 선을 믿게 된 것은 그의 덕분이라고 생각한다.

나중에 나는 연구를 통하여, 평화와 협동에 대한 우리의 요구와 타인을 돕는 우리의 욕구는 종족사적인 근거를 가지고 있으며, 그와 동시에 나타나는 정서와 더불어 타고난 것임을 증명할 수 있었다. 그런 속성들은 종종 발생사에 있어서 부드러운 쪽으로 방향을 돌리게 하는 어머니 가슴 속에서의 보살핌에 기인하는 것이다.

편지가 배달될 때면 부대는 온통 설레임의 도가니였다. 종종 실망할 때도 있었다. 어머니는 그녀의 세계에 침잠하였기 때문에 편지를 거의 쓰지 않았다. 아버지가 죽자 어머니는 다른 남자와 사귀었다. 나는 오늘날 인류행태학적인 시각에서, 그런 상황에서 여자가 40세쯤 되면 새로운 관계를 수립하기 위해 자식을 떼어 놓으려 한다는 것을 이해한

다. 그러나 당시에는 배신감을 느꼈다. 그로 인해 몇 년 동안 어머니와
의 관계에 먹구름이 끼었다. 나에게 어머니는 더이상 없는 존재나 마
찬가지였다.

1944년 가을 나는 연속적인 비상 동원의 결과, 앞에서 말했듯이 폐
렴에 걸리게 되었다. 고열이 나서 야전병원을 거쳐 히칭에 있는 휘브
러 호텔로 이송되었다. 고열상태에서 날아다니는 기분을 느꼈고 간호
사에게 나를 잡아 달라고 했다. 그러나 폐렴약인 프로토질을 잘 받아
먹은 덕분에 며칠이 지나자 열이 서서히 떨어졌다. 그리고 2주간의 병
가를 받게 되었다. 나는 티롤에 있는 어머니의 친구집에 묵게 되었다.
그녀는 내가 열네 살 때 못 다 이룬 사랑의 기억을 일깨워 주는 여인이
었다.

전쟁의 마지막 해, 나는 작가인 칼 요한 안더와의 대화에서 많은 것
을 얻었다. 그는 부인 잔네트와 함께 우리집에 세들어 살고 있었다. 안
더는 점성술과 초감각적인 세계를 믿고, 나에게는 인상적으로 보였던
온갖 종류의 신비주의 서적들을 읽었던 좀 특이하고 괴팍한 인물이었
다. 어쨌든 나에게 그 당시 분명해졌던 생물학에 대한 관심이 그런 엉
뚱한 일로 영향을 받지는 않았다. 우리는 많은 토론을 하였다. 그는 굴
뚝처럼 담배를 피웠으며, 커피도 마시고 심지어 희곡도 썼다. 비엔나
민중극장에서 상연된 그의 〈비행의 전설〉의 초연이 기억난다.

1944년 열다섯 번째 생일날, 그는 나에게 베르너 좀바르트의 『사회
주의와 사회운동』[9] 제7판을 선물로 주었다. 1896년에 초판이 나온 베
를린 경제학자인 좀바르트의 책은 당시에는 금서였다. 칼 요한 안더와
는 전쟁이 끝난 후 교류가 끊어졌다. 그의 연락처를 수소문하였으나
당시 여행을 눈앞에 두고 있던 터라 그를 찾지 못하였다. 그의 부인이
나를 잠시 방문한 적이 있었다.

1945년 1월, 나의 공군보조병과 학생으로서의 이력은 끝이 났다. 나

는 졸업장과 함께 학교를 떠나 알고 보면 아무런 할 일도 없는 제국노역봉사대에 발령받았다. 그것은 사실상 단축된 보병훈련이었던 것이다. 우리는 오합지졸이었다. 다시 말해, 더이상 고등학생들로 이루어진 비교적 엘리트 수준의 그런 집단이 아니었다. 대부분의 전우들이 떠드는 음담패설이나 무지한 짓이 나를 슬프게 했다. 물론 그들도 원래는 좋은 애들이었으리라. 아마 이성에 관한 음담패설을 하면서 대부분의 사람들이 지향하는 이성애를 강화하고 동성애를 방지하는 역할도 했으리라 생각된다.

나는 그 시기에 대해서는 잘 기억나지 않는다. 우리는 축축한 참호에 앉아서 목표물 조준과 사격을 연습하였다. 참호 속에 도랑을 파고 잘 곳을 만들면서 우리는 더러워져 갔다. 우리의 제복은 그 후에 다시 세탁되어야 했다. 여기에서도 나는 시간이 허락하는 한 책을 많이 읽었다. 이따금 적기가 저공비행으로 공격해 오면 우리는 땅속으로 기어들어갔다.

3월 27일, 나는 규정에 따라서 노역봉사를 마쳤으며 군인으로 발령받기를 기다렸다. 그러나 더이상 소집되지 않고 민간인 신분으로 남아 있었다. 나는 비엔나로 가서 3월 말경 방어선에 있는 포대를 다시 한 번 방문하였다. 그리고 거기에서 마지막 공습경보를 경험하였고 증서와 함께 고사포병 혁대를 수여받았다.

나는 다시 이모들과 살게 되었다. 4월 초의 며칠간은 소비에트 붉은 군대가 헝가리 전선을 돌파했으며 곧 중화기로 포격을 가할 거라는 소문이 들려 왔다. 그러니까 러시아놈들이 비엔나 코앞까지 와 있다는 것이다. 동프로이센과 동부 독일에서 날아드는 소식들은 끔찍하였다.

러시아군은 남자 민간인들도 납치해 갔기 때문에, 나는 비엔나 서쪽의 숲을 지나고 오스트리아 저지대를 지나서 어머니와 이모들이 사는 젤 암 모스로 돌아갈 수 있기를 희망하였다. 나는 병역수첩이 증명하듯이 더이상 군인이 아니었다. 뿐만 아니라 제국노역봉사대 제대증도 가지고 있었다. 그래서 반역 혐의가 있으면 가차없이 처형하는 국가 비밀경찰이나 야전군 헌병들을 보아도 덜 불안하였다.

헝가리 거리에서 서쪽으로 떠나기 전날 밤은 정말 을씨년스러웠다. 방어선이 무너지는 소리와 전선이 후퇴하는 소리가 들렸다. 방송에서는 뉴스가 들렸고 간간이 바그너의 〈신들의 황혼〉이 흘러나왔다. 며칠 만에 시내의 생활은 완전히 뒤바뀌었다. 4월 초까지만 해도 상점, 우체국, 전차, 관공서 등 웬만큼 지낼 만했었다. 심지어 신문도 아직 살 수 있었다. 「민중의 관찰자」의 비엔나판 마지막 호는 4월 4일에 발간되었다. 1945년 3월 31일, 부활절 일주일 전 토요일에는 이름가르트 제프리트가 음악연합회 강당에서 브람스의 〈독일 진혼곡〉을 불렀다.

어쨌든 그 시기는 나에게 현실이 아닌 것처럼 느껴졌다. 후고 포르티쉬는 그의 놀라운 대작 『르포와 그림 다큐멘터리로 본 오스트리아 제2제국』[10)에서 이 극적인 순간의 단면들을 포착해 놓았다.

지금은 그때 내가 젤 암 모스로 가려고 했던 결심이 거의 정신 나간 자살행위나 다름없었다는 것을 알고 있다. 내가 했던 결심은 점령 치하의 헝가리 거리의 어느 지하실에서 예상했던 것보다 훨씬 더 위험한 것이었다. 그러나 나는 불안해서 무엇인가를 해야 했다. 하마터면 다 실패할 뻔했다. 내 여자친구 에디트의 아버지는 나에게 스스로를 지킬 수 있게, 오래 전에 비엔나의 우리집 지하실에서 찾아 냈던 권총 탄환을 주었다. 생각이 짧은 나는 권총에 장전을 해서 점퍼 주머니에 넣어 두었다. 이모들이 이마에 성호를 그어 주고 난 다음, 4월 8일 아침 약간의 비상 식량과 우유 통조림, 내의 등을 꾸려서 길을 나섰다.

나는 파괴된 시내에서 여전히 불타고 있던 슈테판 성당 옆을 지나갔다. 이제 러시아군은 폭격까지 하였다. 그들의 폭격기는 볼 수 있을 정도로 낮게 날아다니면서 폭탄을 뿌려 대고 있었다. 시내 교통은 마비

된 지 오래였고, 군인들도 순찰을 하였지만 놀랍게도 민간인들도 매우 많았다. 헌병들은 탈영병을 수색하였다. 나는 그들에게 되블링으로 갈 예정이라고 설명하였다. 그러는 동안에 수시로 관할 사령부에 신고해야 했다. 나의 병역수첩과 제국노역봉사대 제대증이 신원을 보증하였다. 순찰병들은 통행을 허락했다. 나는 차단물로 쓰기 위하여 길에 놓여진 전차들을 보게 되었다. 러시아군의 시내 진입에 대비한 것이었다. 러시아군이 이미 베링거 가에 진입했다는 소리도 들렸다.

프란츠-요세프 정거장에서 뻗어 나온 되블링 대로 앞에서 기관총을 메고 있는 두 명의 군인과 마주쳤다. 그들에게 러시아군이 어디쯤 와 있으며 내가 되블링으로 갈 수 있는지 물어 보았다. 그들은 전황에 대해 전혀 모르고 있었다. 나는 계속 달려서 길을 가로지르는 전차 노선이 있는 되블링 대로에 도착하였다. 건너편 길 모퉁이에는 시내 순환로가 있는데 거기에는 아직까지도 약국 하나가 있다. 놀랍게도 내가 발견한 탱크 앞에는 죽은 말을 매단 마차 하나와 붉은 군대가 버티고 서 있었다.

나는 심장이 얼어붙었다. 다른편 길에서 발견했던 러시아 군인들은 기관총을 들고 철모를 썼으며 러시아의 붉은 별을 부착한 외투를 걸치고 있었다. 그러나 그들은 어렸으며 밝은 표정의 쾌활한 젊은이들이었다. 그들이 내게 윙크를 했다. 나는 그들 곁을 지나가며 일단 나의 권총을 넘겨 주며 긴장을 풀기 위하여 대화를 했다. "너 군인이지?" "난 군인이 아니야!" "너 군인이지?" "난 군인이 아니야!"…….

가슴이 철렁 내려앉았다. 그래서 독일제국의 독수리 문장과 나치 십자가가 그려진 병역수첩과 제대증을 꺼내기까지는 약간 시간이 걸렸다. 다행스럽게도 러시아군에게 길잡이 역할을 하는 외국인 노동자가 하나 있었다. 그는 서툰 독일어로 "제국……노역……봉사……제대증……"이라고 더듬더듬 말했다. 나는 그에게 이곳 되블링이 내 고향이며 더이상 전쟁에 끼어들기를 원하지 않는다고 설명하였다. 그는 병역수첩에 써 있는 "되블링, 호프차일레 27번지"라는 나의 주소를 읽었으며, 내가 비엔나 출생이며 위험한 저항군이 아니라 창백하고 겁먹은 청년에 불과하다는 것을 알아차렸다. 그는 러시아군을 향하여 뭐라고 지껄였다. 그러자 그들은 내가 가지고 있던 것을 모조리 빼앗고는 가라고 하였다.

그들이 등 뒤에서 나를 쏠까 봐 두려웠다. 되블링 대로는 너무나도 길고 곧은 길이었다. 그러나 아무 일도 일어나지 않았다. 나는 그 일이 당연하다고 생각하지 않았다. 왜냐하면 소비에트 연방은 전쟁으로 많은 피해를 입었으며 그 군인들도 소비에트 정권의 프로파간다밖에는 믿을 게 없었을 테니까 말이다.

이러한 긍정적인 인간적인 체험을 통하여 나에게 있어 전쟁은 이미 끝나 가고 있었다. 그 후 점령 기간중에 몹쓸 일도 겪었지만 그것에 대해서는 말하고 싶지 않다. 다른 군인들이었어도 그랬을 것이기 때문이다. 악한 것보다는 선한 일에 접했던 적이 훨씬 많아서라도, 나는 좋았던 기억만을 말하고 싶다.

전후의 혼란과 새로운 희망

나는 우리 셋집, 아니 그 집 전체에 홀로 앉아 있었다. 일단 먹을 것을 찾았다. 우리집에는 한 달 전부터 아무도 살지 않았기 때문에 먹을 게 없었다. 그러나 친구들 집에서 빵 하나를 만들기에 충분한 반 잔 정도의 꿀과 약간의 밀가루, 소금과 베이킹파우더를 찾을 수 있었다. 나는 포도주 재배업자들이 와인이 흘러가게끔 술통을 열어 놓았다는 말을 들은 적이 있다. 왜냐하면 러시아 군인들은 술에 취했을 때에만 몹쓸 짓을 하기 때문이라는 것이다. 그러나 아쉽게도 와인은 땅에 스며들지 않았으며, 덕분에 되블링 시민과 러시아 군인들은 지하실에 고여 있는 포도주를 양동이로 길어 낼 수 있었다. 나는 주전자에 포도주를 가득 담아 집으로 가져왔는데, 그것이 생존을 위한 어느 정도의 열량을 제공해 주었다. 다음 날에는 밤손님이 왔다갔다. 그들은 창을 타고 방으로 들어와서는 여자가 없는 것을 알고 실망했다. 당시 우리는 러시아 군인들이 노인을 공경하는 정이 많은 사람들이라고 여겼다. 그들 중에는 대제국의, 그야말로 다양한 민족의 대표자들이 있었다. 우리는 아시아 인을 두려워하였다.

안심하고 이모들에게 돌아갈 수 있을 때까지 그 집에 며칠을 더 묵었다. 그 사이에 건너편에 있는 헝가리 가 42번지의 집은 불타 없어졌다. 이모집의 창문들은 타다 못해 부분적으로 녹아 내렸다. 비엔나 시내의 대부분의 사람들처럼 우리도 배고픔에 시달렸다. 그러나 몰락의 징조가 팽배하지는 않았다. 왜냐하면 사정이 점점 좋아졌기 때문이다. 일단 소화전에서 물을 길어 와야 했다. 이제 집에도 하루 두어 시간씩 급수가 시작되었다. 일단은 몇 시간에 불과했지만 전기도 다시 들어왔으며 곧 하루 종일 공급되기 시작했다. 전차도 이미 몇 킬로미터 정도 운행을 재개하고 신문도 다시 나오기 시작하였다.

점령군은 모든 민간인들에게 잔해를 치우라고 명령하였다. 젊은 남자들은 별로 없고 대부분이 노인들이었기 때문에 여인네들이 거의 모든 일을 해야 했다. 우리들은 잔해 속에서 기왓장을 골라 내고, 거기에 달라붙은 시멘트를 망치로 떼내어 깨끗이 다듬어서 길거리에 일정한 높이로 쌓아야 했다. 언젠가 수백 명의 포로들이 러시아군에게 끌려갔다. 부인들이 처량한 포로들에게 무엇인가 찔러 주려고 했지만, 러시아 군인들에 의해서 야만적으로 저지당했다.

당시 공산주의자들은 비인간적인 처사를 저지르는 실수를 범했고, 그로 인해 시민들에게 인심을 얻지 못하였다. 그들은 이모집 앞길 비스듬히 저편에 사무실을 하나 연 다음에 그 집의 벽에 '말과 독일군 시체는 포탄 구멍에 매장해도 된다'는 플래카드를 걸었다. 그들은 젊은이들을 길로 끌어 내 공장시설을 해체하는 데 내보냈다. 나도 그 일에 불려 나가서 더이상 젊지 않은 이모들과 같이 집단노동이나 기계를 나르는 화물차를 청소해야 했다. 먹을 것이라고는 멀건 수프밖에 없었다.

며칠간을 마구간 같은 곳에서 지내며 옷도 갈아 입지 못하고 씻을 수도 없었다. 나는 철사처럼 긴 막대기를 어깨에 메고 이모의 부축을 받으며 초소를 무사히 빠져 나올 수 있었다. 그들은 속아 넘어갔고 우리는 길 건너 모퉁이로 곧 빠져 나갈 수 있었다.

한번은 점령군이 나와 길에 모여 있던 사람들에게 화물차를 비우라고 명령하였다. 그것은 힘든 일이 아니었다. 그리고는 러시아 인들이 카샤라고 부르는 밀기울 반 자루를 임금으로 주기도 하였다. 이모들은 드디어 먹을 것을 얻어 왔다고 기뻐했다.

대학이 다시 문을 열자 즉시 등록했다. 나는 열일곱 살밖에 안 되었지만 공군보조병 시절에 7학년을 마쳤고 졸업증서도 받았기 때문에 입학할 수 있었다. 다음 학년도 가을 입학생들은 입학 시험을 보아야 했기 때문에 나로서는 행운을 잡은 것이었다.

학생들은 대학 교정에 흩어져 있는 잔해들을 치워야 했다. 수많은 폭격으로 인해 대학 건물은 심하게 부서져 있었다. 배급되는 식량이라고는 하루에 고작 1000칼로리밖에 안 되어서 몹시 배가 고팠지만 우리는 정성을 들여서 일했다. 당시 나는 기아로 인한 부종으로 고생은 했어도 행운아였다. 그토록 갈망하던 동물학도 전공할 수 있었다. 하지만 내 친구들 사이에서는 그저 '애송이'였을 뿐이다.

피난민으로서의 고초는 지독했다. 우리는 300만 명 이상의 독일인들이 체코슬로바키아에서 어떻게 추방되었는지 같이 체험하였다. 비록 옛 왕정의 오스트리아 인들에게 해당하는 것이었지만, 우리도 조국에 발을 들여 놓을 수 없었다. 오로지 오스트리아 소속으로 증명된 사람들만 남을 수 있었고 나머지는 독일로 압송되었다. 그 대량 피난의 와중에서 수십만 명이 죽었다. 유고슬라비아에서도 사정은 비슷하였다. 그리고 폴란드가 점령한 동부 독일 지역에서도 그런 끔찍한 이야기가 들려 왔다. 우리가 알다시피 당시 그곳에서는 200만 명 이상의 사람들이 약탈당하고 추방되었고 100명 이상의 민간인들이 목숨을 잃었다.

오늘날 독일의 동부 국경에 대해 논의될 때면, 평화를 위해서 현재의 국경을 그대로 인정해야 한다고 말한다.* 결국 이전의 동부 독일 국경지대에서는 그곳에서 태어나서 그곳을 고향으로 여기는 새로운 세대들이 자라날 것이다. 물론 일리가 있는 말이지만, 두 가지 사실을 잘 구별해야 한다. 즉, 영토의 분할과 추방이다. 전쟁이 끝난 후의 국경 변동은 흔한 일이다. 어쨌든 유럽의 역사에서 영토를 차지한 전승국은 통상 그 지역의 국민을 받아들여서 그들의 국적으로 편입시키거나 종종 강제적인 동화정책을 펴기도 하였다. 오늘날의 폴란드 서부 국경은 끔찍한 역사적 사건 이후에, 다른 지역의 국경 변동처럼 인정될 수 있는 것이다.

그러나 당시에는 그곳에 사는 사람들에게 자결권을 묻지도 않고 그 지역을 떼어 내는 일이 자행되었다. 그것은 오늘날까지도 전세계에서 횡행하는 만행이다. 그리고 그들의 횡포는 점령한 영토의 국민을 약탈하고 추방하는 것에 그치지 않았다. 앞으로 벌어질 전후 처리에서도 또 다른 추방의 역사가 되풀이되지 않으려면 그런 만행을 저지하는 국

---

* 이 점은 독일의 재통일이 이루어진 후에도 재차 확인되었던 사실이다.

제협약을 맺어야 할 것이다.

집단수용소와 유태인 처형장에 대한 최초의 소식들과 사진들은 나에게 충격이었다! 애들을 팔에 안고 가스실로 들어가는 어머니들의 모습, 실험실의 동물로 전락한 인간의 처참한 모습, 그들을 고문하고 살육하는 모든 일은 도저히 납득할 수 없는 일이었다. 그리고 수십만 명의 소비에트 포로들을 굶겨 죽인 것도 도저히 이해할 수 없었다. 그런데 이제는 연합군의 비인도적인 처사에 직면하게 되었다. 늘 기사도와 명예를 떠들던 인간들이 이런 대량 학살을 조직했다는 사실이 나를 격분시켰고 너무나 깊은 상처를 주었다. 그것은 이해되지 않는 일이었다.

얼마 전에 나는, 수용소 담당의사인 멩엘레의 명령 때문에, 자신의 아이들에게 젖을 먹일 수 없어서 아이를 죽게 할 수밖에 없었던 루스 엘리아스의 이야기를 읽은 적이 있다.[11] 그것은 결코 예외적 상황이 아니었다. 나치의 범죄 규모는 날이 갈수록 만천하에 드러났다. 그러나 나와 많은 전우들에게는 전쟁이 끝나자마자 경험했던 것만으로도 충분했다.

우리의 지도층은 당시까지 알려지지 않았던 학살에 책임이 있을 뿐만 아니라, 전쟁에 이길 확률이 없는데도 불구하고 몇 달이라도 더 버티려고 수십만 명의 인명과 도시, 온 국토를 희생시킨 것도 책임져야 한다. 그래서 그들을 당연히 법정에 세워야 한다고 생각하였다. 물론 전후에 뉘른베르크 전범재판에서 이루어진 적잖은 판결은 오늘날 우리의 법감정에 맞지 않는 것이 많았다. 내가 보기에 고의로 우리의 명예를 앗아 간 자들은 전혀 회개하지 않았다.

나치의 만행이 드러나자 우리 세대 사람들 대부분은 그런 일이 다시는 일어나지 말아야 하며, 그런 폐허로부터 평화가 보장된 새로운 유럽을 만들어야 한다고 소망하게 되었다. 우리는 용기를 내어서 추진할

목표를 찾아 낸 것이다.

반면에 정체성의 발견은 점점 어려워져 갔다. 예를 들어 대학의 등록 서식에는 늘 국적란과 민족란이 있었다. 우리는 국적란에는 '오스트리아 인'이라고 적었지만, 민족란에는 '독일인'이라고 썼다. 그러자 당국은 둘 다 '오스트리아 인'으로 써야 한다고 가르쳐 주었다. 그 이유를 알 수 없었다. 나는 오스트리아의 국체는 인정하였다. 그렇다고 나의 혈통까지 부정해야 하는가? 아니, 옷을 갈아 입듯이 혈통까지 바꿀 수는 없잖은가? 나의 부모와 조부모들은 그들이 독일 혈통이라는 것을 의심한 적이 없었다. 비엔나에 서 있는 수많은 동상을 보더라도 알 수 있다. 예를 들어서 카알 공작의 동상에는 "독일의 영광을 위하여 투쟁하자"라는 문구가 새겨져 있다. 프로이센이 1866년에 쾨니히그래츠에서 오스트리아 군을 격파했을 때, 프란츠 그릴파르처는 다음과 같이 의구심을 표현한 바 있다. "나는 독일인으로 태어났지만, 아직도 독일인인가? 내가 독일말을 쓴다고 해서 독일인은 아니다."

독일적이라는 것은 이제 부정적인 개념이 되어 버렸다. 전후의 명망 있는 정치가 중 한 사람인 교육장관 펠릭스 후르데스는 학교 수업이나 증명서에서 '독일어'라는 낱말을 '수업 언어'라는 용어로 대체하라고 명령하였다. 마치 전승자 앞에서 그런 명령으로 새로운 관용과 전승자들에게 사랑의 봉사라도 할 수 있다는 듯이 말이다. 그는 두고두고 조롱거리가 되었다. 그래서 그 수업 언어를 '후르데스 어'라고 비꼬기도 했다.

곧 다시 정상적인 상태로 되돌아왔다. 물론 몇 년이 걸리기는 했지만 말이다. 이제 살육은 멈추었고 더이상 폭탄도 떨어지지 않았다. 삶은 정상으로 되돌아왔고 점령군들의 행동도 서서히 바뀌기 시작하였다. 인간적인 교류도 점점 회복되어 갔으며, 이제 새로운 방식으로 그것을 서로 체험하게 되었다. 이제 다시 희망을 가질 수 있었다.

2장 학창시절

빌헬미넨베르크

나는 식물학을 부전공으로 하고 동물학을 전공으로 하여 박사학위를 취득하려고 하였다. 그리고 고등학교 교사 자격증도 따려고 하였다. 이를 위해서 자연사를 전공으로 택했고, 학창 시절 등한히 했던 물리학을 만회하고자 그것을 부전공으로 선택하였다. 자연사 전공은 동식물학뿐만 아니라 지질학, 광물학 및 고고학의 실습과목을 다 이수해야 했기 때문에 비교적 어려운 것으로 알려져 있었다. 더욱이 나는 각 전공교수로부터 평가받는 고등 세미나를 수료해야 했다. 이런 방식 때문에 오늘날의 동물학 전공 학생들은 접하기 어려운 여러 분과의 교수진들로부터 많은 것을 배울 수 있었다.

지질학 교수인 레오폴트 코버는 지구의 살아 있는 역사에 대한 역동적인 상상을 전해 주었다. 나는 그의 강의에서 알프스 산맥이 어떻게 발달해 왔고 융기했으며 내륙으로 밀려들어왔는지 배우게 되었다. 물리학과에서는 화학과 물리학 강의 및 실험을 이수해야 했다. 이미 첫 학기에 많은 학점을 땄다. 내게 인상 깊었던 것은 학문적인 장래를 위하여 1949년에 캐나다로 이주한 루트비히 폰 베르탈랑피의 일반생물학 강의였다. 또한 생물 형태의 기능 및 비교적인 측면들을 생생하게

빌헬미넨베르크

설명해 준 빌헬름 폰 마르넬리의 형태론 강의도 기억난다.

가끔씩 교정의 잔해를 치우는 것 외에 학업에 지장을 주는 일은 없었다. 시내는 아직도 잿더여서 저녁 때 마땅히 갈 만한 곳이 없었다. 그리고 강의와 실습이 진지하고 정말로 재미있었기 때문에 그럴 욕구도 느끼지 못했다. 동물학 전공 학생들은 자그마한 그룹을 하나 만들었는데, 그들 중 내가 제일 막내였다.

사정은 좋았다가 나빠졌다가 했으며 우리는 늘 배가 고팠다. 동물학 실습 기간 중에 가물치를 박제해 오라는 숙제를 받았는데, 그 물고기에 대해서 배운 게 없었기 때문에 고민이었다. 해당하는 분야에 대해서 준비되었던 다른 박제들은 유감스럽게도 포르말린 속에 들어 있어서 교수의 요구에는 맞지 않았다.

나는 다시 이모집에서 살게 되었으며 아침마다 완전히 파괴된 시내를 달렸다. 구덩이마다 잔해들이 쌓여 있는 이 도시가 언제나 복구될지 그저 답답하기만 하였다. 그렇지만 서서히 낙관적인 분위기가 조성되면서 우리는 러시아 점령군의 습격으로부터 보호받을 수 있는 4개 국어로 된 증명서를 받았다. 우체국도 다시 문을 열었고 다른 관청도 업무를 재개하였다. 임시정부도 들어섰다.

나는 패배감과 신뢰감 사이를 방황하였다. 그리고 늘 배고픔이 나를 괴롭혔다. 심지어 지식을 집어넣으면 배고픔을 잊을 수 있을 거라고 생각하였다. 오로지 읽고 또 읽기만 했다. 특히 생물학과 자연과학, 철학 서적을 섭렵했는데, 그 중에서도 베른하르트 바빙크의 『자연과학의 결과와 문제들』(*Ergebnisse und Probleme der Naturwissenschaften*)을 정독했으며, 베젠베르크 룬트의 『담수 동물 생물학』(*Biologie der Süßwassertiere*)과 『담수 곤충의 생물학』(*Biologie der Süßwasserinsekten*)[12] 같은 생물학의 특이한 단행본, —— 두 개의 투명날개를 전문어로 일컫는 —— 막시류(膜翅類)에 대한 저작들과 당시의 전공서적들을 읽었다.

1946년 2월에 볼피 슐라이트는 나에게 행태학 연구 그룹에 대하여 설명해 주었다. 이 그룹의 토론에 참가해 본 나는 그야말로 감격하였다. 그리고 거기에서 오토 쾨니히를 알게 되었는데, 그는 동물의 행태에 대해 놀라울 정도로 많은 지식을 가지고 있었고 여러 개의 보고서를 썼으며 빌헬미넨베르크에 생물학 연구소를 세운 장본인이었다. 그는 누구에게 물어 볼 필요도 없이 1945년에 그 지역을 소유해 버렸다. 그곳은 군 소유지였다가 주인 없이 버려진 일곱 개의 막사가 딸린 빌헬미넨베르크 성의 건너편에 있는 숲지대였다. 1945년 가을, 당국은 쾨니히의 소유권을 인정하였다.[13] 그는 공동 연구자를 찾았는데, 우리를 오래 설득할 필요가 없었다. 볼프강 슐라이트는 그 일이야말로 우리를 위한 것이라고 생각했고 나도 동감이었다.

때는 바야흐로 상추꽃이 피고, 버들강아지 사이로 벌들이 붕붕 날아다니는 1946년 3월이었다. 너도밤나무와 떡갈나무가 있는 연구소 부지는 비엔나 숲의 골짜기 아래로 완만하게 펼쳐지는 들판과 맞닿아 있었다. 통나무 막사에서 약 100미터 떨어져 있는 분지에는 갈대밭으로 둘러싸인 자그마한 연못이 있었다. 근처에 있던 막사는 여전히 비어 있어서, 볼피와 내가 그 안의 작은 방 하나를 차지하였다. 이로써 나의 인생에 결정적인 영향을 주었던 흥미진진한 삶의 새로운 단원이 시작되었다.

나는 처음부터 곧장 영토에 대한 인간행동의 본질을 배웠다. 오토 쾨니히는 잘 아는 인쇄소에 종이띠 인쇄를 의뢰하였다. '빌헬미넨베르크 생물학 연구소 — 출입금지!'라고 인쇄해서 우리 구역의 나무들은 물론 울타리와 입구마다 붙여 놓았다. 이러한 소유에 대한 표시는 쾨니히가 실은 비엔나 행정구역에 속하는 토지를 무단으로 점령했음에도 불구하고 존중되었다.

에버하르트 트룸러가 그의 오두막 앞에서 전기화덕과 메모장을 들고 나선다.

그는 눈부신 전략가인 동시에 일을 잘 벌이는 사람이었다. 그리고
어떤 일도 관철시켰다. 그의 부인 릴리는 재능이 많은 예술가이면서
그래픽 디자이너였으며, 연구소의 편지지와 직인을 도안하였다. 쾨니
히는 절묘하게도 쉔브룬 동물원에 있는 영향력 있고도 명망 있는 파트
너 하나를 찾아 냈다. 그래서 편지지 윗부분에는 '쉔브룬 동물원과 공
동 연구를 하는 빌헬미넨베르크 생물학 연구소'라는 소인을 찍을 수
있었다. 명망 있는 연구소와 공동 작업을 하는 징표로는 그럴 듯한 이
름이었다. 이를 통하여 공개석상에서 자부심을 가질 수 있었다.

오토 쾨니히의 초기 공동 연구자 중에는 에버하르트 트룸러가 있었
다. 동물학을 공부한 그는 무척추동물 —— 특히 곤충이나 거미 그리고

단세포 동물 — 에 관심을 가졌다. 후에 말과 개 연구가로서도 명성을 날렸던 그는 나보다 여섯 살 위였는데, 무수히 많은 유리통과 어항 및 수조 안에 거미와 풍뎅이 그리고 작은 웅덩이에 사는 곤충 군락을 기르던 열정적인 동물학자였다. 그는 현미경을 들여다보며 밤늦도록 무엇인가를 그려 댔다. 그래서 해뜰녘이 되면 거의 말을 걸 수조차 없는 분위기였다. 그는 빌헬미넨베르크에서 공동 연구자로 시작한 자신의 이력에 대해 다음과 같이 적고 있다.

내가 오스트리아의 행태연구를 위해 할 수 있었던 최초의 일은 녹이 슨 못을 두드려 펴는 것이었다. 1945년 9월 18일은 나에게 새로운 시대가 시작된 날이었다. 잊을 수 없는 교양학부 동창인 일제 길레스 — 나중에는 프레히틀 부인이 되었는데 — 는 빌헬미넨베르크의 '조류 연구자'에게 자신을 소개시켜 달라고 부탁하였다. 빌헬미넨베르크는 48번 노선의 종점, 산을 향하여 나 있는 먼지가 나던 길, 그리고 식료품 가게[14]를 지나서 사슴이 뛰노는 숲과 울타리를 지나가야 했다. 드디어 막사와 전차 및 잔해들이 나왔다. 그곳에는 자기의 사명을 분명히 아는 셔츠를 입은 한 남자가 있었고, 아름다운 노송들과 갈대로 둘러싸인 자그마한 호수가 있었다. 당시에 나는 세계란 근본적으로 단세포 생물들과 물소나무 및 곤충들로 이루어졌다고 생각했는데, 오토 쾨니히의 친절한 지침에 따라서 낡은 못을 다시 펴는 기술을 배우도록 충동한 것은 바로 그 호수였다.[15]

우리는 관목을 심었고, 겨울에는 심지어 나무를 베는 방법도 배웠으며 모양과 색이 가지각색인 빈대 같은 곤충들과도 싸워야 했다. 그때 볼피와 내가 살던 텅 빈 막사의 처마 아래에는 수명이 길고 단식전문가인 빈대들이 들끓었다. 이 불쌍한 작은 짐승들은 거의 일년 이상 아무엇도 먹지 못해 종잇장처럼 얇아서 마치 흡혈귀 같았다. 우리의 첫 번째 동물학적 관심은 그들에게 향해졌다. 볼피가 아주 특별한 살충제인 DDT 가루를 사왔다. 우리는 빈대 한 마리를 성냥갑 속에 가두었다. 내 친구가 뿌려 넣어 준 밀가루 덕분에 그 빈대는 하루 종일 활동적이었다.

우리 그룹은 쾨니히 부부와 일곱 명의 연구진으로 1946년에 결성되었다. 에버하르트 트룸러와 볼프강 슐라이트, 그리고 나 이외에 빌헬미넨베르크 연구소에는 다음과 같은 사람들이 참여하였다. 나중에는 의학을 공부하였고 심리치료사가 된 에드문트 프뤼만은 우리에게 철학자로 통했다. 쿠르트 그라츨은 의학자요 역사학자인 동시에 열정적인 발명가였다. 일제 길레스는 참새에 관심을 가졌으며, 오늘날 네덜란드의 저명한 소아과 의사가 된 하인츠 프레히틀은 갓 태어난 생쥐의 행태에 관심이 있었다.

빈대와의 싸움에서 실패한 후 우리는 가구를 만들기로 하였다. 막사 안에 아무것도 없었기 때문이다. 돈을 주고 무엇을 살 형편도 아니었지만, 주인 없이 굴러다니는 물건이나 도둑들이 길에 버리고 갔거나 농가에 버려진 물건들이 꽤 많았다. 우리는 그것들을 좋은 목적을 위하여 가져다가 망치로 두들겨 펴서 못을 박고, 당장 필요없는 것들은 다 처마 밑에 있는 목공소 뒤에다 숨겨 놓았다. 그리고 잘 보이지 않도록 짙은 색으로 칠했다. 나는 조명이 달린 침상을 하나 만들었으며, 자그마한 조리대와 장롱 그리고 책장도 만들었다. 그런데 모든 장비가 갖추어진 낡은 책상 하나를 발견하였다. 둥그런 무쇠난로는 오두막을 덥히기에 충분하였다. 몇 개의 냄비와 필기도구, 침구와 내의들은 이 모들에게 얻어 와서 이제 오토 쾨니히의 작은 공동체에 살게 되었다.

내 일은 거의 혼자 알아서 하였으며, 일주일에 한 번씩 찾아가던 지금까지의 집주인들의 도움도 가끔 받았다. 그들은 여전히 빨래를 해주었고 나의 건강을 돌보아 주었다. 그것은 정말로 필요한 일이라는 게 증명되었다. 왜냐하면 우리는 하루에 1490칼로리에 불과한 식권을 배급받았는데, 정말 그것으로는 부족했기 때문이다. 우리는 들과 강에서 먹을 수 있는 모든 것을 긁어모았기 때문에 살아 남을 수 있었다. 더욱이 쾨니히 부부는 우리가 편안할 수 있도록 돌보아 주었다. 오토 쾨니히는 이따금 고기를 가져다 주었으며, 노이지들러 호수를 답사할 때 캐온 채소도 나누어 주었다. 볼프강 슐라이트의 어머니도 나에게 이것저것을 찔러 넣어 주곤 했다.

정말 아름다운 봄이었다! 막사 앞의 연못에 사는 거북들이 짝짓기를 하고 있었다. 나는 쾨니히의 권고에 따라서 이 동물의 짝짓기 생물학을 연구하였다. 일단 그들이 짝짓기 상대를 어떻게 찾는지 알고 싶었다. 손바닥으로 수면을 찰싹거리자, 수놈 거북 한 마리가 다가와서 내 손가락을 붙잡고는 놓으려고 하지 않았다. 나는 그대로 거북을 들고 올 수 있었다. 수놈은 움직이는 것이면 암수에 상관없이 그쪽으로 헤엄쳐 갔다. 그런데 수놈끼리 껴안으면 그들은 곧 "쿵쿵쿵" 하는 방어의 목소리를 내었다. 이런 소리를 통하여 수놈이 번지수를 잘못 찾았다는 것을 분명히 알 수 있었다. 왜냐하면 곧바로 그를 놓았기 때문이다. 하지만 암놈은 안기면 움직이지 않고 가만히 있었다.

이를 통하여 나는 간단한 신호들이 어떻게 짝짓기 과정을 조절하는가를 배웠다. 수놈은 암놈을 찾으면 암놈의 어깨 아래를 잡아 누르고는 등에 올라탔다. 그에게 접근하는 다른 수놈들은 뒷발로 차냈다. 산란 행위가 이루어질 때까지는 며칠이 걸릴 수도 있었다. 암놈이 물속에 알을 낳는 것과 동시에 수놈에게 정액을 사정할 것을 알려 주는 간단한 신호들이 있었다. 암놈은 알을 낳을 준비가 되면 등 뒤쪽에 십자형 구덩이를 파는 것이 전형적인 신호였다. 수놈은 곧이어 암놈의 배설강 위에 자기의 뒷발로 모래바구니를 만들어서 산란을 돕고 수정을

한다.[16]

암놈은 여러 층으로 알을 낳는다. 각 층마다 위에서 말한 신호를 통하여 수정이 이루어진다. 그 과정중에 작은 동물들이 주위를 헤엄치기 때문에, 산란을 하면서 생긴 분비물이 물속에 번진다. 암놈이 헤엄을 치는 동안, 수놈은 뒷다리를 몸 쪽으로 끌어당긴다. 마지막 산란이 끝나면 암놈은 다시 한 번 신호를 보낸다. 수놈은 산란된 알이 더이상 없으면 산란이 끝났다는 신호로 받아들이고는 암놈을 풀어 준다. 암놈은 기슭 쪽으로 올라간다. 그때 그 암놈을 수놈들이 껴안으면 암놈은 수놈처럼 행동한다. 암놈은 소리는 내지는 못하지만 — 아마 소리 없는 아우성이겠지만 — 옆구리와 머리를 흔들어 댄다. 그것만으로도 올라탔던 수놈을 떨쳐 내기에 충분하다.

나아가 나는 거북들이 산란 장소로 이동하는 것을 연구했는데, 거북이 분명히 자기가 태어났던 하천으로 되돌아가는 기억을 가진다는 것을 알아 냈다. 최근의 연구에서 그들이 냄새를 따라 간다는 사실도 밝혀졌다.

거북의 짝짓기에서 나타나는 자극을 관찰하면서 나는 동물들의 커뮤니케이션 문제에 관심을 가지기 시작하였다. 어떤 신호들이 공동체의 상호작용 행위를 조절하는가, 그런 신호들은 어떻게 발달하는가, 동물들은 그것을 어떻게 이해하는가? 이 주제는 비교행태학을 통해서만 연구될 수 있었다.

거북의 짝짓기 생물학에 대한 논문에서 나는 극도로 다양한 형태로 나타나는 봄의 개화현상을 집중적으로 연구하였다. 노란 갈대 위에 따뜻한 햇살이 비추고 어두운 하천이 녹아 내리면서 웅덩이 생물들의 활동이 활발해지면, 처음에는 간신히 움직이던 물속의 거북들은 기온이 올라가면서 서서히 움직이고, 물 밑의 마늘거북은 쿵쿵거린다. 꽃이 피는 들판에는 벌들이 붕붕거리고, 어둠이 다시 다가오면 비와 안개가 스며 오고, 거북들이 이동하며, 풀개구리들의 합창소리가 아련하게 들려 온다. 나중에 독일에서도 여러 해 동안 이런 봄날의 기운을 느낄 수 있었다.

오토 쾨니히는 훌륭한 스승이었다. 그는 처음부터 나에게, 실험할 때 성급하게 시작하지 말고 일단 앉아서 관찰을 잘하라고 설명해 주었다. 관찰을 한 다음에야 비로소 합리적인 문제가 제기되며, 그것은 추후의 연구를 위해서도 필요한 것이었다. 그는 늘 관찰한 것을 정확히 기술하고 즉시 그 결과를 관찰기록집에 옮겨 적는 것이 얼마나 중요한지 강조하였다. 일단 어떤 행동이 문서로 정착되면 어떤 특징에 주의를 기울이게 되기 때문이다. 더욱이 우리는 자신의 기억에만 의지할 수는 없을 것이다. 그는 나아가 오늘날 우리가 행태목록(Ethogramm)이라고 부르는 동물들의 전형적인 행동양식을 모든 종류의 목록으로 적을 것을 권고하는 미국의 동물학자 허버트 스펜서 제닝스의 책을 소개해 주었다.

오토 쾨니히는 회색, 은색 및 자색 왜가리에 대해서 설명해 주었다. 새들이 우리 연구소 주위로 날아들었기 때문에, 우리는 그의 설명 내용을 즉시 확인할 수 있었다. 쾨니히가 그들의 인사 의식을 기술하면 우리는 그들의 행동을 식별하였다. 그들은 정말 서로 인사를 하였으며, 우리가 접근하면 우리에게도 인사를 하였다. 은색 왜가리나 회색 왜가리는 기본적으로 비슷하게 보였으나, 각 종마다 조금씩 다른 고유의 특징을 갖고 있었다. 은색 왜가리들은 인사할 때면 우리 쪽으로 목을 쭉 빼고 부리는 아래로 향하였다. 반면에 회색 왜가리는 목을 곧추 세운 채로 인사했다. 두 종류 모두 뻗친 목을 가지고는 먹이를 쪼을 수가 없었기 때문인데, 어쨌든 친근한 의도로 보였다.

우리는 실수를 통해서 많은 것을 배웠다. 쾨니히가 노이지들러 호수에서 가지고 온 수염박새가 어느 날 새끼를 깠다. 그리고는 좀 놀라운,

연구소 부지에 살던 왜가리

일단은 설명하기 어려운 일이 생겼다. 알에서 나온 새끼들이 새장 바닥에 떨어져 죽어 버린 것이었다. 그것을 계속 관찰한 결과, 어미새들이 처음에는 새끼들에게 먹이를 주다가 이내 그들을 둥지 밖으로 밀어 떨어뜨렸다는 것을 알 수 있었다. 결국 설명을 할 수 있었다. 어미새는 새끼의 먹이 그릇으로 부단히 날아가서 새끼들이 더이상 주둥이를 벌릴 수 없을 정도로 먹이를 꽉꽉 채워 넣었다. 그런데 원래 야생에서는 입을 더이상 벌리지 않은 채로 있는 — 즉, 입을 다물고 있는 — 새끼들은 죽은 것으로 간주되고 위생상의 이유로 우리 밖으로 제거된다. 그러나 야생에서는 어미새들이 새끼의 주둥이에 억지로 먹이를 처넣는 일은 일어나지 않는다. 왜냐하면 야생에서는 먹이를 찾는 데 늘 시간이 걸리고 새끼들도 항상 배가 고파서 늘 입을 벌리고 있어 잡아 온 먹이를 조금씩 분배해서 주는 것만으로도 족하기 때문이다.

릴리 쾨니히의 주된 관심사는 그녀가 노이지들러 호수에서 가지고 온 벌잡이새에 있었다. 게다가 그녀는 (7개월 동안 동면을 한다는) 산쥐 '슈므르스키'를 가지고 왔다. 처음에는 그저 호기심으로 가지고 왔으나 점점 관심이 커지기 시작했다. 슈므르스키에게 암놈을 하나 붙여 주었다. 그런데 다른 수놈이 하나 더 있었다. 아주 흥미진진한 상황이었다. 많은 동물들이 우리 막사 주위를 뛰어다녔다. 커다란 비버는 막사 아래에 둥지를 만들었다. 나중에 다시 말하게 되겠지만 내가 돌보아 주던 오소리 한 마리는 그녀와 위협적인 몸짓을 교환하였다. 그러나 물지는 않았다. 어린 금계(중국산 꿩)는 이른 봄이 되면 이리저리 날아다니다 창가에 앉곤 했다.

노이지들러 호수로 갔던 오토 쾨니히와의 첫 탐사여행은 잊을 수 없다. 이 평평하고 넓은 초원의 호수 서쪽과 북서쪽으로는 거대한 갈대밭으로 경계지어져 있었으며, 그 안에 회색·은색 및 자색 왜가리와 어린 사슴들도 살고 있었다. 우리는 일단 가벼운 조각배를 타고 운하를 따라 호수를 건너 북쪽에 있는 군락에 접근하였다. 그 지역의 앞구역은 불탄 갈대밭이었으나, 마지막 구역은 진흙탕이었다. 우리는 백로들의 둥지 군락에 도달할 때까지 갈대 숲을 헤쳐 나갔다.

나는 그들이 새끼에게 먹이를 주는 모습을 만끽하였다. 우리는 그들처럼 갈대 숲에서 밤을 새웠으며 각자 갈대로 방을 만들어서 몸이 젖지 않게 했다. 오토 쾨니히는 간간이 휴대용 식량을 보급해 주었고 물고기도 낚았다. 밤이 되면 우리는 알락 해오라기의 둔탁한 울음소리와 졸졸 흐르는 물소리를 들었으며, 낮에는 백로의 울음소리와 개개비의 노래, 그리고 물개구리의 합창을 들었다. 나는 그 순간을 다시 한 번 경험하고 싶다. 다른 탐사에서는 호숫가에 있는 평평한 탄산염 웅덩이로 갔었는데, 그 안에는 종종 소금이 하얗게 말라 붙어 있곤 했다. 거기에는 소금갯는쟁이와 호염성 식물이 자라고 있었으며, 길앞잡이 벌레가 바글거렸다. 특히 에버하르트 트룸러가 관심을 가졌던 남러시아 독거미들이 많이 있었다. 소금 웅덩이 안에는 평발게(Tripos cancriformis)와 같은 작은 게 종류들과 새각류(徨脚類)가 살고 있었다. 그것들은 오래 전부터 생존해 온 게의 일종이다. 해가 바뀌면 거북들이 짝을 지었는데, 그들의 울음소리가 초원 너머로 울려퍼졌다. 그 후로 나는 그 호숫가를 여러 번 다시 찾았으며 포도농장의 낮은 집과 그곳 사람들을 사랑하게 되었다.

1946년 가을, 쾨니히 부부는 「환경」이라는 학술지를 창간하였다. 그들은 젊고 경험이 없던 우리에게 각 전문영역을 과감하게 맡겼다. 나는 양서류와 파충류 영역을 맡아서 쓰기 시작하였다. 그러나 어떤 참고논문도 없었기 때문에 일단 스스로 일련의 보고서들을 쓰기 시작하였다. 예를 들면, 땅거북의 짝짓기 생물학, 변온 거북, 내가 키우고 있던 시베리아 도롱뇽에 대해서 썼다. 그리고 파충류와 양서류의 위협색에 대해서도 썼다. 쾨니히는 미리 주제를 제시한 몇 권의 학술지를 만들었다. 그렇게 해서 예를 들면, 노이지들러 호수에 대한 아름다운 특집호가 완성되었다. 그것은 경제적으로 보자면 너무 시기상조인 사업이었다. 15호부터는 숄레(Scholle) 출판사에서 「환경」이라는 이름으로 나오게 되었다. 오늘날에도 당시의 논문들이 독창적이면서도 성공적인 연구였다고 생각한다. 우리는 학술지를 위한 작업과정에서 많은 것을 배웠고 특히 출판에 대한 공포를 이겨 내었다.

국민 교육에도 식견이 있었던 오토 쾨니히는 학교와 다른 그룹을 위한 견학과정을 만들었다. 우리는 간간이 작은 야생 동물원에도 함께 가서 많은 것을 보게 되었다. 우리는 견학을 담당해야 했는데, 그때 섬세한 얼굴을 가진 검은 머리의 여인이 눈에 띄었다. 그때까지 나는 이

로를레(1948년)

행사에 그리 열성적으로 참여하지 않았으나, 마음이 곧 바뀌게 되었다. 나는 아주 열성적으로 야외 동물원에서 두꺼비에 대하여 설명하였으며, 앞에서 말했던 그 여자에게 자세히 관찰해 보라고 그 두꺼비들 중의 한 마리를 건네 주었다. 그녀는 두꺼비를 받아 들고 흥미롭게 관찰하였다. 견학은 매우 빨리 끝났고 그녀에게 주소를 물어 볼 용기도 나지 않았다. 하지만 같은 달에 나는 마리넬리의 형태론 수업에서 그녀를 다시 만날 수 있었다. 그녀는 동물학과 학생이었으며 우리는 곧 이야기를 나누게 되었다.

그녀의 이름은 로를레로 나와 동갑이었다. 그녀가 빌헬미넨베르크의 연구소를 다시 방문했다. 나는 그녀에게 맛있는 새참을 만들어 주

었다. 코코아 껍데기로 차를 끓였다. 그 당시 코코아를 대용할 거라고
는 그것밖에 없었기 때문이다. 그리고는 약간의 설탕과 밀가루를 넣어
끓이면 따뜻하고 달착지근한 그럴 듯한 코코아 푸딩이 만들어졌다. 나
는 그것을 반쯤 묽은 상태로 따뜻하게 만들었는데, 이 기발한 요리에
자부심을 가지고 있었다. 하지만 로를레에게는 별로 맛이 없었나 보
다. 그것을 가끔 남기곤 했으니까 말이다. 그렇다고 우리 사이가 어색
해진 것은 아니었다. 오히려 정반대이다! 로를레는 나에게 내놓을 만
한 변변한 먹거리가 없다는 것을 곧 알아차렸다. 그녀는 어머니와 조
부모와 함께 연구소 근처에 —— 제3구역에 있던 그녀의 집은 폭격당
해서 무너졌다 —— 세들어 살고 있었다. 더욱 자주 나를 찾아오게 된
그녀는 올 때마다 음식을 가지고 왔다.

　당시에 나는 에버하르트 트룸러로부터 쇤브룬 동물원장인 오토 안
토니우스의 유품 중에서 콘라트 로렌츠의 논문 별쇄본들을 얻었다. 그
중에 『새의 환경에서의 짝들』과 『가능한 경험의 선천적 형태』[17]라는
것이 있었다. 이 두 논문에서 로렌츠는 비교행태학의 기본개념을 발전
시켰으며, 그것이 인류행태학을 깊이 이해하는 데 중요하다고 논급하
였다. 이 두 논문은 재미있는 관찰과 심오한 해석들로 가득했으며, 선
천적인 행태에 관한 논고에서는 이미 생물학적 인식론의 초석이 정립
되어 있었다.

　나는 로를레에게 이 논문들의 일부를 읽어 주었으며 나의 관찰에 대
해서 설명해 주었다. 나는 이렇다 할 재산도, 신통한 일자리에 대한 전
망도 없던 상태였지만, 내 전공이자 그녀의 전공이기도 했던 동물학에
매진하며 감격하였다. 그녀도 쾨니히와 연구진들에 의해서 진심으로
우리 그룹에 기꺼이 영입되었다. 그녀가 나에게서 찾으려고 한 모든
것들이 놀라웠을 뿐이다. 나 또한 마찬가지였고.

　로를레는 나에게 교양을 쌓도록 영향을 주었다. 그녀는 나를 오페라

와 연주회에 데리고 다녔다. 당시 음악협회 강당에서는 빌헬름 푸르트 벵글러와 헤르베르트 폰 카라얀의 오케스트라가 번갈아서 연주회를 하고는 했다. 카라얀은 로를레의 어머니도 참가했던 음악동호회 합창 단을 지도하기도 하였다. 그래서 우리는 연주회를 늘 생생하게 볼 수 있었으며 리허설을 볼 수 있는 특권도 누렸다. 그러지 못할 때는 아주 싼 값의 입석표를 사서 들어가 보았다. 어쨌든 배가 고파 다리가 후들 거렸고, 입석 청중들 중 몇몇은 너무 오래 서 있던 나머지 풀썩 주저앉 기도 했다. 그러면 밖으로 실려 나가서 의무실에서 의식을 회복하고 다시 연주회장으로 슬며시 되돌아오고는 했다. 그때처럼 비엔나의 음 악 생활에 열성적으로 참여한 적이 없었다. 당시에는 카라얀과 푸르트 벵글러가 각기 더 훌륭한 지휘자라고 강변하는 두 그룹이 있었지만, 나는 두 지휘자 모두 좋았다.

오소리와 자유의 뿌리

1947년 초, 오토 쾨니히가 쉰브룬 동물원에서 태어난 후에 어미가 받 아들이지 않았던 자그마한 젖먹이 오소리 한 마리를 얻어 왔다. 그의 아내 릴리가 우유로 오소리 새끼를 키웠다.

오소리가 앞도 보고 뛸 수 있게 되자, 그 놈은 백로와 병아리를 잡아 먹는 사냥꾼 기질을 유감없이 발휘하였다. 내 생일인 6월 15일, 오소 리는 어린 꿩 몇 마리를 잡아먹고 말았다. 그러자 "저 오소리를 내보 내!"라는 명령이 떨어졌다. 그래도 그 놈은 쾨니히가 정말 애지중지 키웠던 것이었기 때문에 연구소 주위에서 아주 내쫓기지는 않았다. 우

작은 오소리를 껴안고 있는 필자(1947년 빌헬미넨베르크)

리 막사는 백로들로부터 멀리 떨어져 있었기 때문에, 나는 작은 오소리 닥시를 계속해서 기를 수 있었다. 그것은 내가 받은 생일선물 중에 가장 훌륭한 것의 하나였다. 나는 그 놈에게 자그마한 병 하나를 주고 행동을 기록하기 시작하였고 특유의 속성을 보여 주는 쾌활한 오소리에게서 많은 기쁨을 얻을 수 있었다.[18]

닥시는 수놈으로 장난이 심했으며, 싸움놀이 또한 지독한 것이었다. 털을 바짝 세운 채, 짧은 박자로 멈추는 듯 높이 도약하면서 내 앞에 서서는 머리를 두어 번 흔들고 다시 뒤로 도망치곤 했다. 그리고 몇 미터 떨어져서 다시 나를 돌아보며 "흡 흡" 하고, 왼쪽이나 오른쪽으로 고개를 돌려 쳐다보고는 다시 도망가고 또다시 공격하는 시늉을 반복했다. 그리고는 내가 뒤쫓아 따라가는 것을 즐기는 듯했다. 우리는 종종 쫓고 쫓기는 역할을 바꾸어서 놀았고 끝에 가서는 닥시가 이빨로 내 바짓가랑이를 물고 뒤흔들어 댔다. 그러나 진짜로 물려고 하지는 않았다. 하지만 닥시는 어디까지나 오소리였기 때문에, 날카로운 이빨이 늘 나의 피부에 퍼런 멍자국을 남겼다. 매일 저녁마다 막사 앞을 뒹굴며 장난을 쳤다.

당시에 나는 오소리가 장난을 칠 때면 통상적인 싸움이나 도망과는 다른 행동을 보인다고 생각하였다. 그가 나에게 싸움질을 걸어 올 때는 아주 호전적이었지만, 정말로 싸우려는 것은 아니었다. 그의 사교적인 신중함은 그대로 있었으며, 도망을 치더라도 겁에 질린 모습은 아니었다. 도망치기 장난이 끝나고 예를 들어 숨을 만한 어떤 목표물에 도달하면, 닥시는 공격과 숨기를 번갈아 하며 장난을 쳤다. 이런 감정 영역과의 단절을 통하여 그 동물은 본능의 압력과 어느 정도 거리를 가지는 이완된 영역을 만드는 것이다. 간단한 실험을 통하여 쉽게 설명될 수 있다. 개 앞에서 양쪽으로 열린 울타리 바로 뒤에 고깃덩어리를 던지면, 개는 울타리 사이를 통과하여 고기 쪽으로 가려고 한다. 그러나 고깃덩어리를 울타리에서 멀리 던지면, 개는 울타리를 빙 돌아서 고기를 가지러 간다. 그리고 고기를 바로 코앞에 놓으면 개는 격렬하게 흥분한다. 감정적인 욕구가 지나치면 명철한 문제해결에 방해가 되는 것이다. *

이에 대해서 볼프강 쾰러가 침팬지로 실험한 훌륭한 사례가 있다. 서로 연결하여 꽂을 수 있는 두 개의 막대기를 도구로 해서 우리 밖에

---

* 인공지능 연구에서는 이것을 '공간분할을 통한 문제영역 설정'이라고 한다. 이에 대해서는 D. R. Hofstadter의 *Goedel, Escher, Bach : An Eternal Golden Braid*(1979) 및 한국어판 『괴델, 에셔, 바흐 : 영원한 황금 노끈』(박여성 옮김, 까치글방, 1999) 참조.

매달린 바나나를 따는 실험에서 침팬지 술탄은 일단 아주 짧은 막대기 하나로 시도해 본다. 안 되면 좀더 흥분해서 다른 막대기를 바나나에 뻗쳐 본다. 그래도 바나나를 따지 못하면 매우 화가 나서 그만두고 만다. 그리고는 바나나 쪽으로 등을 대고 누운 다음, 화가 진정되면 막대기들을 가지고 장난치기 시작한다. 그러다가 우연히 막대기 두 개를 끼워 맞춘다. 이렇게 긴 막대기를 조립하자마자 침팬지는 처음의 과제로 되돌아가서 바나나를 낚아챈다.

사냥, 투쟁, 도망 따위의 다양한 행동이 그들에게 통상적으로 발현되는 중추신경계의 통제를 벗어남으로써, 동물적 감정이 이완된 행위영역이 생겨난다. 실험자들은 동물에게 원래의 운동능력을 장난하게 하면서 실험에 임하였다.

오소리 닥시는 방금 말한 것처럼 사냥하고 싸우고 그리고 도망칠 수 있었다. 그러나 그에게 무엇엔가에 관심을 끌게 하는 즉시, 호기심을 발동시켜 사냥놀이를 할 수 있었다. 닥시는 상상력이 매우 풍부했는데, 언젠가는 앞으로 구르다가 우연히 공중제비를 할 수 있다는 사실을 깨달았다. 새로운 운동방식을 알게 된 닥시는 비탈길을 끝까지 굴러내려갈 정도로 공중제비를 연달아 연습하였다. 또 한 번은 닥시가 오토 쾨니히 앞에서 싸움놀이를 하려고 서 있을 때, 얼음이 언 길바닥에서 그만 미끄러지고 말았다. 그 즉시 닥시는 부자연스런 동작에서 벗어나면서 이 새로운 발견을 통하여 미끄럼을 연습하였다. 종종 나의 오소리에게서 진정한 감정이 작용하고 있다는 것을 관찰하였다. 그는 이따금씩 좀 사나워졌는데, 그러면 싸움놀이는 시들해졌다.

오늘날까지도 여전히 내가 몰두하는 문제는 행위의 자유라는 것이다. 자유라는 개념은 많이 쓰여진 만큼 오용되었다. 대부분의 사람들은 자유라는 개념을 무엇을 말하거나 쓸 수 있는, 즉 의사표현의 자유 같은 것과 연관짓는다. 그것은 어떤 사회가 유지하거나 그러지 못하는 자유이다. 하지만 스스로 자유롭게 표현할 수 있는 자는 이데올로기의 독단에 빠져들 수도 있으며, 그렇다면 그것은 결국 어디엔가 구속된 자유롭지 못한 정신과 다름없다. 인간이 어떤 지배로부터 자유롭다고 해서 자유롭게 생각할 수 있다는 것을 의미하지는 않는다.

사고의 자유는 내적인 환상 속으로 들어간 행위인 사고로부터 감정의 영역을 단절할 수 있는 능력에 토대한다. 물론 이러한 독자성은 절대적이지는 않다. 인간이 자유롭게 생각한다고 해서 무질서하게 생각하는 것은 아니다. 인간은 숙고하고 행위의 대안을 설계하며 그 결과를 가늠한다. 즉, 정신 속의 여러 경로들을 두루 다닌다. 이와 같은 다양한 가능성을 검토하는 과정중에는 개인적인 경험이나 목표 및 가치 설정이 결정적인 역할을 한다. 감정적으로 장악된 영역들과 단절함으로써 객관적으로 사고하고, 사실에 입각하여 논증하고 의견을 달리하는 사람들의 견해에도 귀기울인다. 그것들은 주어진 프로그램에 따라서 고정관념 하에 펼쳐지는 행위처럼 천편일률적이지는 않다.

그러나 공동체의 환경과 사회에 할당된 이데올로기의 속박은 매우 감정적으로 장악되었기 때문에 종종 곤혹스런 경우가 생긴다. 알다시피 우리는 이제 기술적인 문제들에 대해서는 전반적으로 별 걱정 없이 토론할 수 있다. 다양한 인종상의 족보와 이데올로기적인 배경을 가지는 기술자들도 그들에게 필요한 돈이 주어진다면, 서로 합심하여 화성 탐사용 위성을 만들 것이다. 그러나 그 사람들에게 사회적인 문제를 논평하라는 과제를 준다고 해보자. 그러면 너무도 쉽게 감정의 충돌이 일어나서 과제의 적절한 해결을 방해한다는 사실을 알게 될 것이다. 감정이 사고에 주는 영향은 그 사람의 됨됨이에 좌우된다. 그렇기 때문에 정신적인 독자성을 위한 능력을 연습해야 한다. 그 능력은 우리에게 그저 선물로 주어지지는 않기 때문이다. 그래서 우리는 그 독자성을 과장할 수 있다. 냉혹한 마음으로 숙고하고 그에 따라 행위하는 자는 비인간적인 짓을 자행하는 위험도 무릅쓸 것이다. 따라서 인간적인 욕구는 늘 이성과 결합되어야 한다.

이미 동물과의 놀이에서도 알 수 있었듯이 감정과 행위를 분리할 수 있는 능력은 아주 분명하게 드러난다. 여러 종류의 원숭이에게서 나타나는 방향으로의 또 다른 자극은 바로 도구문명의 진화이다.

영국의 유인원 학자인 제인 구달(Jane Goodall)의 초청으로 나는 지난 몇 년간 수차례에 걸쳐 탄자니아의 곰베 보호구역의 야생 침팬지들을 관찰하며 촬영할 수 있었다. 특히 침팬지의 '흰개미 잡아먹기'를 촬영하였다. 침팬지들은 입구가 열린 흰개미 집에 빨대나 가느다란 막대기를 집어넣는다. 커다란 병정 흰개미들이 그 빨대를 깨물면 침팬지가 그것을 당겨서 그들을 잡아먹는다. 침팬지는 떨리지 않는 손과 성공할 때까지 필요한 인내심만 가지면 된다. 그런데 재미있는 사실은 그 밖의 다혈질 동물들도 그 정도의 인내심을 가지고 있다는 것이다. 그들도 빨대 같은 것을 입구에 천천히 밀어넣는다. 이따금 허탕을 치기도 하지만 그래도 흥분하지 않고 실험을 지속한다.

나는 그들이 이러한 먹이획득 기술을 이용한 선택을 통하여 '인내심'에 단련된다고 본다. 이런 종류의 일에 몰두하려면 감정에 사로잡혀서는 안 된다. 자연적이지 않은 것을 다루는, 이를테면 도구를 동원하는 데는 '합리적 판단'이 요구된다. 감정을 잠시 동안 접어 둘 수 있는 능력은 이런 방식으로 계속 개선되었다.

인류가 본격적으로 형성되어 가는 과정에서 도구문명의 발달과 더불어 특히 오른손의 능력이 발달하였고, 이와 더불어 양쪽 뇌반구의 능력도 전문적으로 분화되었다. 즉, 몸의 오른쪽 부분에 의지적인 운동신경과 언어의 통제 및 합리성을 담당하는 좌반구, 그리고 감정이나 예술적 재능, 통합을 위한 선천적 능력을 담당하는 우반구로 특성화된다. 그 결과 인간은 때로는 감정적으로, 때로는 합리적으로 행동할 수 있게 된다. 이 기능은 뇌가 두 개의 반구로 분리되면서 서로 연결되는 수백만 개의 신경세포에 의해서 상대화된다(그런데 그 수는 남자들에 비해 여자들이 많다).

닥시는 나의 막사 아래에서 잠을 잤으며, 그곳에 어떤 구조물 하나를 파놓았다. 처음에는 하루 종일 나와 있었지만 나중에는 늦은 오후나 저녁 시간에만 찾아왔다. 그는 문이 꽉 닫혀 있지 않으면 문을 열어 달라고 긁어 댔다. 그리고는 제일 먼저 문지방에 냄새 흔적을 만들었다. 오소리는 생식기 아래에 강한 냄새의 분비물을 내뿜는 주머니가 달려 있어서 이 기관으로 어떤 특정한 장소에 눌러 앉아 분비물을 짜내어 자기의 영역을 확정짓는다. 그런 식으로 문지방에 영역을 표시한 다음에는, 내 구두코와 방 안의 다른 물건에도 표시를 했다. 말하자면 냄새 흔적을 가지고서 자기의 환경을 어느 정도 소유하는 것이다. 즉, 화학적인 문패로 '여기는 내 집이오'라고 표시하는 것이다. 나는 별수 없이 그의 주택관리인이 돼버린 셈이었다. 내 몸에서는 늘 오소리 냄새가 났기 때문에 연구소 주변의 개들과 자주 싸우게 되었다.

오소리와 함께 주변의 낯선 곳으로 산책을 가보면, 오소리에게 왜 식별표지가 중요한지 알 수 있었다. 그가 길에서 어떤 것에 갑자기 놀라게 되면 나는 그의 냄새가 배어 있는 내 구두코를 그의 코에 갖다 댈 수밖에 없었다. 그러면 신기하게도 그는 진정되었다.

나는 닥시로부터 많은 것을 배웠다. 예를 들어 혼자 사는 악명 높은 동물들은 복종하는 프로그램을 가지지 않기 때문에 복종하는 법을 배우지 못한다. 그는 저녁 때 내 방에 있으면서 자기 방식으로 방을 열심히 탐구했다. 물주전자를 밀치거나 재를 담아 둔 쓰레기통을 던지고, 장을 열어서 옷가지를 끌어내린다. 그러면 나는 "휘! 닥시" 하면서 그의 호기심 어린 연구를 중단시켰다. 그래서 연구소에서는 저녁 시간이 되면 "휘이! 닥시"라는 소리가 늘 들리곤 했다. 그렇지만 그 소리도 닥시의 파괴적인 연구활동을 저지할 수는 없었다. 어린 셰퍼드가 손뼉소리나 구령을 들으면 재빨리 복종하고, 고분고분 말을 잘 듣거나 꼬리를 살랑살랑 흔들면서 그의 실수를 사과하는 시늉을 하는 것과는 달리, 닥시에게서는 그런 행동을 볼 수 없었다. "휘이! 닥시"라고 하면 그는 어둡고 동그란 단추구멍 눈을 멀거니 뜨고 나를 쳐다보았다. 그때 내가 손뼉을 치면 내게 달려와서 사납게 으르렁거렸다. 나의 위엄 있는 회색빛 턱수염도 통하지 않았다.

그는 몇 차례에 걸쳐 에피소드의 주인공이 되었다. 언젠가 한번은 아주 고약한 짓을 하였다. 1947년 6월 14일 월요일 일지에는 다음과 같이 적혀 있다.

닥시는 밤에 쾨니히 부부 집에 있었다. 배가 고팠는지 주인이 잠든 틈을 타서 새벽 2시 애완용 거북 12마리를 먹어 치웠다.

그것은 정말 산통 깨는 일이었다. 나는 우리가 잘 알던 에리히 조슈렉이라는 동물 거래인에게 닥시를 넘겨 주라는 명령을 받았다. 일단 닥시는 나를 따라서 강아지처럼 길을 나섰다. 하지만 자꾸 연구소로 되돌아가려고 해 그를 안고 갈 수밖에 없었다. 교탁 높이쯤 쳐들어올렸더니 두려움에 찬 소리를 냈다. 정말 '울고' 있었으며 내 품을 벗어나려고 하였다. 하지만 여의치 않자 내 상의 속으로 머리를 처박았다. 지나가다 만난 사람들은 그를 보고는 "모르모트" "여우" "강아지"라고 불렀다. 전차에서는 "고슴도치" "아기 멧돼지"라고 했고, 내 바로 옆에 앉았다가 슬그머니 옆으로 비켜난 어떤 부인은 닥시를 "스컹크"라고 했다. 그러나 오소리임을 알아차린 다른 부인은 나에게 오소리 고기가 별미라고 장황하게 설명하였다. 닥시가 품속에서 꿈틀거리면 땀이 났다. 그러면 그를 쓰다듬었다.

조슈렉의 동물원에 가자 그는 의자에 얌전히 앉아 있었다. 그가 깨무는 놀이를 시작하자, 곧 앵무새 우리에 가두어졌다. 나는 가슴이 메었고, 연구소로 맥없이 돌아왔다.

다음 날 닥시는 우리에서 도망쳐 나왔는데, 나의 일지에는 다음과 같이 적혀 있다.

"아니, 이런 제기랄! 그 놈을 어떻게 하면 좋지?"라고 조슈렉이 놀라서 전화를 걸어 왔다.

우리 모두 닥시를 그리워했으며, 쾨니히 부부도 마찬가지였다. 정말로 슬픈 일이었다. 우리 모두 닥시 없이는 살 수 없다고 생각해서, 닥시를 다시 키울 수 있게 허락을 받아 내었다.

7월 17일 일지에는 이렇게 적혀 있다.

닥시는 버림받은 표정으로 고개를 낮춘 채 축 늘어져서 되돌아왔다.

나는 바로 그 점을 노린 것이었다.

싸움놀이에서는 진짜로 물려고 하지는 않았으나, 여전히 오소리 특유의 야성으로 대들었다. 하지만 나는 그의 장난기 어린 변덕을 아주 잘 알고 있었다. 이번에도 내 몸에는 아주 많은 멍자국이 생겼다. 마치 갑옷을 입지 않고 결투에 나갔다 온 중세의 기사처럼 쥐어뜯긴 것 같았다.

얼마 있지 않아서 닥시는 반쯤 큰 은색 왜가리를 잡아먹었다. 나는 정말 난처했으나 쾨니히는 이번에도 관용을 베풀었다. 우리는 닥시가 쾨니히 부부네 근처에 나타나면 혼을 냈다. 그랬더니 닥시는 이제 그곳이 자기가 나타나서는 안 될 곳이라는 사실을 알아차렸다.

　로를레의 가족을 처음 방문했을 때, 닥시의 '양모'였던 나는 그를 데리고 갈 수 있었다. 그는 10여 분간 내 뒤를 졸졸 따라왔으며, 자전거가 옆을 지나가면 깜짝 놀라서 털을 바짝 세우고 축구공처럼 몸을 웅크리고는 했다. 나는 냄새 흔적이 묻어 있는 구두끝을 그의 코에 대 주었다. 그러면 닥시는 평온을 되찾았다. 로를레의 어머니와 조부모는 닥시에게 홀딱 반했다. 그는 곧 사람들의 마음을 사로잡았으며 그것이 내게도 도움이 되었다.

　그러나 닥시는 좀 적절하지 않은 행동을 하였다. 도처에 냄새를 퍼뜨리고 난 후, 로를레와 그녀 어머니의 장딴지를 꼬집어 당기며 장난을 치기 시작하였다. 그러다 결국 책상 주위에서 그들을 쫓아다니기 시작하였다. 그것으로 분위기가 좋아지기는 했어도 어쨌든 그로 인해 방문도 끝나게 되었다. 왜냐하면 그 놈이 너무 흥분해서 "휘! 닥시"라고 말해도 막무가내였기 때문이다.

　내 막사 밑에서 자유롭게 살고 있는 이 야생동물과의 공동 생활은 나에게 고등 포유류의 행동에 대한 결정적인 통찰을 제공해 주었다. 나는 1950년에 출간한 논문에서 오소리에 대한 관찰을 종합해 놓았다.

　겨울 내내 닥시는 매일 저녁 규칙적으로 나를 방문했으며, 점점 힘이 세고 묵직한 큰 오소리로 성장해 갔다. 그러나 다 커버리고 나자 그의 방문이 점점 뜸해지기 시작하더니 언제부턴가 나타나지 않았다. 아마 비엔나 숲속 어딘가에서 자신만의 삶을 개척했으리라.

학창시절 : 행동주의자들과의 논쟁

1946년에서 1947년으로 넘어가는 겨울은 혹독했다. 포신으로 만든 화덕은 작은 방을 빨리 데우기는 했지만 그만큼 빨리 식었다. 그래서 아침이 되면 양동이에 받아 놓은 물이 꽁꽁 얼어붙어 있었다. 모아 놓은 땔감이 없었기 때문에 우리는 늘 나무꾼이 되어야 했다. 두 사람이 큰 줄톱을 가지고 완전히 얼어붙은 소나무(떡갈나무)를 자르면 이내 온몸이 후끈 달아올랐다.

이 몇 달 동안 우리는 쥐들의 공격에 시달렸다. 이른바 이삭쥐(Mus musculus spicilegus)라는 이 놈들은 집쥐의 일종으로, 여름에는 들판에 산다. 쥐덫으로 몇 마리를 잡기는 했지만 소탕할 수는 없었다. 잡는 즉시 그들의 거주영역이 그만큼 넓어졌으니까 말이다.

나는 죽은 쥐의 모습이 눈에 거슬려서 이 새로운 이주자들과의 싸움을 중단하고 그냥 지켜보기로 했다. 우리는 곧 서로 친해졌다. 그러자 그들은 내 책상 위에서 서로를 핥았고 내가 가져다 놓은 해바라기씨를 물어 가기도 했다. 그들은 자신들이 따라다니는 길을 표시하기 위하여 여기저기에 오줌을 싸서 냄새를 퍼뜨렸다. 나는 곧 쥐들이 좋아졌으며 그들의 행동을 관찰하고 기록하기 시작하였다.[19]

나중에는 상인에게 사육장에서 기르던 검은 집쥐들도 사서 어항 속에 넣었다. 그들의 가정생활을 보면서, 그들이 어떻게 새끼를 키우고 한 가족으로부터 여러 세대를 거쳐서 어떻게 큰 무리로 형성되는지를 관찰하였다. 나는 당시에 그들을 대가족이라 불렀는데, 사실 정말로 대가족이었다. 가족원이 아닌 개별적인 쥐들은 공격당하고 추방되었다. 쥐들은 자기 집단의 냄새를 통하여 서로를 식별하였다. 같은 공동체에 속한다는 이 징표는 그들이 몸을 비비고 오줌 냄새로 영역을 표

뭔가를 골똘히 생각하는 묵키(Mucki)(위). 입맛을 다시고 있다(아래).

시하는 가운데 공유하는 것이다. 그래서 쥐 한 마리를 며칠간 무리에서 따로 떼어 놓으면, 그 쥐는 이내 집단의 냄새를 잃어버려서 다른 쥐들에게 공격당했다.

당시의 내 방은 기벽으로 가득한 지옥과도 같았다. 위아래로 오르내리는 사다리가 달린 책상 위엔 쥐 사육장이 있었고, 여러 무리의 쥐들이 하루 종일 주위를 맴돌아 다녔기 때문에 그들과 양보 없는 씨름을 해야 했다. 서류철에도 이내 쥐둥우리가 생겼으며, 심지어는 내 방의 깔판 옆에서도 둥우리를 하나 찾아 냈다. 침대보를 움켜쥐자 새앙쥐들이 우르르 쏟아져 내렸다. 쥐둥우리와 새끼쥐들을 쓰레받기로 깨끗이 치워 내려 하자 어미쥐가 나를 공격하여 그만 손가락을 깨물리고 말았다. 나는 오르내릴 수 있는 작은 사다리가 달린 사육장으로 쥐 일가를 옮겨 놓았다. 이 미미한 짐승도 목숨을 걸고 자기 새끼를 지킨다는 생각이 퍼뜩 들었다. 나는 사람과 쥐가 완전히 다르다고는 생각하지 않는다. 생리학적으로나 신체의 많은 부분 그리고 팔을 이루고 있는 작은 뼈들에 이르기까지 서로 많은 공통점을 가지고 있지 않은가. 이 작은 포유류에 대한 관심으로 인해 나는 설치류를 좀더 자세히 연구하기로 마음먹었다. 이와 병행하여 두꺼비도 관찰하였다.

나는 그 동물들과 더불어 빌헬미넨베르크에서의 연구활동을 시작하였다. 그 다음에는 관심을 양서류와 파충류로 넓혀 갔다. 그러니까 오소리는 나를 포유류 연구로 인도하였고 집쥐의 침공은 설치류 동물의 행태학으로 인도해 준 셈이다. 빌헬미넨베르크를 떠날 무렵이 되자, 여러 권의 저술을 위한 자료가 정리되었다. 나는 거북의 성별 인식 메커니즘과 산란을 조절하는 자극의 원리를 발견하였고, 산란장소로 이동하는 데 대한 중요한 통찰을 하였다. 이 작업은 내 박사학위 논문의 토대를 이루었다. 그 내용은 네덜란드 학술지인 「행동」(*Behaviour*)에 '땅거북의 짝짓기 생물학에 대한 기고'라는 제목으로 요약 발표되었

오두막 앞에서 독서하고 있는 필자(1947년 빌헬미넨베르크)

다. 새끼거북에 대한 관찰에서는 일종의 화학적인 경보물질을 통해서
유발되는 ── 부상당한 새끼를 물에 처넣는 ── 사회적인 경보반응[20]
을 발견하였다. 오소리에 대한 관찰은 「동물심리학회지」에 발표하였
다. 같은 해 그 잡지에다 특히 집쥐와 이삭쥐들을 대상으로, 동물의 대
가족 형성과 무리의 분별 및 영역 다툼에 대한 관찰을 보고하는 논문
을 실었다.

　나는 바야흐로 빌헬미넨베르크에서 행태학자가 된 셈이다. 말하자
면 양서류에서부터 파충류에 이르기까지 다양한 동물의 특유한 행동
방식을 기록한 목록을 만들면서, 관찰이라는 수련을 쌓은 것이다. 앞

에서 말했듯이, 나는 당시 길들일 수 있는 동물들과 오소리를 자유로이 키우고 있었으며 내 방에 이삭쥐들을 살게 하면서, 야외 관찰과 격리 관찰을 병행하였다. 행태 그래프를 만드는 노력을 통하여 더 넓은 분야의 연구로 나아가는 진일보를 내딛었으며, 그로 인해 실험을 통해 해결해야 했던 각별한 문제들이 제기되었다.

그 작업은 두 개의 중점 연구과제로 집약되었다. 첫째는 동물의 커뮤니케이션 행동과 연관되는 측면들이었다. 커뮤니케이션 신호가 사회적 상호작용을 어떻게 조절하는가? 사회적 행동은 어떻게 유발되는가? 또 무엇이 그것을 종료시키는가? 비교적 긴 행동 연쇄체들의 교호작용을 통해 우발적으로 유발되는 현상은 어떻게 설명되어야 하는가? 어떠한 자극이 방아쇠 역할을 하는가? 그리고 이 신호들과 그것에 할당된 신호를 이해하는 능력은 어떻게 발전하는가?

이 프로그램은 일단 비교연구를 통하여 시작되었다. 이를 통해 나중에 매우 다양한 상호작용에 대해 연구할 수 있었으며 그것을 하나의 공통적인 이론틀로 정립할 수 있었다.

두 번째의 관심은 '소년기의 행동발달'이었다. 그때 나는 무엇보다도 생득적인 것이 행동과정에 얼마나 개입하며, 학습이 기능적인 행동단위들의 구축에 어떤 역할을 하는지 알고 싶었다. 이 방향은 1950년대 초반에 새로 제기되었던 자연 · 환경 논쟁을 해명하는 데 도움을 준 실험들로 나를 인도하였다.

이미 지난 세기에 학자들은 동물이 일정하게 완성된 능력을 갖고 태어난다는 것을 밝혀 냈다. 갓 태어난 돌고래도 수영할 수 있고, 금방 알에서 깨어난 오리도 달리고 헤엄칠 수 있으며, 큰발닭은 태어난 날부터 당장 날아다닐 수 있다. 그들은 생득적으로 주어진 '운동능력' 외에도 특정한 지각(자극상황)에 처음 부딪칠 경우, 이미 전제된 방식으로 확정된 행동방식을 통해 반응한다. 알에서 방금 깨어난 오리 새끼는 바닥에 놓여 있는 유리판 위에서 물장구를 치며 그것을 마시려고 한다. 즉, 비추어진 표면을 물로 인식하는 것이다. 찰스 다윈과 그에 앞서 헤르만 사무엘 라이마루스는,[21] 생득적인 행동방식과 지각방식에 대해 진작에 알고 있었기 때문에, 동물들이 유아기의 학습과정을 통해서만 습득하는 지식과 위와 같은 생득적 완성성을 구별하였다.

이처럼 생득적인(직관적인) 것과 습득한 것 사이의 개략적인 구분은 일단 큰 문제가 없다. 독일의 동물학자인 오스카 하인로트는[22] 생득적인 행동방식을 "종(種) 특유의 추진행위"라고 불렀으며, 그것을 오리과에 대한 미시체계론 연구의 주제로 삼았다. 그는 신체구조 못지않게 행동방식도 유(類), 종(種) 및 족(族)에 대한 판별 특징으로 삼을 수 있음을 보여 주었다. 그래서 형태상의 특징들과 마찬가지로, 다양한 종들의 행동방식을 상동적으로 인식할 수 있고, 친족의 유사성을 가지는 행동특징의 변화로부터 그 종이 종족사적으로 어떻게 형성되어 왔는가를 재구성할 수 있다는 것이다.

하인로트는 특히 교미기에 있는 오리과의 새들을 관찰하였다. 물론 그때 드러나는 행동은 부화할 때에는 입증될 수 없다. 그러나 숫오리를 사회적인 모범상이 없이 격리시켜 키우더라도 성적으로 성숙해서 교미기가 되면, 종 특유의 행동방식을 취한다. 그들은 유전자의 코드화된 전개지침에 따라, 그들에게 장착된 신경 시스템을 완숙된 기능으로 성장시킨다. 오스카 하인로트의 연구를 발판으로 콘라트 로렌츠는 궁극적으로 '본능연구'를 생물학의 독자적인 분과로 정립시켰다.[23]

이와는 별도로 러시아의 생리학자인 블라디미르 미하일로비치 베흐테레프와 이반 파블로프는 조건반사와 무조건반사의 발견을 통하여, 기계론에 기초하는 '대상' 심리학을 정립하였다. 사육장 안에 묶어 놓은 개에게 고깃덩이를 보여 주면, 고기의 냄새와 모양이 개의 침샘을 자극한다(무조건반사). 그런데 이 무조건반사를 종(鍾)신호와 결합하면, 종을 울리기만 해도 개의 침샘에서 침이 나온다(조건반사). 조건반사가 발견됨으로써 연상 사슬을 통하여 복잡한 행동과정들도 유도할 수 있는 행동의 기본원리를 발견했다고 믿었다. 동시에 이를 통해서 물리학의 모델에 향응하는 정밀한 실험심리학의 길이 열렸다고 보았다.

미국의 심리학자인 존 B. 왓슨은 러시아 반사론자들의 발견을 받아들여서 미국 행동주의를 정립하였다. 이것은 자극반응 – 심리학 (Stimulus-Response Psychology)이라고 불렸는데, 그 이유는 행동주의 심리학이 일단 입력과 출력만을 측정했고, 유기체 자체를 동기나 자발성에는 주의를 기울이지 않는 일종의 암흑상자(black box)로 간주했기 때문이다.

결정적으로 중요한 사실은 왓슨과 그를 추종하는 행동주의자들이, 실험실에서 인간의 생체기관을 임의로 조작하거나 형성할 수 있다고 믿은 데 있었다. 왓슨은 "어떤 인종이든, 어떤 사회적 배경에서 유래하든, 어떤 아이라도 원하는 대로 과학자 또는 범죄자를 만들 수 있다"는 말로 유명해지게 되었다.[24] 그것은 어떤 선천성의 차이도 없다는 가정에 근거한 당대의 희망사항과 딱 맞아떨어졌기 때문에 평등권의 실현을 바라는 사람들 구미에 맞는 이론이었다.

과학자들이 차이점만 입증했지 동일성은 입증하지 못했음에도 불구하고,[25] 이 도그마는 오늘날까지도 끈질기게 유지되고 있다. 그 신봉자들은 환경이론에서 추가 전제를 보완하면서 심지어 —— 예를 들면 —— 성에 따른 행동의 차이를 해명하려고 영양분이나 훈련의 영향을 언급하기도 했다.[26] 그러나 많은 행동주의 심리학자들은 그런 차이들이 유전에 기인할 수 있다는 견해를 거부했으며, 극단적인 행동주의자들은 오늘날까지도 여전히 그 노선을 고수하고 있다.

많은 이데올로기주의자들은 모든 인간을 쉽게 동일한 인간으로 교육시킬 수 있는 존재로 정의하려고 했기 때문에 생득적인 것이란 없다고 본 것이다. 여기에서 행동주의는 위와 마찬가지로, 인간의 본성이란 없고 우리가 주목해야 할 행동상의 불변체는 없다고 보는 소비에트식 공산주의와 일맥상통하는데, 그 시각은 결국 공산주의 시스템의 붕괴로 끝장나고 말았다.

1940년에서 1965년까지 소비에트 과학 아카데미 산하 모스크바 유전학 연구소를 이끌었던 트로필름 리센코는, 심지어 환경조건을 변경함으로써 유전장치를 의도적으로 수정하고 그런 식으로 공동체의 급격한 변형을 통하여 새로운 인간형을 창출할 수 있다고 믿었다. 그러나 실제의 식물 실험에서 그는 실패하였다.

미국의 행동주의자들은 동물 자체가 수정란이나 태아 상태에서 그 자체에 영향을 주는 환경 속에 존재하고 '경험들'을 수집할 수 있기 때문에 '생득적'이라는 개념이 무용지물이라는 것을 입증하려고 애썼다. 인간을 환경으로부터 완전히 고립시키는 것이 불가능하다는 것이다. 이러한 맥락에서 부화중인 계란의 껍질을 깨뜨려, 자라나는 병아리 태아의 행동을 관찰했던 미국의 심리학자 쿠오(Z. Y. Kuo)의 실험이[27] 인용되었다. 그는 수정 후 3일 된 병아리 태아의 머리가 심장에 닿아 있고 심장 박동에 따라 오르내리는 것을 확인하였다. 난황은 동일한 박자로 머리를 자극한다. 하루가 지난 병아리 태아를 만지자 머리를 구부렸다. 열흘이 지난 다음부터는 병아리 태아는 입에 양수가 닿자 주둥이를 벌렸다 오므렸다 했다. 쿠오는 첫 단계에서는 아무런 연관관계 없이 표출되는 끄덕이기, 주둥이 열기 그리고 양수 삼키기 등의 개별 운동과 같은 알 속에서의 조건반사 형성은 — 삼킨 다음에 곧바로 쪼는 행동이라고 간주할 수 있는 — 판박이 행동패턴으로 통합된다고 믿었다. 말하자면 생득적으로 분류된 행동도 실은 습득된 것이라는 얘기다. 쿠오는 동물 형태상의 구조가 그 가능성을 한정할 것이라고 믿었다.

그러나 그는 이때 두뇌를 배제하였다. 그의 견해에 따르자면, 인간은 단지 발성기관과 손을 가지기 때문에 인간으로 행동한다는 것이다. 만약에 젖먹이와 갓 태어난 고릴라의 두뇌를 바꿀 수 있고, 교육상의 영향과 무관하게 그들을 원래와 동일한 환경에서 키운다면, 머리를 맞바꾸더라도 인간은 인간의 행동특징을 발전시키고 고릴라는 자기 종의 특징을 전개하리라는 것이다. 따라서 신체 구조가 결정적이라는 것이다. 이 믿을 수 없는 테제는 1967년에 어느 유명한 출판사에서 발간된 책에 나온다. 환경이론의 추종자들은 이 시대의 심리학자들의 이론을 자주 인용했다.

바로 그것이 1950~60년대의 학문적인 분위기였다. 행태학자들도 이 논의에 연루되었으며, 나도 실험을 통하여 무엇인가를 해명하고자 하였다. 일단 어린 시절에 다양한 포유동물을 관찰한 경험 덕분에, 나는 이 논란에 매우 잘 대처할 수 있었다. 하지만 나는 동물들의 생득적인 행동방식이나 그와 연관된 행동형태학뿐만 아니라, 동물이 무엇을 학습하는가라는 문제에도 관심을 가졌다. 그에 대한 보기가 오소리의 놀이행동 및 다람쥐의 밤 까기에 대한 연구이다. 나는 많은 비판자들이 "행태학자들은 학습의 의의를 과소평가하고 일방적으로 본능연구만을 진행한다"고 비난했기 때문에, 이 점을 특히 강조하는 바이다. 그들의 비난은 온당치 않다.

심지어 로렌츠도 특정한 종류의 학습과정의 각인(Prägung)을 발견했다. 이를테면, 새들의 노래부르기와 원그리기에 대한 생태학적인 연구들이 잘 알려져 있다. 어쨌든 우리는 행동주의의 환경이론적인 자극-반응 심리학이 이 중요한 영역들을 완전히 도외시했기 때문에, 생득적인 것은 물론 행동의 자발성에도 주의를 기울였다. 다른 곳에서 행동주의와의 논란을 다시 한 번 언급하기로 하겠다.

콘라트 로렌츠의 귀향

1948년 2월 20일, 라디오에서는 러시아로부터 오는 열 번째 귀환열차의 승객 명단이 발표되고 있었다. 콘라트 로렌츠의 이름도 있었다. 나는 즉시 쾨니히에게 연락해서 그를 맞이하려고 동부 기차역으로 갔다. 그러나 남부 오스트리아 인들을 싣고 온 객차들은 우회노선으로 왔기 때문에, 우리는 그 열차를 놓치고 말았다. 며칠이 지나서야 연락이 되었고, 콘라트 로렌츠가 빌헬미넨베르크로 우리를 방문하였다. 그는 러시아에서 자신이 직접 철사로 만든 새장에서 길들인 찌르레기 한 마리와 시멘트 포장지를 뜯어 만든 종이 위에 써내려 간 두꺼운 원고를 가지고 왔다.[28]

나는 그를 역에서부터 안내했고 집에 갈 때에도 안내해 주면서, 내가 관찰했던 거북과 쥐, 그리고 오소리에 대해 말하면서 관찰 작업이 너무 재미있었다고 했다. 도른바하로 가는 길을 내려가면서 그는, 자신을 교수님이라고 부르지 말고 콘라트라고 불러도 된다고 말했다. 게다가 그도 "필요하면 종종 자네 엉덩이를 걷어차마" 하고 말하였다.

나중에 내 아내가 된 로를레의 가족과 그는 이미 귀향 전부터 연락을 취하고 있었다. 그의 아버지 아돌프는 로를레의 증조부인 에두아르트 폰 호프만 가문에서 기숙했던 제자였다. 에두아르트 폰 호프만은 아돌프 로렌츠의 학창 시절에 「자유언론」지의 주간(主幹)이었으며, 그 가족은 그 신문사를 설립했던 물리학자 자카리우스 레히너와 같은 집에 살았다. 이 두 집안의 많은 사람들은 오늘날에도 몇 가지 특징을 가지고 있다. 그들은 큰 소리로 말을 하는데, 전해 내려오는 말로는 그들 조상이 인쇄소에 있는 기계 소음 때문에 큰 소리로 말하던 버릇 때문이라고 했다.

포로생활에서 귀환한 콘라트 로렌츠와 찍은 단체사진(1948년). 왼쪽에서 오른쪽으로 콘라트 로렌츠, 루트비히 폰 베르탈랑피, 릴리 쾨니히, 에디트 그라츨, 프리드리히 하이더러

캐른텐 근교의 라반탈 출신인 아돌프 로렌츠는 에두아르트 폰 호프만의 집에 기거하며 그의 아들 하인리히와 딸 에밀리에를 가르쳤다. 당시 서너 살쯤 되었던 그 에밀리에가 바로 로를레의 할머니인데, 아돌프는 종종 에밀리에를 안아 주곤 했다. 로를레가 그것을 여러 번 말해 주었다. 아돌프는 그 집에 살았던 자카리우스 레히너의 딸인 엠마와 친해지게 되었다. 당시 젊은 남학생 아돌프는 그녀의 가족에게는 별볼일 없어 보였기 때문에, 레히너 가족과는 별로 즐겁지 못한 관계였다.

결국 로를레의 증조할머니인 마리 폰 케겔른 호프만이 팔을 걷어붙이고 나서서 레히너 가족과 담판을 지었다. "좀 들어 보세요. 저 아돌프 말이에요, 그 사람 장차 큰 인물이 될 거예요. 벌써부터 그에게 청

빌헬미넨베르크에서 행한 첫번째 강의(1948년). 콘라트 로렌츠가 분위기 전달을 위해 팔을 들고 있다. 그러자 거위들이 뛰어다니고 위쪽으로 곧장 날아오른다. 그의 설명을 경청하는 학생들(왼쪽에서 오른쪽으로)은 쾨니히 부부, 쿠르트 그라츨, 프리드리히 하이더러

탁할 일이 보이네요." 그녀의 판단은 맞았다. 아돌프 로렌츠는 엠마와 결혼하였고 과학적인 정형외과학의 창시자가 되었다. 이러한 관계로부터 그들 사이의 교분은 세대를 이어 가며 내려온 것이다.

콘라트 로렌츠의 귀향과 함께 빌헬미넨베르크의 생활은 변하였다. 1948년 4월 10일, 빌헬미넨베르크 연구소의 일지에서 다음과 같은 기록을 볼 수 있다.

날씨 : 비가 오는 차가운 4월 날씨. 기온 5℃ 정도. 9~13시까지 로렌츠 교수의 비교행태학을 위한 인식론 입문, 기계론자와 생명론자의 논쟁에 대한 강의……

네 시간 동안의 강의라니! 그러나 네 시간이 우리에게는 길지 않았다. 로렌츠는 러시아에서 작성한 원고를 교탁에 놓아 두었으나, 대부분 청년으로서의 열정과 신선함으로 그 원고를 보지 않은 채 막힘 없이 강의하였다. 연기 소질이 다분한 그는 언급하고 있는 동물들의 행동양식을 기막히게 흉내내었다. 매주 토요일에는 강독을 했는데, 날씨가 좋으면 야외의 나무 밑동에 앉아 강의를 했다. 그는 열정과 편안함, 그리고 뭔가를 전달하려는 노력을 통하여 곧 우리의 마음과 이해력을 사로잡았다.

또한 그와의 대화는 격려를 주는 동시에 늘 재미있었다. 그의 앞에서 관찰결과를 설명하면, 그는 그 주제에 대한 자기 자신의 인식을 전달해 주는 능력을 가졌으며, 우리가 보았던 것에 대해 이론적인 의미를 해명해 주었다. 그는 내가 한 발견에 대하여 설명해 주면 기뻐했고, 또한 그런 그의 모습이 나에게 힘을 주었다. 그는 어떤 제한도 없이 그의 지식을 우리에게 모조리 전수해 주었다.

그의 관심은 특히 동물에 있었고 자기 전공분야의 인식론적인 측면과 행동주의자들의 자극-반응 모델과의 논란에 집중되었다. 우리는 그런 맥락에서 독일의 행동심리학자인 에리히 폰 홀스트와 네덜란드 동물학자인 니코 틴베르헨의 논문에 관하여 토론하였다. 그러면 로렌츠는 어떤 현상을 설명하면서 자기가 관찰한 동물의 적절한 보기를 꼭 제시해 주었다.

적지 않은 사람들이 그의 문제 접근방식이 너무 '에피소드' 위주라고 평가절하를 하지만, 그렇게 말한다면, 베른하르트 하센슈타인이 강조했듯이, 발견이라는 의미에서 기능적인 연관관계를 선명하게 해주는 '해결 관찰'을 간과하는 것이다.

그는 정말로 설명에 재능이 있는 사람이었다. 대부분은 동물과 행태학에 관한 것으로 가끔 다른 주제들도 말했는데 유독 정치에 대해서만

"기억에만 의존하지 말고 늘 기록하라." 콘라트 로렌츠는 늘 이 점을 강조했고, 나에게 선물로 준 그의 저서 『동물 이야기』에 헌사로 써넣었다.

콘라트 로렌츠(왼쪽)와 오토 쾨니히(오른쪽)

은 말한 적이 없다.

로렌츠는 점점 우리에게 주목의 대상이 되었다. 우리는 그를 중심으로 그룹을 만들었는데, 이 때문에 자주 생물학 연구소와 오토 쾨니히의 연구진들 사이에 사소한 일로 마찰이 일어나기 시작했다. 하인츠 프레히틀, 일제 길레스, 에버하르트 트룸러 그리고 볼프강 슐라이트 등은 마음 속으로는 여전히 오토 쾨니히를 존경하면서도 그런 갈등 때문에 빌헬미넨베르크 연구소를 떠났다. 그들은 콘라트 로렌츠가 비교행태 연구소를 만들기 시작할 즈음 알텐베르크로 옮겨갔다. 1949년에는 나도 빌헬미넨베르크를 떠났다.

그것은 적어도 오토 쾨니히의 마음을 편치 않게 했다. 우리는 그의 지침과 충돌했는데, ── 오늘날에도 비슷하겠지만 ── 그것은 의식적으로 밟게 되는 작별의 수순이었다. 이 일은 로렌츠가 새로운 권위를 얻는 결정적인 계기가 된 셈이다. 그런 일이 쾨니히에게는 배신으로 여겨졌을 테지만, 우리로서도 별 도리가 없었다. 그러나 어떤 사람이나 장소에 정서적으로 강하게 집착하는 사람은 그것과 결별할 때 종종 심한 갈등을 겪는다.

나중에 다시 오토 쾨니히 부부와 교류를 가지고 그들을 모셨다. 우리의 관계는 진심에 바탕한 것이었으나, 동시에 의례적이기도 했다. 말하자면 양면성을 가지는 관계였다. 그러나 1983년에 정치적 논쟁에 휘말리면서 그들과 다른 입장에 선 이후로 우리의 관계는 다시 흔들리고 말았다.

당시에 캄프탈의 어느 일정한 구역에 둑을 쌓는 문제가 논의된 적이 있었다. 나는 지나칠 정도로 강하게 그와는 다른 의견을 개진했다. 한편, 오토 쾨니히는 '제2의 자연'이라는 환경보호 개념을 가졌었다. 즉, 광산이나 운하 등 원래의 생명공동체로부터 박탈된 것을 인간이 개입하여 다시 새로운 소생물계로 만들 수 있다는 것이 그의 지론이었다. 그러나 나는 그런 재(再)자연화의 가능성을 처음부터 미리 결정해서는 안 된다고 말하였다. 왜냐하면 이로 인해 자연보호주의자들의 입지를 약화시킬 수 있었기 때문이다. 쾨니히의 면전에서 나의 주장은 일방적으로 묵살당할 수밖에 없었다. 나는 여전히 시간이 지나면 그때의 상처가 아물 것으로 본다.

나는 빌헬미넨베르크에서 로를레가 살던 집 옆의 브라운 거리에 있는, 물도 나오지 않고 전기도 들어오지 않는 ── 그리고 말할 것도 없이 난방시설도 없는 ── 아주 작은 정원에 있는 오두막으로 이사를 갔다.

그 오두막은 아직도 있는데, 지금 보면 나와 쥐들이 그 추운 겨울들을 어떻게 넘겼는지 놀랍기만 하다. 나는 늘 영하의 추위 속에서 살았으며, 아침이 되면 미래의 장모가 될 분의 집에서 따끈한 커피로 몸을 녹이려고 울타리를 뛰어넘곤 했다.

로를레 가족의 집도 폭격을 당해서 부서졌기 때문에 곤궁하기는 마찬가지였다. 부엌과 욕실을 겸한 방은 열다섯 살 때부터 로를레 집안의 가정부로 일하면서 이미 가족의 일원이 되었던 서른 살 가량의 안나 구겐베르거의 침실이 되기도 하였다. 귀퉁이의 몸을 씻는 곳은 커튼과 장 하나로 가려져 있었다.

창문 앞에는 아침식사나 다른 식사 때도 이용하였던 작은 탁자가 하나 있었다. 탁자 위에는 길들인 하얀 새앙쥐 한 마리가 살던 작은 어항이 놓여 있었다. 그 어항 위에는 석쇠 같은 것이 얹혀져 있었는데, 그것을 걸어 내면 새앙쥐가 자기 마음대로 오르내릴 수 있었다. 종종 새앙쥐와 함께 밥을 먹을 때도 있었다. 그러면 새앙쥐는 나의 접시에서 분주하게 국수 한 가닥을 끌어당겨서 내가 제지할 때까지 둥지로 끌고 가곤 했다.

그 밖에 부엌에는 밤이 되면 발발거리고 돌아다니면서 전깃줄을 타고 오르내리던 길든 들쥐도 살고 있었다. 로를레가 그 쥐를 잘 보살펴 주었는데, 그 놈은 좀 다혈질이었다. 들쥐는 도마 위에 있던 돌솥 속에서 하루 종일 잠을 잤으며, 살짝 건드리면 발끈해 송곳니를 드러내고는 하였다.

1949년 나는 모든 교직 필수과정을 이수함으로써 비엔나 8구역의 연방 인문고등학교에서 실습 기간의 두 번째 해를 시작할 수 있게 되었다. 나는 자연사와 물리학을 가르쳤다. 더운 여름 날에는 알텐베르크에 있는 콘라트 로렌츠를 찾아갔다. 로를레와 일제 길레스는 대부분의 시간을 그와 함께 도나우 강가에 앉아 있었고, 나는 강 건너편에서 일광욕을 즐기며 동물들과 장차 계획에 대한 이야기를 나누는 동료들과 합류하려고 헤엄쳐 건너갔다.

알텐베르크에는 오스트리아 학술원의 후원을 받는 비교행태학 연구소가 있었는데, 그럴 듯한 이름 덕분에 늘 활기가 넘쳤다. 볼프강 슐라이트는 이미 그곳에서 부지런히 수족관을 만들고 있었고, 일제 길레스는 약혼자 하인츠 프레히틀과 함께 제반 부대시설을 만들고 있었다. 나는 그 몇 달 동안 1949년 늦가을에 신청한 구두시험 준비를 하였다. 성탄절 직전 나는 9학기 만에 동물학을 전공으로 식물학을 부전공으로 하여 박사학위를 취득하였다.

그러는 사이에 나의 삼촌이 비엔나 3구역의 바이어 거리에 있는 방이 둘 딸린 빈 집을 빌려 주었다. 나는 로를레와 결혼을 약속했기 때문에 그 집을 손질했다. 1950년 2월 10일, 로를레 조부모의 금혼식 날 우리는 비엔나 1구역에 있는 성 슈테판 성당에서 결혼식을 올렸다. 이 축제일의 예복은 로를레의 사촌에게 빌렸다. 우리는 도른바하에 있는 장모님 집에서 축하연을 하고 나서, 하객들이 손에 꽃을 들고 환송해 주는 가운데, 전차를 타고 우리의 보금자리로 왔다. 당시 우리 형편에 택시는 너무 비쌌기 때문이다.

신혼집은 방 두 개와 작은 부엌이 하나 있을 뿐 발코니도 주변의 녹지도 없었다. 다만 길가로 난 창문으로 햇빛이 조금 들 뿐이었다. 나는 원래 도시인이 아니어서 이런 갑갑한 주거환경에 고생하였다. 하지만 뭐 잠시 동안 살 집이었으니까. 알텐베르크 연구소가 완공되면 우리는 그곳으로 이사 갈 예정이었다.

우리는 작은 집에 동물들도 함께 데리고 있었다. 열심히 식구를 불리던 들쥐들은 집쥐들과 합세하였다. 게다가 우리는 흰 새앙쥐도 데리고 있었다. 그들과 비교하기 위하여 나는 들쥐를 연구하기로 하고, 몇 마리를 생포하고자 하였다. 근처에서 하수도 보수작업을 하던 인부들이 친절하게도 들쥐 잡는 것을 도와 주어 들쥐 한 쌍을 얻었다.
둘 다 심하게 냄새가 났으며 크고 힘은 세었지만 수줍음을 많이 탔다.
　어느 날인가 수놈이 우리에서 도망쳐 나왔다. 드디어 구석에서 그
놈을 찾아 냈는데 그 놈이 발광하면서 나에게 달려들었기 때문에 겨우
잡을 수 있었다. 그 두 마리는 결코 길이 들지 않았다. 그래서 들쥐는
아주 어렸을 때부터 키워서 길들이는 게 낫겠다고 생각하였다. 이번에
도 인부들이 도와 주었다. 그들은 아직 젖먹이인 들쥐 새끼 한 마리를
구해다 주었다. 아내는 연유와 비타민을 먹여 가며 새끼쥐를 키웠다.
그 쥐는 잘 먹었고 번식도 하면서 나중에는 많은 쥐 세대의 조상 쥐가
되었다.[29]

3장 동물행태학

불더른

기쁨과 슬픔이 교차하는 가운데 비엔나를 떠났다. 나는 독일을 한 번도 외국이라고 생각해 본 적이 없다. 독일은 또 다른 고향이지만, 독일이 내 삶의 터전이라는 느낌은 한층 약화되었다. 나는 비엔나에 매우 강한 정서적인 귀속감을 느꼈고, 아버지와 함께 유년기를 보내면서 간직한 시골 풍경과 알프스도 늘 그리워했다.

나는 비엔나 사람인 동시에 오스트리아 사람이다. 그러나 바이에른, 베스트팔렌 아니면 작센처럼 그들의 지역감정을 넘어서, 비엔나 사람으로서 독일 문화민족의 일원이라고 의식하였다. 긍정적인 의미에서 그러했다. 그것은 더 큰 문화민족으로서의 귀속감이 오스트리아에 대한 나의 관계를 약화시키지도 않았고 다른 유럽 국가에 대한 쇼비니즘적인 차별로 이어지지 않았다는 뜻이다.

나는 오스트리아 인이자 독일인이요 유럽 인이다. 나는 우리 대륙의 문화사를 체험한 유럽 국가의 구성원이라면 다 그렇게 생각할 거라고 믿는다. 자기 나라에 대한 지나친 사랑은 위험에 처하게 되었다. 앞세대들과 달리 우리에게는 그 어떤 우열에 대한 요구가 없다. 우리는 지난 세기부터 현재까지 유럽 형제들과의 전쟁에서 무한히 많은 고통을 받았다. 그러나 그와 동시에 문화적으로 서로를 풍요롭게 해주어서, 우리 사이의 귀속감이 이질감을 능가하게 되었다. 유럽을 조국으로 보자는 드골의 전망은 이제는 동유럽까지 포괄하는 것 같다.

베스트팔렌으로 이사 가는 일은 어떤 낯선 곳이 아니라 좀 다른 풍경을 가지는 마을과 농가, 좀 다른 지역의 방언을 말하는 사람들이 있는 곳으로 가는 것일 뿐이었다. 우리는 그들과 곧 마음에서 우러나오는 교분을 가지게 되었다. 그러나 수평선과 맞닿아 있고 가을, 겨

불더른 성의 낡은 문

울 그리고 봄에는 비 오는 날이 많은 대서양 기후의 평평한 목초지대에는 적응하기가 어려웠다. 우리는 언덕이 있는 풍경을 보기 위하여 근처의 숲으로 가곤 했는데, 벤스라고 불리는 뮌스터란트의 이끼지대의 매력을 발견하게 되었다. 그래서 나는 나중에 그곳으로 탐사를 가게 되었다.

1951년 5월 말, 우리는 일단 뮐레에 있는 로렌츠의 집으로 이사를 갔다. 거기에는 피아노가 한 대 있었는데, 그 위에 나는 키우던 쥐 한 쌍인 프리치와 묵키 그리고 눈도 안 뜬 새끼들이 들어 있는 새장을 올려놓았다. 다른쪽 구석에는 들쥐들과, 비엔나 도랑에서 데리고 온 새끼 들쥐 수놈들을 넣은 우리를 놓았다. 로를레와 나는 방 안에 어느 정

케겔장 터를 정리하고 있는 나와 아내(1951년)

도 자리를 차지할 수 있었고, 부엌과 욕실은 로렌츠 가족과 같이 썼다. 우리는 서로를 신뢰하였다. 이사한 지 얼마 안 되어 당시의 막스 플랑크 재단의 이사장인 오토 한이 방문하였다. 그는 우리 방도 살펴보았다. 때마침 다람쥐들이 우리 밖으로 나와 돌아다녔는데, 아주 인상적인 모습이었다.

우리집은 원래 케겔장(유럽식 소형 볼링장)으로 쓰이던 곳이어서 손볼 데가 많았다. 일단 우리는 건물 주위의 숲 덤불을 솎아서 터를 닦았다. 케겔장은 공원 안의 성 근처에 있는 독채 건물로서, 작은 세탁실과 연결된 커다란 16평방미터 정도의 커다란 공간으로 되어 있었다. 우리에게는 그 좁은 구석에 특별히 2평방미터 정도가 할애되어서 그곳에다 동물들을 키울 수 있는 사육장을 만들었다.

볼피 슐라이트와 나는 당시에 조교 봉급을 반씩 나누었다. 첫달 봉급인 250마르크 정도로 우리는 커다란 물품을 장만했다. 목수 보잉의 침대였다. 우리는 그것을 방 구석에 배치하여 훌륭한 모서리 소파를 만들었으며, 장도 만들었고 널빤지와 판자로 커다란 탁자와 책꽂이도 만들었다. 그러자 곧 손님들도 묵을 수 있을 정도의 안락한 집이 되었다.

그래서 우리는 1952년 그곳에서 제1회 국제 행태학 학술회의를 개최할 수 있었다. 당시에는 아직 미혼이었던 베아트리체 윌러르트(나중에는 베아트리체 로렌츠가 되었다)는 부유한 집안의 딸로서 동물학도였다. 그녀도 우리의 단칸방에 초대된 참가자들 중의 하나였다. 얼마 전에 그녀는 당시 그곳에 들어섰을 때의 상황을 말해 주었다.

"나는 학술회의가 시작하기 전날 도착했어. 그때가 아마 3월 말이나 4월 초였는데, 내 고향에서는 봄이 시작했을 쯤이었어. 하지만 베스트팔렌은 추운 북부지방이잖아. 그래서 나는 이 멀고 먼 북쪽으로 우리를 데려다 줄 운전기사의 차에 온갖 가재도구를 싸 들고 왔어. 우리가 드디어 불더른 마을에 도착하여 성으로 연결되는 좁다란 길로 접어들었을 때, 비는 억수로 퍼부었고 엄청나게 추웠지! 드디어 성에 도착하자 축제 분위기가 새어 나왔는데, 운전기사는 신이 나서 그곳에 차를 세웠지만 실수였어. 사람들은 로렌츠가 저 뒤의 물레방앗간에 산다고 말했어. 그곳에는 좁고 어둠침침한 회전계단이 나 있었는데, 그곳도 아니었어. 나는 케겔장이 있는 아이블네 집에서 숙박해야 한다는 거야. 그래서 다시 덜컹거리는 돌길을 지나서 거대한 궁정 뜨락의 으스스한 구석으로 들어갔지. 대문은 이전에는 케겔공들이 굴러다니던 길고 좁은 공간을 통하여 이어졌는데, 너희들이 살던 그곳은 동물사육장인 동시에 부엌이기도 했잖아. 솔직히 말해서 커다란 쥐집을 보는 순간 나는 좀 놀랐어. 그때 네 아내가 와서 우리를 맞이하더군. 그래서 습한 추위와 쥐들을 곧 잊을 수 있었지. 우리는 같이 거실로 갔는데, 그곳은 케겔장 끝을 좀 넓힌 곳이었지. 거기에는 이미 나이가 좀 든 다른 참가자들이 앉아 있었는데, 그들은 식탁 앞의 커다란 소파를 잠자리로 배정받았었나 봐. 그 옆에는 아마 내게 할당될 좁은 소파가 있었는데, 잠을 자면서 다리가 소파 밑으로 굴러 떨어지지 않도록, 발 쪽에 의자 하나를 맞대어 놓았더군. 로를레가 나의 외투를 받아 줄 때 내가 이렇게 말했지. '어디다 걸지, 옷걸이가 다 찼는걸. 너희 옷장이 다 찬 것 같아. 여기 장과 천장 사이의 좁고 평평한 곳이 남아 있는 유일한 장소로군. 아! 기절하시겠군.' 나는 자동차로 다시 가서 몇 가지 물건을 나의 가장 작은 가방에 넣었어. 그러니까 운전기사에게 나머지 여섯 개의 가방꾸러미는 다시 차로 가져가라는 뜻이었지(그는 나중에 집에서 투덜거렸는데, 나의 어머니가 나에게 속달우편으로 고무장화 몇 켤레와 두꺼운 양말을 보냈기 때문이다).

그 사이에 로를레가 준비한 저녁 식사가 정말이지 너무 맛있고 정성이 가득한 음식이었기 때문에 다시 기분이 좋아졌어. 로를레는 그때부터 우리 젊은 학생들을 위하여 저녁 식사를 만들어 주었어. 우리는 당연히 그녀에게 미안해 했으며 아직도 당시를 생각하면 너무도 고마운 일이야. 일단은 엄청난 비와 추운 밤 때문에 놀라고 힘겨웠지만, 나는 이 케겔장이 으스스한 쥐 소굴이 전혀 아니라는 것을 알게 되었어. 그곳은 아주 섬세하고 편안한 비엔나 시민의 방이었어.

내 옆에는 거실의 공기매트 위에서 잠을 자기로 되어 있던 브레멘에서 온 여학생이 있었지. 그런데 그 매트가 두껍지 않았기 때문에, 그녀의 팔이 매트 위를 누를 때마다 피이피이 하며 바람 새는 소리가 매일 밤 나를 깨웠어. 길이가 짧기는 했지만 그나마 소파 위에서 잘 수 있었으니 다행이었지.

거실에 연결되었던 캐비닛에 살던 너희 작은 원숭이를 아직도 기억

불더른 행태학자 대회에 참석한 사람들(1952년). 콘라트 로렌츠가 회색 거위를 소개한다. 로렌츠의 왼쪽에서 양동이를 들고 있는 사람이 울리 바이트만이다. 그 사이에 있는 사람은 게르하르트 베렌츠와 볼프강 슐라이트

하니? 내 기억으로는 6평방미터나 될까 말까 한 그 공간은 우리 모두가 쓰던 화장실인 동시에 세탁실이었지. 조명도 없었고, 원숭이 때문에 촛불을 가지고 갈 수도 없어 손전등을 들고 가야 했지. 나는 어둠 속에서 원숭이와 처음으로 마주쳤을 때, 너무 놀랐지만 곧 적응하게 되었어. 그리고 너희들의 따뜻한 친절 덕분에 처음부터 불더른을 편안하게 느껴서 더이상 곤란할 게 없었지.

나에게는 그곳이 행동연구의 모든 것을 배울 수 있었던 이 학술회의의 시작이기도 했어. 발표를 위해서 우리는 모두 커다란 성으로 갔지. 나는 이 커다란 성에 대하여 —— 훌륭한 발표도 당연히 좋았지만 —— 너희들이 말해 준 것을 너무도 진지하게 들었어. 하나는 두 개의 나체

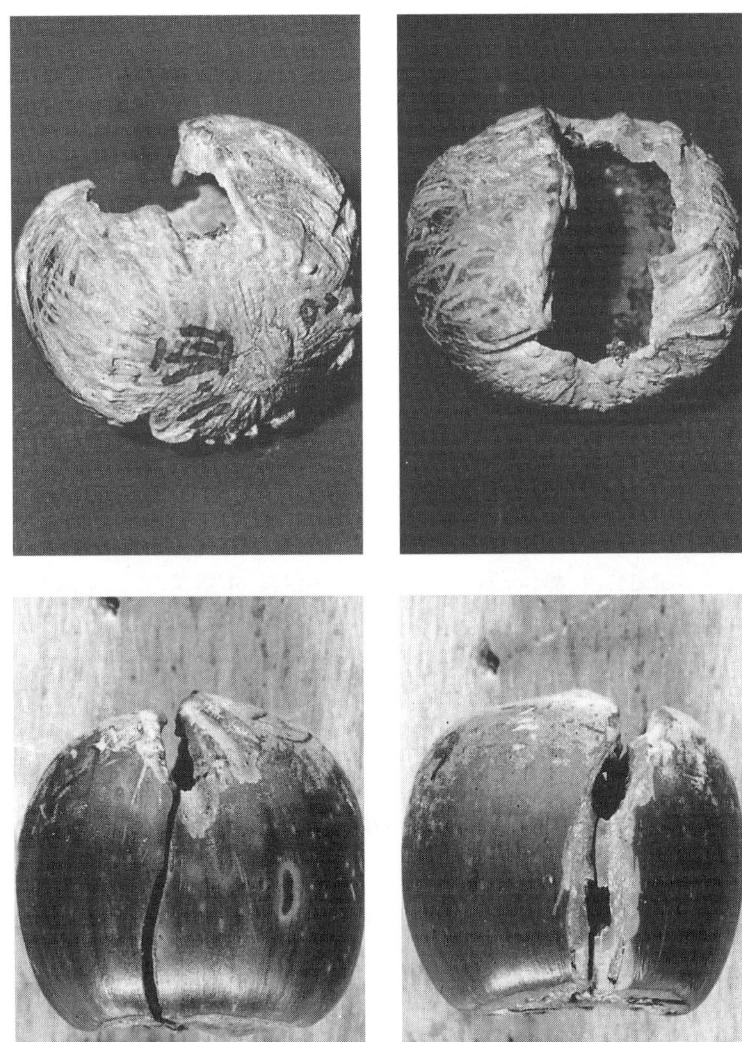

다람쥐가 도토리를 까는 기술의 발달단계. 경험이 없는 다람쥐는 도토리에 불필요한 이빨자국을 낸다. 하지만 경험이 많은 다람쥐는 불필요한 자국을 만들지 않고 대각으로 홈을 파서 단번에 껍질을 깐다.

여인상 뚜껑으로 덮인 굴뚝이었고, 다른 하나는 커다랗고 귀족풍이었지만 문을 닫을 수 없었던 화장실이 특히 기억이 나더군. 그래서 나는 화장실에 갈 때마다 큰 소리로 노래를 불렀는데, 사람들은 두고두고 날 놀려 댔지. 나는 너희들에게서 그 우습고도 기쁜, 적절하면서도 전혀 악의가 없는 농담도 배웠지. 시작할 때는 아주 심각하게 해놓고는 점점 은밀하게 우스갯소리로 끝냈던 틴베르헨의 폐막 발표가 생각나니? 하지만 내용은 진지했지. 이런 식으로 보여진 놀라운 삶의 가치관을 나는 불더른에서 처음 배운 거야. 그래서 나는 이 시절을 기쁘게 그리고 정확하게 기억하는 거지."

불더른에서 연구를 계속하면서, 나는 다람쥐들을 키우며 그 새끼들의 성장과정을 관찰하였다. 그리고 집쥐뿐만 아니라 들쥐도 데리고 왔고, 노이지들러 호수에서 데리고 온 햄스터는 아직 어렸기 때문에 곧 길들여졌다.

콘라트 로렌츠의 소개로 하인츠 질만을 알게 되었다. 그는 당시에 최초의 장편 문화영화인 〈야생의 노래〉를 발표하였고, 다람쥐에 대한 새로운 영화를 막 찍으려던 참이었다. 로렌츠는 그에게 나의 연구를 설명해 주었다. 질만이 나를 방문하였고 우리는 의기투합하여 일단 개구리에 대한 장면을 찍기로 하였다. 그래서 학교용 필름이자 문화영화인 〈개구리 연주회〉라는 교육용 영화가 만들어졌는데, 그것은 1954년에 독일 내무성 후원 베를린 영화제에서 해당 부문에서 일등상을 수상하였다. 이 공동 작업에서 나는 동물영화의 어려운 작업을 체험했으나 그 기쁨에 대해서도 몇 가지 배웠다.

당시에는 영화를 제작하는 데 쓰이는 재료가 매우 비쌌기 때문에, 될 수 있으면 절약해야 했다. 동시에 어떤 행동이 이미 진행되었으면 그 행동을 처음부터 놓치지 않고 관찰하는 것이 중요했기 때문에 먼저

두꺼비 수놈이 장화가 암놈인 줄로 착각하고 올라타고 있다.

필름에 담지는 않았다. 우리가 기록하고자 한 특정한 행동에 선행하는 미세한 의도적인 행동을 인식하려던 것이었다. 당시에 우리는 개구리와 개구리의 도약을 철저하게 관찰했으며, 이를 통하여 짝짓기의 여러 단계들과 교미행위를 기록할 수 있었다.[30]

다음 프로젝트로서 우리는 유럽 지역의 햄스터에 대한 영화를 찍기로 하였다. 이를 위해서 우리는 잔디가 심어져 있고 종단면이 보이는 커다란 철사와 콘크리트로 된 인조 공간을 만들었다. 단면에 설치된 유리를 통하여 내부의 창고와 방을 볼 수 있었으며, 위로 비스듬히 나 있는 통로와 둥지로 가파르게 연결되는 함정 같은 굴, 즉 탈출구를 볼 수 있었다. 그 구조물에는 또한 잔디를 심은 탈출구도 있었다. 각 우리마다 수놈과 짝지어 준 암놈을 하나씩 기르고 있었다. 우리는 그런 식으

불더른에서의 필름작업. 햄스터 둥지에서 촬영작업을 하고 있는 질만과 필자

로 접근과 짝짓기의 단계들을 밤낮으로 촬영했다. 그리고 새끼들이 태어나자 우리는 둥지에서의 어미의 수유행동과 둥지 안에 있는 새끼들의 행동, 그리고 바깥 세상으로의 첫번째 외출을 기록하였다.[31]

햄스터는 홀로 사는 동물이다. 따라서 그들도 다람쥐와 마찬가지로 짝짓기를 할 때 처음에는 곤란함을 겪는다. 암놈의 영역에 수놈이 나타나면 그것은 일단 공격과 도망을 야기한다. 암놈의 영역에 침입한 수놈은 자기의 냄새로 영역을 표시한다. 수놈은 옆구리에 있는 두 개의 분비선을 통해 교대로 여기저기에 냄새를 흩뿌린다. 그리고 수놈이 도망가는 암놈을 따라다니면 암놈은 대부분 멈추곤 하는데, 그것은 마치 수놈이 자기를 뒤따라오는 것을 확인하는 것처럼 보인다. 일종의 의례화된 도망인 셈이다. 수놈은 쫓아가면서 둥지에서 떨어진 어린 놈

의 소리와 비슷한 소리를 지른다. 새끼의 신호이기도 한 '버림받았다는 의미의 소리치기'는 암놈의 공격에 제동을 걸 수 있다. 우리는 다른 동물들에게서도 그와 유사한 행동을 발견할 수 있다. 일단 그 둘은 둥지 속으로 사라진다. 그리고 거기에서도 수놈은 암놈이 접근하기 전에 옆구리 분비선에서 나오는 냄새를 벽에 묻힌다. 짝짓기를 하는 데에는 오랜 노력이 필요하다. 상대방의 털을 쓰다듬어 줌으로써 접촉의 마지막 부끄러움은 없어진다. 수놈이 암놈의 털을 핥아 주면 드디어 짝짓기에 골인하는 것이다.

임신중인 암놈은 재미있게도 방어를 하지 않는 수놈을 쫓아 버린다. 여기에서도 다람쥐와 비슷하게 암놈은 유난히 깨물기를 주저한다. 당시에 그것을 몰랐던 나는 언젠가 짝짓기가 끝난 후에도 수놈을 우리 속에 한동안 그대로 놔두었다. 그랬더니 불쌍한 수놈은 며칠 후 깨물린 채로 우리 구석으로 쫓겨나서 먹이에 입도 대지 못하게 되어 버렸다. 당시 수놈은 암놈보다 덩치도 크고 힘도 센 놈이었건만! 만약에 암놈이 방어하지 않고 있었다면 수놈에게 굴복당했을 것이다.

우리는 유리판을 통하여 인공 주택 속에서 새끼들이 커가는 과정을 필름에 담았다. 나중에는 유리를 제거해도 된다는 것을 알았다. 둥우리는 동물들이 단지 그 안의 통로로만 다니며 밖으로 나올 필요가 없게 성공적으로 지어졌기 때문이다. 조명을 사용할 수도 있었다. 그런 식으로 우리는 눈도 못 뜬 갓 태어난 새끼에서 독립적인 어린 동물로 커가는 과정을 촬영했으며, 그것은 다시 한 편의 교육용 영화가 되었다.

1952년에는 농부 하나가 금빛의 자그마한 스컹크 새끼 한 마리를 가져다 주었는데, 어쨌든 몹시 냄새나는 놈이었다. 나에게는 자그마한 맹수를 가까이서 관찰할 수 있는 좋은 기회였다. 로를레와 나는 스컹크를 키웠다. 우리는 햄스터를 키운 경험을 토대로 다음 해에 스컹크를 새로 만든 사육장에서 키웠다. 그렇게 해서 질만과 나는 스컹크의 짝짓기 행동과 발달상황을 필름에 담을 수 있었다.[32] 우리의 문화영화 〈스컹크 우주선〉은 1956년에 독일연방 영화상을 받았다.

하인츠 질만은 그해에 또 다른 매우 어려운 연구과제를 위한 여행을 떠났다. 그는 참새의 부화생물학을 찍으려고 하였다. 햄스터 인공 주택의 트릭이 매우 성공적이었던 결과, 그는 야생에 있는 참새의 굴을 그대로 절단해 와서 유리판을 붙여서 부화과정과 새끼 기르는 모습을 찍자는 아이디어를 제안하였다. 그가 문의했던 사람들은 그 연구가 결코 성공하지 못할 거라고 설명했다. 그러나 하인츠는 실수를 하지 않았다.

그는 오래 된 밤나무 숲속에 있는 참새굴 옆에 텐트가 달린 일종의 원두막을 지었다. 그리고는 가지를 벌려서 그 사이에 유리판을 집어 넣었다. 그렇게 해서 그는 부화과정과 새끼를 키우는 센세이셔널한 장면을 찍을 수 있었다. 동물영화의 개척기에 시도되었던 이런 기여들은 오늘날에도 여전히 학교 교육용으로 이용된다.[33] 작업은 커다란 경험이었으며 또한 나는 필름촬영 작업에 적응해 나갔다.

나는 그 사이에 전적으로 포유류에만 전념하였다. 나의 아내는 조그만 야생 토끼를 키웠으며 길이 든 암놈 여우원숭이(Riesengalago, Galago crassicaudatus) 한 마리를 밖에 놓아 키웠다. 여우원숭이는 낮에는 우리가 잠자던 작은 욕실에서 잠을 잤다. 그런 것에 익숙해진 우리는 결국 토끼와 족제비 그리고 쥐족제비 등 다른 동물들도 그 안에서 같이 재웠다.

여우원숭이는 처음에는 수줍어하였으나, 나는 친교적인 털 쓰다듬기의 의미를 알고 있었다. 대부분의 포유동물은 상대방을 핥고 쓰다듬으면서 우정의 연대를 강화한다. 당시 쇤브룬 동물원장이던 오토 안토니우스는 자기가 접근하면 창살 사이로 그를 매번 공격하였던 야생 망아지 한 마리를 키우고 있었는데, 그 동물이 공격과는 다른 무엇을 보여 주려고 했기 때문에, 우연히 잠시 등을 보여 열쇠로 엉덩이를 긁어

키우던 여우원숭이(왼쪽)와 그가 우리 방의 벽에 남긴 발자국(오른쪽)

주었더니 조용해지면서 평온해졌다는 보고를 했었다. 그가 망아지를 긁어 주기 시작하자 망아지는 움츠러들었는데, 그것은 마치 망아지가 그를 향하여 움직이려고 하는 순간 같았다. 안토니우스가 다시 그에게 접근하자 망아지는 피부를 긁어 주는 즐거움을 느끼려고 창살 근처로 와서는 엉덩이를 긁어 달라고 내밀었다.

그것을 기억하고 있던 나는 여우원숭이가 깨어 있는 저녁 때는 아주 조심스럽게 집게손가락으로 어깨와 몸의 옆을 쓰다듬어 주기 시작했다. 여우원숭이는 처음에는 경계하였으나 이내 내가 긁어 주는 대로 몸을 맡겼다. 여우원숭이는 팔 밑의 어깻죽지와 가슴을 쓰다듬어 주는 것을 특히 좋아했으며, 드디어는 내가 나타나면 그곳을 긁어 달라고 팔을 쳐들기까지 하였다.

여우원숭이는 어쨌든 우리 방에서 욕실로 쫓겨갈 신세가 될 만한 습

관을 가지고 있었다. 그는 여기저기에 냄새표지를 남겼다. 어떻게 그
러는지는 우리도 몰랐다. 얼마 있다가 우리는 벽이나 상자 도처에서
역겨운 오줌 냄새가 나는 발자국을 찾아 냈다. 어느 날인가는 여우원
숭이가 내 위를 지나갔다. 그리고 편안히 앉아서 나의 손바닥 위에 오
줌을 누고는 발바닥으로 비벼 댔다. 설상가상으로 다른 발로도 그와
같은 짓을 하려고 했다. 여우원숭이는 자기 발에 조심스럽게 오줌을
묻힌 다음에, 원정을 갈 준비를 하였다. 그가 남긴 냄새의 흔적은 밤에
나무를 기어오를 때 방향 잡는 것을 도와 주었다. 동시에 다른 종에게
'이곳은 내 땅이야'라는 신호를 보내는 것이었다.[34]

언젠가 여우원숭이가 도망을 쳤다. 그것은 느지막한 오후였다. 나는
창문을 일부러 열어 놓았다. 그때 여우원숭이가 케겔장 지붕 위에 앉
아 있는 것을 발견하였다. 불러도 소용이 없었다. 여우원숭이는 이미
밤나무의 커다란 가지들을 그리워하고 있었다. 나는 바나나로 유혹하
면서 지붕 위로 올라가서는 여우원숭이가 내가 접근한 것을 눈치채지
못하게 2미터쯤 떨어진 곳에 앉았다. 그리곤 바나나를 까서 여우원숭
이에게 주지 않고 내가 모조리 먹어 버렸다. 이 모든 행동을 본 아내가
웃는 소리에 나는 깜짝 놀랐다. 그리고는 여우원숭이가 나를 물려고
함에도 불구하고 단숨에 그 놈을 붙잡았다. 나는 여우원숭이를 방으로
다시 데려왔고, 곧 전처럼 평온해졌다.

제1차 '자리파' 탐사

1953년 이른 봄, 나를 완전히 새로운 노정으로 이끌, 즉 포유동물학을

전공할 수 있는 절호의 기회가 왔다. 로렌츠가 왔을 당시에 나는 막 일 티세에게 먹이를 주고 있던 참이었다. "자네, 혹시 한스 하스와 함께 일년간 카리브 해와 갈라파고스 군도를 탐사해 보지 않을 텐가? 로를 레는 찬성하더군." 로를레의 출산예정월인 9월이 얼마 안 남았는데 말이다!

당시 로를레는 로렌츠의 비서로 일하면서 그와 가족같이 지냈기 때문에, 그 사실을 진작에 알고 있었다. 말하자면 그는 로를레에게 먼저 동의를 구하고 나에게 온 것이었다. 그 놀라운 제안을 설명하기 위하여 그는 "자네는 이 탐사에서 무엇인가 기발한 것을 배울 수 있을 거야"라고 했다. 물고기들 사이를 헤엄치고 다니는 것이 재미있을까? 에라, 모르겠다. 나는 승낙하였다. 물론 나는 잠수할 줄도 몰랐고, 바다라고는 얼마 전에 빌헬름스하펜에 있는 해안가 둔덕에서 본 것이 전부였다. 그저 방파제 위에서 손가락을 살짝 집어넣어서 맛을 보면 매우 짜다는 것만 아는 정도였다. 바다 물고기라고는 생선가게에 누워 있는 대구와 정어리밖에 몰랐다.

도대체 한스 하스가 어떻게 나를 초청할 생각을 했을까? 그는 원래 당시에 빌헬름스하펜에서 에리히 폰 홀스트의 조교로 일하던 베른하르트 하센슈타인을 염두에 두었었다. 그러나 하센슈타인은 이미 브라질 여행을 계획하고 있었고, 하스가 나를 전에 본 적이 있었기 때문에, 로렌츠가 나를 추천한 것이다. 그러자 하스도 로렌츠에게 내가 탐사에 갈 수 있는지를 물어 보라고 부탁한 것이었다.

나는 한스 하스를 만나기 위해 바두스로 떠났다. 우리는 역 앞의 나무 근처에서 만나기로 하였다. 기차에서 내린 나는 멀리 서 있는 그를 곧 알아보고 그에게 쏜살같이 달려갔다. 그러나 그는 나를 찾으려고 두리번거리고 있었으며, 내가 눈앞에 나타나서야 나를 알아보았다. 그는 자기가 나이가 좀 많은 과학자라고 하면서 행태연구의 전문가라고 소개했지만, 스물다섯 살이라고 밝히지는 않았다. 그는 배에 빈 자리가 있는지 확실하지는 않다며 일단 소장에게 물어 봐야겠다고 했다. 나는 소장이 기꺼이 동의하리라는 것을 확신하였다. 그 당시 나는 모든 일에 확신에 차 있었고 스스로에 대한 의심이라고는 거의 하지 않았던 그런 시절이었다.

나는 작은 호텔에 짐을 풀고 그날 저녁 하스 부부 집에 초대를 받았다. 아주 잘 차려 입고 갔다. 한스 하스의 부인 로테 하스는 매우 매력적인 여인이었다. 또한 하스는 인정이 아주 많고 재미있는 사람으로서 농담을 즐겨 하였다. 나는 내가 기르는 햄스터와 일티세 그리고 다람쥐에 대하여 이야기하였다. 해양생물학자인 하스도 재미있었을 것이다. 음악을 들으면서 와인을 몇 잔 마시자, 하스는 연구소장에게 나를 제1차 자리파 탐사에 데리고 가겠다고 말했다고 했다. 기분이 너무 좋았다!

집으로 돌아와서 여행 준비를 철저히 하였다. 나는 부분적으로는 이미 알고 있던 하스의 책을 새로운 관심을 가지고 다시 읽었다. 잠수의 모험에 대한 생생한 설명뿐만 아니라, 산호초 물고기에 대한 설명이나 나팔고기에 대한 이야기는 나를 사로잡았다. 하스는 신선한 내용을 담고 당대의 개척정신을 반영하는 인기있는 책들을 써서 이미 명성을 날리고 있었다. 뿐만 아니라 자신의 필름 〈홍해의 모험〉으로도 인기를 끌었다.[35] 자신이 개발한 잠수법을 학술연구에 처음으로 동원했다는 사실을 아는 사람은 별로 없었다.[36] 나는 나아가 윌리엄 비비의 저작들을[37] 공부했으며, 그의 친한 협력자 중의 하나인 조슬린 크레인에게 편지를 썼다. 윌리엄 비비는 나에게 필름 몇 편과 몇 권의 소중한 어류전문서적을 보내 주었는데, 그것이 탐사여행에 큰 도움이 되었다. 윌리엄 비비의 다채로운 설명과 세부사항에 대한 통찰력은 나를 감동시켰다. 나를 기다리고 있는 일들이 어떤 것일지 잔뜩 긴장되었다.

1차 '자리파' 탐사의 대원들. 왼쪽에서 오른쪽으로 지미 호지스, 콘스탄틴 이르민 체트, 로테 하스, 하이노 좀머, 한스 하스, 필자, 게오르크 셰어, 쿠르트 히르셸, 크세노폰

여름이 되자 함부르크에 있던 자리파 호의 선장 요한네스 디비치와 인사를 나누게 되었다. 내가 갑판에 올라서자, 그는 선원은 더이상 필요없다고 말했다. 내가 과학자일 거라고는 생각을 못한 것이다. 그는 이른바 '학자 선생들'을 탐탁지 않게 여겼음에도 불구하고 나를 받아들였다. 나는 학자로서 이 흥미진진한 항해에 대한 기대에 들떠서, 뱃사람들에게 주는 일종의 여권 같은 선원수첩을 받았다.

그 모험은 자그마한 사고로부터 시작되었다. 우리는 힘차게 함부르크를 출발하였으나, 쿡스하벤에 이르러서 이미 헤링(청어) 썩는 냄새가 나기 시작하였다. 우리 요리사가 출발하기도 전에 그만 사라지고 만 것이다. 그의 꿈자리가 사나웠다는 것이다. 상어 연구가와 함께 항해하는 게 영 마음이 내키지 않았던 모양이다. 도대체 어디에서 새 요리사를 구한단 말인가? 하스가 이 배 저 배를 다니면서 알아본 결과, 성과가 있었다. 어떤 선장이 요리사를 차출해 주었다. 다만 선원 하나를 더 떠맡긴다는 조건이었지만. 그래서 우리 배의 승선 인원은 하나가 더 늘어났다.

나 말고도 다름슈타트의 동물학자인 게오르크 셰어도 참가했는데, 그는 제2차 세계대전중에는 베르너 폰 브라운 박사와 함께 V-2 로켓 미사일 개발에 참여했던 흔치 않은 경력의 소유자였다. 그러나 그가 진정으로 갈망하던 것은 조류학자였다. 그래서 전쟁이 끝나자, 대부분의 동료들과는 달리 그는 미국이나 러시아 어느 쪽으로도 가지 않았다. 그에게는 새로운 경력을 쌓을 용기가 있었기 때문에 다름슈타트에서 동물학을 새로 공부하였다. 나보다 열여덟 살이나 많은 그는 쾌활하면서도 규율이 몸에 밴 사람이었다. 나도 쾌활하긴 하지만 결코 꼼꼼한 사람은 아니다. 솔직히 말하면, 나는 성격이 치밀하지 못해서 가끔 필기구를 잃어버리곤 했다. 나는 셰어에게 많은 것을 빨리 배울 수 있었다. 우리는 곧 친구가 되었으며 그 우정은 오늘날까지도 변치 않고 있다.

이 탐사의 첫 단계에서 말레디브까지 불프 엠모 앙켈도 동행했는데, 동물학 교수를 지냈던 그는 풍부한 지식과 교육적인 재능을 겸비한 지성인이었다. 해양생물학에 대하여 친절하고 구체적으로 많은 설명을 해준 그에게 감사한다.

의사로는 하이노 좀머 박사가 초빙되었다. 아마추어 무선사 자격증도 가지고 있던 그 덕분에 외부 세계와 접촉할 수 있었다. 하지만 그는 늘 뱃멀미에 시달렸고, 장차 아내가 될 애인에 대한 상사병 때문에 종종 위장병 증세를 보이고는 하였다. 그러나 기본적으로는 쾌활하고 사랑스러운 동료였으며 뱃멀미도 그의 이런 심성을 바꿀 수는 없었다. 그가 부단히 외부와의 교신에 애를 쓴 덕분에, 우리는 전세계의 아마추어 무선사들과 늘 접촉할 수 있었고 뉴스를 듣거나 보내 줄 수도 있었다. 전세계의 아마추어 무선 동호인들이 이런 식으로 교류하기 때문이다. 하이노는 전쟁 때 이 긴요한 기술을 배웠다고 한다. 그가 신병 훈련을 마쳤을 때 어느 장교가 와서는 피아노를 연주할 수 있는 병사를 호출하였다. "피아노를 칠 수 있는 병사, 앞으로!" 그러자 하이노는 잔뜩 군악병이 될 거라는 기대를 안고 앞으로 나갔다고 한다. 아뿔싸! 그것은 순전히 손가락을 잘 놀리는 사람을 뽑아 내려는 술책이었다. 그는 손가락이 잘 돌아가는 덕분에 통신병, 그것도 재수 없게 탱크 무전병이 되었다. 탱크 속은 엔진의 열기 때문에 늘 뜨거웠고, 매연 때문에 공기가 탁해 늘 찝찝한 곳이었다. 그런 그가 재능을 보람 있게 발휘한 것은 바로 이곳에서 교신도 할 수 있는 선박 의사의 임무에서였다.

하스는 자신이 1942년에 에게 해 탐사에 데리고 갔던 사람을 선원으로 고용했다. 그는 자신의 이름이 크세노폰이라고 하였다. 그러나 그의 진짜 이름은 알폰스 호호하우저였으며, 슈타이어마르크 출신이었다. 그는 실업학교를 마치기도 전에 가출했다고 했다. 그 후로 파트 타임으로 지중해 근처를 떠도는 잡역부가 되었고, 보로스 만을 제2의 고향으로 삼아 다이너마이트로 물고기 잡는 일을 하면서 그리스에 정착하게 되었다고 했다. 말하자면 불법 어로를 한 것이다. 그리스 국적을 얻은 데다 깡마르고 매끈한 그의 얼굴은 그리스 인들과 구별할 수 없을 정도였다. 하스는 알폰스의 외모에 대해 자기의 책 『인간과 상어』에서 "결핵을 앓고 있는 살인 강도"라고 비유한 적이 있다.

크세노폰은 그리스 어를 완벽하게 구사하였고 신화는 물론 그리스 역사도 꿰뚫고 있었다. 배 안에서 기르던 고양이가 늘 한쪽 방향으로만 앉아서 털을 고르면, 그는 이것이 곧 닥쳐올 폭풍을 암시하는 불길한 징조임을 알고 있었다. 그는 우리에게 아주 충직한 협조자로 기억되는 특이한 존재였다. 그는 나이가 들어서는 다시 보로스 근처로 돌아갔다. 자신의 죽음이 임박했다고 생각한 그는 집 근처에 미리 무덤을 파두었다.

하스는 배 때문에 빚을 많이 졌다. 그래서 돈을 대준 사람들에게 오락영화와 문화영화 중간쯤 되는 장편영화를 만들기로 약속할 수밖에 없었다. 당시에는 문화영화를 장편으로 만들 만한 여건이 무르익지 않았다. 한스 하스는 이 어려운 임무를 위하여 두 명의 일급 카메라맨을 고용하였다. 콘스탄틴 이르민 체트는 물 위의 촬영을 맡았고, 영국인 지미 호지스는 수중촬영을 전담하였다. 호지스는 전쟁 때 잠수병을 했기 때문에 잠수에는 도통한 사람이었다. 우리는 그를 런던에서 승선시킬 예정이었다.

디비치 선장은 사려 깊고 조용한 사람이었다. 늘 안전하지만은 않은 잠수작업에 따라왔을 때, 그는 우리를 존중하였고 다른 선원들도 우리를 수용하였다. 나중에 디비치는 교육용 범선인 '파미르'의 선장을 하다가 그 배가 침몰하면서 사망하였다.

제1 갑판장 하인리히 폰 겔더른과 제2 갑판장 하인 베커는 정말 지독한 앙숙이었다. 겔더른이 침착하고 교양 있는 사람이었다면, 메클렌부르크 출신의 베커는 모든 것을 다 때려 넣지만 쉽게 꺼내 쓰지는 않는 유형이었다. 그는 심장에 좋다는 약을 거친 접시에 발라 두고는 했다. 그 친구들 말고도 비아스톡이라는 기계공이 쿡스하벤에서 승선했는데, 그는 요리사도 겸직하였다. 그는 서커스 재주도 부렸으며, 특히 술이 좀 들어가면 더했다. 언젠가 한번은 돛대 위에서 재주넘기를 해서 우리를 놀라게 한 적도 있었다. 그러나 그는 요리를 잘해, 선원들이 늘 기분이 좋았다.

보초는 두 명이 네 시간씩 서야 했다. 이때 각 보초는 나침반을 보면서 뒤로는 조종간을 잡고서 배를 두 시간씩 책임져야 했다. 폭풍이 불어닥치면 우리는 넓은 띠를 복부에 두른 다음 배에 몸을 고정시켰다. 당시에 나는 선원들의 말투를 잘 알아듣지 못했던 것 같다. 아직까지도 잘 구사하지 못한다. 뱃사람들에게 얼치기로 보이는 내가, 배 위에서 "왼쪽, 오른쪽"이라고 소리치거나 "소눈깔"(Bullaugen) 대신에 "창문"이라고 말하는 것이 역겨웠던 모양이다. 내가 얼치기였더라도 좌우간 그 배는 안전한 항로로 순항했다. 보초를 서면서 느꼈던 일들이 그 항해의 가장 아름다웠던 기억으로 남는다. 달빛이 바다 위에 넘실대고 돛대가 8시 방향으로 기울어지면, 바람이 우리 배를 밀어 주고 물결이 지나치는 모든 광경들은 잊을 수 없다.

한스 하스는 친절하면서도 자연스럽게 권위가 갖추어진 인물로, 이미 자기의 능력을 발휘하여 탐사대장으로 인정받았다. 그는 빚 때문에 받는 스트레스를 누구에게도 내비치지 않았다. 그는 신뢰감을 보여 주었으며 생애의 아름다운 꿈도 이룬 것같이 보여서, 우리는 늘 그를 믿고 따랐다. 그는 우리의 믿음을 한 번도 실망시킨 적이 없었다.

로테 하스는 우리 그룹의 우아한 일원이었다. 사람들은 이런 탐사에 여자가 동행하면 불협화음과 갈등이 일어난다는 순진한 생각을 했을 텐데, 이토록 아름다운 로테 하스가 탔으니 더 그럴 것이라는 것이다. 웃기는 소리다! 그녀는 늘 선원의 기분을 북돋아 주며 자그마한 축제도 준비하고 선원들의 생일을 빠뜨리지 않고 기억했다. 그녀는 지옥같이 삭막했을 선상생활에 항상 문화적인 윤기를 선사해 주었다. 우리는 서로를 위해 주며 그러다 보니 저절로 서로 존중하게 되었다.

자리파 호는 하얀 돛이 세 개나 달린, 길이가 44미터에 진수량이 350톤, 돛의 크기는 555평방미터나 되는 정말 아름다운 배였다. 그 배는 독일 국적선이었다. 돌아다닐 만한 자리도 충분하였고, 커다란 선실 안에서 식사를 하였으며, 두 사람마다 하나씩 접는 침대가 딸린 자그마한 침실칸이 배정되었다. 각자 그곳에 옷과 물품을 넣을 수 있었

Kabelgatt
Gang
Frischwasser
Fester Ballast
Motorschacht
Kombüse
Pantry
Tauch- und Unterwassergeräte
Treibstoff tanks
Messe
Fester Ballast
Kühlraum
Stauraum
70 Tonnen Kiel
Kartenraum
Decksalon
Dunkelkammer
Wohnraum
Trinkwassertanks
Vorraum
Hinterpeek
Provant
Segelkoje
43.75m
30.65m
8.53m
6.00m
4.30m
230PSe
550m
전체 길이
갑판 길이
폭
흘수면 높이
물에 잠기는 길이
출력
돛 면적
Ankerspill
Luke
Niedergang
Auspuff
Mast
Auspuff
Kombüse
Motorboot Boll II
Luke
Lufrstuter
Motorboot Boll I
Mast
Labor I
Decksalon
Karten-Tisch
T-Tisch
Vorraum
Brause
W C
Luke
Mast
Kompass
Ruderapparat
Peilkompass
Kettenkasten
Kabelgatt
W C
Waschraum
Akkuraum
4 Matrosen
Gang
Maschinist und Koch
Werkbank
2 Jungen
Hobelbank
Schalttafel
Tischlerei
Pantry
Motorschacht
Werkstatt
W C
Tauch- und Unterwassergeräte
Luke
Lüftungsmaschine
Messe
Gang
2 Gäste
2 Gäste
2 Gäste
W C
Kühlraum
Kohlraum
Bad
Dunkelkammer
Expeditionsleiter
Arzt und 1 Gast
Labor II
Steuermann und Bootsmann
Vorraum
Kapitän
Provant
Provant
Segelkoje
Meter
0 1 2 3 4 5

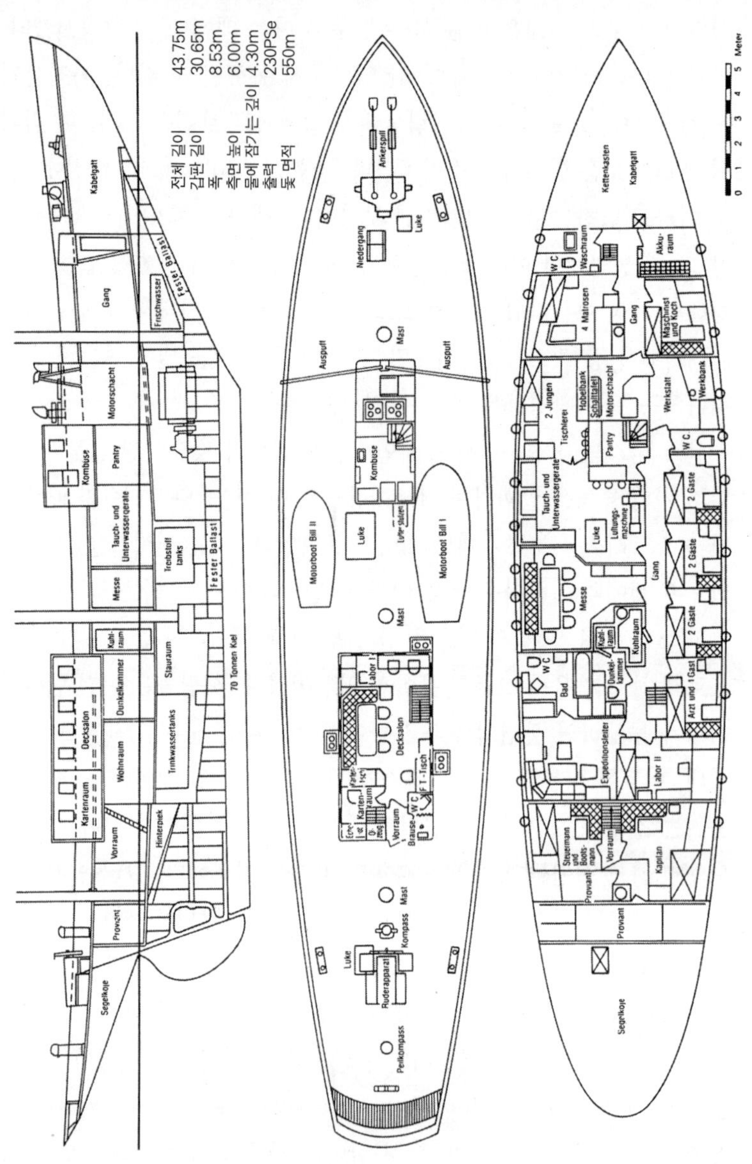

탐사선 자리파 호의 구조

다. 소눈깔 사이로는 햇빛이 들어왔다.

우리의 첫 경유지는 런던이었다. 북해는 감동적이었으며 보는 것마다 호기심이 생겼다. 나의 활동을 보고 있던 한스 하스는 농담으로, 아래에서 잠수 장비를 다루고 있는 마도로스를 도울 수 있을 거라고 말하였다. 나도 쓸모가 있었다. 그러나 그것이 첫번째 뱃멀미를 얻는 최선의 지름길이라는 것은 전혀 몰랐다. 적재실에서 일하다가 나는 점점 상태가 안 좋아져서 곧 선실로 돌아왔다. 지미 호지스를 태우기 위하여 런던에 잠시 머문 후에, 대서양의 군도로 향하였다. 비스카야에 이르러서는 드디어 첫번째 거대한 돌풍의 공격을 받았다. 이때 가운데 돛대의 버팀목이 부러졌으며, 배가 온통 뒤흔들리면서 파도의 마루와 골짜기 사이를 방황하였다. 그리고 다시 깊은 물골짜기 안으로 떨어지기를 반복하였다. 깊은 파도 속으로 들어가면 갑판 위로 물이 밀려들어왔다. 이날 우리는 두꺼운 도자기 접시에 담긴 녹두 수프만 먹었다. 뱃사람들은 그것을 마크라고 했다. 나는 하스의 도움으로 다시 바다에 적응했으며, 배의 움직임과 거친 바다를 즐길 수 있게 되었다.

돌풍은 우리를 기습했던 것만큼이나 신속하게 물러나, 바다는 언제 그랬냐는 듯이 잠잠해졌다. 그리고는 이루 말할 수 없이 아름다운 날들이 계속되었다. 우리는 목적지까지 반쯤 남은 곳의 군도에 위치하고 있었다. 불프 엠모 앙켈은 자리파 호의 돛대에 앉아 있었는데, 그가 기다리던 '잔티나'라는 하얀 거품띠 모양으로 수백 마리가 뭉쳐 있는 보라색 바다달팽이 무리가 나타났다. 하스는 앙켈의 요청에 따라 배를 잠시 멈추었다. 그는 물속에서 달팽이 몇 마리를 건져 올렸다. 그 달팽이의 집은 짙푸른 보랏빛이었으며 몸체는 짙은 청색이었다.

그 달팽이는 앞을 보지 못하며 조류에 따라 움직인다. 그들의 발 앞쪽 끝에는 수저 같은 돌기가 달려 있는데, 그것으로 수면 아래에서 기포 공간을 만든 다음에, 빨리 굳어 버리는 점액으로 에워싼다. 그들은

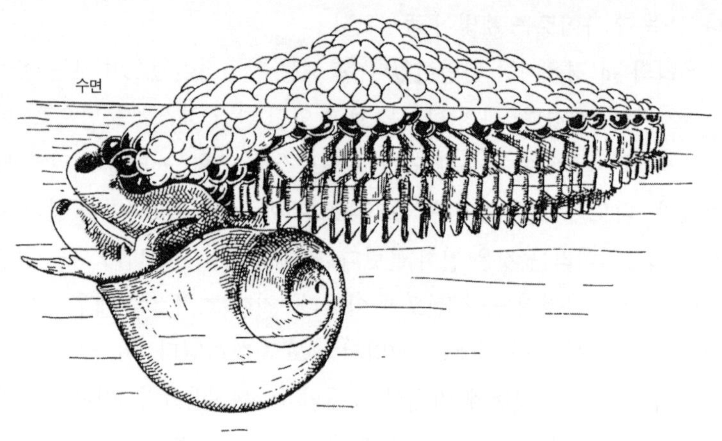

거품띠에 매달려 있는 잔티나 달팽이

그렇게 만든 작은 기포를 이용해서 거대한 무리를 이루는 것이다. 그들은 처음에는 수놈이었다가 다시 암놈으로 바뀐다. 이때 바람과 파도가 그때그때 적합한 성별을 결정하며, 동물성 플랑크톤을 제공해 준다. 예를 들어 그들이 해파리에 부딪치면 이빨이 많이 나 있는 혀로 그것을 거머쥐고 쪼개서 입에 넣는다.

해파리들도 수면 위를 떠다녔지만, 달팽이와는 달리 공기가 들어 있는 우산 모양의 공간의 도움으로 움직인다. 벌거숭이 달팽이 글라우쿠스는 이들과 전혀 다른 수영법을 개발하였다. 그들은 공기를 삼킨 후 창자 로켓을 추진력으로 이용한다.

골프 만의 해류가 북부 수역으로 밀려들면 이 푸른 달팽이 함대는 어떻게 되는가? 그들은 죽고 그들의 새끼는 깊은 물속으로 가라앉는다. 그리고는 여행의 출발점으로 역류하여 되돌아온다.[38] 이 군락이 나를 매료시켰다. 몇 년 뒤에 나는 갈라파고스 군도에서 그 푸른 함대의 또다른 대표들인 '헤엄치는 게'들이 보라색 달팽이들과 함께 헤엄치는 것을 발견하였다.

1953년 9월 11일, 우리는 카펠라 근처 군도인 사웅 미구엘의 북쪽에 위치한 만에 있는 어항에 도착하였다. 바다 위에는 우리 보트로 헤엄쳐 오는 수많은 물고기들이 전등처럼 빛나고 있었다. 바나나와 포도 그리고 다른 신선한 식료품을 실은 배들이 우리 쪽으로 다가왔다. 선상에서는 맥주를 마시면서 즉석에서 화기애애한 거래가 이루어졌다. 다음 날 우리는 섬 주위를 항해하면서 드디어 폰타 델가다 항구에 닻을 내렸다. 우리는 손작살로 향유고래를 어떻게 잡는지 물속에서 촬영하려고 하였다.[39] 하스가 고래잡이 선원들과 그것에 대한 이야기를 하는 동안, 우리는 섬을 탐사하였다. 그 섬은 화산의 근원지로서, 파도의 활동으로 인해 연안에 아름다운 흔적이 남아 있었다. 여러 곳에 검붉은 색의 재가 쌓인 곳이 교대로 펼쳐져 있었다. 육지에서는 대부분 경작을 하고 있었는데, 포도, 바나나, 파인애플과 무화과가 심어져 있었다. 그곳은 수확이 풍부한 곳이었다. 여기에서는 될 수 있으면 돌을 많이 모으는 것이 중요하였다. 그것은 담벼락으로서의 역할뿐만 아니라, 비교적 적은 농경지를 에워싸는 방풍벽 역할도 하였기 때문이다.*

나는 폰타 델가다 항구에서 어린 바다도마뱀을 관찰하면서, 그들의 무리짓기 행동을 처음으로 생각하기 시작하였다. 무엇보다도 향유고래들과의 만남을 갈구하였다. 그러나 잘못된 경보가 반복하여 울렸다. 기대에 차서 보트를 타고 밖으로 나갔고, 해안에서 목을 빼고 몇 시간이나 기다렸지만 아무 일도 일어나지 않았다.

향유고래는 '이빨이 있는 고래'에 속한다. 아직 그 기능이 밝혀지지 않은 두개골에 연결된 결합조직 같은 지방용기는 옆에서 보면 상자같이 보였다. 길이가 23미터나 되는 이 동물은 규칙적으로 그 군도를 방문하였다. 일단 그들은 500~1000미터 가량의 수심에서 오징어를 사

---

* 제주도의 농촌 모습과 흡사하다.

냥하였다. 이를 위해서 15~90분 정도가 소요되는데, 그동안 고래들은 피 속에 산소를 저장할 수 있어서 숨을 한 번도 쉬지 않았다.

심해 속에서는 종종 오징어들을 두고 쟁탈전이 벌어진다. 향유고래가 집어삼킨 오징어는 그야말로 거대한 것들이다. 우리는 한 향유고래 위 속에서 몸통이 2미터이고 발이 5미터나 되는 대왕오징어를 발견하였다. 심지어 전체 길이가 15미터나 되는 오징어를 발견한 적도 있었다. 향유고래의 두개골에서는 종종 직경 10~15센티미터쯤 되는 오징어 빨판을 발견하기도 했다. 고래의 위에서는 앵무새 부리처럼 생긴 오징어의 뿔턱을 한 양동이나 퍼내기도 하였다. 우리가 연구했던 15미터짜리 향유고래는 그 밖에도 세 마리의 상어를 집어삼켰는데, 그 중에 가장 긴 망치상어는 길이가 3.1미터나 되었다.

연안의 관찰 초소에서는 고래가 나타나면 어부들에게 신호를 보냈다. 그러면 그들은 모터보트에서 신호를 주고받으며 고래 쪽으로 접근했고, 1~2킬로미터는 노 저어 갔다. 어느 날 드디어 고래가 나타났다. 우리는 포경선의 어부들이 수면에서 쉬고 있는 고래 쪽으로 재빨리 접근해서 날카로운 작살을 던지는 것을 관찰할 수 있었다. 고도의 지능을 가진 이 큰 동물이 그렇게 쉽게 당하다니, 놀라운 일이었다. 그 고래는 수중에서 너무 오랫동안 먹이를 찾아다닌 나머지 탈진해 있었기 때문에 물속에서 20분 정도밖에 지탱할 수 없었던 것이다.

작살에 맞은 고래는 번개같이 잠수해 배를 끌어당겼다. 그 힘이 어찌나 세던지 속도가 6노트나 되었다. 다른 보트들이 고래의 길을 차단하려고 하였다. 그들은 고래가 수면 위로 다시 올라올 때까지 기다렸다가, 길고 날카로운 창으로 폐를 깊숙이 찔렀다. 숨을 내뿜으며 괴로워하는 이 거물이 높은 피기둥을 허공으로 뿜어 내는 모습은 처참한 광경이었다. 고래는 수면에서 숨을 가파르게 몰아쉬다가 결국 물속으로 가라앉고 말았다. 이 과정은 세 시간이나 걸리는 경우도 있다.

바다는 피로 물들었고, 냄새를 맡은 흰 작살상어들이 몰려들기 시작하였다. 한스와 로테 하스, 그리고 지미 호지스는 작살에 맞은 고래 쪽으로 헤엄쳐 가서 죽은 고래와 그 옆을 헤엄쳐 다니는 다른 고래들을 촬영하였다. 이때 촬영한 장면 중 하나가 나중에 미국의 교양잡지인 「라이프」지에 양면으로 소개되었다. 그것은 이 분야 최초의 다큐멘트였다. 피냄새를 맡고 몰려오는 상어떼 사이로 고래의 살점이 떨어져 나가는 것을 촬영하였던 촬영기사들의 용기는 대단한 것이었다. 상어들은 그들 주위를 그야말로 살기등등하게 맴돌았다. 그러나 카메라와 짧은 막대기 하나로 이 호기심 많은 존재들을 막아 냈다. 그들은 공격하려는 것 같지는 않았지만 매우 성가셨다.

지미 호지스가 나에게 소개했던 동갈방어와의 체험이 특히 인상에 남았다. 또 다른 고래는 우리 배의 난간 바로 앞에 두 개의 커다란 짝짝이 눈을 가진 오징어 한 마리 뱉어 놓았다. 한쪽 눈은 직경이 8센티미터나 되었고 다른 눈은 약 4.5센티미터쯤 되었다. 우리는 이 오징어가 심해에서 그 큰 눈으로 위에서 희미하게 비춰지는 빛을 감지한다고 짐작했다.

우리는 또 다른 향유고래 사냥을 관찰하였다. 그러다가 지미 호지스에게 3미터나 되는 백상어가 접근하였다. 그러나 그는 상어를 발견하지 못했고 드디어 50센티미터 옆까지 다가왔다. 그래서 하스가 소리를 쳐서 위험을 알려 주었다. 그제서야 호지스는 몸을 돌려서 카메라로 그 놈의 머리를 갈겼다. 싸움이 벌어졌다. 그러자 그 놈은 작은 카메라만 가지고 있던 하스 쪽으로 다가왔다. 다행히도 그 둘은 상어를 제지할 수 있었다. 그리고 나서도 상어는 여전히 우리 보트 주위를 맴돌았다. 상어들과 그들 뒤를 따라다니는 아름다운 줄이 쳐진 동갈방어를 그렇게 가까이에서 본 것은 처음이었다.

나뿐만 아니라 잠수에 경험이 풍부한 다른 사람들도 아직 물에 들어

상어 탐사. 상어 한 마리가 미끼를 막 채고 있다(왼쪽). 그러고는 헤엄쳐 가면서 삼킨다(오른쪽).

가도록 허락받지 못하였다. 우리의 잠수 모험은 카리브 해에서야 비로소 시작될 수 있었다. 9월 8일, 카리브 해로 가는 여정중에 우리가 테네리파 섬 근처에서 머물던 날 밤, 부분 풍속이 11~12미터나 되는 거대한 돌풍을 만났다. 9월 9일로 넘어가는 날 밤에는 그야말로 악마의 춤 같은 파도가 밀려왔는데, 항구로 돌아가자고 말할 수도 없었다. 그래서 우리는 바람 반대방향으로 자리파 호를 돌려 놓고 모터를 구동시켜 아주 천천히 항해하였다. 밤 9시쯤 아마추어 무전사가 나에게 소식을 전해 주었을 때, 배는 온통 축제분위기였다. 앙켈 교수가 "로를레가 아들을 낳았대요"라고 말했다. 키 53센티미터에 몸무게 3.5킬로그램의 검은 머리를 한 아이가 태어났다고 말이다. 우리는 배가 뒤흔들림에도 불구하고 용기를 얻었다.

테네리파에서 오래 머무르지는 않았다. 나는 그 유명한 용나무들과 저 멀리 1500미터나 솟아 있는 화산 피코 데 타이데를 보려고 그 시간을 이용하였다. 그리고 나서 우리는 대서양의 무역풍을 안고 순항하였다. 9월 30일, 카리브 해의 작은 섬 산타루치아에 정박하였다. 빽빽한 원시림과 산으로 덮여 있는 그 섬에는 특히 흑인들과 이전의 영국인 노예의 후손들이 살고 있었다. 저녁 때에는 달콤한 종소리와 서인도제도 개구리 그리고 장수두꺼비의 울음 소리가 사방에 울려퍼졌다. 그 지역을 다 밝히려는 듯 무수하게 많은 반딧불들이 날아다녔다.

그곳에서 한 첫번째 일은 개구리를 잡는 것이었다. 어린 시절의 버릇이 다시 발동한 것이다. 개구리를 잡는 데는 별로 시간이 안 걸렸다. 왜냐하면 개구리들이 여기저기에서 울어 댔고 가까이 갈수록 더 크게 울어 댔기 때문이다. 그러나 내가 그 노래꾼들이 나뭇잎에 앉은 것을 찾아 내기까지는 허탕을 쳐야 했다. 서인도제도 개구리들은 땅에 알을 낳는데, 며칠만 지나면 부화해서 개구리가 되었다. 다른 지역의 올챙이들이 통상적으로 겪는 성장과정을 건너뛰는 것이다.

우리는 비상식량을 보충하기 위하여 산타루치아에 잠시 머물렀을 뿐이다. 될 수 있으면 아름다운 산호초가 많은 베네수엘라 앞 군도인 로스 로케스로 가려고 하였다. 여기에서 우리의 잠수 모험이 시작될 예정이었다.

11월 4일 오전, 우리는 수평선에서 그 섬의 이름이 유래하는 바위를 발견하였다. 다가갈수록 섬이 뚜렷하게 보였으며, 하얀 산호초와 낮은 관목으로 덮인 산호초 섬임을 알아볼 수 있었다. 우리는 그 섬의 피난처에 닻을 내렸다. 그곳은 길이가 600미터, 폭은 200미터나 되었다. 그날 저녁 나는 산호초를 보려고 마스크와 물갈퀴, 호흡장비를 가지고 나섰으며, 섬을 조사하려고 단단한 신발과 비상식량을 준비했다.

그 작은 섬에는 여러 종류의 생명체 군락이 자리잡고 있었다. 기슭

에는 파도 때문에 섬보다 더 높은 어귀가 솟아서 일종의 천연 댐이 형
성되었다. 이 벽은 다양한 크기의 산호초들로 인해서 생긴 파도가 만
든 것인데, 조개, 달팽이껍데기(소라), 해면, 뿔산호의 칸살로 이루어
져 있었다. 단지 조용하고 쉽게 접근할 수 있었던 장소에만 그런 벽이
없는 백사장이 바다와 맞닿아 있었다. 그 섬을 이루고 있는 것은 산호
초 조각들과 굵고 흰 모래들이었다. 평평한 모랫바닥의 기슭 쪽에는
키가 작고 거친 식물들이 자라고 있었다. 섬의 반에 해당하는 동쪽 지
역에는 햇빛이 드는 목초지가 있었다. 질긴 풀은 관목 형태로 자라고
있었으며, 그 사이로 하얀 모랫바닥이 보였다. 뿔산호의 존재가 그 건
조한 목초지가 바닷물이 밀려들면 물이 넘쳤었다는 것을 암시해 주었
다. 여기에도 여기저기 키가 작은 관목들이 흩어져 자라고 있었다. 섬
의 서쪽 지역에는 망그로벤도 있었다.

건조한 목초지에는 검은색 렌도마뱀이 많이 살고 있었다. 그들의 색
이 어두운 것은 강한 일광에 적응하기 위한 것이다. 이 현상을 우리는
'섬 멜라닌화'라고 부르는데 그것은 다른 지역에서도 볼 수 있다. 그
파충류들은 수줍어해 우리를 보자마자 곧바로 산호초 더미나 땅속으
로 숨어 버렸다. 어떤 곳에서는 길고 단단한 바늘이 달려 있는 멜론 크
기의 커다란 원형 선인장이 여러 그루 자라고 있었다. 작지만 높다란
망그로벤 더미 주위에 있는 염수호에서는 왜가리와 회색의 따오기, 그
리고 여러 새들이 물고기를 잡아먹고 있었다.

탐사의 출발지로 돌아왔을 때 나는 다른 육지 거주자를 발견했다.
그것은 게(Coenobita)였다. 그들 중의 몇 마리가 비상식량으로 숨겨
두었던 종이봉투를 뜯어서 먹고 있었다. 귀중한 바나나와 오렌지 조각
도 막무가내였다. 그들은 분명히 냄새를 맡았던 것이다. 그러지 않았
다면 그 섬에서 그 게들을 볼 수 없었을 것이다. 내가 돌을 들추자 그
밑에서 수십 마리의 게들이 땡볕을 피하고 있었다. 막대기로 70마리나

찾아 냈다. 그들은 트로쿠스 소라의 화려한 집 속에도 숨어 있었다. 놀란 그들은 다양한 공간을 제공하는 아름다운 소라껍데기로 들어가서 커다란 자줏빛 가위발과 붉은 빛의 다리로 소라 입구를 막아 버렸다. 나는 배에 있는 어항에 갖다 넣으려고 몇 마리를 봉지에 담아 넣었다. 저녁 식사에 늦지 않으려고 그들을 일단 봉지 안에 그대로 넣어 두었다. 잠시 후에 선상에서 외치는 소리를 들었다. 내가 잡아 온 게들이 이미 행진을 시작했기 때문이다. 그 놈들을 쫓아다니면서 어항에 잡아 넣었다.

11월 5일, 산소통을 가지고 처음으로 수중탐사에 나섰다. 그것은 좀 특수한 장비였다. 작은 산소병에서 필요에 따라 산소 단추를 눌러서 입으로부터 등 쪽으로 연결된 공기주머니로 산소를 보내는 장치였다. 이것을 통해서 우리는 숨을 들이쉬거나 내쉴 수도 있었다. 그리고 사용한 공기를 제2 실린더를 통하여 호흡 백으로 돌려 보내는 환기장치도 달려 있었다. 이때 칼륨 피스톤이 실린더를 지나간다. 그것은 이산화탄소를 흡수해서 사용한 공기를 재활용하는 장치이다. 이 순환장치는 물속에서 공기방울을 만들지 않기 때문에 물고기들을 놀라게 하지 않는다는 장점을 가진다. 또한 어떤 깊이에서도 사용할 수 있었다. 그러나 나중에 말하겠지만, 그 장비가 위험한 경우도 있었다.

나는 기대에 부풀어서 아름다운 산호초 근처로 나를 데려다 준 보조선에서 내렸다. 그러자 바닷물이 입 근처까지 차올랐다. 그것을 마셨으나 별다른 맛은 나지 않았다. 배 안에 있던 로테 하스는 괜찮다고 하면서 호흡기에 입을 제대로 대라고 하며 나를 물 밑으로 밀어 버렸다. 그러나 그것은 허튼소리가 아니었으며 나는 다시 물 위로 올라왔다. 그러자 한스 하스가 장비를 점검하였고 한 모금 빨아 보았다. 나는 다른 장비를 받아서 잠수를 만끽할 수 있었다.

우리는 부분적으로 괴사한 엘크혼 산호초 쪽으로 헤엄쳐 내려갔다.

바깥쪽에는 물고기들이 헤엄치고 있었다. 대부분의 물고기들이 처음 보는 것들이었으며, 산호초를 기어가고 있던 앵무새고기만 식별할 수 있었다. 나는 그 물고기들 중의 한 마리가 농어보다 네 배나 큰 앵무새고기의 꼬리 지느러미를 어떻게 공격하는지 보았다. 앵무새고기가 자기의 영역을 침범한 게 원인이었다. 지미 호지스가 손으로 한쪽을 가리켰다. 그때 물속에서 상어를 처음 보았는데, 그 옆에 또 다른 상어가 있었다. 그들은 우리 근처로 호기심 있게 다가왔으나 공격적이지는 않았다. 지미가 소리쳤으나 상어들은 계속 접근했다. 나중에 하스는 이곳이 상어를 자주 관찰할 수 있는 곳은 아니라고 말하였다. 상어들이 마음에 들었다. 그런데 주위에 있는 물고기들이 상어에는 별로 신경쓰지 않는 게 신기했다. 나는 갈라파고스 군도와 인도양의 상어들을 더욱 자세히 알 수 있었으며 그들을 실험할 수 있었는데, 자세한 것은 뒤에서 말하겠다.

상어들이 사라지고 나자, 이 인상적이고 화려한 물고기 떼에 대하여 생각하였다. 나는 고민을 하였다. 내가 이곳을 그렇게 빨리 제대로 찾을 수 있을까? 무엇보다도 나는 학자로서 이 탐사에 참여한 것이다. 이 웅장한 혼잡 속에서 어떤 행동과학적인 문제들을 이해할 수 있을까? 어떻게 나에게 제기된 기대를 채울 수 있을까? 별로 자신이 없었다.

물 밑에서의 당황감은 오래 가지 않았고 고민도 사라졌다. 커다란 집게농어가 촘촘한 가슴 지느러미를 움직이며 우리 쪽으로 다가왔다. 그 놈은 내 앞 1.5미터쯤에 있는 산호초 더미 위에서 잠시 쉬었다. 그러자 갑자기 여러 마리의 작은 물고기들이 튀어나와서 그 육식성 고기의 몸을 더듬기 시작하였다. 그 놈은 입을 크게 벌리더니 아가미 뚜껑을 열었다. 작은 물고기 중의 한 마리가 그 아가미 속으로 들어가서 아가미 위를 뜯어먹고 다른 한 마리는 입속으로 사라졌다. 농어는 마치 하품을 하다가 쥐가 난 것처럼 가만히 있었다. 내가 나중에 네온잉어

(Neongrundel)라고 이름 붙여 준 그 작은 물고기들은 농어의 입과 아가미 사이를 헤집고 다니고 있었으며, 다른 놈들은 몸의 표면을 더듬고 있었다. 자세히 들여다보니, 그 작은 놈들은 농어에 기생하는 게들이나 물고기, 빈대 등을 솎아 내고, 나아가 아주 간단한 방식으로 농어와 소통하고 있는 것이 분명하였다. 농어는 숨을 크게 쉬면서 입을 반쯤 열었다가 다시 크게 벌렸다. 이런 신호를 하면 네온잉어는 농어의 입을 떠났다. 그러면 농어는 아가미 뚜껑을 닫았다. 농어는 계속 헤엄치려고 하면 몸을 두어 번 흔들어 댄다. 그러면 그 네온잉어들은 다음 번 물고기를 기다리려고 산호초 속으로 되돌아간다. 이른바 '청소 공생'을 발견한 것이다.

나는 종 사이의 이 놀라운 관계를 연구하였다. 산호초 속에서는 규칙적인 파트너십이 중요했다. 거기에서는 각 물고기들이 청소에 전문화되어 있고 주인 고기와 소통을 잘하고 있었다. 바로 그것을 해양생물학자들은 제대로 인식하지 못하였다. 당시에 나는 '청소부 물고기'와 '청소 공생'이라는 개념을 창안하였다. 나는 어떤 종이 청소부로 일하고 청소부와 주인 물고기가 서로 어떻게 소통하는지를 기술하였다.[40]

1958년 제2차 탐사에서는 인도양에서의 청소 공생에 대한 지식을 정돈할 수 있었고, 그것이 카리브 해안의 공생과는 몇 가지 점에서 뚜렷한 차이가 난다는 것을 발견할 수 있었다. 카리브에는 일련의 상이한 종류의 청소부 물고기들이 있는 반면에, 인도양에는 오로지 한 종류만 있었다.

나는 인도양의 청소부 물고기와 그들의 주인 물고기들을 몇 시간이나 쳐다보면서 재미있는 것을 관찰하였다. 청소를 기다리는 물고기들은 종종 아주 특이한 자세로 청소 정거장에서 조용히 기다리고 있었다. 나조 종의 코물고기 같은 검은 빛의 종들은 기생하는 게들이 청소부 물고기의 눈에 더욱 잘 보이게 밝은 색으로 변색하였다. 그들은 입

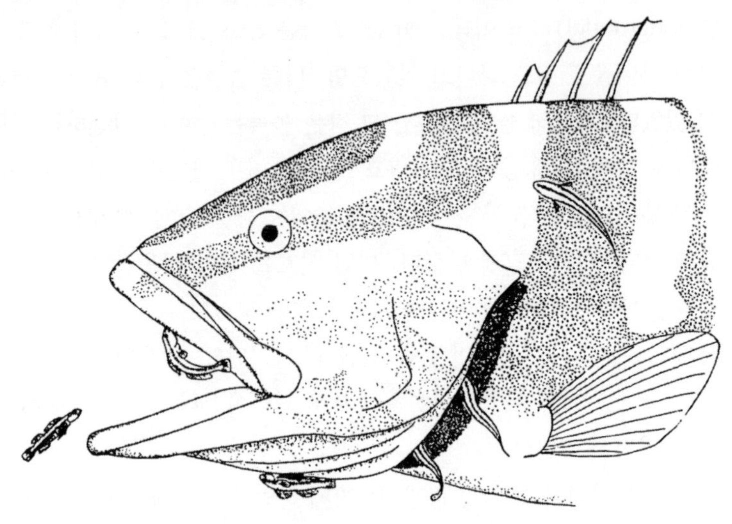

톱니농어의 머리가 네온잉어에 의해서 청소된다.

을 크게 벌리고 아가미 뚜껑을 열고 지느러미를 펼치며 청소 준비가
되었다는 신호를 보내면서, 청소부 물고기에게 접근을 허락한다. 물고
기들이 충분히 청소를 했으면, 이 놈은 — 내가 카리브 해에서 관찰
한 것과 동일한 방법으로 — 다시 신호를 보냈다. 청소부 물고기들은
빠른 리듬으로 배 지느러미가 있는 부분을 교대로 만지는 가운데 청소
할 구역을 나누었다. 그들은 종종 특수한 '청소 춤'을 통하여 물고기들
을 초대한다. 가끔씩은 우리에게도 청소해 달라고 신호를 보냈다. 청
소부 물고기들은 자기네는 청소부이니 잡아먹지 말라는 신호로 그들
의 몸을 유난히 격렬하게 흔들어 댄다.

　길고 푸른 청소부 물고기들은 색이 유별나다. 그들의 몸 양면에는
검은색 줄이 쳐져 있다. 청소 자리를 차지하기 위하여 단지 몇 종만이
이 독특하게 생긴 물고기들과 다툼을 벌인다.

　그러나 흰뿔물고기(Aspidontus taeniatus)라고 불리는 재미있는 흉

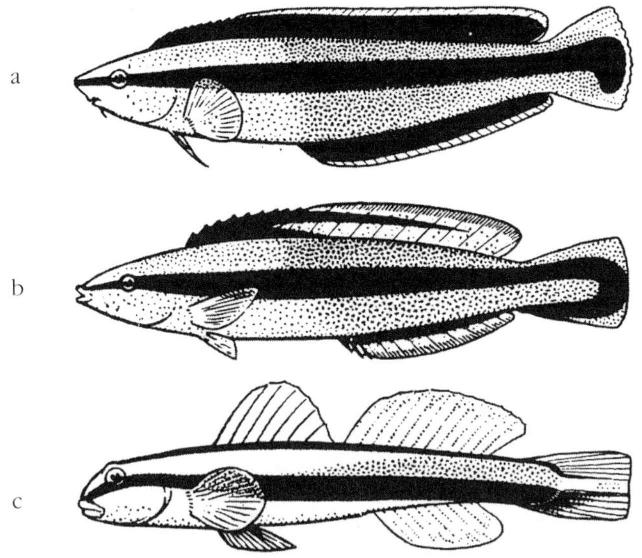

흉내 물고기(a)와 청소부 물고기(b:Labroides, c:Elacatinus), 푸른 부분은 점으로 표시되었다.

내꾼들도 있다. 그들은 청소부 물고기와 동일한 유니폼을 입고 있어 청소부 물고기와 혼동되었다. 청소부 물고기들이 접근하는데 주인 물고기가 도망치는 게 눈에 띄었다. 그래서 청소부인 듯한 물고기를 잡았는데, 나의 손가락을 격렬하게 깨물어서 피가 났다. 그때서야 내가 고기의 종을 잘못 짚었다는 것을 알았다. 나는 곧 그 물고기가 흉내 물고기라는 것을 알았다. 그것은 다른 물고기의 피부와 아가미, 지느러미를 뜯어먹는 육식성 고기였다. 그 놈은 사냥감에 접근하기 위하여 위장색을 사용하였다. 청소부 물고기의 색깔뿐만 아니라 춤도 흉내냈다.[41)

그 사이에 청소 공생에 관해서 많이 관찰되고 연구되었다.[42) 오늘날에는 청소부 물고기가 중요한 과제를 수행한다는 것을 알고 있다. 많은 물고기들은 움직이지만, 그대로 머물러 있는 물고기들은 곰팡이나 기생충에 시달린다. 예를 들면, 그동안 청소부 새우 같은 다른 청소부 물고기들이 발견되었다. 당시에 발견했던 그 현상은 이제 전세계에 널리 알려졌다.

대양의 거주자들도 그들의 몸에서 기생충을 없애려고 산호초의 청소 정거장을 방문하였다. 우리는 제2차 자리파 탐사 때 말레디벤의 아두-환초 지대에서 거대한 가오리들이 직경이 수미터나 되는 산호초 더미를 맴도는 것을 관찰하였다. 이 거대한 가오리들은 마치 우주선 같았다. 그들이 산호초 더미 위에서 속도를 줄이면, 수십 마리의 청소부 물고기들이 다가와서 가오리의 몸을 탐색한다. 가오리가 아가미를 열면 청소부 군대에게 들어오라는 신호이다.

상어들은 늘 청소부 물고기들을 달고 다닌다. 빨판으로 변형된 등지느러미를 가지고 상어에 찰싹 달라붙어서 힘들이지 않고 항해할 수 있는 청소부 물고기들은 특히 상어의 아가미에 붙은 거머리를 골라 낸다. 제2차 탐사의 엔지니어로 참가한 쿠르트 히르셸이 말레디브 섬 근처에 정박한 자리파 호 부근에서 해수욕을 하고 있을 때 빨판상어가 접근하였다. 그 빨판상어는 자기 옆에 큰 상어가 없었기 때문에 달라붙을 곳을 찾았던 것 같다. 그리고는 곧바로 작업을 시작하였다. 그 빨판상어는 독특하게 히르셸의 몸 쪽으로 헤엄쳐 접근하였다. 빨판상어는 히르셸의 젖꼭지가 거머리인 줄 알고 그에게 올 때까지는 그래도 재미있었다. 그러나 그 놈이 격렬하게 계속 공격을 했기 때문에 히르셸은 황급히 물 밖으로 나올 수밖에 없었다. 그는 숨을 헐떡거리면서 "그 놈의 입은 마치 강판 같더군" 하고 말하였다.

다시 제1차 탐사로 되돌아가 보자. 나는 다른 종들 사이의 공동체 형성도 추적하였다. 하스는 나에게 예를 들면 승마를 하는 듯한 나팔고기를 보여 주었다. 긴 막대기 모양의 물고기는 종종 앵무새고기의 등 위에 붙어서 헤엄을 쳤다. 하스가 그것을 최초로 기술하였지만, 그

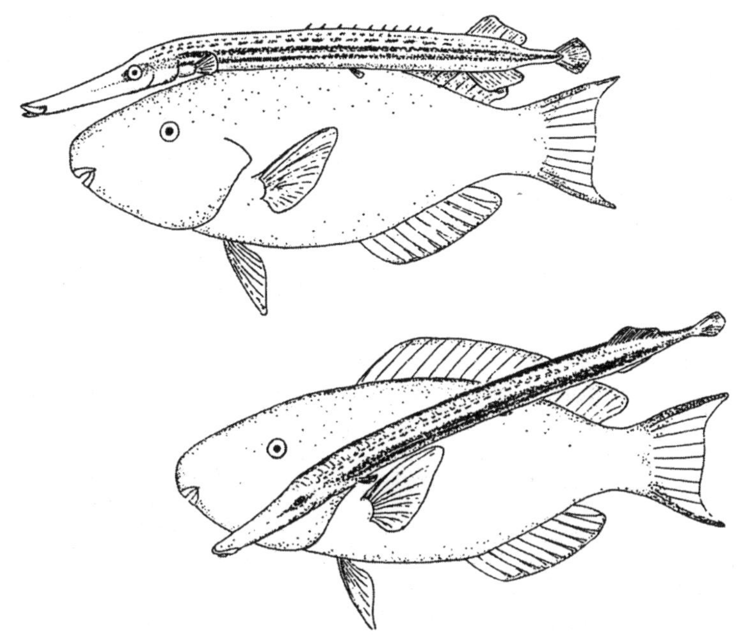

등에 올라타는 나팔고기. 사냥방식을 그려 놓았다.

물고기가 왜 그런 행동을 보이는가는 해명되지 않은 채로 있었다. 하스는 그 물고기가 아마 자기의 사냥감에 접근하려고 스스로를 위장한다고 생각하였다.

처음에 나는 머리가 푸른 빛을 발하는 나팔고기들만이 다른 물고기에게 접근해서, 마치 성적인 행동으로 위장해서 그것을 잡아먹는 것을 관찰하였다. 그러나 나팔고기가 성적인 착각을 이용한다는 나의 흥미있는 가설은 곧 수정되어야 했다. 아마도 그 물고기는 큰 고기들 옆에서 자신을 은폐하기 위하여 접근하는 것 같았다. 예를 들어서 앵무새고기가 무엇을 먹으려고 하면, 그 작은 물고기는 옆으로 비껴 선다. 그리고는 나팔고기의 엄호에서 벗어난다. 이것은 우리의 다음 번 목적지인 보네르의 산호초에서 관찰한 것이다.

어쨌든 그 전에 베네수엘라의 라 과이라 항에서 며칠간 체류하였다. 우리가 로스 로케스에서 발급받은 잠수 허가증을 안 가지고 왔기 때문에, 항만 경찰이 우리를 억류하였다. 지나친 흥분이 조금 사그라지자, 육지탐사를 통하여 남아메리카 대륙의 인상을 수집할 수 있게 되었다. 나는 벌새를 처음으로 보았으며, 카라카스에 있는 박물관에서는 오리노코 강 상류로의 탐사를 통하여 접촉을 시작했던 야노마미 인디언의 사진을 볼 수 있었다. 나는 이 사람들을 알게 되면 얼마나 아름답고 흥미진진할지 상상해 보았다. 그 소원은 16년 후에야 이루어졌다.

11월 19일, 우리는 네덜란드 식민지인 보네르 섬 앞에 정박하였다. 그 섬은 크기가 281평방킬로미터였고, 가장 높은 곳은 해발 240미터의 몬테 브란다리스였다. 그 앞에 평평한 작은 보네르 섬이 놓여 있다. 당시에 보네르 섬의 인구는 7천 명이었는데, 그들의 대부분은 작은 도시인 크랄렌다이크에 살았다. 섬의 날씨는 건조했으며, 팔이 여럿 달린 가로등과 바람에 의해서 한쪽으로 쏠린 낮은 디비디비나무들이 그 지역의 풍치를 만들었다. 보네르는 특히 커다란 플라밍고 군락과 아울러 연안에 있는 산호초로 유명하였다.

한스 하스는 1939년 이곳에서 청년학도로서 첫 잠수를 체험하였다. 당시에 그 섬이 눈에 보이자 갑판에는 기쁨과 기대가 가득했었다. 그는 작은 보네르 섬에 있는 유일한 나무 밑에 텐트를 설치하였다. 나중에 알게 되었지만 그들은 환영받지 못한 손님이었다. 원주민들은 잠수에 대한 그들의 관심을 그리 잘 받아들이는 것 같지 않았으며, 한스 하스와 그의 동료들이 산호초를 연구하면서 잠수함과 연락을 취한다는, 말하자면 간첩활동을 한다는 혐의를 두고 있었다. 하지만 이번에는 하스는 귀빈으로 대접받았다. 사람들은 우리를 진심으로 환영해 주었다.

나는 그 순간을 사진에 담았으나 인화를 잘못 하는 바람에 그 역사적인 자료는 소실되었다.

우리는 보네르에서 몇 주 동안 매일 잠수를 하였다. 나는 청소부 물고기를 연구하였고, 물고기들의 무리짓기 행동을 연구하였다. 시간이 지나면서 이 독특한 행동의 역할이 드러났다. 그 무리짓기는 다른 육식성 물고기에 대한 방어인 셈이다. 그것은 일단 다른 육식성 고기를 놀라게 할 것이다. 왜냐하면 그토록 많은 물고기 떼는 일단 육식성 고기로 보일 것이기 때문이다. 그러나 이 추측은 맞지 않는다. 육식성 고기들은 겨냥한 특정한 사냥감에게 접근하여, 일종의 빨대로 채가는 방법으로 순식간에 사냥감을 공격한다. 잡힌 물고기가 무리 사이로 이리저리 헤엄치면, 육식성 물고기는 눈앞을 빈번히 왕복하는 물고기 떼와 부딪치게 된다. 그러면 특정한 사냥감을 포착하지 못하는 경우가 생기는데, 이것이 바로 방어를 위한 '혼동효과'가 되는 것이다.[43] 나는 가시고등어가 통조림용 작은 생선을 어떻게 낚아채는지 관찰한 바 있다. 그들은 무리지어 있는 물고기 떼 주위를 돌면서 물고기들을 떼어 놓으려고 애를 썼다. 일단 그 중의 한 마리가 무리에서 분리되면 쉽게 사냥된다.

한스 하스는 우리의 연구작업 말고도 자신의 수중촬영에서 여러 역할을 맡았다. 우리는 처음 며칠 동안 수중탐조등을 꼼꼼히 점검해 보았다. 알다시피 물은 붉은 색조를 걸러 내서, 모든 것을 푸르게 보이게 한다. 몇 미터만 깊이 들어가면 붉은색이 갈색으로 보이고 더 깊이 들어가면 검은색으로 보인다. 우리는 전선을 통하여 배에서 전기로 작동되는 커다란 탐조등으로 산호초 군락을 비추었다. 그것들은 총천연색으로 비추어졌다. 붉은색, 보라색, 노란색. 특히 해면과 다른 동물들이 자라고 있는 동굴이나 산호초의 죽은 부분들을 비추었다. 하스는 이것을 천연색 필름에 담았다.

우리는 연기도 했는데, 그것은 카메라맨이나 연기자 모두에게 쉬운 일이 아니었다. 일단 날씨가 바라던 대로 되지 않았다. 바람이 불며 커다란 구름이 하늘을 뒤덮어 태양이 가려졌다. 총천연색 필름은 흑백 필름보다 감광도가 낮기 때문에 더 많은 햇빛이 필요하였다. 하스는 선상에서 계획했던 필름 장면들을 완성하였다. 그는 물 밑에서 가지고 온 알루미늄판에 그 내용을 적었다. 그리고 우리는 다시 산호초를 향하여 잠수했다. 배에는 커다란 구름이 올 것 같으면 우리에게 알려 줄 외국인 선원 한 명이 있었다. 그리고 신호용으로 쇠로 된 병을 자일에 매달아 두었다. 우리는 곧 행동을 개시하였다.

우리 자신을 영화배우로 테스트했던 첫 장면 중의 하나는, 셰어와 내가 상어를 피해 동굴로 들어가서 밖을 내다보면서 해설하는 장면이었다. 우리는 마치 물속에서 말하듯이 찍으려고 하였다. 사실은 말하는 시늉만 냈지만 말이다. 사람들은 그것이 아주 단순한 장면이라고 생각하겠지만, 한번은 너무 빨리 헤엄을 쳤고 한번은 너무 느리게 헤엄을 쳤다. 그러다가 그만 결정적인 순간에 해가 사라지고, 그러면 산호초에 부딪쳐 모든 것이 엉망이 되었다. 그것은 한스 하스에게나 나에게나 실망을 주었다.

그 당시에 우리는 잠수복이 없어서 스웨터로 추위를 이겨 내야 했다. 30분 정도 촬영하고 나면 몸이 얼어붙기 시작했다. 그런데 그 병이 움직일 때까지 물속에서 기다려야 했으니 오죽 추웠을까. 그러나 결국 해냈다.

이 동굴에는 자기 집에 드나드는 것을 유심히 관찰하던, 전혀 부끄러워하지 않는 농어 한 마리가 살고 있었다. 그 놈은 아가미 뚜껑을 만지고 손가락으로 옆구리를 긁어도 가만히 있을 정도로 유순했다. 아마 농어들이 청소부 물고기들과의 접촉에 익숙해져 있기 때문에 그렇게 해도 가만히 있는 것 같았다.

　언젠가 셰어와 내가 커다란 거울을 산호초에 설치하던 때였다. 그 실험은 물고기들이 거울에 비춘 자신의 모습을 다른 종으로 인식해서 싸우는 모습을 담으려고 한 것이었다. 말하자면 거울을 돌려서 쳐다보고 짤막한 해설을 하고 다시 거울을 물고기에게 넘겨 주고 물러나는 식이었다. 우리는 거울을 산호초에 설치하였다. 그리고 우리의 구호인 "움프, 움프" 하는 소리를 내었다. 그러면 하스는 그것을 알아차렸다. '아하 뭔가 잘못되었구나, 그러니 수면으로 올라가라는 신호로군.' 거기에서 하스는 우리가 너무 빨리 움직였다고 말했다. 다시 한 번 잠수해서 거울을 더 안으로 밀어넣으라는 말이었다. 우리는 다시 한 번 "움프, 움프"를 외쳤다. 이번에는 거울이 옆으로 삐딱하게 걸쳐졌다. 다시 한 번 시도했을 때에는 그만 해가 숨어 버리고 말았다. 정말 열받는 일이었다. 결국 수십 번이나 시도한 끝에 거울을 산호초에 제대로 고정시킬 수 있었다. 두세 조각으로 나뉜 거울에 비춘 내 모습은 나를 노려보는 것 같아 두려웠다. 나는 갈라진 거울을 통해 하스가 놀라서 자기의 손을 벌리는 것을 보았다. 물고기들은 조각난 거울에 비추는 그들의 모습과 싸우고 있었으며, 그것은 결국 우리에게 성공적인 장면을 선사하였다.

　나는 그 섬으로 여러 번 답사를 갔고, 어항에 넣어 산 채로 가지고 가려고 했던 육지도마뱀과 작은 개구리들을 채집하였다. 나는 로를레에게 그들에게 줄 먹이로 밀가루 벌레를 보내 달라고 하였다. 그녀가 보낸 소포가 무사히 도착하였는데, 갑자기 로테 하스가 놀라서 나를 불렀다. 편지봉투와 소포 사이에서 벌레들이 스멀스멀 기어나오고 있었다. 그녀는 우체국의 소포 처리과정이 너무 비위생적이라고 투덜거렸다. 나 역시 놀라고 의외라서 약간 부서진 그 소포꾸러미를 버리고 말았다.

　12월 14일, 우리는 갈라파고스로 가는 여정에서 잠시 휴식을 취하려고 쿠라사오로 갔다. 그 사이에 파나마에서도 좀 쉬었다. 나는 다른 사람들이 콜론의 야경을 즐기는 동안에 야간탐사를 떠났다. 열대 우림 속에서 길을 잃지 않으려고 손전등을 준비하였다. 나는 물 위의 덤불에서 잠을 자고 있던 투구바실리스크 도마뱀을 잡았다. 그 어린 놈은 놀라서 수면으로 도망가면서 뒷다리를 물 쪽으로 힘차게 내갈겼다. 나중에 파나마 인들이 그 도마뱀을 그리스도 도마뱀이라고 부르는 이유를 알게 되었다. 나는 이 밤 동안에 그들이 알을 낳은 푸른 석호를 보았으며, 심지어는 그 석호를 파고 있는 아르마딜로(천산갑)도 보았다. 몸은 얼어붙고 흠뻑 젖었지만, 새로운 인상을 듬뿍 가지고서 아침 일찍 배로 돌아왔다.

갈라파고스

부푼 가슴을 안고 갈라파고스로 갔다. 나는 윌리엄 비비의 책에서 용과 비슷한 바다도마뱀, 이구아나, 코끼리거북과 바다사자에 대하여 읽었다. 만질 수 있을 정도로 길들일 수 있는 말똥가리와 환상적인 원시 풍경에 대해서도 들었다. 지나친 기대를 가지고 떠난 사람은 종종 실망할 수도 있다. 그러나 나의 걱정은 기우였다.

우리는 좋은 계절을 선택하였다. 푸른 하늘에서는 연일 태양이 비추었고, 따뜻한 적도의 파도는 차가운 훔볼트 해류를 남쪽으로 몰아 냈다. 다만 잠수하기에는 물이 아직 좀 차가웠다. 나는 첫눈에 갈라파고스에 매료되었으며, 그 이후로 더욱 큰 호기심을 가지고 오늘날까지 무려 열 번이나 갈라파고스를 방문하였다.[44] 나는 군도의 남쪽에서 최초의 깊은 인상을 받았다. 우리는 에스파뇰라 섬의 북쪽에 있는 자그마한 오스본 섬 앞에 정박하였다. 닻이 내려졌을 때 수놈 바다사자의 나지막한 "우, 우" 하는 울음과 어린 새끼들과 암놈들이 파도를 헤치면서 내는 사중창 소리를 들었다. 대부분의 암놈들과 새끼들은 혀처럼 삐죽 튀어나온 에스파뇰라 섬 평지 위의 바위 사이에 모여 있었다. 다른 놈들은 헤엄치면서 파도타기를 즐기고 있었다. 그들은 뒤로부터 앞으로 휘말리는 파도의 앞쪽에서 수영하다가 해안까지 파도를 타고 미끄러져 들어왔다. 그들은 파도가 도달하기 전에 밑으로 잠수했다가 다시 밖으로 헤엄쳐 나오는 놀이를 되풀이하였다. 물이 얕은 곳에서는 돌멩이를 공중으로 던져서 입으로 받는 놀이를 하는 암놈이 하나 있었고, 해안가에는 위풍당당한 바다사자 수놈 한 마리가 고개를 휘저으며 순찰하고 있었다. 그 놈에게서 "우, 우, 우" 하는 커다란 울음소리가 들렸다. 나는 섬에 내려설 엄두가 나지 않았다.

처음 며칠 동안은 바다사자를 관찰하는 데 열중하였다. 바다사자는 내가 상륙했을 때부터 마음에 안 들었던 모양이다. 파도가 너무 세서 보트의 밧줄을 잡고 육지로 헤엄쳐 갔다. 하인 베커는 파도가 치는 쪽 앞에 보조 보트의 닻을 내렸고, 내가 잠수해서 보트를 해안으로 끌어당겨야 했다. 자일로 기슭에 배를 매는 동안에, 바다사자는 영역을 지키는 나지막한 울음소리를 내면서 내 주위를 맴돌았다. 그러나 다행스럽게도 나를 존중하는 것 같았다. 그러나 나중에 바다사자 군락 속에 홀로 남아서 다시 잠수했을 때는 나를 공격하였다. 우리는 적응해야 했다.

나는 『갈라파고스』라는 책에서 바다사자에 대한 관찰을[45] 자세히 보고하였다. 따라서 여기서는 몇 가지만 말하려고 한다. 이미 첫날 저녁부터 나는 암놈과 새끼들이 울음소리로 서로를 식별한다는 사실을 알았다. 암놈이 바닷속을 산책하고 기슭에 있는 새끼들에게 돌아오면서

세계적인 사진사 알프레트 아이젠슈태트가 갈라파고스 바다사자를 촬영하고 있다. 그는 1957년 「라이프」(Life) 지에서 기획한 촬영에 나를 데리고 갔다.

소리를 지르면 새끼들이 대답한다. 바다와 기슭의 도처에서 "배-배-배" 하는 소리가 나면 어미들은 자기 새끼를 식별하고 새끼들 역시 어미를 식별한다. 새끼들이 자기 어미가 아닌 암놈을 찾는 경우는 드물다. 하지만 새끼가 다른 어미를 찾으면 문제가 생긴다. 암놈은 다른 새끼가 자기에게 오면 그 놈을 낚아채서 피부가 찢어질 정도로 물어뜯는다. 어미와 새끼가 기슭에서 만나면 울음소리를 내면서 주둥이를 부빈다. 그들은 흥분해서 서로의 코가 부딪칠 정도로 머리를 흔들어 댄다.

바다사자를 관찰하면서 보낸 날들은 나에게 여러 가지를 가르쳐 주었을 뿐 아니라 큰 기쁨을 주었다. 무엇보다도 얕은 물속의 또래들과 어울려서 부지런히 꼼지락거리는 귀여운 새끼 바다사자들이 인상적이었다. 그들은 싸움 장난이나 돌멩이 놀이를 했고, 언젠가는 내가 깜빡

잊고 기슭에 벗어 놓고 온 물갈퀴를 가지고 놀기도 했다. 그때부터 나는 좀더 조심하기로 했다.

수놈은 자기에게 다가오는 낯선 수놈을 쫓아 버렸다. 그러나 다른 수놈을 쫓기만 하는 폭군에 불과한 것이 아니라, 새끼들을 보호하기도 한다. 어린 새끼들이 물 밖으로 나오면 얕은 곳으로 몰아 준다. 그렇게 해서 군락의 무리에서 물속으로 미끄러져서 상어밥이 되는 것을 예방한다. 나중에 다른 곳에서 상어에게 물려서 다친 바다사자 새끼들을 본 적이 있다.

자리파 호가 닻을 내린 작은 섬에는 해발 25미터쯤 솟은 가파른 돌출 부위가 있었으며, 북쪽에는 바다로 이어지는 가파른 낭떠러지가 있었다. 오스본은 분명히 긴 세월에 걸쳐 파도에 의해서 커다란 섬에서 떨어져 나온 나머지 부분임에 틀림없었다. 식물이 자라는 곳은 거의 없었으며 햇빛이 드는 좁은 땅자락에만 초록색 관목들이 있었다. 그 그늘 밑에는 어린 바다사자 수놈들과 암놈들이 누워 있었다.

절벽의 1/3에는 갈라파고스 특유의 선인장이 자라고 있었다. 그 선인장의 키는 남자 키보다 더 크고, 가지가 없는 갈색 줄기가 수직으로 솟아 있었으며, 그 위에 육질의 푸른 칵투스 가지가 여러 개 달렸다. 커다란 칵투스참새(Geospiza conirostris)는 선인장 과육을 쪼아 먹고 있었다. 참새는 나를 거들떠보지도 않았다. 그러나 산앵무새는 호기심을 가지고 내 발을 간혹 쳐다보았다. 나중에 이 산앵무새는 컵에 앉아 물을 같이 마실 정도로 길들일 수 있다는 것을 알았다.

풀이나 덤불이라고는 거의 자라지 않는 목초지로 올라갔을 때 말똥가리 한 마리가 날아왔다. 그 말똥가리는 내 주위를 맴돌더니, 다시 3미터쯤 떨어진 바위 끝에 내려앉았다. 우리는 서로 어색하게 쳐다보았다. 나는 막대기로 그 놈의 배를 건드려 보았다. 그 놈은 막대기를 깨물기는 했지만 날아가지는 않았다. 그것이 길들일 수 있는 갈라파고스 새와의 첫 만남이었다. 너무나도 감격스러운 일이었다.

북쪽의 수직으로 솟은 절벽에서는 바다를 잘 조망할 수 있었다. 멀리로는 커다란 물고기와 상어들이 보였다. 바위 위에는 용처럼 생긴 바다도마뱀 한 마리가 앉아 있었다. 윌리엄 비비의 이야기와 사진들로부터 이 파충류가 어두운 색으로 설명되었던 것이 기억났다. 그러나 이 도마뱀들은 밝고 거친 붉은색 피부를 가지고 있었으며, 에메랄드빛 등 지느러미와 녹색 벼슬을 가지고 있었다. 나중에 그 총천연색 도마뱀이 이 섬 특유의 종임을 확인하였다. 나는 그것을 '*Amblyrhynchus cristatus venustissimus*'라는 학명[46])으로 불렀다. 에스파뇰라 주변 섬들 특유의 종은 사실 그 군도에서 가장 아름다운 바다도마뱀에 속한다. 바위를 내려오면서 군도의 남부에서 약 30센티미터 크기의 화산도마뱀들을 보았다. 그들 또한 우리를 별로 무서워하지 않았다.

우리는 오스본 앞에서 일주일 이상이나 묵었다. 플로레아나에 잠시 다녀온 후에 우리는 이사벨라 섬의 남쪽을 탐사하였다. 우리는 이 거대한 섬의 몇 군데를 더 방문하였으며 푼타 에스피노자 근처의 페르난디나도 방문하였다. 거기에서는 거대한 군집을 이루고 사는 도마뱀들을 보았다. 그들은 여러 곳에서 수십 마리씩 몰려서 자리다툼을 하고 있었다. 마침 번식기가 시작하던 때였고 수놈들은 용암 바위에 그들만의 영역을 차지하고서 암놈을 확보하고 있었다.

그들은 상대방을 아주 특이한 방식으로 막아 냈다.[47]) 적수가 접근하면 일단 위협한다. 위협을 하려고 네 다리로 곧추 일어서서 옆구리를 드러내면서 주둥이를 내밀고 머리를 뒤흔들어 대며 적수 앞에 선다. 이 행동은 적수가 자기의 영역에 침입하는 것을 막아 준다. 하지만 종종 그것만으로는 충분치 않을 때가 있다. 그러면 도마뱀들은 일단 서로 머리를 흔들어 대며 서 있는다. 잠깐 동안의 위협행동이 끝나면 싸움으로 이어진다. 그러나 적수가 입을 크게 벌리고 물듯이 달려들지라

수놈 도마뱀들이 박치기를 하며 싸운다. 진 놈은 바닥에 배를 깐다(위).
그러면 싸움이 중지되고, 이긴 놈은 진 놈이 그곳을 떠날 때까지 위협적인 동작을 한 채 기다린다.

도 실제로 상대방을 깨물지는 않는다. 그들은 일단 머리를 낮추어서 상대방의 두개골과 박치기한다. 그리고 상대방을 다른 곳으로 밀어 내려고 한다. 어느 한쪽이 밀려 싸움을 포기할 때까지 시간이 좀 걸릴 수 있다. 승부가 나면 패배자는 승리자 앞에 의기소침하여 엎드린다. 그러면 승리자는 위협적인 모습으로 패배자가 그곳을 떠나기를 기다린다.

　이 바다도마뱀의 싸움은 말하자면, 정확한 규칙에 따라서 진행되며 상대를 다치게 하지 않고도 굴복시키는 일종의 경기 의식인 셈이다. 이 관찰을 통하여 나의 관심은 새로운 영역으로 옮겨 갔다. 즉, 도마뱀들 종 내부의 공격성과 상처를 입히는 싸움에서 나타나는 의례화된 여러 표현방식에 관심을 가지게 되었다. 그후 십수 년간 나는 이 주제에 대한 많은 자료를 모았으며, 아직도 —— 당연히 우리 인간에 대하여 —— 연구하고 있다.

　그러나 나는 감동적인 자연뿐만 아니라, 파괴의 징후도 발견하였다. 그 섬의 이름에 따라서 코끼리거북이라고 불리는 거북은 이주자들에 의해서 살육되었다. 나는 여러 곳에서 햇빛에 말라 비틀어진 거북의 갑옷을 보았다. 미국의 참치잡이 어부들은 그 희귀한 거북 가죽의 도둑이 되어갔으며, 심지어 바다사자까지 사냥하기에 이르렀다. 그런 일이 계속된다면 이 섬의 유일무이한 동물 세계는 사라질 것이라는 절망감을 느꼈다.

　이런 위기에 직면한 나는 더이상 무책임한 학술지 편찬위원에만 머무를 수가 없었다. 이 섬은 진화와 종족사의 살아 있는 연구실로서 너무나도 고귀한 곳이기 때문이다. 지구상의 어느 곳도 이렇게 생생하게 진화의 영향을 보여 주는 곳은 없다. 찰스 다윈은 오늘날 참새라고 불리는 새를 발견했을 그 당시, 종들이 변화에 굴복한다는 사실을 바로 이 섬에서 증명하였다. 자그마해 잘 보이지도 않는 이 참새는 다른 참새들과 엇비슷하지만 유독 부리의 모양만은 특이하다. 다윈은 이 유사성이 전혀 우연이 아니라 자연적인 근친성의 표출이라는 것을 올바로 인식하였다. 그리고 이 상이한 종들이 언젠가 그 섬에 정착했었던 공통의 조상으로부터 유래한다고 생각하였다. 이런 자연적인 해석은 곤충 포식자, 칵투스참새 또는 씨깨무는참새 등 그들의 상이한 구체적인 적응 형태에 따라서 서로 경쟁하지 않고 다양한 유형을 각인하였다. 여러 섬들의 지정학적인 격리로 인해서 참새들은 다양한 종류의 무리로 분화되었고, 결국 특정한 생태학적 환경에 적응하였다. 다윈은 당시에 섬들마다 상이한 갑옷 형태를 보여 주는 거북의 변형 가능성도 발견하였다.

점증하는 이주로 인하여 그 섬의 생태계가 파괴된다는 생각이 나를 짓눌렀다. 그래서 나는 여행을 마치면서 유네스코(UNESCO)와 브뤼셀에 있는 국제자연보호연맹(Internationale Union für Naturschutz)에다 이곳을 보호구역으로 정해서 생물학 연구소를 설립할 것을 제안하였다. 이것은 그 지역을 보호하기 위하여 현지에서 자연보호 조치들이 취해져야 하며, 특히 위험에 처한 종들에 대한 연구가 우선적으로 이루어져야 한다는 것을 의미한다. 뿐만 아니라 나는 어윈 스트레스먼, 장 드라쿠르, 딜런 라이플리 등과 같은 저명한 동물학자들에게도 편지를 썼다. 그들은 나의 제안에 관심을 보였고 논의를 한 결과, 나는 1957년에 유네스코로부터 정확한 현황조사를 목적으로 하는 갈라파고스 탐사를 위임받게 되었다. 동시에 나는 생물학 연구소가 들어설 장소를 물색해야 했으며, 그 섬의 분화구와 식물을 보호하기 위한 여타 제안들도 입안해야 했다.

캘리포니아의 동물학자인 로버트 바우맨도 나의 노력에 공감하여 탐사에 동참하기를 원하였다. 나는 딜런 라이플리의 권고를 받아들여 동의하였다. 「라이프」 지에서도 그 사업에 관심을 나타내었다. 편집진은 사진사 한 명과 삽화가 한 사람이 동행해도 되는지, 그리고 나중에

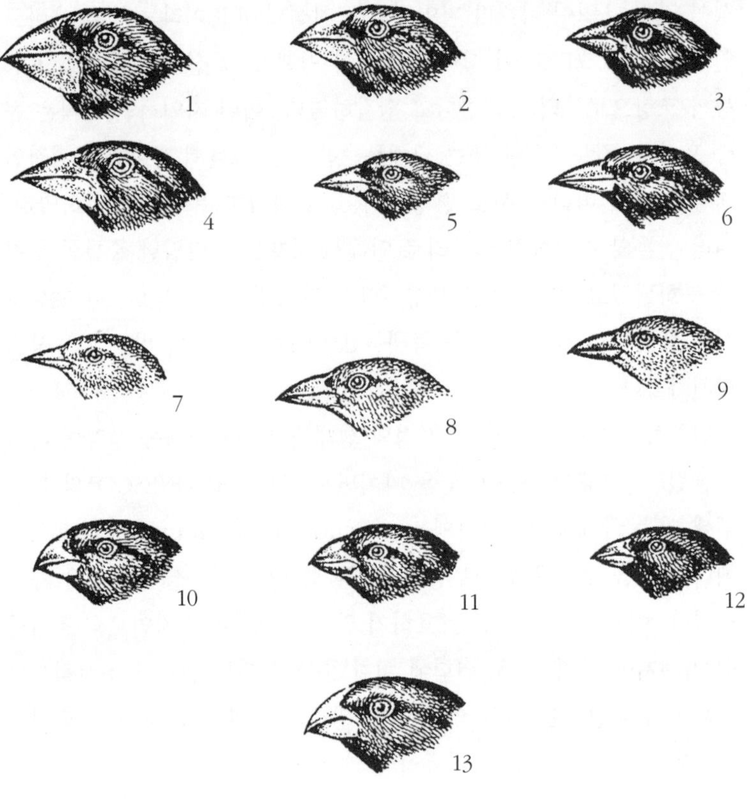

다윈 참새들의 부리 형태

식물성 먹이를 선호하는 잡식성 참새
 1. 큰 땅참새
 2. 중간 땅참새
 3. 작은 땅참새
 4. 큰 선인장 땅참새
 5. 뾰족부리 땅참새
 6. 선인장 땅참새

곤충을 먹는 참새
 7. 곤충을 먹는 꾀꼬리참새
 8. 도구를 사용하는 딱따구리참새
 9. 망그로벤참새

곤충을 선호하는 잡식성 참새
 10. 곤충을 먹는 큰 나무참새
 11. 곤충을 먹는 중간 나무참새
 12. 곤충을 먹는 작은 나무참새

식물성 먹이를 먹는 참새
 13. 식물성 먹이를 먹는 나무참새

갈라파고스 군도의 네 종류의 참새. 딱따구리참새가 곤충의 집 구멍으로 선인장 가시를 찔러 넣으려고
한다(위 왼쪽). 단단한 부리를 가진 중간 땅참새가 씨앗을 쪼고 있다(위 오른쪽). 멋진 부리를 가진 작은
땅참새(아래 왼쪽). 구멍을 쑤시기에 적합한 부리를 가진 선인장 땅참새(아래 오른쪽)

탐사내용을 기사로 공개해도 되는지를 물어 왔다. 거절할 이유가 없었다. 그 사진사는 다름아닌 알프레트 아이젠슈태트였음이 밝혀졌다. 그는 그 분야에서 세계적으로 유명한 사람이었으며, 인간적으로도 매우 인상 깊은 동료였다. 그는 베를린 태생으로 그곳에서 자랐기 때문에 우리와 독일어로 말할 수 있었다. 화가이자 그래픽 도안사인 프로인트는 아주 매력적이고 편안한 동료였다.

나는 로버트 바우맨으로부터 많은 것을 배웠다. 그는 시기심이 많은 사람으로서 내가 유네스코의 위임을 받아 그 사업을 지휘한다는 사실에 분명히 거부감을 가지는 것 같았다. 특히 그는 나와 아이젠슈태트에 대해 자주 빈정거리곤 했으며, 내가 자신이 기대했던 것보다 덜 사교적이라는 점에서 그의 반감은 두드러졌다. 그 밖에 여행은 모두에게 만족을 주었으며 그런 긴장감은 이내 사라져 버리고 말았다. 그 섬으로 수천 명을 실은 여객선이 운행하지도 않던 그 시절에 그토록 기막힌 탐사를 한 것은 길이길이 기억에 남는 일이다. 주민들도 얼마 되지 않았고 전기나 쓸 만한 도로도 없었다. 그저 우편물이나 상품을 보급하고 건어물과 귀항객을 태울 염소들을 싣고 오는 보트가 몇 주마다 한 번씩 육지에서 왔을 뿐이다.

우리는 섬에 연구소를 설치하기로 의견을 모았고, 유네스코도 원칙적으로 여러 제안을 받아들였다.[48] 그 결과, 브뤼셀에 찰스 다윈 재단이 만들어졌으며, 찰스 다윈 연구소는 산타크루스에서 첫 일을 시작할 수 있었다. 나는 오늘날까지 연구소를 지원하는 재단의 집행위원으로 일하고 있다.

1960년에 나는 하인츠 질만과 함께 그 섬을 다시 방문하여 갈라파고스 섬에 대한 장편영화 만드는 일을 상담하였고, 그때 수중촬영을 배웠다.[49] 〈에덴의 착륙〉이라는 영화는 성공을 거두었으며, 1962년 베를린 영화제에서 황금곰상을 받았다. 이야기를 너무 앞질러 한 것 같다. 다시 1953년으로 돌아가 보자.

자리파 탐사는 군함새가 날아다니던 계절에 제노베사 섬에서 끝이 났다. 돌아오는 길에 우리는 코코스 섬을 방문하였다. 작은 숲이 빽빽한 그 섬은 지난 수년간 — 아마도 여기에 묻혔던 — 보물을 찾느라 많은 모험이 감행되었던 곳이다. 그런 모험가 중의 하나인 기슬러 선장은 그곳에 여러 해를 머물렀다. 우리는 해안가에서 그의 낡은 오두막과 우리가 연구하던 오래 된 난파선도 발견하였다. 여기서 나는 처음으로 망치상어를 보았다. 하스는 범상어에게 공격받았지만 카메라를 황급히 움직여서 상어를 쫓을 수 있었다.

다음 기착지는 파나마 운하의 동쪽 연안에 있는 산블라스 군도였다. 그곳 자치령에는 고유의 문화적 정체성을 보존하고 있는 쿠바계 인디언들이 살고 있었다. 그래서 그들은 섬에 이방인을 숙박시키지 않는다. 여자들은 아름다운 블라우스를 입고 있었으며 오래 된 금장신구로 장식을 하였다.

우리는 잠수하기 위하여 두 번째로 보네르를 찾았다. 그런데 그곳에서 지미 호지스가 사망하였다. 작살에 맞은 물고기들의 소리를 녹음하고 있을 때인데, 하스는 상어들의 긴장을 풀어 주기 위하여 그 소리를 마이크로 반사시키려고 하였다. 지미는 고기 한 마리를 작살로 잡으려 했고 하스가 그것을 쫓았다. 지미는 우리 모두처럼 산소 장비를 가지고 있었는데 아마 너무 깊이 잠수했었던 모양이다. 그가 뒤집어져서 완만한 동작으로 수면으로 떠올랐기 때문에, 우리 중의 누구도 그에게 불행한 일이 벌어졌다는 것을 알지 못했다. 자리파 호의 난간에 서 있던 디비치 선장이 그가 떠오르는 것을 발견하였다. 지미는 자기의 잠수경을 벗으면서 살려 달라고 외치고는 다시 물속으로 가라앉았다. 하스는 잠시 후에 20미터 아래에서 암초에 걸려 죽은 그를 발견하였다. 우리는 사고의 원인을 찾을 수 없었다. 산소통은 20미터 이하로 잠수하면 위험해질 수도 있다. 또 다른 위험 요인은 호흡기통에 남아 있는 잔류 질소이다. 공기중의 질소를 빼내기 위하여 사용 전에 호흡기통의 공기를 빼내는 일이 중요하다. 지미는 바로 그날 시범을 보여 줄 목적으로 그 장비를 여러 번 작동했는데 아마 마지막 시범에서 공기 빼내는 것을 잊은 모양이었다. 촬영할 때 우리는 호흡기통에서 교체되는 공기 입출로 인해 양력의 차이가 너무 커지지 않도록 주의해서 조금씩만 숨을 쉰다. 공기통에 순수한 산소 대신에 질소가 함유돼도, 잠수자는 그것을 알아차리지 못한다. 왜냐하면 내뿜은 이산화탄소가 질소 실린더 장치를 통해 흡수되기 때문이다. 즉, 산소 부족으로 호흡곤란을 겪는 것이 아니라 이산화탄소가 증가하여 호흡장애가 생기는 것이다.

지미의 죽음은 우리에게 너무나 큰 슬픔을 안겨 주었다. 그는 성 금요일(부활절 전 금요일)인 4월 16일 우리 곁을 떠났다. 사고가 있고 난 나흘 후 우리는 그가 죽은 장소로 잠수해 보았다. 하스는 마스크와 작살 그리고 마이크를 찾으라고 하였다. 우리는 마음이 내키지 않았으나 지미의 죽음을 이겨 내려고 일을 도왔다. 그 다음 며칠 동안 우리는 다시 수중작업을 계속하였다.

9개월간의 탐사 끝에 우리는 게오르크 셰어의 부인과 로를레가 마중 나와 있는 게누아에 도착하였다. 그들은 독일에서부터 메서슈미트-캐빈 삼륜차로 왔다.

귀향 후에 하스는 〈비즈니스 자리파〉라는 필름을 만들었다. 그것은 해양세계를 컬러 필름으로 찍은 최초의 장편영화였으며, 우리의 어색한 배역에도 불구하고 가치가 손상되지 않은 개척자적인 영화였다. 그 필름은 아마도 그런 이유에서 순진한 발랄함을 가졌던 것 같다. 그 필름은 국제적으로도 호평을 받았다. 몇몇 비평가들은 하스가 영화보다는 돈벌이에만 관심을 가졌다고 비난하였다. 안목이 없거나 악의적인 사람만이 그런 식으로 말할 것이다. 왜냐하면 사실 그 필름으로 벌어들일 수 있었던 것보다 훨씬 더 많은 돈이 자리파 호의 장비와 탐사에 투자되었기 때문이다. 하스 자신도 그것을 잘 알았으나, 그는 오스트리아 인과 독일인들에게 해양생물학 연구소를 만들어 줄 수 있다는 생각에 여념이 없었다. 그 연구소는 학자들에게 지구상에서 가장 풍요로운 삶의 공간에 잠수하면서 연구할 수 있는 가능성을 선사하였고 하스는 그런 취지의 일을 잘 추진했기 때문이다. 나도 그 일에 한몫 했다는 사실이 자랑스럽다.

자연-환경 논쟁

불더른으로 돌아와서 나는 처음으로 아들 베르놀프를 보았다. 무선통신과 라디오를 통해서 아기의 건강한 발달상황에 대해 계속 접하고는 있었지만, 이제 아들을 직접 만난다는 사실에 흥분하여 긴장되었다. 침대에 다가가도 베르놀프는 나를 똑바로 쳐다보지 않았다. 좀 불안한 표정으로 침대 칸살 사이로 나를 쳐다보고는 얼굴을 찡그렸다. 그러나 낯가리기는 곧 없어지게 되었다. 로를레가 나를 두려워하지 않는 사실이 일종의 신뢰감을 주었던 모양이다.

며칠 동안 베르놀프와 많은 시간을 보내면서 목마를 태우고, 거북도 보여 주며, 거위, 어항 속의 물고기, 스컹크와 다람쥐들도 보여 주었다. 내가 집을 비운 사이에 아내가 동물들을 돌보고 있었다. 나는 이제 이 젖먹이와 함께 작업을 할 수 있었으며, 종종 그로 인해서 터득한 경험이 나에게 도움도 되었다.

자리파 탐사는 나의 관찰을 심화시켜 주었으며, 흥미있는 현상을 신속하게 깨우쳐 주고 현장작업에 대한 교훈도 주었다. 어느 점에서 그 여행은 생태학과 행동연구 및 종족사에 대한 거대한 실습이었다. 나는 중단했던 지점에서 다시 실마리를 찾았다. 섬에서 잡아 온 노획물에 대한 실험에서는 길이 든 스컹크가 따로 관찰되었다. 이런 연구에서의 목표는 포유류의 행동에서 무엇이 선천적인가를 증명하는 것이었다.

그러는 가운데 미국의 저명한 학술지인「계간 생물학」(*Quarterly Review of Biology*) 지에 로렌츠의 본능이론에 대한 대니얼 레어만의 비판 논문이 게재되었다.[50] 이 논고에서 뉴욕의 심리학자인 레어만은, 경험이 없다면 우리는 동물을 완전하게 키울 수 없으며, 따라서 선천 성도 증명될 수 없기 때문에 '선천적'이라는 개념은 가치가 없다고 주장하였다. 그는 '선천적'이란 다만 '학습되지 않았음'을 의미하는 것이라고 주장하였다. 그런 논거는 새로운 주장이 아니었기 때문에 우리도 반박할 준비가 되어 있었다.

레어만은 자신의 주장에 대한 논거로서 들쥐의 둥지만들기가 학습되었다는 것을 보여 주려는 리스(B. F. Riess)의 실험을 인용하였다. 리스는 모든 것이 드나들 정도로 헐거운 창살로 만든 우리 안에 쥐를 키웠다. 쥐들은 우리의 벽에 붙어 있는 유리 용기의 작은 구멍에서 핥아서 먹을 수 있는 가루 사료만 먹을 수 있었다. 그들에게는 둥지를 만들 재료가 없었기 때문에 움직이는 대상을 다루는 경험을 축적할 수 없었다. 그 전제는 다음과 같았다.

쥐들은 일단 우연히 재료들을 어떤 곳에 모아 두는 실제적인 행동을 통하여 다양한 물건이 추위를 막아 준다는 사실을 발견한다. 그리고는 열을 보존하는 물건만 따로 의도적으로 모으는 것이다. 리스는 그런 경험의 추출을 통하여 키워진 쥐들을 옆에 종이띠가 달린 실험상자 (Testbox)에서 테스트하였다. 쥐들은 이 재료들을 상자 안으로 가지고는 왔으나 이리저리 우왕좌왕하다가 결국 둥지를 만들지 못하였다.

레어만에 따르면, 이것이 쥐의 둥지만들기가 학습되어야 한다는 입장을 반증한다는 것이다.

당시에 나는 쥐들을 잘 파악하고 있었다. 예를 들어 나는 쥐들이 실험상자 같은 낯선 환경에서는, 둥우리를 만드는 것이 아니라 일단 숙고한다는 것을 알고 있었다. 나는 여기에서 리스의 실험조건에 결정적인 오류가 있다고 보았다. 뿐만 아니라 그의 문제제기는 너무 단순하였다. 포유류의 행동을 연구하는 전문가라면, 둥지만들기 같은 복잡한 행동이 선천적인지 학습되어야 하는지 따위는 묻지 않을 것이다. 오히려 그런 행동을 촉발하는 특수한 자극상황, 일정한 운동방식 및 동기를 부여하는 요인을 연구할 것이며, 행동통합을 위한 학습이 기능적으로 어떻게 통합되는지 — 이 경우 둥지만들기 — 에 기여하고자 할 것이다.

나는 쥐들을 일단 리스 식으로 키웠다. 쥐들은 대안이 없으면 종종 그들의 꼬리를 마치 둥지를 만드는 재료처럼 끌어당기곤 했다. 따로 키운 젖먹이 쥐들의 꼬리를 절단해 보았다. 쥐들이 커가자 그들의 둥지만들기 행동을 실험했다. 이를 위하여 일단 실험상자가 아니라, 그들에게 낯익은 우리 속에 넣었다. 나는 새장 벽의 선반에 둥우리를 만드는 재료를 얹어 주었다. 쥐들의 1/3은 즉시 둥지를 만들었다. 그런데 왜 1/3만 그런가? 잠자는 습관에 대한 연구 하나가 해답에 대한 실마리를 주었다. 즉시 둥지를 만드는 일에 착수하였던 쥐들은 우리의 구석을 확실히 잠자는 장소로 선택했지만, 다른 쥐들은 잠자리를 자주 바꾸었다. 그들은 구조가 바뀐 새장 내부에서 잠자리로 만들 곳을 결정하지 못한 것이다.

또 다른 일련의 실험에서 나는 새장의 구석에 널빤지 하나를 경사지게 세워서 쥐들이 숨을 공간을 만들어 주었다. 쥐들은 그곳을 잠잘 장소로 선호했고, 집을 지을 재료를 주니까 즉시 둥지를 만들었다. 완전히 경험이 없는 쥐들도 둥지를 만들기 위한 재료를 한 곳, 즉 잠잘 곳으로 모아서 완벽한 솜씨로 도구를 다뤄 일련의 전형적인 운동방식으로 집을 만들었다. 물론 경험이 많은 쥐들에 비해서는 서툴렀지만 말이다. 그래서 그들은 늘 방금 만든 둥우리로 몰려들어서는 그 집을 다시 부수어 버렸다. 쥐들은 야생에서는 땅 위에 집을 짓기 때문에, 통상적으로 무리를 지어 집을 짓는다. 여기에서도 분명히 실험실에서는 잘못된 것으로 입증된 땅파기 욕구가 나타난다. 쥐들은 그들이 사용할 수 있는, 즉 제때에 그들의 선천적인 행동방식을 동원하는 것을 배워야 한다. 적절한 촉발을 야기하는 자극상황을 위한 일련의 행동방식과 지식에 대한 기본 프로그램은 선천적이다. 이로써 쥐들이 둥지 만드는 것을 후천적으로 배워야 한다는 리스의 가설은 반박되었다.[51]

우리가 경험이 없이는 동물을 완벽하게 키울 수 없기 때문에 선천적 특성을 증명할 수 없다는 레어만의 반박에 대하여, 로렌츠는 나중에 아마 후자의 견해가 맞을 거라고 반박하였다. 그러나 다른 모든 영향들로부터의 완벽한 고립은 필요하지 않다고 하였다. 어떤 행동을 '적응'으로 간주한다면, 이것은 언젠가는 적응된 체계와 그것을 둘러싼 환경조건들 사이에 반드시 상호작용이 시작되었어야 한다는 것을 전제한다.[52] 위장술은 초보자도 쉽게 식별할 수 있는 방식으로 그것을 보여 준다. 예를 들면, 그들이 기대고 있는 식물의 나뭇잎이나 가지의 색과 모양으로 교묘하게 위장하는 메뚜기들이 있는데, 동시에 그들은 적합한 행동방식을 보장해 주는 식물을 찾는다.

적응과정은 환경과의 투쟁을 요구하며, 이것은 잘 알려진 메커니즘인 돌연변이와 선택을 통한 기나긴 진화과정에서, 나아가 개체의 경험으로부터의 학습을 통하여, 그리고 인간에게서는 특히 교육과 연관된 문화적 전승을 통하여 수행된다.

이제 우리는 청년기의 발달기간 동안에 유기체 조직의 특정한 적응에 대한 정보를 포함시킬 수 있다. 그런데 고립시켜서 키운 메뚜기 새끼가 나뭇잎을 본 적이 없는데도 외양과 행동에 위장술을 보인다면, 그 정보가 유전자에 이미 저장되었던 게 틀림없으며 그 적응 또한 종족사적인 것임을 알 수 있다.

알에서 깨어날 때부터 격리시켜서 키운 새가 다 자라서 그 종 고유의 운율로 노래한다면, 나는 선율과 리듬에 대한 정보가 유전적으로 확정되었다는 것을 증명한 것이다. 비판자들이 그 새가 알 속에서 노래를 부르고 알 속에서의 발달과정의 전제조건인 호흡도 유전된다고 비아냥거려도 나의 주장을 뒤집지 못할 것이다. 왜냐하면 그것은 또 다른 차원의 적응이기 때문이다.

알다시피 쥐들은 그야말로 천편일률적인 동작으로 머리를 닦는다. 그들은 두 개의 앞발로 뒤에서부터 머리와 귀를 지나서 주둥이까지 닦는다. 이런 동작을 몇 번 되풀이하고는 주둥이로 앞으로 뻗은 앞발을 핥는다. 갓 태어난 쥐들은 아직 이 능력을 발휘하지 못한다. 미국의 생리학자인 펜트리스(J. C. Fentress)는 이를 위하여 다음과 같은 실험을 하였다. 그는 갓 태어난 쥐의 앞발을 절단하였다. 그 쥐들이 자란 다음에, 연습이라고는 전혀 할 수 없었던 이 쥐들도 머리 닦는 동작을 보여준다는 것을 확인하였다. 다리가 있던 부분은 머리를 닦는 정상적인 리듬의 동작으로 뒤에서부터 앞으로 움직였다. 이와 동시에 눈 위를 닦을 때는 눈을 감고 그 동작을 몇 번 한 다음, 잘려서 없어진 앞발이 주둥이 앞에 있는 듯이 허공을 핥아 댔다.

이것이 가혹한 실험이기는 해도 시사하는 바가 컸다. 나는 선천성을 증명하려는 이런 종류의 실험은 더이상 필요하지 않다고 생각한다. 로렌츠도 그것을 종족사적으로 적응된 능력으로 정의하였다. 오늘날 우리는 '종족사적인 적응'과 문화적으로 개별적으로 습득한 적응을 구별하고 있지만, 둘 다 전반적으로 '타고난'이라는 개념과 동일한 의미로 사용되고 있다. 선천적이란 것은 이 맥락에서는 —— 다른 여러 유기체 조직들에서 보이는 바와 같이 —— 그런 행동능력에 기반하는 신경상의 구조들이 서로 그물을 이루며 감각기관 및 운동기관들과 함께 유전자에 확정된 발달지침을 토대로 재귀분화의 과정 속에서 기능적으로 숙성될 때까지 같이 성장한다는 것을 의미한다. 레어만은 그의 비판을 통하여 행태학의 실험적인, 동시에 개념적인 해명으로 귀결된 기본 개념의 논의에 직면하였다. 이에 대해서 나는 어린 포유류에 대한 실험으로 기여할 수 있었다.[53]

이제 우리의 살림도 많이 좋아졌다. 자리파 탐사 이후에는 더이상 케겔장 막사가 아니라 방 세 개와 부엌이 딸린 그 성 관리인의 주택으로 이사를 갔다. 우리는 마치 성주가 된 기분이었다.

사교 생활의 중심은 모든 연구자들과 조교들에게 개방되었던 방앗간이었다. 우리는 저녁시간 대부분을 그곳의 부엌에서 만났으며, 커피나 포도주를 마시면서 자유롭게 토론하고 농담도 하였다. 그때 모인 사람들은 다음과 같다. 로렌츠 부부와 그의 아이들인 아그네스, 다그마, 토마스, 그리고 마리오 폰 크라나흐와 그의 동생 에자르 및 그의 어머니, 그 집안의 친구이자 기술자인 귀도 횡스테트, 로렌츠의 비서이자 내 아내의 오랜 친구인 모니카 막, 스위스에서 온 연구자 울리 와이트만, 볼프강 슐라이트, 베아트리체 윌러르트가 있었다.

그곳에서는 연구소에서 몇 년 동안이나 연구되었던 주제들을 토론하였다. 예를 들면, 볼프강 비클러와 위르겐 니콜라이 등의 새로운 박사학위 논문에 대한 토론도 했다. 그리고 항상 많은 방문객과 함께하곤 했다. 비가 오는 날이면 방앗간에서 점심을 만들었다. 그러면 그레텔 로렌츠는 커피를 끓여 왔다. 화창하고 따뜻한 날이면 로렌츠가 거위를 관찰하려고 지은 작은 집의 테라스에 모였다. 거기에서 우리는 그가 키우던 거위들에 대해 토론하였고, 로렌츠가 거위들이 눈앞에서 보여 주는 행동에 대해서 해설하였다.

성주인 기스베르트 폰 롬베르크 남작과는 좋은 관계를 유지하였다. 그와 가끔씩 술을 마시고는 했는데, 그는 사람들과 어울리기를 원했다. 그가 며칠씩 술을 내오곤 하면 거의 쉴 새 없이 마시고는 모두 나가떨어지곤 하였다. 그러나 이를 통하여 기분 전환도 하였다.

언젠가 크리스마스 때였는데, 내가 연구소를 지키게 되었다. 나는 몇 시간이나 연구소를 지키다가 그만 진저리가 났다. 그때 볼피 슐라이트가 나와 교대해 주었으나 그래도 불쾌했다. 하지만 나중에 그 사실을 잊어버렸다. 볼피는 얼마 동안 그 일을 못마땅하게 생각했으나 뭐 그리 심각한 것은 아니었다.

가장 가까이에 있는 큰 도시는 연구소에서 30킬로미터쯤 떨어진 베스트팔렌 주의 뮌스터*였다. 뮌스터는 대학과 극장 그리고 늘 연주회가 있었던 매력적인 도시였다. 물론 당시에는 전쟁으로 많이 파괴되었지만. 우리는 대학과도 긴밀한 협조를 하였다. 베른하르크 렌쉬는 뮌스터 대학의 동물학과 주임교수로, 그는 행태학의 발달에 매진하였던 엄청난 지식의 소유자였다.

1955년 4월 27일에는 우리 딸 로스비타가 태어났다. 이번에는 병원에서 아이를 낳을 수 있었다. 당시에 한 살 반이었던 아들 베르놀프는 동생이 태어난 후 일주일 뒤에 자기 나름대로 갓 태어난 여동생을 맞이하였다. 아내가 베르놀프에게 아기를 보여 주자, 아기를 자세히 보더니만 "멍멍" 하고 말하는 것이다. 그는 여동생을 강아지 비슷한 것

---

* 옮긴이는 이곳에서 수학하였는데, 뮌스터는 그 유명한 30년 전쟁 후에 베스트팔렌 조약이 맺어진 역사적인 시청과 아름다운 도시풍경, 5만 명에 이르는 학생이 공부하는 거대한 대학과 300킬로미터에 이르는 자전거 도로망으로 유명한 독일의 매우 완벽한 도시 중의 하나이다.

으로 인식한 것이다. 우리는 어린애들이 일단 보편개념으로 사물을
포착하는 경향이 있다는 것을 관찰하였다. 아이가 닭을 '피피'로 인식
했다면, 그 아이는 자기가 처음으로 본, 모이를 쪼며 다니는 참새도
'피피'라고 부를 것이다. 그리고 나서 나중에 그것을 참새로 자세히
분별한다. 어린아이가 제대로 이름을 붙일 수 있는 최초의 포유동물
은 암소인데, 그로 인해 개나 고양이도 소로 부르는 경향을 보여 준
다. 아이들이 사물을 일반적인 특징으로 먼저 포착하고 나서 자세하
게 분류하는 이런 경향은 이 세상에 쉽게 적응시켜 주는 게슈탈트 지
각능력인 것이다.

로스비타가 젖을 먹자 베르놀프의 질투가 심해졌다. 베르놀프는 여
동생의 행동이 지나치다고 생각했는지, 엄마의 가슴에서 로스비타를
밀쳐 내려고 하였다. 그것을 못하게 하면 베르놀프는 뒤돌아서서 내
손가락을 움켜쥐고는 "엄마, 가!"라고 했다. 애들에게는 일단 엄마와
아빠에 의한 사랑을 갓난 동생에게 나누어 주는 것이 견디기 힘든 모
양이다. 형제들간의 질투는 내가 연구한 모든 문화에서 관찰할 수 있
었다. 아이들은 먹을 것과 장난감을 기꺼이 넘겨 주고 우호적인 접촉
을 자발적으로 해가면서, 나만의 엄마가 아니라 갓 태어난 동생의 엄
마이기도 하다는 사실을 힘겹게 배워야 한다.

호수 목장(Seewiesen)

불더른은 애당초 잠정적인 장소로 생각된 곳이었다. 로렌츠는 1965년
에 새 연구소를 짓기에 안성맞춤인 에스 호(湖)를 찾아 내었다. 에리

히 폰 홀스트와 로렌츠는 막스 플랑크 연구소에 이곳을 연구소 부지로 건의하기로 하였다. 그 계획은 채택되었고 우리는 1957년 호수 목장으로 이사할 수 있었다. 안나 구겐베르거가 애들의 양육을 돕기 위해 합류했기 때문에 우리 식구는 다섯으로 늘어났다.

호수 기슭에 있는 새 연구소는 커다란 이층짜리 건물 네 채로 이루어져 있었다. 이 집은 바이에른 풍으로 지어졌으며 그 지역의 풍경과 썩 잘 어울렸다. 로렌츠는 호수에서 가장 가까운 건물의 일층에 입주했다. 일층에는 수족관 및 사육장을 위한 공간이 있었고, 그 안에 나의 작업실이 두 군데 있었다. 내 책상에서는 유리벽을 통하여 동물들의 방을 볼 수 있었다. 그곳에 넓은 야외 사육장으로 동물들을 이동시킬 수 있는 실내 중간 사육장을 만들었다. 두 번째로 큰 건물에는 에리히 폰 홀스트와 그의 연구진들의 주택과 작업실이 입주했다. 그리고는 식당과 커다란 강의실, 도서관이 딸린 행정동, 끝으로 보조연구원들을 위한 주택이 있었다. 그 안에서 우리는 평평한 집을 썼다. 그 집에는 방 네 개와 부엌과 욕실이 있었는데, 정말로 행복했다. 그렇다고 해도 일정한 부분의 '복지'는 이루어지지 않았다. 나는 강의를 하였으며, 2000마르크짜리 중고 폴크스바겐을 살 수 있었다. 그 밖에 우리는 처음으로 냉장고를 샀으며, 목수인 보잉 씨에게 장과 몇 가지 가구를 주문하였다.

로렌츠 가족과 연구원들 사이에는 친밀한 관계가 유지되었다. 우리는 그의 집에서 자주 만났다. 또한 잘 찾아가던 곳은 이른바 자작나무 집이었는데, 그건 에리히 폰 홀스트가 늪지대 주변에 있는 자작나무와 가문비나무 밑에 지어 놓은 오두막이었다. 거기에서 친선을 다지는 모임이 이루어졌으며, 때때로 저녁 때 만나서 '모자잡기' 같은 놀이도 하고 음악을 듣거나 밤새 수다를 떨기도 했다. 에리히 폰 홀스트의 연구진들도 우리와 곧 친해지게 되었다.

에를링 안덱스 성에 있는 플랑크 인류행태학 연구소

　에리히 폰 홀스트는 발트 지방 출신이었다. 그는 중추신경의 자동메커니즘을 발견하고 지각의 법칙의 순환성을 연구할 당시부터 생리학자로 명성을 떨쳤었다. 그의 생리학적 발견을 통하여 로렌츠와도 알게되었다. 콘라트 로렌츠는 이미 1930년대에 동물들도 자발적으로 행동한다고 늘 강조해 왔다. 그러나 당시에 지배적이던 파블로프류의 자극-반응 심리학에 따르자면, 행동은 언제나 자극에 대한 응답일 뿐이었다. 그것은 콘라트 로렌츠가 관찰한 것과는 맞아떨어지지 않았다. 그는 동물들도 자발적이며, 그것도 매우 구체적인 방식으로 '조율되었다'고 보았다. 그래서 사냥과 같은 구체적인 행동방식이 진행되도록 해주는 자극상황을 탐색했다. 그에 대한 가능성을 오랫동안 찾지 못했다면, 그 자극은 이 행동에 반응하는 압력이, 통상적으로는 사냥행위를 촉발했던 실험대상에 대해 한계최저치에 상응할 정도로만 큰 것이기 때문이다. 심지어는 '공전' 속에서도 행동이 실현된 경우들도 있었다.

이러한 맥락에서 새장 속에 갇혀 있는 길들여진 찌르레기(Stars)의 보기가 종종 인용된다. 찌르레기는 이따금 자발적으로 자신의 걸쇠로부터 높이 날아올라서, 있지도 않은 무엇인가를 낚아챈 다음 걸쇠로 되돌아와서 그것을 죽이는 동작을 하고 꿀꺽 삼켰다. 그리고는 다시 잠깐 휴식을 취했다. 그 행동은 새의 포식 여부와는 무관한 것이었다. 로렌츠는 특정한 흥분이 중추신경계에 자리잡아서 특정한 운동과정의 장전을 종용한다고 생각하였다. 이 역동적인 본능이라는 개념에 대하여 홀스트는 실험상의 증거를 제시하였다.[54]

그는 특히 뱀장어를 가지고 연구하였다. 뱀장어를 절개한 다음에, 뱀장어의 척수와 뇌를 분리해서 일종의 척수 프레파라트를 만들었다. 척추동물은 등 뒤의 신경다발을 통하여 감관신호를 얻는다. 이와 달리 근육계에 대한 운동명령은 배에 있는 신경다발을 통하여 얻어진다. 이 때 등 쪽의 다발을 절개 분리하면, 어떤 자극이나 외부로부터의 조율된 역신호들이 없어도 중추신경계(척수)가 무엇을 생성하는지 보여주는 척수 프레파라트를 얻게 된다.

자극반응을 주장하는 학자들은 반사이론에 따라서 뱀장어의 몸부림 운동이 사슬연쇄라고 가정했다. 두뇌로부터 자극받은 운동명령은, 내적인 감관자극을 거친 근육 부위의 수축이 그곳에서 가장 가까운 부위의 수축을 촉발하는 가운데, 앞에서 뒤로 진행되는 일종의 파동으로 확산된다는 것이다. 따라서 이 견해에 따르자면, 변연계로부터 어떤 신호도 접수할 수 없는 척수는 움직이지 않고 그대로 있을 수밖에 없다는 것이다. 그러나 실험결과는 그게 아니었다. 인공호흡을 시킨 뱀장어는 수술 쇼크에서 깨어나자마자 몸부림치기 시작했고, 그것도 격렬하게 발광을 쳐댔다. 이로써 이 어류의 중추신경계에는 동작기전의 자극을 생성하고 중추조율을 통하여, 그 자극활동의 정돈된 자극표본을 근육계로 보내는 자동적인 동작기전상의 세포군이 있다는 것이 입증되었다. 그것은 사고방식의 180도 전환을 유도했던 발견이었다. 오늘날 생물학자들은 이 중추신경자극 생성장치에 대해서 많은 것을 알고 있다.

홀스트는 재치가 풍부한 사상가였으며, 탁월한 실험자인 동시에 토론에 들어가면 신랄하다 못해 다른 사람의 약점을 확인하는 순간에는 가차없는 공격을 가하는 사람이었다. 그는 발표의 논리가 엉성하더라도 긍정적인 면을 강조하고 북돋워 주는 로렌츠와는 근본적으로 달랐다. 로렌츠는 약점을 교정해 주었지만, 홀스트는 그것을 내동댕이쳤다. 그런 점에서 홀스트는 타협심이 없는 사람이었다. 그러나 그는 관찰사실의 유효성은 인정했으며, 간혹 관용의 눈빛도 읽을 수 있었다. 아마 나는 그에게서 일종의 낭만주의적 가치관의 구현을 느꼈던 것 같은데, 그것은 언젠가 그가 농담으로 정말로 제대로 된 자연과학자 한 사람을 알면 좋겠다고 말한 적이 있기 때문이다.

홀스트는 명석한 과학자일 뿐만 아니라 음악적 재능도 뛰어났다. 그는 손수 바이올린도 제작했고 연주도 즐겨 했다. 그의 가정음악회에서 연주를 자주 들었다. 그래서 우리는 격식에 얽매이지 않고 오가곤 했다. 이 점에서 그의 집은 콘라트 로렌츠의 집과 마찬가지로 열려 있었다. 그들은 다행스럽게도 서로를 보완하였다.

1958년이 되자 그 연구소에는 구스타프 크라머와 위르겐 아쇼프가 담당하는 두 개의 분과가 더 늘어나게 되었다. 크라머는, 알다시피 찌르레기와 비둘기를 보기로 철새의 이동방향에 대한 연구로 잘 알려진 사람인데, 그 분과를 완성하기 전에 사고를 당했다.

아쇼프가 들어옴으로써 막스 플랑크 연구소는 행동생리학의 탁월한 전문가를 확보한 셈이었다. 그는 동물과 인간의 활동주기에 대해 연구했으며, 일정한 불변조건 하에서, 알에서 깨어나서 길러진 닭들이 생득적인 24시간 활동주기를 확실히 보여 준다는 증거를 제시하였다. 그는 이러한 24시간 주기론을 다른 동물들에서도 확인했으며 궁극적으로는 사람에게서도 확인하였다. 그런데 인간의 경우, 명암의 교체와 같이 외부의 시간 변수에 대해 차폐되어 있을 때에는 주기가 좀 불규칙해져서 다른 방식으로 진행될 수 있는 여러 종류의 24시간 주기 시계가 있음을 발견하였다. 이 시계들은 이른바 인간의 생체시계를 서로 조율하는 것이다.[55]

아쇼프는 조그마한 성 안덱스에 머물렀는데, 오늘날 그곳에 나의 연구실이 있다. 나는 그의 가족과 함께 재미있는 시간을 보냈었다. 유감스럽게도 요즘은 그를 자주 보지 못하기 때문에 그의 활달하고도 재미있는 기질이 그리워진다. 그는 좋은 포도주를 음미하며 멋있는 잔치를 여는 것이 무엇인지를 아는 사람이었다.

로렌츠와 홀스트 그리고 아쇼프는 호수 목장의 명성을 세계적으로 높인 사람들이었다. 나는 이 세 명의 대가들과 작업하고 경험할 수 있었던 것을 행복하게 생각한다. 이 흥미있는 분위기 속에서 나는 1967년에 출간한 『비교행동연구의 개요』의 토대를 전개했는데, 그 책에서 나는 행동을 다루는 생물학을 여러 분과로 세분하고 그 영역의 이론적인 정초를 논의하였다. 그 밖에도 나는 뾰족귀다람쥐(Spitzhörnchen : Tupaja), 난쟁이몽구스(Helogale)와 비단원숭이(Callithrix penicillata)를 연구 프로그램에 수용하였다.

어쨌든 호수 목장 시대에의 동참은 잠깐 동안의 방문에 국한되었다. 1957년 7월 초, 나는 유네스코의 지원으로 갈라파고스 군도로 탐사를 떠나게 되었다. 11월 중순이 돼서야 탐사에서 돌아왔으며, 곧이어 11월 말에는 다시 인도양의 '자리파' 섬으로 탐사를 가게 되었다. 그 후로 11개월이 지난 1958년 11월이 되어서야 식구들과 상봉할 수 있었다.

제2차 '자리파' 탐사

2차 탐사는 여러 가지 점에서 1차 탐사와 근본적으로 달랐다.[56] 한스 하스는 더이상 장편 문화영화를 만들 의무가 없었다. 물론 예전처럼 재정확보의 벽은 넘어야 했다. 이번에는 자기 구상대로 자유롭게 만들고자 했던 텔레비전 시리즈의 도움으로 그 문제를 해결하려고 했다. 힘이 좀 들기는 했지만 나에게는 이미 기쁨을 주었다. 왜냐하면 그 시리즈는 계속적인 행운을 선사해 주었던 발견들을 각각 필름으로 나타내 줄 수 있었기 때문이다. 오늘날까지도 아주 만족해 하는 그 시리즈는 26부로 만들어졌다. 하스는 원래, 독일 학술진흥재단과 같은 기관의 재정지원을 희망하였다. 그러나 막스 플랑크 연구소와 노르트라인 · 베스트팔렌 주만 기꺼이 도와 주기로 하였다.

우리는 탐사를 위하여 위원회를 소집하였다. 하스는 학술 책임자로서 이 여행의 연구 프로그램의 조직을 나에게 맡겼다. 당시 나는 바두스에 있는 그의 '국제 해양연구소'에서도 같은 임무를 수행하던 참이었다. 1차 탐사 때도 같이했던 게오르크 셰어도 다시 왔다. 뿐만 아니라 어류학자인 셍켄베르크 박물관의 볼프강 클라우제비츠를 초대했으며, 나아가 산호초에 사는 소생물의 세계에 정통한 킬 대학의 해양생물학자인 클라우스 게를라하도 초빙하였다. 그리고 끝으로 산호초의 생리학을 연구하려고 했던 뮌스터 대학 동물학 연구소의 루트비히 프란치스케트도 초빙하였다.

이 공동 작업은 결실이 있었으며, 그 결과를 토대로 많은 연구서가 발간되었다. 팀장은 1차 탐사 때 통솔력과 신뢰감을 보여 주었고 제2갑판장으로 인정받았던 하인 베커가 맡았다. 쿠르트 히르셸은 다시 우리 팀의 기술자 겸 카메라맨으로 합류하였다. 그는 기술적인 문제가 생기거나 뭔가 새로운 것을 만들어야 할 때도 언제나 척척 해결하였다.

그리고 요리사 한 사람이 동참하였다. 그러나 이번에는 선원은 없었다. 요리사는 함부르크 역전에서 소시지 포장마차를 운영하였던 요한 쇠들이라는 친구였다. 그는 틈틈이 프리스타일 레슬링 선수로도 활동하였는데, 그것에 대해서 즐겨 말하곤 했다. 이때 우리는 '덴마크 키스'가 무엇인지 알게 되었다. 그것은 진짜 키스가 아니라, 좀 고통스런 키스이다. 그것은 공격자가 상대 선수의 얼굴에 이마를 대고 비비는 것이라고 한다. 그것을 '덴마크 키스'라고 부른다는 것이다. 우리는 모두 그를 좋아했다. 먹을 것을 풍부하게 만들어 주었기 때문이다. 닭 반 마리, 아스파라거스, 최고의 크림 수프 그리고 후식까지. 우리 연구진은 그를 칭송했으며 어느 날 하스에게 와서 "박사님, 먹을 게 하나도 없는데요"라고 말할 때까지 그를 추켜세웠다. 하스는 —— 이해가 가는 일이었지만 —— 충격을 받았다. 우리는 말레디벤에 있었고 불과 이 탐사의 첫 단계 프로그램의 반 정도에 와 있었기 때문이다. 그 일로 인해서 쇠들은 해양탐사선을 알뜰하게 꾸려 갈 요리사로는 적합하지 않다고 생각되었다. 비상식량이 다 떨어지자, 늘 그랬듯이 항구로 기수를 돌렸다.

우리는 그의 실수에 공동 책임을 느꼈다. 결국 쇠들을 더이상 고용할 수 없다고 결론내렸다. 어떻게 할까? 말레디벤에는 코코넛 말고는 변변한 먹거리가 없었고, 말레 섬에는 츠비박(독일식 비상식량 : 일종의 비스킷)이나 생선포만 있었다. 그런 것들은 너무 딱딱했다. 그런데 히르셀이 전기대패로 얇게 썰어 먹자는 아이디어를 제안한 후부터는 맛있게 먹을 수 있었다. 우리는 이 비상식량으로 버텼다. 그 밖에는 바다가 제공하는 물고기와 종종 잡히는 왕새우들이 요리 냄비를 장식하고는 했다. 드디어 배에서 원래 이탈리아 선원을 위해서 마련되었던 스파게티 몇 박스를 찾아 냈다.

　1차 때와는 달리 이번 '자리파' 탐험은 오스트리아 국기를 달고 하였다. 귀항지는 비엔나였다. 홍해를 지나서 항해가 시작되었다. 나는 갈라파고스 군도로부터 게누아 출발시각에 제때 맞추어 올 수 없었기 때문에 아덴에서 합류하였다.

　우리의 첫번째 목적지는 당시 잠수인들에게도 낯선 곳이자 관광객이 전혀 없는 말레디벤이었다. 남쪽의 아두·아톨 지역에만 비행장이 딸린 영국군 기지가 있을 뿐이었다. 섬의 거주자들은 대부분 전통적으로 어업과 농업 및 코코넛 재배 등으로 생계를 꾸려 가고 있었다. 우리 상상으로는 저 남양의 낙원 같은 꿈의 세계 속에서 살아가는 사람들이었다. 나는 말레디벤에 관한 책에 이 섬들과 산호초 지역에서의 작업에 대하여 상세히 써놓았다. 그래서 여기서는 간략히 말하고 싶다.

　'자리파' 탐사 중에서 어떤 것이 가장 인상 깊었는지 묻는다면, 대답할 수가 없다. 왜냐하면 모든 것이 엄청난 인상을 주었기 때문이다. 특히 갈라파고스 군도에서의 체험들은 더욱 그러하였다. 제2차 탐사에서는 그 모양이나 종의 다양함에 있어서 카리브 해와는 비교도 안 되는 다양한 산호초들이 우리를 맞이하였다. 그 사이 나는 물고기에 대해서도 많이 배웠기 때문에 훨씬 단단히 준비해 두었다.

　경도상으로 70도에 걸치는 범위에 서로 교차하며 연결된 그야말로 환초대의 장관이 펼쳐져 있었다. 물고기들의 행동뿐만 아니라 다양한 환경 속에서 그들이 펼치는 생태계, 형태와 색상 그리고 행태학적 적응의 모습 또한 인상적이었다.

　나는 많은 것을 수집하고 사진에 담았다. 견본으로 400종 이상을 수집했는데, 그들 중 상당수는 새로운 것이었다. 예를 들면 파이프뱀장어를 들 수 있다. 이 물고기들은 각기 자기가 숨을 수 있는, 모래 안에 점액으로 고정시킨 파이프 속에 살고 있다. 그 놈들은 그 집을 멀리 떠나지 않는다. 어떤 방해가 없을 경우, 상체의 2/3 정도를 파이프 밖으로 내밀어서 작은 생물을 낚아챈다. 처음에는 일종의 해초들이 왔다갔다 하는 것으로 생각했다. 나는 이 동물을 최초로 촬영했으며, 클라우제비츠와 함께 이것을 새로운 종, 즉 'Xarifania hassi'라고 명명했다. 원한다면 우리는 그 물고기를 연구하기 위하여 산호초에서 평생을 보낼 수도 있을 것이다. 나는 여기에서 무엇보다도 앞서 말한 바 있는 청소부를 흉내내는 물고기(Putzernachahmer)를 발견하였다. 당시에 물갈퀴와 산소 호흡기는 내 몸의 일부나 다름없었다.

하스와 나는 자주 같이 잠수하였다. 가하 - 파로 환초에서는 아주 흥미진진한 경험을 하였다. 우리는 산호초 절벽 아래 15~25미터쯤 돌출되었던 환초 외부에 좌초된 난파선을 조사하기로 하였다. 난파선의 외부는 산호초로 완전히 덮여 있었고 물고기들이 돌아다니고 있었다. 선실은 일부분만 남아 있었다. 어두운 공간에는 —— 톱니농어와 가시굴 같은 —— 물고기들이 밀어닥쳤는데, 그 물고기 몇 마리를 잡았다. 우리는 그 잔해 속에서 아무것도 찾을 수 없었다. 그래서 가파른 낭떠러지를 발견하고는 다시 아래로 잠수하였다. 이때 우리는 갑판 근처로 서서히 헤엄쳐 오는 커다란 가오리 한 마리와 마주치게 되었다. 그 놈은 우리를 보자 굴 속으로 몸을 숨겼다. 나는 한스를 위하여 그 놈을 추적하다가 부딪치게 되었다. 그리고는 다시 산호초에 머리를 부딪쳤다. 몇 초가 지나자 깊은 곳으로부터 회색 상어 두 마리가 우리 쪽으로 다가왔다. 그들은 흥분해서 산호초 근처를 뒤적였다. 그때 나는 생각했다. '야, 드디어 상어를 실험할 수 있는 좋은 기회가 왔구나!'[57]

상어는 바다의 호랑이 같은 존재로서, 누구를 위험에 몰아넣지는 않는다. 하지만 우아하게 생긴 맹수 앞에서 거의 정신을 차릴 수 없는 공포가 느껴진다. 지중해와 열대의 바다에는 해마다 수백만 명의 사람들이 헤엄을 치는데, —— 간혹 식인상어류도 있지만 —— 실제로 상어에게 공격을 받아 희생당하는 경우는 드물다. 그러나 모터보트를 타고 온 수영자의 경우는 네 배나 위험하다. 그래서 연안으로부터 먼 곳에서 난파한 배나 불시착한 비행기의 승객들은 상어를 두려워할 수밖에 없다. 그래서 미국인들은 제2차 세계대전 때, 응급구조 장비가 달린 방어수단을 개발하였다. 구리 아세테이트는 상어의 식욕을 감소시키는 물질이다. 커다란 수조 안에 상어를 넣고 그 물질로 실험해 보았지만, 실제 바다에서 실험해 보지는 않았다. 그럼에도 불구하고 심리적인 이유에서 사람들은 비행기와 여객선의 승객들에게 그것을 나누어 주었다. 여기에서 우리는 그 물질을 바다에서 실제로 실험해 볼 기회를 가진 것이었다.

그것을 위해서 우리는 상어를 물 밑에서 유인하는 방법을 생각해 내야 했다. 나는 하스에게 신호를 보내고 상어에게 방어물을 던져 주었다. 내가 작살에 매달린 물고기를 자르는 동안에 하스가 나를 엄호해 주었다. 나는 아직도 피가 흐르는 미끼를 산호초 구멍 안에 집어넣고, 산호초 절벽에 앉아 지켜보았다. 그 두 마리의 상어 말고도 제3의 상어가 나타났다. 그들은 마치 개처럼 미끼를 낚아채더니만 산호초 저쪽으로 물고 가 버렸다. 그 중의 한 마리가 고기를 재빨리 발견하고는 머리를 흔들면서 농어 미끼를 갈가리 찢어 버렸다. 그는 몸통의 절반을 먹어 치웠다. 몸의 다른 부분이 아래로 가라앉자, 따라온 다른 놈이 그것을 채갔다. 톱질하는 소리는 다른 상어들을 극도로 흥분시켰다. 나는 재빨리 두 번째 물고기를 내 2미터쯤 앞에 던져 놓았다. 그러는 사이에 2~5미터쯤 되는 회색 상어 다섯 마리가 나타나서, 내가 작살을 풀지도 않았는데 물고기들을 채가려고 하였다. 나는 지나치게 몰려드는 그 놈들을 작살로 잘 막을 수 있었다.

재미있게도 상어들은 우리 주위를 돌면서 마치 깨물 것이 있기라도 하는 양 헤엄을 치면서 연신 머리를 흔들어 댔다. 입으로 물살을 가르면서 말이다. 당시에 우리는 머리를 흔들거나 뒤집는 동작이 공격징후라고 배웠다. 상어 한 마리가 생선을 찢어 삼키면, 그것은 번개처럼 다른 상어들을 불러들이며, 생선을 무자비하게 쥐어뜯어 간다. 그럴 때에는 가만히 있어야 했다. 상어들은 흥분상태에서는 예측 불가능한 행동을 한다. 언젠가는 한 놈이 내 바로 위에서 고기를 베어 물어서 살점이 머리 위로 떨어진 적이 있었다. 나는 다른 상어가 그 고깃덩이를 찾았을 때 내 위로 격렬하게 움직이는 것을 알아차렸다. 정말 아찔한 상황이었다. 그러나 당시에 우리는 용기가 충천하였고, 물에 익숙해 있어 오히려 그런 흥분을 즐기게 되었다. 한스는 정말로 아름다운 촬영을 하였다.

선상에서 우리는 그 상황을 어떻게 이용할 것인가에 대하여 오랫동안 토론하였다. 우리는 상어를 쫓는다는 구리 아세테이트를 실험해 보기로 하였다. 나는 조심스럽게 물고기 하나를 미끼로 달고 물고기의 입 안에 아세테이트를 담은 봉지 하나를 밀어넣었다. 그리고 무슨 일이 생기는지 조용히 관찰하였다. 상어들이 꼬리를 치며 달려들었지만, 그들은 미끼가 박제인 줄로 알고 지나쳐 버리고 말았다. 그러다가 선회하더니만, 미끼로 되돌아와서는 ── 아가미에서 이미 아세테이트가 새어 나오고 있었음에도 불구하고 ── 덥석 물었다. 그들은 미끼를 흔들더니 그것을 씹어 버렸다. 그 방어물질은 씨도 안 먹힌 것이었다. 결국 상황은 예측할 수 없게 되었다. 우리는 회색 상어가 열네 마리 ── 아니, 혹시 그 이상이었는지도 모르겠다 ── 나 되는 것을 보았다. 검은 창상어들도 몰려왔고, 그들 사이로 비집고 들어와서 먹이를 조금씩 가로채 가는 흰 창상어들도 있었다. 비교적 커다란 상어들은 좀 어려웠을 텐데 말이다. 그러나 그들은 생각보다 더 민첩하였다. 우리는 상어의 행동에 대하여 많은 것을 배웠다. 이 흥분되는 날들의 체험을 통해 우리는 구리 아세테이트가 그것을 믿는 사람들에게만 진정효과가 있다는 것을 알게 되었다. 물속에 빠지지 않은 사람들에게만 말이다.

오늘날의 스리랑카인 실론 섬에서 몇 주일 동안 체류하면서 싱갈레인들의 문화유적지와 삶을 자세히 알 수 있게 되었다. 오스트리아 학술원 명예회원인 비마라키르티 박사는 비엔나에서 공부하였으며 비엔나 여자와 결혼하였다. 그들은 우리를 따뜻하게 맞아 주었다. 그는 싱갈레 가문에 속했기 때문에, 우리는 당시에 확산되기 시작했던 타밀족과 싱할리 족 사이의 갈등 등 여러 정보를 얻을 수 있었다. 우리는 몇몇 잠수부도 알게 되었는데, 그 중에는 틈틈이 쓴 공상과학 소설로 유명해진 아더 클라크라는 사람이 있었다. 그는 우주 공간을 떠다니는 인공위성에 체류하는 내용에 대해서 처음으로 쓴 소설가이다. 그것은 오늘날 실제로 현실화되었다.

그 배의 승무원들이 반은 여행이었고 반은 학술적인 연구를 했던 반면에, 하스는 런던의 BBC에서 우리 여행의 다음 단계를 재정적으로 확보할 수 있는 텔레비전 시리즈의 일부에 열정적으로 매달리고 있었다. 게를라하, 프란치스케트 그리고 클라우제비츠가 우리를 떠났으며 요리사인 쇠들도 떠났다. 그 대신에 조금 낯선 데들리라는 이름을 가진 젊은 타밀 청년이 요리를 맡았다. 그의 요리는 기막혔으나, 우리는 강한 양념에 적응해야 했다.

우리는 니코바르로 향하였다. 노바라 함대가 1858년에 그 섬을 방문한 이래 오스트리아 연구선은 이곳에 상륙한 적이 없었다. 그 섬들은 거의 방문되지 않았으며, 독립 이후로는 인도가 안다메넨과 니코바르를 출입제한구역으로 선포하였고, 뉴델리 당국은 입국허가를 거의 내주지 않았다. 한스 하스는 형식상 입국허가를 신청했으나 답이 오지 않았다. 시간이 부족했기 때문에, 우리는 무슨 가능성이 있을 것으로 기대하면서 현지로 떠났다. 우리는 대 니코바르의 북쪽에 있는 작은 섬 콘둘에 닻을 내렸다. 자그마한 돛단배 하나가 우리 쪽으로 왔다. 우리는 원주민들인 줄 알고 기뻐했다. 그러나 기관총으로 무장한 군인

네 명이 우리 배로 올라왔다. 그들은 이곳에서 교신소를 가동하면서 섬을 지키는 초소의 인도군이었다. 우리는 그들을 친절하게 맞아 주었으며 각자의 손에 위스키 한 병씩을 쥐어 주면서 그들의 상관에게 신고할 것을 약속하였다. 뿐만 아니라, 엔진이 고장나서 그곳에 며칠 머물러야겠다고 말했다. 국제 해양법에 따르면, 그 누구도 우리가 그 섬에 들어가는 것을 막을 수는 없었다. 작은 초소의 지휘관은 처음에는 조심스럽게 행동하며 우물쭈물하였다. 하스가 지휘관에게 자기의 책들과 수중촬영 장면을 보여 주었더니 그 장교는 감동을 받았던 모양이다. 그는 우리가 고장난 배를 수리할 수 있으며, 자기가 당국에 전보로 입국허가를 신청해 주겠다고 말하였다. 아무리 기다려도 입국허가는 오지 않았지만, 서로 체면은 지킨 셈이다.

게오르크 셰어와 함께 나는 초소 저편에 있는 니코바르 족의 작은 거주지를 조사했다. 그 거주지는 여전히 전통적인 방식으로 지어졌고 커다란 벌집 모양의 무도장과 다섯 개의 기둥으로 떠받쳐진 여러 가족의 집들로 이루어져 있었다. 좀 작은 가족용 집은 마치 낡은 민속박물관처럼 보였다. 그 안에는 조개가 박힌 목각상들이 빛나고 있었는데, 크기가 다 달랐으며 구멍이 패이거나 벌레에 쓸려서 낡은 상태도 갖가지였다. 인간의 얼굴을 한 날개 달린 상들과 우리를 응시하는 조개눈들이 천장에 달려 있었고 벽에 걸린 칠이 발라진 목판에는 니코바르 족의 생활상이 새겨져 있었다. 그릇에다 밥을 먹는 돼지들과 춤을 추는 원주민, 그리고 집과 물고기들이 그려져 있었다. 응시하는 눈을 가진 상들은 악령을 쫓는 것 같았으나, 그림이 그려진 판은 부드러운 느낌을 주었다. 무엇보다도 '이위'라고 불리는 죽은 이들의 영혼이 무서웠는데, 마치 살아 있는 사람의 몸속으로 기어들어올 것 같았기 때문이다. 하지만 살아 있는데도 이위를 가질 경우, 그것은 당시에 사람들이 병으로 간주했던 갈등을 야기할 거라고 했다. 그래서 니코바르 인들이 그 장소에 외부인의 출입을 금지시킨 것을 이해할 수 있었다.

배의 수리를 위해서 정박할 만한 만이 필요하다고 부탁한 결과, 대 니코바르의 북부에 있는 매력 있고 풍치 있는 갠지스 항에 배를 댈 수 있었다. 그 만은 한쪽은 아주 가팔랐고 울창한 열대 우림으로 뒤덮여 있었으며 다른쪽은 망그로벤과 니파 야자수에 의해 여러 갈래로 갈라 진 작은 강들에 닿아 있었다. 여기에서 단물과 짠물이 섞였으며, 수중 분화구는 산호초와 강물고기들로 이루어진 기이한 모습이었다. 우리 는 물 속에 뒤엉켜 있는 망그로벤 뿌리를 조사했으며, 그때 물을 쏘아 서 수표면 위 나뭇가지에 있는 곤충을 맞히는 물총고기를 처음으로 볼 수 있었다. 그 만의 다른 곳에서 바위 빗장을 발견하였다. 그것은 물속 에서 아네모네 물고기들이 계단식으로 입주해서 사는 수백 개의 거대 한 아네모네들로 뒤덮여 있었다.

우리는 여러 종류의 바다 아네모네*와 아네모네 물고기들을 찾아 냈다. 이 아네모네 물고기는 거대한 아네모네들 사이에서 보호될 수 있다. 그들의 촉수에는 세포마다 막대기가 달린 해파리 촉수로 들어차 있다. 다른 물고기가 이 막대기를 건드리면 촉수세포가 터진다. 그러 면, 그것을 만지는 동물의 피부를 찔러서 맹독이 주입된다. 다른 것들 은 아네모네의 팔들이 제물을 잡아매 두는 끈적끈적한 줄을 내뿜는다. 한편, 아네모네의 팔끼리 서로 건드렸을 때는 촉수세포가 터지지 않는 다. 그것은 촉수를 분리하고, 그럼으로써 아네모네 자신의 일부라는 것을 알려 주는 점액에 의해서 저지된다.

문제는 다음과 같다. 아네모네 물고기들은 바다 아네모네로부터 어 떻게 보호되는가? 어떤 이들이 추측하듯이, 아네모네 물고기들이 바 다 아네모네와 같은 점액을 내보내 보호되는가? 그렇다면 어떻게 작

---

* 바다 아네모네는 아네모네꽃 모양으로 생긴, 무수하게 많은 촉수가 달린 커다란 말 미잘 같은 해양동물이다.

동하는가? 다른 여러 아네모네들이 모두 보호받는가, 아니면 늘 특정한 아네모네에만 반응하는가? 결국, 물고기들이 그들의 주인 아네모네로부터 점액을 받는가, 아니면 그것을 스스로 만드는가? 나는 아네모네 고기만이 아무런 위험 없이 촉수들 사이에 숨는 이득을 보는 것인지, 아니면 아네모네들도 이런 관계로부터 이득을 보는지 알고 싶었다.

산호초에서의 실험을 통해, 나는 아네모네 물고기가 정말로 일정한 바다 아네모네의 촉수에 대해서만 작용하는 점액에 의해서 보호된다는 결론을 얻었다. 반면에 어떤 물고기들은 아네모네의 종류에 상관없이 살 수 있었다.[58] 그 점액은 물고기에 의해서 만들어진 것이다. 오랫동안 아네모네로부터 격리시켜 놓은 물고기도 상처를 입지 않고 그 속으로 다시 안전하게 숨을 수 있다. 일본 학자들의 새로운 연구결과에 따르면,[59] 아네모네 물고기는 선천적으로 점액을 만드는 능력을 타고났다는 것이다. 즉, 화학적인 감각으로 자기에게 적절한 식물을 찾아 낼 수 있는 능력을 가진다는 것이다. 그 물고기가 있는 어항에 — 보통 그 촉수들 사이에서 이들이 살아가는 — 아네모네가 있던 탱크의 물을 부으면, 새끼들이 이 유입구 파이프로 모이지, 아네모네 맛이 나지 않는 다른 파이프로는 모이지 않는다는 사실이 드러났다. 그 물고기들이 아네모네로부터 이득을 보는 것이 분명했다. 아네모네는 사냥을 한 뒤에 촉수가 달린 그들에게 물려서 주둥이에 불이 나기를 원치 않는 육식성 물고기들로부터 아네모네 물고기들을 지켜 준다. 그러나 아네모네도 이 거래를 공짜로 하는 것은 아니다. 아네모네 물고기들은 아네모네를 청소해 줄 뿐만 아니라 그들을 작은 바다거북으로부터도 보호해 준다.

나는 실험을 했고, 많은 물고기들을 수집하였으며, 여러 탐사를 맡았다. 숲속에서는 큰발닭의 부화장소를 발견하였다. 이들은 알을 낳은 후에 주변에서 나뭇잎과 다른 식물성 재료를 끌어모아 그 위에 흙을 덮고 부화열을 내려고 둥지를 만든다.

나는 하인 베커와 함께 지금까지는 거의 알려지지 않은 원주민인 숌 펜 족들과 접촉하기를 희망하면서, 그 종족의 작은 발을 연구하였다. 우리는 나룻배를 타고 강을 거슬러 올라갔다. 그리고 강 지역에 있는 수중세계를 보기 위하여 물속으로 들어갔다. 나는 기슭에 있는 커다란 나무 밑동이 움직이며 우리가 접근하면 다시 물속으로 들어간다는 것 을 너무 늦게 알았다. 그것은 나무가 아니라 실은 에스튜리엔 악어였 다. 이것은 다 자라면 길이가 족히 6미터나 되는 아주 위험한 파충류 였다. 아쉽게도 숌펜 족과는 만나지 못하였다.

그리고 나서 우리의 잠수 절정은 방해를 받았다. 친절한 인도 병사 들이 나타나서 배의 수리 작업을 도와 주겠다고하는 바람에 잠수는 중 단되었다. 우리는 작업을 마쳐야 할 시간이 되었다. 보란 듯이 바다로 나갔으나, 우리의 학술적인 과제를 아직 해결하지 못하였기 때문에, 대 니코바르의 동쪽에 있는 연안에서 피존 만으로 항해를 했다. 우리 는 여기에서 밤을 새고 다음 날 아침에 북쪽의 다른 무인도인 틸란총 으로 가려고 했다. 우리는 그곳에서 잠수탐사를 끝내려고 하였다. 이 른 아침에 젊은 남자 하나가 작은 배를 타고 우리 배 주위를 조심스럽 게 살피는 것을 보았다. 우리가 그를 보자, 그는 우리에게 와서 푸른 나뭇잎 하나를 주었다. 그것은 동남아시아에서 콩과 석회와 섞어서 씻 는 그런 잎사귀와 비슷하였다. 대가로 그에게 낚시바늘 한 쌍을 주자 배는 멀어져 갔다. 그 만남이 너무 짧았던 것이 아쉬웠다. 그러나 그 아쉬움은 오래 가지 않았다. 왜냐하면 그 친구가 잠시 후에 다른 두 젊 은 남자와 함께 다시 나타났기 때문이다. 우리는 그들을 배로 초대했 다. 그들은 모든 것이 신기한 모양이었다. 그들은 우리의 상의를 보았 으며 특히 자기 물건을 제대로 정돈하지 못해 쩔쩔매던 로테 하스를 유심히 쳐다보았다. 우리는 그들에게 과일 주스를 주었다. 그들은 손

세 명의 원주민이 피존 만에서 우리와 접촉하고 있다(1958년).

바닥으로 배를 쓰다듬으며, 그 주스가 맛있다는 것을 나타내려고 쪽쪽 소리를 냈다. 그 중의 둘은 제스처를 통하여 우리가 입은 상의를 매우 부러워했으며, 다른 하나는 화사한 해변용 바지와 그에 맞는 비키니 브래지어를 하고 있었던 로테에게 관심을 보였다.

우리는 일단 그들의 희망에 부응하려고 고민하였다. 그들의 부탁을 들어 주는 것이 최고의 행운을 의미하는 것으로 보였다. 그들은 우리의 모든 것을 입었다. 그러나 우리의 도움이 없었으면 거의 불가능했을 것이다. 그들에게는 웃옷의 단추를 끼는 것조차도 어려웠다. 우리는 기호를 써서 그들의 마을을 방문했으면 좋겠다는 뜻을 이해시키려고 애썼으나 성공하지 못하였다. 그들은 우리와 작별하면서 행복한 표정으로 멀어져 갔다. 그렇게 해서 우리는 숌펜 족의 최초의 대표자들을 사귀게 되었다.

한 시간 후에 그 만을 조사하려고 기슭으로 노를 저어 갔을 때, 작은 그룹이 이미 우리를 기다리고 있었다. 우리에게는 나이 든 남자 하나와 소년 하나가 소개되었다. 우리가 좀더 머물렀다면 분명히 그들과 좋은 관계를 맺고, 그들의 부락도 알 수 있었을 텐데 아쉬웠다. 군부대 근처는 별로 안전하지 못하다는 것을 알고 우리는 항해를 계속하였다.

틸란충에서는 특히 어미 문어와 파이프 뱀장어, 그리고 난파선을 발견하였다. 이미 항구의 입구에서부터 닻을 내린 자리파 호의 모랫바닥과 진흙 바닥은 산호초보다 더 흥미있었다. 그곳에는 생물들로 가득 찼으며, 그 안에 사는 놈들만이 숨는 법을 알았다. 우리는 우연히 그 상황에 부딪쳤다. 우리 기계공이 갑판 위에서 여과기를 놓쳐서, 바다 바닥에서 주워 와야 했다. 그때 갑판 위에 쌓여 있는 먹이 찌꺼기를 탐내는 엄청난 무리의 성게들을 보았다. 성게 한 마리와 더불어 화려한 물고기 떼가 헤엄치고 있었다. 우리가 다가가면 그들은 교묘하게 가시밭 속으로 숨었다. 그런 식으로 그들은 아네모네 속에 들어 있는 아네모네 물고기처럼 육식성 물고기들로부터 자신을 보호한다. 그 대가로 화려한 물고기들은 성게를 청소해 준다.

게오르크 셰어가 모랫바닥에서 특이한 산호 두 개를 발견하였다. 동전 크기만한 것 하나를 자세히 들여다보니, 이 산호가 바다의 바닥을 천천히 이동하고 있다는 것을 알았다. 그것들은 산호 뼈대에서 자라는 작은 벌레들과 공생하고 있었다. 그 벌레는 다른쪽 끝에 있는 원 모양의 입구로 자신의 몸을 뻗칠 수 있고 산호들을 앞으로 밀어 줄 수 있었다. 일단 그 군락은 산호초가 헐거운 모랫바닥에서 살 수 있게 해준다. 산호초 스스로는 모래에 고정될 수 없기 때문이다.

여러 개의 폴립으로 이루어진 풍선산호초는 모래 속에 기생충 모양의 뿌리를 내린다. 그들은 꽤 무겁기 때문에 쉽게 떠다니지는 못한다.

그것들은 마치 선인장처럼 어린 가지를 뻗는 독특한 방식으로 증식한다. 그것은 무수한 폴립으로 이루어진 산호초 조직 안에서 자신의 석회 덩어리와 함께 자라나며, 성숙하면 작은 공처럼 어린 가지의 부드러운 부분으로 물을 빨아들이면서 부풀어오른다. 다 부풀면 완벽한 작은 산호초 군락을 만들기 위하여 조류를 타고 다른 곳으로 이동할 수 있다. 모래에서는 각 산호초의 애벌레들이 스스로를 고정시키고 산호초 막대기로 자랄 수 없기 때문에 또 다른 적응이 이루어진다.

모랫바닥의 물고기들도 마찬가지로 놀라운 적응을 보여 주었다. 예를 들면 15센티미터쯤 되는 턱고기는 다른 고기에게 잡아먹히지 않으려고 산호조각으로 고정할 수 있는 직각 모양의 상자를 모래에 뚫어 놓는다. 그 놈은 심지어는 문명의 찌꺼기인 맥주병 뚜껑에도 구멍을 뚫어 놓았다. 상자의 그 구조가 너무나도 신기했다.

모래 위에서의 삶은 독특한 적응 때문에 매우 풍요롭고 매력이 있다. 폭풍이나 비로 인해 외출이 불가능해지면, 우린 곧바로 배에서 내려 닻을 내린 곳의 해저토양을 연구하였다. 그래서 우리는 틸란총에서 어미 문어를 발견하였다.

어느 날인가 한스 하스가 입이 닫힌 커다란 심장조개를 갑판으로 가져왔다. 우리는 그것을 어항에 넣어 두었다. 그랬더니 섬유질의 얇은 앞발이 껍데기의 바깥쪽을 더듬더니 다시 안으로 쏙 들어갔다. 그때 우리는 껍데기 안에 숨어 있는 것이 심장조개가 아니라는 것을 알았다. 그 놈은 다시 조심스럽게 밖을 더듬다가 놀라서 움츠러들었다. 껍데기가 다시 닫혔다. 그리고는 다시 천천히 열리고, 그리고 아주 천천히 껍데기 밖으로 두 개의 눈을 내밀어 조심스럽게 — 거의 인간처럼 — 주위를 살펴보았다. 그때서야 우리는 그것이 바로 모래 속에서 집으로 쓸 조개껍데기를 찾고 있던 작은 문어라는 것을 알게 되었다.

어항에는 아직도 다른 거주자들이 살고 있었는데, 특히 조개껍데기 위에 딱 붙어 기어다니는 달팽이가 있었다. 작은 문어가 그것을 더듬 더니 재빠르게 붉은색과 창백한 색으로 변했다가 조개껍데기 주위로 와서 달팽이를 밀어 냈다. 그때 우리는 달팽이가 왜 그렇게 자극받는 지 그 이유를 알았다. 문어는 암놈인 동시에 자기의 알을 방어하고 있 었다. 문어는 그곳에 앉아서 팔로 알을 감싸 보호하였다. 다른 문어들 은 빨판으로 조개껍데기를 붙잡고 있었다.

어미 문어는 다음 날 아침 우리의 스타가 되었다. 우리는 문어가 산 란장소를 어떻게 깨끗이 정돈하고, 게나 다른 동물들로부터 새끼를 어 떻게 보호하는지 촬영하였다. 어느 날엔가 새끼들이 밖으로 미끄러져 나올 정도가 되었다. 이때 어미는 빨판으로 성숙한 알을 감싼 상태로 부화를 돕고 있었다. 어미 문어의 발은 알들을 묶어 놓는 연결끈을 붙 잡고 있었다. 그러면 마치 수백 마리의 문어 새끼들이 눈송이처럼 어 항을 떠다니는 것처럼 보였다. 그들은 모두 빛을 따라 움직였다.

틸란총은 각별한 모험의 대상이었다. 우리는 그곳에서 난파선을 발 견하였다. 나는 놀라서 "한스, 여기 커다란 배 한 척을 발견했어"라고 보고하였다. 몇 번의 시도 끝에 우리는 난파선을 만질 수 있었지만, 납 작하게 눌린 난파선은 생각보다 훨씬 작은 것 같았다. 그러자 한스는 "자네, 저 따위 배 때문에 그렇게 놀랐나"라고 말했다. 그러나 우리에 게는 아주 각별한 보물이었다. 난파선의 갑판에는 산호초가 자라고 있 었고, 선실 안에서 손으로 만든 아름다운 주석 램프 하나를 발견하였 다. 그것들은 다 진흙 속에 처박혀 있었기 때문에 뽑아 내야 했다. 석

풍선산호초의 무리가 커지면, 물을 머금어서 조류에 의해 자신을 이동시킨다.

유로 켜는 작은 램프들은 아마 위치를 신호하는 데 쓰였던 것 같다. 그 중의 하나는 양초로 장식된 것이었다. 촛대 위에 엉겨붙은 석회를 떼어 내자 아름다운 모습이 드러났다.

자리파 호에서는 늘 망치질을 하며 두드리고 청소를 하였다. 우리는 늘 난파선 아래로 잠수를 하였다. 이때 나는 사고를 당하였다. 램프에 다가가려면 비스듬하게 뻗은 배의 측면에 나 있는 구멍을 통과

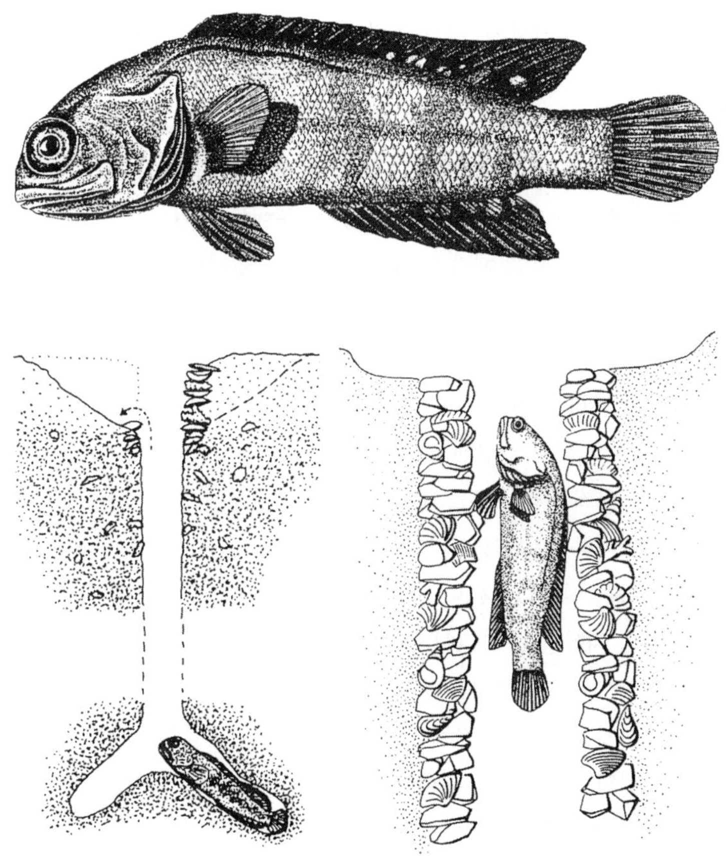

모래에 적응한 사례. 니코바르의 분수를 만드는 턱물고기

해야 했다. 그리고 바닥과 천장 및 옆벽으로 이루어진 선실 안에 있는
조금 더 큰 입구로 들어가야 했다. 빛이라고는 거의 없었기 때문에 어
둠 속을 헤매었다. 그때 램프를 떨어뜨려서 방향을 잃고는 아무 것도
볼 수 없게 되었다. 칠흑같이 어두웠다. 호흡장비를 점검하였다. 이미
비상산소를 쓰고 있었기 때문에, 시간이 많이 남아 있지 않았다. '아
니 출구가 도대체 어디지?' 엄습하는 공포를 누르면서 산소관을 빼내
고 출구를 찾아 나갔다. 아마 거기 두고 오기엔 아까웠는지 램프를 되
찾았다. 남은 공기로 물 위로 올라올 수 있었다. 이런 일을 겪고 난 다
음부터는 난파선 탐사를 특히 조심하게 되었다. 어느 날 우리 배 위로
군용기 한 대가 날아갔는데, 그것은 다시 바다로 숨으라는 신호였다.

　이제 우리의 탐사는 말레이 군도의, 그야말로 잠수탐사의 천국인 풀
로 페락, 풀로 야락으로 향하고 있었다. 물에는 플랑크톤이 매우 많고
조류도 거셌다. 풀로 페락은 아주 가파른 암초지대였다. 그곳에는 약
간 평평한 표면과 벽의 모든 칸살마다 견조와 갈매기 그리고 바다제비
가 둥우리를 틀고 있었다. 온통 새 울음소리로 진동하였다. 가파른 곳
에는 풀이 자라고 있었으며, 어린 새와 게를 먹고 사는 쥐들도 많았다.

　나는 그 작은 섬 곳곳에서 너무나 놀라운 경험을 했다. 왜냐하면 그
섬에는 극단적으로 전문화된 아주 희귀한 생명체 군락이 성장하고 있
었기 때문이다. 북쪽의 갈라파고스 군도에는 —— 예를 들면 —— 주둥
이가 뾰족한 땅피리새들이 살고 있었다. 그들은 짝짓기를 할 때면 깃
털 주위의 피부를 부비면서 알을 낳았다. 그 작은 섬은 바닷새들에게
다양한 방식으로 이용되는 장터이다.

　우리는 보조 보트를 타고 바위들이 수직으로 깊이 박혀 있는 풀로
페락 주위의 하천을 연구하였다. 그러나 상어들이 접근해 왔기 때문에
배로 빨리 돌아왔다. 그러나 상어를 싫어할 이유가 없었으며, 상어를
다루는 법도 알고 있었다. 다만 상어를 시야에서 놓치지만 않으면 되

었다. 그러나 산소호흡기를 단 잠수부는 상어가 다가오는 것을 모르고 있다가 갑자기 수면으로 올라오는 경우가 있다.

우리는 아주 늙은 산호초의 검은 관목과 오렌지빛이 감도는 붉은색의 뿔산호 덤불이 우거진 가파른 벽 앞에 멈추었다. 10미터만 들어가도 가시 산호초의 긴 나선을 볼 수 있었다. 암벽에서 진홍빛의 물고기떼가 은신처를 찾고 있었다. 플랑크톤이 너무 많았기 때문에 물속은 뿌연 상태였고, 주위에 머물던 상어들은 아주 가까이 와야만 보일 정도였다. 그렇지 않고는 희미한 윤곽만 보일 뿐이었다. 그러나 등 뒤에는 암벽이 있었기 때문에 마음이 든든하였다. 수심이 40미터쯤 되는 곳에 있는 벽에 구멍이 하나 파져 있었는데, 추측하건대 빙하시대의 퇴적동굴인 것 같았다. 좀더 깊은 곳으로 헤엄쳐 간 나는 그때까지 본 것 중에 가장 큰 농어를 발견하였다. 하마터면 그 놈의 입속에 들어갈 뻔했다. 진주잡이 잠수부들이 종종 그 놈의 입 안에다 머리와 어깨까지 넣으면, 신기하게 쳐다보는 것을 알았기 때문에 몸을 뺐다. 그는 나를 내뱉기는 했지만 ── 농어는 사람을 삼키지 않는다 ── 종종 사람들은 그런 상황에서 농어의 작은 이빨 때문에 잠수경을 잃기도 한다. 수면 40미터 아래에서 농어들과 만나면 무엇보다도 편안하였다. 나의 플래시가 농어의 관심을 일깨워 주었다고 믿는다. 하지만 그 당시 너무 놀라 그 장면을 찍지 못했던 것이 두고두고 아쉽다.

길이가 1킬로미터쯤 되는 자락 섬은 숲으로 우거져 있다. 산길에는 높고 육중한 산호초들이 있었다. 족히 1미터나 되는 그릇 모양의 진홍색 해면이 기억나는데, 그 안에는 10~15센티미터 정도의 해삼이 들어가 있었다. 참 이상한 모습이었다. 푸른 점이 박혀 있는 산호초 농어도 앉아 있었다.

페낭으로 돌아가는 덕택에 셰어와 함께 카메룬 고원지대를 탐사할 수 있었다. 그곳은 당시 영국의 식민지 관리들의 휴양지였다. 우리는 그 숲속에서 독침으로 사냥하며 채집생활을 하던 사카이 족을 방문하기 위해, 어떤 장교와 접촉하게 되었다. 당시에 공산 반란군의 활동이 심했기 때문에 식민청은 그곳의 원주민을 한 곳에 모아 놓았다. 나는 여기에서 원시민족이 어떻게 생존할 수 있는가라는 문제를 처음으로 생각하게 되었다.

우리의 여행은 싱가포르에서 끝났다. 이제는 집으로 돌아가는 중간 기착지들만이 있을 뿐이었다. 거기에서 일단 해양생물학적인 관찰결과를 출판하기로 하였다. 그래서 나는 포유류에 대한 연구를 다시 시작하였다. 다람쥐들은 변함없이 쾌활했다. 꼬마 묵키와 꼬마 프리치는 다시 새끼를 낳았다. 안나 구겐베르거는 내 동물을 돌보는 일을 맡았다. 대부분의 동물은 그녀의 보살핌을 받았다. 우리는 일어난 일들을 녹화하였다. 한번은 작은 담비, 족제비(어민), 토끼, 산토끼, 노루 새끼를 보았다. 우리 애들은 특히 노루 새끼를 좋아하였다. 처음 몇 년 동안 나의 작업실에서 살면서 여행 때문에 생긴 궁핍을 보충했다. 왜냐하면 여기에서는 아이들이 하루 종일 찾아올 수 있었으며, 실험실이 딸린 집도 몇 발자국 떨어져 있지 않았기 때문이다. 그 시절에는 직장과 사생활이 잘 어우러져 있었다. 또한 소규모의 학자 공동체 사이의 가족적인 유대감도 한몫 하였다.

포유류에 대한 연구, 자연-환경 논쟁에 대한 기고들과 제1차 '자리파' 탐사 등에 대한 보고는 곧 나를 유명하게 만들었다. 당시에 우리 객원 연구원으로 일하던 미국의 심리학자 솔 크레이머와 함께 나는 행태학에 대한 에세이를 썼는데, 거기에 환경-자연 논쟁에 대한 우리의 논문을 영어로 번역하여 넣었다.[60] 1959년에 몬테비데오에서 열린 '두뇌의 메커니즘과 학습'이라는 국제 심포지엄에 난생 처음으로 초청을 받았다. 그것은 남아메리카를 일주해 볼 수 있는 좋은 기회였다.

나의 노정의 중요한 또 다른 단계는 에카르트 헤스가 마련해 준 시카고에서의 객원교수 시절이다. 나는 그의 행동연구소에서 3학기 동안 수업을 했다. 에카르트의 아내 도를레가 나를 자주 초대해 주어 재미있는 사람들과 시간을 같이 보냈다. 그 이후로 행태학자이자 늑대 전문가인 ─ 당시 헤스의 공동 연구자였던 ─ 에리히 클링함머와 친해지게 되었다.

시카고에서는 아주 편안한 쿼드랭글 클럽에 살았는데, 당시에는 식사시간이 낭비라는 생각에 끼니를 자주 걸렀다. 가능한 돈을 아껴서 바이에른에 집을 짓기로 계획하였다. 뿐만 아니라 곧 다가올 여행을 위하여 서부 해안에 작은 보호구역을 만들려고 하였다. 그래서 나는 슈퍼마켓에서 식료품을 샀고, 연구소의 온실에 있는 전기쿠커로 요리를 데워 먹었다.

나는 여러 기회를 통하여 미국인들의 친절을 들은 바 있다. 그러나 그 나라에서 몸소 체험한 것은 기대를 넘어서는 것이었다. 그때 나는 오스트리아와 독일에서 추방되어서 그들에게 불행을 준 민족의 일원으로 나를 배척할 만한 충분한 이유를 가진 유태인 이민자들을 만났다. 그러나 어색한 일은 일어나지 않았기 때문에, 종종 옹졸한 내 자신이 부끄러웠다.

강의를 마치고 나서 일전에 편지를 띄웠던 해양생물학자이자 행태학자인 어니 리즈가 있는 하와이로 날아갔다. 나를 기다리고 있던 그는 내 거처가 될 생물학 연구소가 있는 코코넛 섬으로 데려갔다. 그 후 오아후에서 3주간의 매력적이고 즐거운 시간을 보냈다. 어니는 당시 게 ─ 특히 이주한 게 ─ 들의 행동과 야자수 도둑의 행동을 연구했는데, 나만큼 잠수광이었다. 이 섬을 여러 번 방문하면서 그와, 나중에는 그의 아내를 통하여 하와이라는 섬의 세계를 잘 알게 되었다.

돌아오는 길에는 로스앤젤레스로 가서, 갈라파고스 탐사와 같은 중요한 연구들의 재정적인 지원자인 미국의 백만장자 앨런 핸콕의 집에서 묵었다. 나는 그곳에서 그동안 찍은 환등기 사진을 보여 주었다. 노쇠해졌지만 정신은 말짱했던 핸콕은 자기가 젊은 시절에 자가용 요트 '발레로 3호'를 타고 다니던 그 섬들의 사진을 보고는 감탄하였다.

뒤이어 버클리에서는 연락을 주고받던 젊은 포유류 학자인 알프레트 아이젠베르크를 만났다. 우리는 차를 타고 해변가를 따라서 라욜라로 갔다. 아이젠베르크는 라욜라에 있는 스크립스 연구소에서 조류전문가인 제이 로젠블라트를 소개해 주었다. 그는 멕시코의 코로나도 섬에서 수중안내를 맡아 주었다. 잠수복을 입었지만 수심이 30미터나 되는 해조 숲은 아주 차가웠다. 추위가 목과 얼굴에까지 퍼져서 잠수를 중단했다. 잠수를 하면 빨리 어두워져서 해조에 길을 잃지 않을까 두려웠다. 그러나 붉은 가리발디 고기와 붉은 게들이 사는 해조 숲은 두고두고 기억이 난다.

미국은 1960년에 이르자 경제와 정치문화적으로 국력이 최고조에 달했다. 그야말로 모든 것을 약속받은 나라로 보였다. 오늘날 우리는 그 나라가 어려운 시기를 맞고 있다는 것을 체험한다. 극빈자들이 늘고 있으며, 대도시에는 불안이 증가하고 있다. 약물중독은 다반사이며, 인종들 사이의 긴장도 점점 첨예화되고 있다. 그런 것들은 미국의 통일성을 약화시킬 수 있으며, 어느 날엔가는 아마 미국의 분열을 조장할지도 모른다.

미국은 서방에 냉전이라는 무거운 짐을 남겨 놓았다. 군비경쟁의 와중에서 결국 소비에트연방은 무릎을 꿇었으나, 그들 자신의 힘도 잃었다. 그래서 그들은 군비경쟁에서 전환된 경제력을 즉시 민간경제에 투자할 수 없었다. 이와 달리 일본과 서유럽은 한참 도약하고 있었다. 미국인들은 자동차나 전자산업에서 자만한 나머지 경쟁국들을 분명히 과소평가했으며, 특히 장기적인 계획을 세우지 않았다. 상당수의 미국인들은 빚으로 살고 있다. 경제적 풍요를 누리려면 힘겨운 사회적 요구가 부과된다. 오랫동안 세계에서 가장 잘 사는 나라로 간주되었던 이 나라에 이제는 가난과 범죄가 증가하고 있다. 이미 1961년에 행태학 연구소가 있던 57번가에서 내가 살던 쿼드랭글 클럽으로 가는 그 길을 밤에는 제대로 다닐 수 없을 지경이었다.

당시에 사람들은 여전히 교육의 기적과 머잖은 장래에 스스로 와해될 복지의 기적을 기대했다. 특히 사회적인 그리고 인종적인 차이들이 미국이라는 용광로 속에서 녹아 버릴 것이라고 했다. 그러나 예나 지금이나 여전히 평등의 개념이 오용되고 있다. 법 앞의 평등이란 자유민주주의의 당연한 요구지만, 모든 인간이 동일하다는 것을 의미하지는 않는다. 우리는 오히려 인간들의 개성이나, 성 또는 인종 귀속성에 있어서 나타나는 무수한 차이를 발견한다. 물론 이런 차이를 두고 어떤 평가를 하자는 것이 아니라, 엄연한 현실을 인식하자는 것이다. 이와 마찬가지로 우리는 인간이 인종적 기준에 따라서, 특히 집단들 사이의 문화적인 차이가 클수록 그런 기준을 따르는 경향이 있다는 사실을 수긍해야 한다.

미국이 비유럽계 이민자들에게도 개방되면서 그들은 자신의 흡수력을 과대평가했던 것 같다. 그렇게 해서 미국에는 경쟁하는 인종들의 모자이크가 탄생하였다. 1990년 「타임스」 지의 통계에 따르면, 21세기 중반이 되면 백인종이 소수민족이 될 거라고 한다. 1991년 12월호에 따르면, 캘리포니아는 이미 그 수치에 도달하였다.[61]

기자 한 사람이 심각한 질문을 던졌다. "우리는 유럽과 얼마나 먼가?" 이런 문제를 제기한다는 것 자체가, 유럽계 미국인의 입장에서는 반유럽적으로 비치기 때문에, 대부분에게는 정치적으로 옳더라도 용기가 필요하다.

유럽이 세계에 전쟁의 확산으로 인한 죽음과 고통만을 안겨 준 것이 아니라 많은 것을 선사하였다는 사실이 종종 간과된다. 유럽 인은 다른 민족보다 더 잘난 것도 더 못난 것도 없는 똑같은 존재이며, 인류문화의 소중한 유산에 많은 기여를 했다. 유럽문화의 대변자들은 오늘날까지도 개인의 자유, 이웃간의 사랑, 인권 및 여성해방 같은 것을 표방해 왔다. 또한 유럽 인들은 근대 자연과학의 기초를 수립하였으며, 개척자로서 계몽에 일조하였고, 전례없는 예술적 능력을 이 세계에 선사해 주었다.

예를 들면, 이탈리아의 르네상스와 비엔나의 고전시대를 보라. 유럽 인들은 늘 그들 스스로와 선조들이 했던 것에 끊임없이 물음을 던져 왔다. 그렇게 함으로써 자신들의 경직성을 예방해 왔다. 미국으로 이민 간 유럽계 이민들의 후손은 그들의 뿌리를 잊지 않으려고 한다.

쿡 선장의 발자취를 따라

나는 인류행태학에 더욱 매진하기는 했지만, 여전히 동물의 생활에 매력을 느끼고 있었다. 다이빙을 하는 취미도 여전하였다. 한스 하스가 1971년에 호주, 타히티 그리고 랑기오라의 잠수탐사에 같이 가자고 제의했을 때 나는 과거의 열정을 되찾을 좋은 기회라고 생각했다.

하스는 영국의 위대한 탐험가 제임스 쿡의 세계일주 200주년에 즈음하여, 쿡이 누비고 다녔던 곳을 배와 비행기로 돌아다닐 예정이었다. 그 결과를 영화 시리즈로 만들려는 이 여행은 2단계로 구상되었다. 첫번째 단계는 호주 퀸스랜드의 거대한 암초지대를 목표로 하였다. 우리는 보트를 전세내어 해안을 따라 항해하였고, 우폴루 군도와 미하엘마 군도를 방문하였다. 한스는 새들의 군락지에서 촬영하였고,

우리는 산호초 지역에서 잠수를 하였다. 케인즈 지역에서는 맹그로브 홍수림(紅樹林)을 탐사하였고, 베버 개미와 진흙탕을 뛰어다니는 동물들을 촬영하였다. 아직도 개척시대의 도시 같은 곳에서 일상적인 장면들을 찍었으며, 영국의 위대한 탐험가를 동반했고 일기장을 썼던 조셉 뱅크와 쿡 선장의 설명과 우리가 받은 인상을 비교하였다. 예나 지금이나 작은 생물들의 세계에 암초들의 삶이 주는 무한한 경이로움은 하나도 변하지 않았다.

우리는 이 여행의 모든 단계에서 놀라운 것들을 발견하였다. 예를 들면, 써스데이 섬에서는 육지에서 날도래 파리 유충처럼 화살통(전통) 모양의 집을 짓고 사는 유충을 발견하였다. 우리는 진주 조개둑을 탐사하였고, 흰개미 둥지에서 유충을 잡아먹는 짙은 색 사마귀와, 집단으로 나뭇잎에 붙어 있어서 개미들에게 잡아먹히는 매미 유충들도 촬영하였다.

포지션 섬에서는 쿡 선장의 동상을 찍었다. 제임스 쿡은 이 상징물을 통해서 호주 대륙 전체를 대영제국의 왕관 앞에 헌정한 것이다. 그것은 훌륭한 투자였다. 요크 만에서는 다른 유충들을 촬영하였다. 우리는 북쪽을 향하여 바다로 뻗어 있는 육지의 자락에서 대륙의 맨 북쪽 초원지대에 대하여 기록하였다.

다음 번 목적지인 쿡 타운에서는 도시가 만들어진 이래로 별로 변한 것이 없다는 인상을 받았다. 어떤 술집 벽에는 가넷 애그뉴라는 사람이 'Board and Lodging'이라는 제목으로 그려 놓은 금 채광 시대의 그림들이 걸려 있었다. 한스는 호주 원주민이 눈썹으로 '긍정'의 의미를 보여 주는 동작을 화면에 담았다.

탐사의 방향을 천천히 북쪽으로 돌렸다. 당시에는 아직 무인도였던 리지드 섬을 방문한 후에, 해안 앞 30~40마일 정도에 펼쳐진 수킬로미터나 되는 띠 모양의 암초지대로 향하였다. 암초띠는 간만의 교차

때 물의 방향이 바뀌는 넓은 운하를 사이에 두고 끊어져 있었다. 에베 근처에는 암초판이 드러나 있었는데, 암초판은 육지 쪽으로는 아름다운 백색 산호초로 뒤덮여 있었다. 그곳은 달팽이와 조개 채취자들의 낙원이었다.

바다에서는 종종 암초판으로 거센 파도가 몰아쳤기 때문에 잠수할 곳을 찾기가 아주 힘들었다. 우리는 파도가 잠잠한 곳에 닻을 내렸다. 그 반대쪽은 바다가 너무 깊고, 바깥 암초는 종종 물 밖으로 30여 미터 이상이나 솟아 있고 물살도 셌기 때문에 닻을 내릴 수 없었다. 우리는 파도 때문에 바깥쪽 암초로 갈 수 없어서 암초 위로 올라갔으며, 지하의 수로와 동굴 등으로 암초의 모서리와 연결된 깊은 수로나 웅덩이를 찾아야만 했다. 깊은 골짜기나 동굴을 지나서 암초벽으로 잠수하는 것은 정말로 짜릿한 경험이었다. 동굴 출구에서 물살을 거슬러 서서히 헤엄치는 커다란 물고기들을 볼 수 있었다. 우리는 되돌아오는 길을 분명히 기억해야 했다. 동굴 안에는 한스 하스가 박사학위 논문의 주제로 삼은 아름다운 이끼의 군락이 살고 있었다.

나는 부시맨을 탐사하기 위하여 한스와의 여행을 마치게 되었다. 그와는 쿡 탐사의 두 번째 여행 때 다시 만날 수 있었다. 원주민들은 우리를 랑기오라 모레아와 타히티로 안내했다. 거기에서 아주 각별한 종류의 인간적인 만남을 체험하였다.

우리가 타히티의 현대적인 생활을 보고 나서 몇 가지 전형적인 에피소드를 확인한 후에, 도로가 끝나는 타우티라에 이르기까지 동쪽으로 섬의 북쪽 해안으로 떠났다. 섬의 동쪽은 매우 거칠었고, 듣기로는 유배당한 이주자 하나가 살고 있다고 했다. 그는 과거에 선장이었다고 하며, 이곳에 있는 개척되지 않은 넓은 토지를 사려고 쉰 살에 정년퇴직을 했다고 한다. 그는 그곳에서 농장을 운영하고, 책을 읽으면서 여생을 즐기고 싶어한다고 했다. 그 자신이 엄청난 장서가였으니 말이

타히티 이주자와 한스 하스

다. 우리는 이 사람에 대해서 알고 싶었다. 그는 수십 그루의 코코넛나무가 서 있는 작고 평화로운 지역의, 크기가 2.5미터×4미터쯤 되는 야자수잎으로 뒤덮인 작은 집에서 살았다. 우리가 소리쳐 부르자 수염이 텁수룩하고 헝클어진 머리를 하고, 매부리코에 짙은 눈썹 아래 이글거리는 눈과 기쁨에 찬 얼굴이 우리를 맞이하였다. 그는 웃옷을 걸치지 않고 있었으며 맨발에, 마대자루로 만든 양말 비슷한 것만 신고 있었다. 그는 불어로 인사를 건넸다.

한스 하스는 그에게 우리의 답사여행에 대해 설명했으며, 우리가 타히티에 대한 영화를 촬영할 예정이며, 그와 인터뷰도 하고 싶다고 말했다. 그가 여기서 어떻게 지내고, 어떻게 살며, 어떤 계획으로 농사를 짓고 사는지 모든 걸 알고 싶었다. 그는 마치 샘물에서 물이 솟듯이 대답했으며, 자신의 삶에 대해서 이야기할 수 있는 것을 매우 기뻐했다. 그는 어떤 상선의 선장이었다고 하며, 여행 소설에 늘 관심을 가졌다고 했다. 이 기막힌 열대 지방의 도원경 속에서 일상생활의 작은 드라마가 펼쳐졌다. 들소들은 사랑스런 날을 즐기고 있었다. 울타리를 만들었으나, 들소들이 늘 그것을 부수어서 그가 키운 야채를 먹어 치우려고 한다는 것이다. 그는 들소들을 쫓으려고 울타리를 보수하였다고 한다. 아니다, 열대 농원의 설치까지는 생각을 못했다고 한다. 그곳은 너무나도 야생이었기에……

늘 그랬듯이 그는 우리에게 사랑이 듬뿍 담긴 차를 대접하면서 이야기를 계속했다. 그는 우리를 자기 오두막으로 데리고 갔다. 기다란 벽은 어부들이 쓰는 위로 겹쳐진 상자들로 만들어졌는데, 모든 상자들이 두꺼운 자물쇠로 잠겨 있었다. 그 상자들은 바로 그의 도서관이었으나 들소 때문에 열어 볼 시간도 없다고 한다. 오두막 안에는 침대가 하나 있었고, 잘게 썬 코코넛 껍데기로 군불을 때고 있었다. 한옆으로 병과 통조림 박스들이 한 무더기 있었는데, 정원에도 마찬가지였다. 빈 통조림 박스와 병에 자기가 원하는 책을 집어넣으려고 버리지 않는다고 말했다.

그는 한 달에 한 번씩 시내로 가서 연금을 타 온다고 했다. 그가 우리를 데리고 간 허름한 창고에는 모터보트가 있었고, 그 옆에 몇 개의 휘발유통이 있었다. 그리고 예닐곱 개의 강력한 외부장착용 모터가 벽에 걸려 있었다. 언젠가 핵전쟁이 일어났을 때, 보급의 어려움에 대비하여 준비한 비상장비라고 했다. 이곳에 도로를 계속 만들지 않아서 보트를 타고 다닐 수밖에 없기 때문에 비용이 더 든다고 정부를 욕해대기 시작하였다. 길이 있다면 자신의 연금을 좀 절약할 수 있을 거라고 말하면서 말이다.

그 밖에는 아주 검소하게 살았으며 돈을 더 가지고 싶어하는 것 같았다. "왜 그런지 아십니까? 젊었을 때 나는 미국에 유산을 물려받을 부유한 삼촌이 있었으면 얼마나 좋을까 하는 꿈을 늘 꾸어 왔습니다. 그런데 이제 선생, 현재 프로방스에 나에 대해서는 눈곱만치도 모르는 조카놈과 조카딸이 하나 있습니다. 그들에게는 내가 미국에 사는 삼촌인 셈이지요. 그들이 나의 재산을 상속받는다면 그들의 눈이 어떻게 될까요? 나는 벌써 7000달러 이상을 저축해 놓았거든요!" 그의 눈은 기뻐 어쩔 줄 모르는 기색이었다.

그는 이러한 철저한 고독 속에서도 언젠가는 좋은 선물을 줄 수 있는 자기 가족과의 연대감을 가진다는 일념으로 살았다. 그것이 그의 삶에 의미를 부여한 것이었다. 그는 우리를 오래 쳐다본 후에, 우리가 타우티라로 가는 보트를 타려고 할 때 윙크를 했다. 그의 행동을 곰곰이 생각하면서 타히티로 돌아왔다.

4장 인류행태학

새로운 길을 찾아서

1960년대 초 어쩔 수 없이 해양생물학과 포유류에 대한 연구를 중단하고 새로운 연구를 하지 않으면 안 되었다. 나는 비버나 담비를 연구하고 싶었으나, 호수 목장에 있는 야생 거위 때문에 그럴 수 없었다. 그래서 다람쥐의 일종인 투파야를 연구하기로 하였다.

그 다람쥐는 유인원 발달선상의 초기로부터 유래하는 종으로서, 곤충을 잡아먹는 동물들과 여러 특징을 공유하고 있었다. 작은 포유류의 좀 먼 친척인 그들을 번식시켜서 관찰하는 것은 재미있었다. 나는 호수 목장에서 행태학을 배우려고 영국에서 온 대학원생인 로버트 마틴에게 그 놈과 다른 동물들을 넘겨 주었다. 그는 이 투파야에 대하여 박사학위 논문을 썼고, 현재는 취리히 대학의 정교수로 있다.

나는 갈라파고스 섬에서 어린 참새 한 쌍을 가지고 왔다. 하인츠 질만과 더불어 그 참새들의 도구 사용을 관찰하고 필름으로 찍었다. 그 새들이 심지어 놀이까지도 한다는 사실이 놀라웠다. 그들은 배가 부르면 가느다란 막대로 장난을 치며 밀가루벌레를 틈새에 밀어넣었다가 그것으로 꺼내곤 하였다. 나의 희망은 이 새들의 어린 시기의 발달상황을 추적하고, 다윈 섬의 다른 참새들과 비교하여 그들이 어떤 공통 조상으로 소급될 수 있는가를 규명하는 것이었다.

하지만 갈라파고스 섬의 다른 새들을 잡아서 건강한 상태로 유럽으로 데려오는 것은 난감한 일이었다. 1957년과 1960년에 자신의 보트로 우리를 초대했던 섬 이주자인 미구엘 카스트로는 나를 위하여 참새, 선인장, 토양 및 나무에서 사는 참새 등을 수집해 주었다. 그러나 항공회사가 철석같이 안심시켰음에도 불구하고 새들을 유럽으로 운반하는 일은 실패로 끝났다. 도착했을 때 새들은 이미 죽어 있었다.

지금 나는 생각 같아서는 동물행태학의 연구는 접어 두고 새로운 길을 가고 싶다. 나는 '생물학 편람'을 위하여 나의 시각에서 서술한 동물행태에 관한 방대한 내용을 썼다.[62] 이것을 토대로 『비교행태학 입문』이라는 책을 썼다. 그것은 행동형태학에서부터 행동심리학과 생태학, 개체발생학에 이르기까지 모든 영역을 아우르는 최초의 교재 형태의 저술이다.[63] 그 책은 거의 상징적인 초석(礎石)인 동시에 새로운 시작이기도 했다. 물론 나는 여전히 동물의 행태연구에 관심을 가지고 있지만, 이제는 인간을 다루고 싶다.

1967년, 나는 20년간의 동물행태학 연구를 되돌아볼 수 있었다. 나는 지식의 확고한 토대를 다듬었으며, 따라서 이론적으로나 방법론적으로나 인류행태학으로 진입할 준비가 충분히 되어 있었다.

중요한 입장들은 이미 그 전에 이루어졌다. 1963년, 나는 뮌헨 대학의 동물학과에 박사학위 논문을 제출하였다. 그런데 당시 아버지처럼 친했던 콘라트 로렌츠는 ── 아직도 분명한 이유를 모르겠는데 ── 학위논문의 제출에 부정적이었다. 그는 당시의 동물학과 학과장 한스 요아힘 아우트룸과 사이가 좋지 않기 때문에 내가 곤란을 겪을지도 모른다고 말했다. 그러나 별 어려움은 없었다. 오히려 나는 최고 수준의 동물학의 전통과 더불어, 평가하는 면모를 가진 진지한 대변자로서의 아우트룸을 알게 되었다.

콘라트 로렌츠는 나의 독자적인 노력을 양다리 걸치기로 보았을 수도 있다. 대부분의 아버지들은 ── 이 경우 로렌츠가 그랬을 텐데 ── 그들의 정신적인 아들이 탯줄을 끊는 것을 받아들이기 힘들다. 로렌츠는 당시 막스 플랑크 재단 이사장이던 아돌프 부테난트도 참석했던 나의 학위 취득 세미나에도 오지 않았다. 그는 아마 내가 공격을 받아 모욕당하지나 않을까 걱정했던 것이다. 좌우간 나는 그를 정말 아버지처럼 여겼고, 그에게 인정도 받았었기 때문에 그의 불참은 나의 마음을 아프게 하였다. 그는 아마 교육적인 이유에서 위축되었는지도 모를 일이다. 하지만 그에 대한 존경에는 변함이 없었다. 그 일 외에 그가 나의 자유로운 삶의 형성에 관한 한 유일무이하게 관대한 사람이었다. 그가 종종 나에게 해준 충고는 대부분 좋은 것이었다. 언젠가 한 번 그의 충고를 따르지 않자 자신의 말을 거두었다.

교수자격 취득 논문을 쓰고 난 후부터 내 일을 마음대로 결정할 수 있었다. 나는 그의 도제 시험에 합격한 것이다. 논문을 제출했을 때, 나의 인생행로를 바꾸어야 할 욕구를 느끼게 되었다. 그래서 친구들과 여행을 떠나는 것이 좋겠다고 생각하였다. 우리는 일단 동아프리카로 갔으며, 나중에는 케냐와 탕가니카, 우간다까지 갔다. 연이어 우리는 수단으로 날아갔다. 우리는 잠수를 하고 싶어했고, 자동차를 타고 이집트 너머 리비아와 튀니지, 그리고 이탈리아로 연결되는 북아프리카 통로로 돌아오려고 했다. 우리는 자연공원에서 아름다운 날들을 지냈는데, 나를 가장 매료시킨 것은 인간, 특히 마사이 족이었다. 그래서 언젠가 그들과 함께 좀 오랫동안 지내면서 그들의 일상생활을 관찰할 수 있기를 바랐다.

당시 한스 하스는 인간에 대한 13부작 텔레비전 시리즈를 기획하던 참이었다. 원래의 기획에서는 인간의 종족사와 형태, 생리적 특징 및 유전형을 염두에 두고 있었다. 나는 이 시리즈를 좀더 매력적으로 만들기 위하여 인간행동의 일면들을 고려해 넣자고 제안하였다. 그는 흔쾌히 그 아이디어를 받아들여서 나를 행태학 분야의 고문으로 공동 제작에 초대하였다.

그것은 일상행동에 대한 확립되지 않은 자료들을 만들 수 있는 중요한 계기였으나, 실제적인 작업은 예상했던 것보다 어려웠다. 한스 하스는 비엔나에서 인간을 몰래 녹화하는 실험을 하였다. 이때 인간은 멀리 설치된 텔레비전 카메라도 즉시 발견하고 행동을 바꿀 정도로 주의력이 매우 민감하다는 사실이 드러났다. 인간은 특히 혼자 또는 작은 집단의 일원으로 있을 때는 마음을 놓는다. 그리고 인간이 늘 주위를 돌아보며, 정신 나간 듯이 수평선을 점검한다는 것을 보게 되었다. 그러나 잠깐만 보아도 우리 세계의 뚜렷한 변화를 감지하기에 충분하다. 이 행동은 동일한 법칙을 따르는 육식성 참새들이나 노루들의 마음놓기와도 비교할 수 있다. 연구소 조교 중의 하나였던 모니카 바브라는 인간이나 동물이나, 눈길에 할애하는 빈도와 눈길을 보내는 전체 시간은 집단의 크기와 반비례한다는 것을 밝혀 내었다. 혼자서 먹고 있는 개체는 집단 안에서 먹을 때보다 주위를 둘러보는 시간이 길다.

한스 하스는 천재적이면서도 간단한 방법으로 그 문제를 해결하였다. 그는 프리즈마가 장착되고 측면창이 딸린 대상 모조품을 카메라 앞에 놓았다. 카메라는 이 '가상의 대상'을 이용하여 인간을 정면으로 바라보지 않고도 필름에 담을 수 있었다. 나아가 그는 촬영속도를 변경해서, 빠른 동작과정을 고속촬영하여 자세히 관찰할 수 있게 만들었다. 동시에 저속촬영도 활용하였다. 이로써 그는 인간행동의 채록에 새로운 장을 열었다. 이런 기법은 지금까지는 필요한 단면들을 파악하는 데만 이용되었을 뿐이다. 예를 들어 누가 도자기를 만들 경우, 일단 그가 진흙덩어리를 어떻게 반죽하고, 그릇 바닥을 어떻게 만드는지, 잘록한 허리는 몇 개나 만드는지 등을 관찰하였다. 그러면 상이한 단계들이 앞에서 보여진다. 예를 들면, 그 과정을 쳐다보고 있는 개 한 마리, 도공의 얼굴, 아이들 등 중간 장면들이 연결되어 있다. 그런 식으로 관찰자의 눈앞에는 15분간에 걸쳐 마치 기적과도 같은 어떤 질서가 나타난다. 물론 그것은 재미있는 다큐멘터리지만, 필름 전체가 그런 것은 아니었다.

누군가 그런 녹화를 근거로, 손의 움직임 횟수를 세어서 한 개의 토기를 만들기 위하여 얼마나 많은 작업이 필요하며, 다른 생산기술을 적용할 때에는 얼마나 많은 일이 필요한지 알아 내고자 한다면 별 도움이 안 될 것이다. 이와 달리 통상적으로 하는 초당 25컷 대신에 6.25컷으로 촬영하면 10분짜리 대신에 120미터짜리 카세트를 사용해도 중단되지 않고 네 배나 긴 시간을 촬영할 수 있다. 즉 도자기를 빚는 전과정을 담을 수 있다는 말이다. 그렇게 하면 눈앞에서는 개별적인 움직임이 순식간에 돌아가지만 빈도수를 셀 수 있으며, 관찰자는 도자기를 빚고 있는 손 아래에서 도자기가 빨리 커지는 듯한 느낌을 받는다. 이때 두 번째 카메라로는 정상속도의 컷으로 개별적인 움직임을 촬영하기도 하고, 그것을 더 자세히 분석하려고 저속촬영기가 동원되기도 한다. 이와 같은 과정을 통하여 여러 제례의식들이 평가가 가능한 형태로 완벽하게 녹화된다.

그렇게 해서 만들어진 저속촬영은 현실의 다큐멘터리를 후세들이 가공할 수 있도록 해준다. 그것은 일정한 행동의 통계를 제공한다. 한스 하스는 해변가에서 아이들을 데리고 노는 젊은 부모를 초당 3컷으로 처리하여 촬영했다. 개별적인 행위들은 식별될 수 있을 정도였고, 하나의 테이프에 88분간의 전과정을 담을 수 있었다. 따라서 관찰자는 아이가 부모들로부터 얼마나 자주 떨어졌는지, 누구와 접촉했는지, 엄마나 아빠를 얼마나 자주 뒤돌아보았는지, 아빠는 얼마나 아이들을 보았는지 등을 헤아릴 수 있었다. 그 촬영을 통해 엄마들은 매우 조심스럽게 애들을 돌보며 활동한다는 것을 보여 주었다. 그들은 애들에게 먹을 것을 건네 주며 선크림을 발라 주고, 남편들도 부단히 아이들을 돌보는 행동을 보여 주었다. 애들은 뭔가 아쉬우면 엄마에게 가지만, 놀이를 하고 싶으면 아빠에게 가는 편이었다. 하스는 아빠가 물구나무서기나 다른 기술을 보이면 어린 아들이 어떻게 흉내내는지도 촬영하였다.

그런 저속촬영에서는 정상속도 촬영에서 놓치기 쉬운 규칙성을 볼 수 있다. 빈의 캐른텐 거리에 있는 여행사 건물 앞에서 신문을 늘어놓고 파는 신문팔이를 저속으로 촬영했다. 그는 여행사 창문에 등을 기댄 적이 전혀 없으며, 오히려 늘 넓은 돌출벽의 지붕을 찾고 있었다는 것을 보여 주었다. 그는 벽 앞쪽으로 등을 향한 채 신문을 이리저리 보여 주며 왔다갔다 했는데, 그것은 인간의 아주 오래 된 보호 욕구를 재미있게 보여 주는 것이다.

뿐만 아니라 하스는 촬영속도를 조절함으로써, 소외라는 흥미있는 교육적인 수단을 창출하였다. 그의 의도는 외계인의 시각에서 인간을 묘사하려는 것이었다. 우리는 1964년 특수장비가 달린 카메라와 비엔나의 사진기술자가 조립해 준 저속촬영 보조장비를 싸들고 동아프리카로 날아갔다.

나이로비에 잠깐 체류하는 동안에 그 촬영장비를 시험삼아 한번 이용해 보았다. 한스는 저속촬영으로, 과정들이 어떻게 형성되고 사람들이 군중 속에서 어떻게 행동하는지 보여 주려고 하였다. 예를 들면, 내가 계단에 10실링짜리 지폐를 놓고 지나가면 사람들이 어떤 행동을 보이는가를 관찰하는 것이다. 지폐가 땅바닥에 떨어져 있으면 통상 보행자는 주워 간다. 그러나 내가 돈의 주위에 돌이나 분필로 원을 하나 그려 넣고 사라지면, 그것을 놓고 수군거리는 무리들이 형성되었다. 한번은 어떤 백인이 지폐를 높이 쳐들어 보고는 주머니에 쑤셔 넣고 가버렸다. 옆에서 수군거리던 무리는 그를 따라가서 그에게 분명히 누가 자기 것이라고 표시해 둔 돈을 가져가는 것은 옳지 않다고 말하려 했다.

우리는 운전기사와 보조인력이 딸린 탐사용 차량을 빌려 캠프 장비와 텐트를 챙겨서 길을 떠났다. 일단 남쪽으로 갔다. 우리는 몇 군데의 자연공원과 올두바이 협곡을 방문하였다. 올두바이는 영국의 고고학자인 루이스 리키가 아우스트랄로피테쿠스와 그들의 원시시대 연장을 발굴한 — 하스가 필름에서 보여 주려고 한 — 인류 형성의 생생한 현장이었다. 그곳으로 가는 도중 길거리에서 머리를 깎아 주는 이발사, 카드놀이에 푹 빠진 사람들, 과일을 파는 아주머니 등과 같이 재미있는 광경이 보이면 잠시 멈추었다. 그런 식으로 우리는 나베레라의 마사이 족이 있는 곳까지 여유 있게 갈 수 있었다. 그리고 계속해서 므완자를 거쳐서 키고마까지 갔다.

우리는 영국의 유인원 전문가인 제인 구달 여사에게 편지를 썼다. 당시 그녀는 야생 침팬지를 길들여서 가까이에서 관찰하는 데 성공한 것으로 알려져 있었다. 우리는 그 용감한 동물학자와 그녀의 원숭이들과 사귀고 싶었으며, 가능하다면 그 침팬지들을 촬영하고 싶었다. 우리는 키고마로 가는 보트를 타고 곰베 보호구역으로 향하였다. 당시에 그녀의 남편과 함께 텐트에 살고 있던 제인은 우리를 따뜻하게 환영해 주었다. 우리가 첫 방문자였기 때문이다.

그녀는 기꺼이 촬영을 허락했다. 다만 침팬지들이 우리를 받아들이지 않거나 우리 때문에 침팬지들이 병에 걸리지나 않을까 걱정하였다. 그래서 그녀는 숨어서 관찰할 수 있는 오두막을 지어 주었다. 우리는 그 안에 편히 앉아서 커튼을 통해서 보기 때문에 침팬지에게 들키지 않고 촬영할 수 있었다.

눈앞에 펼쳐지는 일은 정말 대단한 것이었다. 거기에는 그 사이에 역사적인 원숭이가 되어 버린 침팬지 플로가 새끼 한 놈과 조금 큰 누나 침팬지들을 데리고 앉아 있었다. 그 옆에는 다 자란 수놈 두 마리가 있었다. 그 중 하나가 슬그머니 나무 위로 올라가 주위를 둘러보기만 했다. 그는 하얀 눈알을 가지고 있었기 때문에 그의 눈길이 어디로 가는지 알 수 있었다. 그는 정말 사람처럼 보였다. 인간의 눈과 흡사한 그의 눈알은 분명히 커뮤니케이션에 한몫 하기 위하여 발달된 것이다. 우리 인간은 눈을 통하여 극도로 세밀한 커뮤니케이션을 하며 눈의 운동을 통하여 목소리를 내지 않고도 멀리까지 의사를 전달할 수 있다. 이것은 사냥과 전쟁을 일삼던 인간에게는 매우 중요한 사건이었으며, 강력한 선택의 압력이 어느 정도 흰자위를 십분 활용하게 만든 것이다. 침팬지에게도 돌연변이가 나타나기는 하지만, 그야말로 드물다. 당시 나에게는 언젠가 한번 확산되었던 특징의 잔재가 아닐까, 아니면 개화되지는 않았지만 새로운 것으로의 발달이 시작된 것이 아닐까라는 의구심이 들기 시작했다. 나는 침팬지들에게서 가끔 흰 눈이 나타나는 것은 일종의 잠재현상의 발현으로 해석하고 싶다.

여러 해 전에 네덜란드의 동물학자인 아드리안 코르트란트는 숲침팬지와 사바나침팬지의 행동을 비교하여, 후자의 후손들이 숲침팬지에 비해 방어능력이 훨씬 뛰어나다는 것을 밝혀 냈다. 그들은 박제로 만들어진 침팬지를 위에서부터 아래로 정확히 가격하고 적에게 돌과 나뭇가지를 비교적 정확하게 던질 수 있었다. 숲침팬지들도 비슷한 행동을 보여 주기는 했지만 효율이 훨씬 떨어졌다. 코르트란트는 이것이 그들 조상들의 탁월했던 무기 사용의 잔재라는 테제를 내걸었다. 그 조상 원숭이들은 인간의 선조인 아우스트랄로피테쿠스와의 경쟁에서 밀려나서 사바나로부터 유인원화되기에는 적합하지 않은 공간인 숲으로 축출되었다는 것이다. 우리 조상은 사바나에서 인간을 결정하는 속성들을 발달시켰다는 것이다. 그들은 이 나무집단에서 저 나무집단으로 이동할 때 풀숲 위를 볼 수 있게 몸을 세웠으며, 한 손에는 무기로 쓸 막대기를 들고 상당한 양의 동물성 단백질을 확보할 수 있었다.

우리의 오두막 속으로 갑자기 털이 난 손이 들어왔기 때문에 깜짝 놀라서, 얼굴 앞에 있는 커튼 뒤로 물러앉다가 그만 커튼 뒤쪽을 찢어 먹고 말았다. 우리의 은폐는 실패로 끝났고, 아무런 방어도 하지 못한 채 수놈 침팬지와 얼굴을 맞대게 되었다. 우리가 그를 쳐다보자, 그도 우리를 신기하게 쳐다보았다. 그리고는 손등으로 나를 슬쩍 건드리면서 두어 번 밀고는 우리 옆에 조용히 앉았다. 그 밖에는 아무 일도 일어나지 않았으며, 다른 침팬지들도 우리에게 별 관심을 쏟지 않았다.

우리는 이제 하루 종일 자유롭게 다닐 수 있었으며, 한스는 인간과 유사한 패턴에 따라 진행되는 침팬지들의 안전확인 행위를 촬영하였다. 나는 새끼들을 데리고 있는 어미 침팬지들을 바라보았다. 어느 날엔가 반쯤 자란 침팬지 수놈이 손등으로 나를 두어 번 치면서 같이 놀 것을 요구하였다. 나는 침팬지의 손을 잡고서 이리저리 뛰어놀기 시작하였다. 그러나 그 놈은 힘이 아주 셌기 때문에 나는 좀 조심했다.

저녁 때 우리는 텐트에 모여 앉아 제인에게 로렌츠와 우리의 작업에 대하여 이야기하였으며, 내가 그곳에서 관찰한 것에 대하여 말하였다. 우리는 서로에게 중요한 자극을 많이 줄 수 있었다. 나는 독자적으로 그 침팬지들을 좀더 오래 관찰할 수 있기를 희망하였다. 이 희망은 나중에 이루어졌다.

그리고 나서 우리는 키고마에서 북쪽으로, 엘리자베스 호를 따라 우간다로 떠났다. 당시 콩고에는 유혈사태가 벌어지고 있었으며, 포르 롸얄 정부청사 앞에는 수많은 피난민들과 아이들을 데리고 있는 여인들이 간간이 앉아 있었다. 그 중 한 여자의 모습이 뇌리에 깊이 남아 있다. 그녀는 곧추앉아서 거의 움직이지 않은 채 아무 말도 하지 않았으나, 눈에서는 하염없이 눈물이 흘러내리고 있었다. 그녀가 남편을 잃었다는 것을 알았다.

우리는 우간다의 머치슨 공원을 거쳐서 계속 북쪽으로 갔으며, 사람이 거의 살지 않는 사바나를 통과하여 서쪽으로 갔다. 텐트를 가지고 있었던 우리는 여관에 묵을 필요가 없었다. 한번은 심한 비로 곤욕을 치렀다. 오후 늦게나 돼서야 해가 다시 떴는데 텐트를 걷었을 때 여전히 축축하였다. 나는 젖은 나뭇가지를 모아서 주머니칼로 작게 쪼개 작은 피라미드를 쌓아서 모닥불을 지폈다. 주위를 살펴보니 커다란 기린이 호기심 어린 얼굴로 나를 쳐다보고 있었다. 그런 경험은 전무후무한 것이었다. 그 기린은 좀 놀랐던지 뒤로 물러섰다. 이 기간 동안에 동물들과 별다른 문제는 없었다. 다만 늘 모기에게 지독히도 깨물렸다. 다음 날 아침에는 텐트 주위에서 사자 발자국을 발견하였다. 그 지역의 사정에 정통한 사람이, 사자는 원래 텐트 출입구를 열어 놓거나 팔이나 다리, 또는 머리가 텐트 밖으로 나와 있지 않는 한, 텐트 안에 들어 있는 사람을 끌어 내 공격하지는 않는다고 안심시켜 주었다. 하지만 그 거대한 고양이가 우리를 방문한 사실에 겁이 났던 것은 사실이다.

아콜리 영역을 지나서 카라모조의 영역에 들어섰다. 인적이 없는 땅을 몇 시간이나 차를 타고 간 후에야 벌목된 나무로 만들어진 방벽에 도달하였는데, 그것은 분명히 방어용 원형 울타리였다. 그쪽으로 다가가다가 그만 자동차 바퀴 하나가 개미핥기 굴에 빠지고 말았다. 그 차를 어떻게 꺼낼까 고민하고 있는데, 몇 명의 모험심 있는 사람들이 우리 쪽으로 왔다. 그 남자들은 우리보다 덩치가 컸으며 벌거벗은 상태였다. 물론 몇몇은 어깨에 걸치는 정도의 옷을 입고 있었다. 그들의 머리장식이 눈에 띄었다. 부분적으로 붉게 채색된 그것은 안쪽으로 타조 깃털을 장식으로 꽂고 진흙으로 된 두건 모양의 장식이었다. 그들은 나무 몽둥이와 끝이 쇠로 된 창으로 무장하였다. 몇몇은 발판 모양의 물건을 가지고 있었는데, 모두가 각각 다른 모양이었다. 나중에야 그것이 습기를 방지하는 물건이라는 것을 알게 되었다. 그들은 멋있는 머리장식을 망가뜨리지 않으려고 그 물건을 베고 잠을 잔다. 보기에 썩 아름답지는 않았다.

어쨌든 경찰의 통제가 전혀 미치지 않는 통제구역에 도착한 것이다. 그러나 남자들은 친근하게 관심을 보여 주었다. 몇몇 여자들도 우리 쪽으로 접근하였다. 그 여자들도 당당한 모습이었다. 그들은 가죽으로

1964년 카라모조에 도착했을 때 우리 차가 개미핥기 굴에 빠졌다. 한스 하스와 운전기사 그리고 카라모조 원주민들이 근심스런 표정으로 바라보고 있다.

된 앞치마 정도만 입고 있었으며 상체에는 검은색 기름을 번지르르하게 발랐다. 몇몇 여자들은 목에는 유리알로 된 두꺼운 목걸이로, 큰 금속관 같은 것으로 귀를 치장하였다. 많은 여자들은 아랫입술에 입술못을 끼었다. 우리는 그것을 촬영하였고 아름다운 목 받침대 몇 개를 받았다. 그리고 카라모조 족이 돌아가자 우리에게 저녁 식사가 준비되었다.

동이 트자 손뼉치는 소리와 황소들이 울부짖는 듯한 소리가 뒤섞인 낮은 음정의 이상한 노래가 들렸다. 소리나는 쪽으로 가보자 그들은 이상한 놀이를 하고 있었다. 여자들과 남자들이 원을 그리면서 손뼉을 치고 노래를 부르고 있었으며, 그 원 가운데에서 누가 점프를 하고 있었다. 그것을 녹음해서 방목장으로 돌아갔다. 우리는 춤을 추는 사람들에게 친절하게 목례를 하였지만, 그들은 자신들의 의식에 푹 빠져 있었기 때문에 우리에게 신경쓰지 않았다. 그래서 우리는 조심스럽게 물러났다. 노래와 소리지르기는 격앙되어 가더니 급기야는 격렬한 절규로 돌변하였다. 나중에 발견한 사실에 따르자면, 여자들은 이 춤에서 일종의 엑스터시 상태로 접어들면서 격렬한 목소리로 남자들을 응원하는 것이었다. 우리는 좀 두려웠다. 혹시 이 사람들이 우리를 공격하기로 작정한 것은 아닐까?

우리는 텐트를 떠나서 근처에 있는 벼랑의 바위 사이에 몸을 숨겼다. 그들의 울부짖음과 노래는 계속되었으나 적대적인 행동으로 볼 만한 별다른 징후가 없었기 때문에, 잠시 후 텐트로 살며시 기어 돌아왔다. 다음 날 아침이 되자 카라모조 마을은 곧 우호적이고 만족스러운 상태로 되돌아왔다. 한스는 그들에게 물고기와 잠수부들의 사진이 들어 있는 자기 책 중의 하나를 보여 주었다. 우리는 기호를 통해서만 소통할 수 있었지만 그래도 꽤 잘되는 편이었다. 이제 우리는 원형 주거지 안에까지 들어가서 촬영할 수도 있었다.

카라모조 족이 소에서 피를 짜내는 모습이 인상 깊었다. 우유 말고도 그들의 중요한 식량 중의 하나는 바로 소의 피였다. 그들은 소의 목 주위에 살짝 잡아당기면 목 혈관을 끄집어낼 수 있게 만든 고리를 매단다. 그리고 자그마한 화살을 혈관에 쏜다. 그렇게 해서 쭉 빠져 나오는 피를 나무그릇에 받아 낸다. 충분히 받았으면 고리를 느슨히 놓고, 그러면 소는 몸을 두어 번 흔들다가 아무 일 없었다는 듯이 얌전해진다. 피는 끓이지 않고 우유와 섞어서 마신다.

우리는 남쪽으로 방향을 틀어 투르카나 지역에 들어섰다. 그 지역의 원주민들은 카라모조와 마찬가지로 나일 토하미트에 속했으며, 그들과 마찬가지로 호전적인 유목민들이었다. 그들 중 몇몇은 낙타도 소유하고 있었다. 그러나 머리장식, 의복치장 및 무기는 카라모조와 달랐다. 예를 들면, 남자들은 가느다란 장대로 된 긴 투창을 들고 다녔다.

당시에 그 지역은 건기가 너무 심해서 그들은 기아에 허덕이고 있었다. 그래서 로루구무에서는 영국 식민정부가 식량을 배급하고 있었다. 많은 여자들이 일종의 비상식량인 야자수의 두꺼운 껍질을 돌로 빻고 있었다. 여기저기에서 소음이 들렸다. 사람들은 대부분 병들었으며 젖먹이를 데리고 있는 어머니의 젖도 말라 있었다. 그들을 도울 수 없다는 사실이 너무 고통스러웠다.

또 다른 나일 강 부족 중의 하나인 삼부루 족을 만나서는 춤추는 모습을 촬영하였다. 그리고 전세 비행기를 타고 로돌프 호수의 동쪽 어귀의 엘모로를 방문하였는데, 그곳에는 염소 몇 마리를 키우기는 하지만 주로 물고기 낚시와 악어 사냥으로 먹고 사는 적은 수의 고립된 부족이 살고 있었다.

나이로비에서 끝난 이 거대한 여행에서, 우리는 기술적인 것 외에 특히 인간들과의 경험을 수집하였다. 일정한 얼굴표정을 야기하는 실험도 종종 하였다. 보통은 내가 악역을 맡았다. 나는 한스가 예쁘장한 아가씨가 당황하는 모습을 촬영할 수 있도록 그녀에게 미소를 지으며 말을 걸어야 했다. 거기에는 나의 당황스러움까지도 촬영되었을 것이다. 처음에는 심한 수줍음을 극복해야 했다.

언젠가 카라모조와 아름다운 목 받침대를 흥정하고 있었다. 그때 한스는 원주민 남자의 화난 얼굴을 찍을 수 있도록, 나보고 그 남자를 약올리라고 하였다. 사실 그런 일은 하기 싫었다. 그 원주민은 일단 은화 네 개를 원했다. 그러면 나는 세 개를 말했고, 그가 세 개 반을 원하면 두 개를 제시하였다. 그런 식으로 그가 제시하는 것보다 하나씩 낮게 제시하였다. 결국 그는 입의 근육을 실룩거리면서 화를 내기 시작했다. 그가 몽둥이를 움켜쥐는 것을 알아차렸다.

나이로비로 되돌아와서 우리는 그곳으로 마중나온 우리 아내들을 데리고 왔다. 우리는 아내들에게 자연공원과 우리가 하는 일을 보여 주려고 하였다. 일단 남쪽으로 가장 가까운 마사이 족의 부락으로 갔다. 그리고 땅바닥에 깔린 대수롭지 않게 보이는 메마른 원형 덤불 앞에 멈추어 섰다. 우리는 그것이 야간에는 일종의 출입문 역할을 한다는 사실을 알지 못했다. 여자와 남자 그리고 아이들이 우리 쪽으로 친근한 얼굴로 다가왔다. 그러나 전사 한 명만은 우리에게 적대적인 것 같았다. 한스가 랜드로버 지프의 지붕에 카메라 삼각대를 설치하자 그가 설치하지 말라고 말하였다. 한스는 그에게 그 지역의 전체 조망을 촬영하고 싶다고 설명해 주었다. 그 젊은 남자는 영어도 약간 하였으나, 전혀 도움이 안 되었다.

우리는 그들이 화가 나는 것을 원하지 않았기 때문에, 그런 상황에서 기꺼이 포기하고 삼각대를 철수할 수도 있었다. 그러나 이번에는 우리의 심리적인 상황이 좀 특별한 것이었다. 아내들이 반사경을 통해서 작업하면 문제가 없을 거라고 설명해 주었다. 한스도 그런 식으로 촬영하자고 주장하였다. 그때 마사이 청년이 삼각대를 붙잡고서 차에서 내동댕이치려고 했기 때문에 나는 주저하지 않고 달려 나가서 그 난폭한 친구가 카메라를 쥐기 전에 그의 손을 쳐버렸다. 솔직히 고백하는 건데, 그는 황당해하면서 뒤로 한 발짝 물러섰다. 그리고는 나를 향하여 몽둥이를 휘둘러 댔다. 그 몽둥이가 나의 넓적다리에 맞고 부러져 버렸다. 그러자 더욱 화가 난 그 전사는 급기야 단도를 꺼내고 말았다. 칼 빼는 소리는 정말로 기분 나쁜 소리였다! 그러나 다른 사람들이 우리 사이를 창으로 막고는 그 전사를 쫓아 버리고 그에게 정황을 다시 설명해 주었다.

나중에 안 사실이지만, 그 남자는 술이 좀 취해 있었고 우리가 부락입구의 덤불을 차로 뭉갰기 때문에 그랬다는 것이다. 우리는 카메라를 철거하였고 여인들과 아이들에게 사탕을 나누어 주었다. 그 에피소드는 우리에게 시사하는 바가 많았다. 우리가 비록 행태학자들이기는 하지만, 예부터 내려오는 반응의 규칙을 지키지 못했음을 보여 주었기 때문이다. 그때 우리는 스스로 '체면지키기'의 함정에 빠졌던 것이다. 우리는 — 무의식적으로 — 아내들 앞에서 망신당하지 않으려고 양보하지 않았던 것이다. 물론 부질없는 짓이었다. 왜냐하면 아내들은 우리가 양보하는 게 더 이성적인 대안이라고 생각했을 것이기 때문이다.

우리는 아프리카 여행에서 고속과 저속으로 촬영한 훌륭한 자료들을 수집하였다. 이제 그것을 다른 지역에서 찍은 필름들로 보충하려고 했다. 그래서 다음 해에는 세계여행을 하기로 하였다. 그 여행은 브라질의 리우데자네이루에서 벌어진 카니발로부터 시작하였다. 그 다음 기착지들은 페루의 도시 쿠즈코, 멕시코시티, 캘리포니아, 하와이, 도쿄, 교토, 홍콩과 발리로 이어졌다.

아프리카에서의 경험을 토대로 이번에는 준비를 단단히 하였다. 예를 들면, 당황과 같은 단순한 반응을 어떻게 야기할 수 있는지를 알았다. 그래서 땅콩 같은 것이 들어 있는 깡통 장난감 등 여러 가지를 준비했다. 그 장난감은 뚜껑을 열면 고무로 만들어진 뱀이 용수철처럼 튕겨나오는 것이었다. 이에 대한 반응은 공통적이었다. 사람들은 깜짝 놀라면서 잠시 황당하게 쳐다보고는, 다시 화끈하게 웃거나 곤란한 표정을 짓는 식이었다. 이것은 흥미를 끌었다. 왜냐하면 나는 '피실험자' 곁에서 가짜 깡통을 열어 주는 임무를 맡았기 때문이다. 그런 일을 하려면 좀 뻔뻔해져야 했다.

뿐만 아니라 우리는 일상행동으로부터 여러 가지 사회적인 상호작용을 촬영하려고 하였다. 아이를 데리고 있는 페루의 어느 어머니, 디즈니랜드와 하와이에 들른 관광객, 발리 섬의 가족생활 및 그 밖의 많은 것을 촬영하였다. 끝으로 우리는 일본의 전통극 가부키에서, 사전에 준비한 안면표정의 목록을 얻게 되었다. 이때 그 표정은 특정한 상황에 투입되어야 한다. 예를 들면, 전투에서 패하여 적장에게 굴복하는 장수의 얼굴, 아버지나 그의 아들의 얼굴은 특정한 표정을 통하여 표현된다. 그래서 우리는 분노와 슬픔, 기쁨과 질투 등의 상황과 관련된 표현을 수집하였다. 그 표정들은 매우 엄격하게 의식화되어 있으며, 보편적인 흉내패턴의 일정한 요소들은 과장되어 있었고, 어떤 것들은 억제되어 있었다.* 예를 들어서 분노의 경우에는, 연기자는 송곳니가 보일 정도로 입의 근육을 벌린다. 그렇게 해서 더욱 많은 분노의 주름살이 생겨나며, 이런 상태가 격앙되면 안면근육이 경련을 일으키기 시작한다. 배우의 표정은 극적인 방식으로 자기통제의 상실을 상징하며, 생생한 감정표출을 위하여 종종 실제로 그의 얼굴을 때리기도 한다. 여자 역할을 맡은 연기자**는 질투를 표현하기 위하여 손수건을 입으로 지그시 깨물며 머리를 좌우로 흔들어 댄다. 그것은 공격성을 유발하는 흥미있는 유형화된 전형이다.

이 여행의 정점은 발리 섬이었다. 1965년에는 인도네시아 대통령 수카르노의 반서방 선동 때문에, 그곳으로 가는 마땅한 교통편이 없었다. 물론 당시에는 오늘날 우리가 단체관광이라고 부를 만한 것도 없었다. 오늘날 해변가에 줄 지어 선 호텔들도 당시에는 없었고, 사누어 해안에 있는 바다의 신 바루나의 사원은 바다를 시원하게 내려다볼 수 있는 위치에 있었다. 사누어에는 기가 막히게 지어진 작은 방갈로들이 있었다. 사람들은 친절했으며 적은 수의 방문객들에게도 우호적이었다. 그것은 마을에 난 길거리의 삶에서도 잘 보였다. 오늘날에는 자동차가 모든 도로에 가득 차 있다. 사원의 축제와 길거리의 제물, 유랑극

---

* 이것은 가부키뿐만 아니라, 분라쿠(인형극)나 노에서도 장르별로 다양하게 전형화되어 있다.

** 가부키의 배우는 모조리 남자이다. 즉 여자 역할도 남자가 맡는다. 이와 비슷한 정황을 가지고 있는 중국의 경극 영화 〈패왕별희〉에 나오는 장국영을 생각하면 된다.

단의 배우들이 많았다. 우리는 이 다채로운 일상생활을 촬영하였고, 오래 된 목각공예품과 당시에 엄청나게 많이 팔리던 — 그 사이에 유명해진 — 튜코스의 목각상을 수집하였다. 칼로 깎아서 금박을 입힌 작은 목각상자, 다양한 우상과 신의 모습, 아이의 침대맡에 걸어 두는 날개 달린 사자와 수호신의 모습들이 매력적이었다.

나는 특히 오래 된 문화층에 연관되어 있는 집과 정원 및 밭의 액운을 쫓는 기능을 하는 목각상에 감격하였다. 그 목각상들은 부분적으로는 음란한 몸짓과 제스처로 인간의 건강과 행운 및 재산을 위협하는 악령을 나타내었다. 우리는 오래 된 교회나 지구의 다른 많은 지역에서도 이와 흡사한 몸짓을 나타내는 조각을 볼 수 있었다. 그것들은 다같이 위협적인 얼굴이었으며, 종종 엉덩이나 남근을 내보이는 것들도 볼 수 있었는데, 이미 비(非)유인원들에게서도 볼 수 있었던 우월감의 제스처였다. 바다사자 무리는 무엇을 먹을 때, 특히 수놈 몇 마리는 늘 등을 바닥에 대고 드러누워 멋진 색깔의 생식기를 드러내곤 하였다. 그것은 그 집단과 이질적인 바다사자들에 대한 일종의 협박이다. 우월감의 위협으로서의 성적인 표현은 포유류에서는 공통적이다.[64]

독일로 돌아오면서 낭패를 보았다. 덴파사르에서 자카르타로 가는 짧은 비행에서, 발리 섬에서 찍은 필름을 몽땅 분실하고 말았다. 한스 하스는 소포의 주소를 오스트리아로 적어야 하는데 실수로 그만 오스트레일리아(호주)로 적어 버린 것이다. 당시에 인도네시아 인들은 호주와 별로 사이가 좋지 않았기 때문에 찾을 도리가 없었다. 그 생각만 하면 아직도 약이 오른다. 13회분의 텔레비전 시리즈를 위한 충분한 자료를 찍어 놓았기에 망정이지 정말 큰일날 뻔했다. 우리는 무엇보다도 문화비교적인 다큐멘터리 프로그램을 구축하는 데 중요한 경험들을 수집할 수 있었다.[65]

어둠과 정적 속에서 살아가는 아이들

인류행태학을 위한 여정의 중요한 중간역은 농맹아에 대한 연구였다. 나는 일정한 기간 동안 그 아이들을 연구하려고 하였다. 맹아인 동시에 농아로 태어난 아이는 우리가 도저히 상상할 수 없는 어둠과 정적 속에서 살아간다. 이 아이들은 이웃을 볼 수도, 그들의 목소리를 들을 수도 없다. 사회적인 모델을 지각하는 가장 중요한 경로인 시각과 청각이 없는 것이다. 그 어떤 혹독한 조건의 동물실험도 자연의 실수로 태어난 농맹아들보다 가혹하지는 않다.

인간에게도 종족사적인 예비 프로그램이 증명될 수 있는가에 대한 연구에서, 나는 그 아이들이 어떻게 행동하는가 체험해 보기로 하였다. 인간이 일단 학습을 통하여 모든 능력과 속성에 도달하기 위하여 이 세상에 백지상태로 태어난다는 환경이론가들의 가정이 맞는다면, 이 농맹아의 행동은 그런 장애가 없이 자라는 아이들과 판이해야 마땅할 것이다.

나는 하노버의 농맹아 연구소에서 여섯 살짜리 소녀를 알게 되었다. 사비네라는 이 소녀는 그 밖에는 어떤 심각한 정신적인 장애가 없는 아이였다. 그녀는 어머니와 좋은 관계를 가지면서 접촉하고 놀기를 좋아하는 활달한 아이였다. 그녀는 혼자 있게 되면 주변환경을 이리저리 탐색한다. 예를 들면, 그녀가 가장 좋아하는 장난감인 타고 다닐 수 있는 바퀴 달린 테이블을 찾고는 했다. 나는 사비네가 놀 때의 행동과 사람들과 만나는 행동을 촬영했으며, 그 결과 이 아이도 다른 아이들과 똑같이 행동한다는 것을 확인할 수 있었다.[66] 어머니가 사비네와 놀아 주면 웃고, 어머니가 그녀를 어디로 옮겨 앉히면 그녀는 화를 내거나 조바심을 내며 울기도 하였다. 어머니나 보모가 그녀를

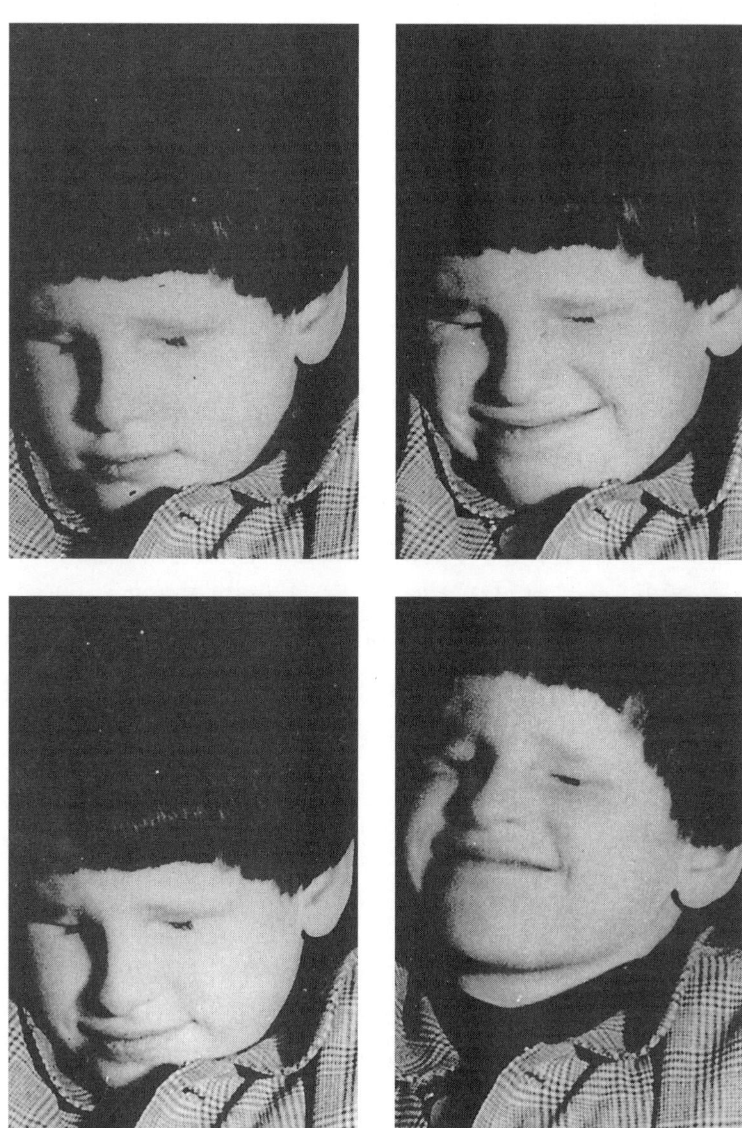

농맹아로 태어난 소녀가 미소를 짓고 있다. 이 아이는 영원한 암흑과 적막 속에서 성장했지만, 인간 안면 운동의 정상적인 레퍼토리를 구사할 수 있다.

쓰다듬어 주면 환하게 웃었다. 좋아하는 것을 입에다 대주면 코로 냄새를 맡으며 눈을 감고 그쪽으로 향했다. 그러나 싫어하는 것을 대주면, 극단적으로 부정적인 반응을 보였다. 그녀는 거북을 싫어했다. 그래서 땅거북을 주면 머리를 흔들면서 거절하는 듯한 동작으로 손을 휘젓고는 했다. 그녀에게 원하지 않는 것을 강요하면 심지어 화를 내는 경우도 있었다. 그러면 발을 구르며 뒤로 몸을 뻗쳐서 머리를 뒤로 젖힌 채 이를 악물었다. 종종 분노를 표시하기 위하여 자신의 손을 깨물기도 하였다.

사비네는 일정한 감정을 동반하는 이 모든 본질적인 표현운동을 보여 주었다. 나아가 이미 알고 있는 사람과, 후각을 쓰거나 손을 만져 봐야 식별할 수 있는 낯선 사람을 분명히 구별하였다. 알고 있는 사람인 경우에는 접촉과 정향의 반응을 보이는 반면, 낯선 사람일 경우에는 소극적이 되고, 그 낯선 사람이 접촉하려고 하면 몸을 움츠렸다.

사비네의 안면근육은 우리에게 익숙한 패턴에 따라 조화를 이룬다. 이를테면 그녀는 웃음이나 울음, 미소와 소침함 또는 거절을 뚜렷하게 표현할 수 있었다. 그것은 결코 당연한 것이 아니다. 왜냐하면 인간의 흉내 동작에서는 근육을 불규칙하게 수축해서 다양한 강도와 복합적으로 나타낼 수 있는 스무 가지 이상의 다양한 표정이 가능하기 때문이다. 우리라면 얼굴을 찡그리고 지각할 상황에서, 귀여운 사비네는 얼굴을 찡그리지 않았다. 그녀는 일정한 감정을 동반하는 안면운동에 대한 지식을 환경의 사회적인 모델로부터 습득할 수 없었기 때문에, 종족사적인 적응은 선천적일 수밖에 없었다.

한편 사비네가 어머니의 얼굴을 손으로 더듬어서 배웠을 것이라는 반박이 제기되었다. 이론적으로는 그럴 수 있겠지만, 손으로 만진 것을 자기 자신의 안면운동에 적용하려면 매우 특별한 학습 기초성향이 요구될 것이다. 나는 후에 하이델베르크에서 콘테르간(수면제) 부작용으로 농맹아로 태어난 기형아를 촬영하였다. 기형으로 인한 짧은 손으로 다른 사람의 얼굴을 만질 수 없었던 그 또한 미소짓고 웃으며 울 수 있었다. 어머니가 특정한 대답을 선호하는 반응을 통해서, 사비네의 특정한 행동방식이 형성됐을 수도 있다. 그러나 그렇게 하려면 그런 행동방식은 처음부터 인식 가능한 행동패턴으로 출현해야 했다. 그렇다면 그것은 이미 존재하는 패턴을 강화하는 것이다.

농맹아의 교육능력에 대해서는 거의 연구되지 않고 있다. 시청각적인 경험을 축적할 수 없다면, 아무리 노력해도 인간의 몇 가지 두뇌기능은 분명히 쇠퇴한다. 더욱이 농맹아들은 대부분 두뇌의 손상이 심하다.

이와 달리 한두 살경에 농아가 된 아동은 두뇌를 발달시킬 수 있는 기회가 있다. 1880년 6월 22일 출생하여 두 살 때 눈과 귀가 멀었던 헬렌 켈러는 애니 설리반 매시 선생님의 도움으로 말과 글을 깨쳤다. 그녀는 공부를 하였으며, 놀랍게도 자서전까지 썼다. 헬렌 켈러는 그 책에서 자신이 장애아 교육자로 커나가기까지, 정적과 암흑의 감옥에서 벗어나려고 얼마나 처절하게 노력했는지 적어 놓고 있다. 이를 위해서 그녀는 손가락을 손바닥 위에 놓고 표시할 수 있는 촉각 코드를 고안하였다. 물론 오늘날에는 효과적인 점자가 개발되었다. 농맹아들에게는 사과나 공을 손에 쥐어 주면서 '사과' 또는 '공'을 나타내는 철자를 하나하나씩 점자로 써주는 식으로 학습시킨다.

어린 농맹아 소녀의 체험을 잘 보여 주는 감동적인 스위스 영화가 있다. 영화에서 그 소녀가 손으로 주의 깊게 '소리를 듣고', 드디어 기호와 대상 사이의 의미관계를 파악했을 때 기쁜 나머지 공중으로 펄쩍 뛰는 모습이 나온다. 일단 커뮤니케이션의 물꼬가 터지면, 그 아이들은 엄청난 욕구를 가지고 언어와 자기표현을 빠르게 배워 나갈 수 있다.

점자 알파벳을 이해하게 되면, 초창기의 농아와 맹아들에게는 우리의 추측보다 훨씬 많은 감관의 가능성이 있다는 것을 알게 된다. 뇌막염 후유증으로 인해 생후 18개월에 농맹아가 된 하랄트는 열 살 때, 어떤 상황에서는 좀 비양심적인 것으로 해석할 수밖에 없는 행동을 했다. 누가 약속을 지키지 않거나 — 좀 드물기는 했지만 — 그의 소망이 이루어지지 않으면 화를 냈다. 여선생님을 좋아했던 그는 언젠가 그녀와 함께 차로 드라이브 가기를 원하였다. 그러나 그의 희망이 이루어지지 않자 화가 난 하랄트는 발작을 해서 선생님을 깨물고 그녀의 재킷을 찢었다. 그리고 조용히 자리에 앉더니만 엄지손가락을 쭉쭉 빨았다. 좀 시간이 지나자 그는 다시 접촉을 원하며, 대화하고 싶을 때면 으레 그러듯이 손을 내밀었다. 그런 식으로 그는 화해의 의지도 표현하였고, 상대방이 그것에 반응할 때에만 긴장을 풀었다.

그가 다시 한 번 선생님을 깨물었을 때였다. 그 다음 날 아침 우연히 그는 그녀의 팔에 난 상처를 느끼게 되었다. 그때까지 잘 놀고 웃었던 하랄트는 갑자기 노는 것을 중지하고, 그녀의 상처를 어루만지며 "베에" 하는 것이었다. 그것은 분명히 질문을 의도한 것이었으며, 그는 슬픈 듯이 천천히 움직였다. 여선생님이 "누가 이렇게 깨물었지"라고 물어 보자, 하랄트는 "나"라고 대답했다. 그녀가 그곳을 만지게 해주면서 "내일이면 괜찮아질 거야"라고 말하자, 안심한 그는 그제서야 다시 잘 놀았다.

그 다음 몇 해 동안 하이델베르크와 타이완에서 여러 상황에 처한 농맹아들을 촬영하였으며, 맹아로 태어난 아이들도 연구하기 시작하였다. 나의 관심은 이 처절한 자연의 실험을 평가하는 가운데 인간에게 나타나는 종족사적인 적응을 입증하는 데 있었다. 당시에 이미 막스 플랑크 재단에 나 자신의 인류행태학 연구소를 설립할 구상을 하고 있었으며, 이 연구가 기초 프로젝트가 될 것으로 생각하였다. 농맹아로 태어난 아이들의 행동으로부터 많은 것을 배웠다. 그러나 나를 더욱 감동시킨 것은 그들의 운명이었다. 또한 이 장애자들의 삶에 가치를 불어넣어 주기 위한 보호자들과 교사들의 노력에 너무도 큰 감동을 받았다.

뉴기니에서의 첫 연구

1967년, 나는 한스 하스와 함께 「인류행태학의 새로운 길」[67]이라는 논문을 썼다. 거기에서 우리의 촬영기법, 거울촬영법 및 시간조절 등을 소개하였고, 당시에는 기초자료가 거의 없었기 때문에 전통적인 문화에서 일상행동을 채록하는 것이 얼마나 중요한지를 강조하였다. 뿐만 아니라 원시부족의 문화가 현대 문명과 접촉하면서 급속히 사멸하고 있기 때문에, 그것을 온전히 채록할 시간이 얼마 남지 않았음을 강력히 지적하였다.

나는 새로운 일을 떠맡기에 적절한 40대로 접어들고 있었다. 나 혼자 어떻게 그 어려운 상황에서 채록작업을 계속할 것인지 고민하였다. 나는 뉴기니에서 새로운 행운을 시도하기로 결심하였다. 앞에 말한 카메라는 물론이고 고속촬영을 위한 보조장비와 삼각대 그리고 30미터짜리 필름통들을 넉넉히 짐 속에 꾸려 넣었다. 오늘날 기준으로 보자면 보잘것 없는 장비였다. 그것은 별로 무겁지 않았다. 그러나 그 카메라의 심각한 단점은 몇 미터를 촬영하고 나면 태엽을 다시 돌려야 한다는 것이다. 따라서 나는 저속촬영에서만 행동의 진행과정을 포착할 수 있었으며, 고속촬영이나 정상속도 촬영에서는 몇 분만 지나도 화면

이 중단되곤 했다. 흥미있는 사건이 끝나기도 전에 카메라가 멈추면 화가 날 수밖에 없었다. 카메라 셔터를 눌러야 할 적절한 타이밍을 잡는 것도 어려운 일이었다. 그래서 종종 미세하고 의도적인 운동을 식별하고 관찰하며 이해하는 데 실패하곤 했다.

여행 목적지로 가는 길에는 황홀한 발리 섬이 있었다. 나는 그곳에 잠시 체류하기로 하였다. 뉴기니에서의 작업을 마친 후에 호주의 인류학자인 데릭 프리맨이 나를 초대한 사모아를 방문할 작정이었다. 나는 그가 호수 목장을 방문한 이후로 알게 되었다.

발리까지는 화가인 클리치가 동행했는데, 그는 인상적인 사람이었다. 오늘날에는 그를 이른바 비엔나 학파의 낭만주의자라고 부른다. 나는 그가 예술가로서 이 섬과 예술성이 풍부한 부족에 대한 자기의 인상을 어떻게 연구할 것인지에 관심을 가졌다. 발리에서는 그림을 그리고 음악을 하며 조각도 하였다. 주민들은 서로 장식하며 꽃으로 주변을 치장하고, 야자잎으로 귀신과 신들을 위한 마법의 제물을 엮어내었다. 그래서 그 사람들의 예술적인 표현을 나의 문화비교학적인 틀 안에서 연구하려고 하였다.

나는 악마를 쫓는 목상에 대한 정보를 수집해 많은 것을 배울 수 있었다. 발리 섬에서의 짧은 체류 기간 동안에는 저속촬영을 통하여 무엇보다도 인간의 흉내내기와 — 나중에 눈인사로 설명하겠지만 — 인사할 때 빠르게 움직이는 눈썹운동을 연구하기로 하였다. 특히 나의 관심을 끈 것은 이렇게도 저렇게도 하지 못하는 안절부절 못하는 표현이었다. 당시에 해변에서는 많은 여점원들이 날염한 직물, 목각품이나 조개목걸이 등을 팔았다. 그녀들은 정말로 우호적이고 쾌활했다. 그들에게 환호를 하면서 칭찬을 해주면 안절부절 못하는 매혹적인 모습을 볼 수 있었다.

사업에 소질이 있고 건전한 자의식을 가지고 있는 페터 클리치는 여자들의 안절부절을 해결하는 전문가였다. 그는 스케치를 많이 하였다. 나는 당시에 그로부터 아주 아름다운 유화 두 점을 얻었다. 나는 그를 발리 섬의 미술사에서 큰 역할을 하였고, 우리와도 접촉이 있어 왔던 한 스넬에게 소개해 주었다.

당시 호주령 뉴기니 군도에 정부 조사단이 처음 방문했을 때 1967개나 되는 신석기 문화의 부족이 살고 있었다. 그 전에 나는 호주의 민족학자들에게 동부 산지의 쿠쿠쿠쿠 지역을 여행하는 데 필요한 자문을 구하였다. 교회 비행기를 타고 라에에서 멘얌마로 날아갔다. 그곳에서 장교 하나가 나를 쿠아푸라림에 있는 선교 본부로 데려갔다. 사람들은 불과 7개월 전에야 군인들과 접촉하기 시작한 이쿰디 부락을 추천하였다. 나를 안내하고 짐을 날라다 줄 교회에서 교육시킨 두 명의 쿠쿠쿠쿠 부족을 소개받았다. 그들은 셔츠와 바지를 입고 있었으며, 그 중 하나는 영어도 곧잘 하였다.

이 첫 탐사는 생생하게 기억난다. 그들에게 하루면 목적지에 도달할 수 있느냐고 물었더니 정중하게 그렇다고 하였다. 그래서 이 편안한 안내자들을 따라 안심하고 떠났다. 골짜기를 지나고 산을 넘어서 행군을 했으며, 미끄럽고 가파른 진흙길로 걸어갔다. 그리고 높은 지대의 건조한 초원을 지나서 갈 때에는 몸에 있는 모든 땀구멍에서 비오듯 땀이 나왔다. 얼마를 가서 나는 앞에 솟아 있는 저 산등성이 뒤에 목적지 부락이 있는지 물어 보았다. 그 둘은 "예, 맞아요"라고 대답하였다. 그러나 우리가 가장 높은 능선에 도달하자, 그 둘은 "아니에요, 이번이 아니라 다음 번 등성인데요"라고 말하는 것이다.

여덟 시간이 지나서야 우리는 작은 부락에 도착하였는데, 그곳은 뾰족한 판자로 울타리를 엮어 풀로 덮어 놓은 둥그런 원형 부락이었다. 그들은 이쿰디 족이 아니라 나의 짐꾼이 속했던 히아팅글리 족이었다. 그 안내인들이 자기네 고향 부족을 한 번 만나기 위하여 안내의 기회를 이용한 것이 이해되었기 때문에 나는 안내인이 영어로 이제 이쿰디가 별로 멀지 않다고 다시 너스레를 떨 때에도 화내지 않았다. 순찰대장교가 나를 위해 예약한 여관에서 밤을 지냈다. 짐꾼들에게 비상식량을 팔려고 아이들과 노인들이 들이닥쳤다. 밖에는 비가 내렸고 사람들은 린덴나무 껍데기로 만들어진 거적을 입고 있었다. 그것은 나무판 위에 나무껍데기를 놓고 돌망치로 두들겨 만든 것이다. 남자들은 두꺼운 풀치마를 두르고 있었으며, 코코닛 껍데기로 만든 띠로 이마를 장식하고 있었다. 그리고 목 둘레에는 진주조개를 얇게 저며서 만든 초승달 모양의 장식으로 치장하고 있었다. 왼쪽 어깨 위와 오른팔 아래로는 난초로, 가슴 위로는 카우리 목걸이를 걸고 있었다. 여자들도 마찬가지로 유리알 목걸이와 나무껍데기 치마를 걸치고 있었다.

그날 밤 나는 행군의 피로를 풀어 다음 날 아침에 제 시간에 잘 일어날 수 있었다 목적지가 가깝다는 말에 다시 기분이 좋아졌다. 나는 얼마나 많은 산비탈을 오르내리며 미끄러지고 젖었는지 잘 모르겠다. 우리가 기어올랐던 산줄기, 절벽 그리고 바위들이 다 축축했었다. 커다란 지류에서는 땅거머리와의 첫번째 불쾌한 만남을 가지게 되었다. 우리가 목적지에 도달할 때까지는 무려 여덟 시간이나 더 걸렸다. 나는 중간에 얼마나 갈지도 모르는 이 행군이 도대체 무슨 의미가 있는지 후회하기도 하였다.

나는 자그마한 이쿰디 마을에 거의 무릎으로 기어들어갔으며, 정부 순찰대가 우리를 위하여 두 달 전에 만들어 둔 오두막에 들어갔다. 그 곳은 최소한 축축하지는 않았다. 그러나 기둥 위에 세워진 그 구조물 바닥에는 대나무를 쪼개어 깔아 놓았고 대나무 사이사이로 풀이 삐죽삐죽 솟아 있었다. 몸은 완전히 기진맥진했다. 따끈한 인스턴트 커피를 곁들인 깡통 콘 비프 하나를 비우고 나자 좀 나아졌다. 짐꾼들에게 새끼 돼지 한 마리를 사주었더니, 그 다음부터 피진 잉글리시로 나를 사랑한다고 말했다.

다음 날 아침 몸은 얼어붙었으나 일어날 수는 있었다. 옷은 완전히 젖었고 더러워져 있었다. 그러나 해가 쩽쩽했고 외부 세계와의 접촉이라고는 두 번밖에 없었다는 이 마을 속에 있다는 사실에 감격하였다. 그들을 첫번째로 방문했던 정부군은 총격을 당했는데, 그런 일이 있고 난 후 그들은 가지고 있던 무기를 다 모았다. 다섯 달 후에 정부 순찰대가 우호적인 관계를 맺으려고 다시 나타남으로써 내가 그 덕을 본 것이었다.

아름답고 작은 마을을 자유롭게 다니면서, 마을의 수호신으로 기능하는, 사망자들이 침상 위에 안치된 정원을 관찰할 수 있었다. 인사하는 행동에 대한 관찰을 수집하고, 다양한 표현운동을 촬영하였다. 이 쿰디 부락에서 5일간 머물렀다. 그리고 이 무지막지한 행군의 마지막 단계에 들어서는 동안, 다시는 뉴기니의 험한 산지를 밟지 않겠다고 맹세하였다. 그러나 그 일에 대한 기쁨은 날로 커져 갔으며, 내가 계획한 채록 프로그램의 범위 내에서 뉴기니 산지에 사는 사람들을 장기적으로 연구하기로 마음먹었다. 이때 그 사람들의 비언어적인 행동이나 흉내 제스처를 촬영하고, 그들이 어떻게 생각하며 무엇에 대하여 이야기하고 어떻게 같이 살아가는지 알고 싶었다.

쿠아프라림으로의 귀환은 히아팅글리를 지나는 우회로로 가지 않았기 때문에 아홉 시간밖에 안 걸렸다. 우리는 여러 거주지를 통과하여 왔는데, 그때마다 주민들은 손을 잡으며 맞아 주었다. 나의 발은 신발을 겨우 신을 수 있을 정도로 부어올랐는데, 그대로 방치한 것이 큰 실수였다. 나는 심한 구두충에 감염되었는데, 무려 2년이나 지나서야 그것을 알게 되었다.

나는 어떤 특정한 그룹을 결정하기 전에 또 다른 그룹을 사귀고자 하였다. 그 다음에 방문하려고 했던 부족은 보이타프민이었으나, 날씨가 나빠 비행기는 타리에 내려야 했다. 나는 얼굴에 특이한 그림을 그리고 꽃이 꽂혀 있는 머리칼로 만든 가발을 쓰고 있는 훌리 족을 알게 되었다. 그곳에서 아주 아름다운 눈인사를 필름에 담았다. 나는 오사프민으로부터 밤을 지낼 디바나로 갔고, 거기에서 비민으로 가는 고된 행군을 계속하였다. 그 길에는 수직으로 솟은 암벽이 있었다. 사다리로 쓰일 나무 세 그루가 엮어져 있었는데, 흔들흔들거리는 게 영 불안하였다.

보이타프민 족 남자들은 음경보호대를 차고 있었으며, 코에 걸친 장식품이 눈에 띄었다. 몇몇 남자들은 콧날개에 동물의 발톱을, 다른 이는 날개뼈를 그리고 비격막에는 수퇘지 이빨을 꿰고 있었다. 여기에서도 다양한 안면표현 동작, 특히 난처함의 표정을 촬영할 수 있었다.

다음 목적지는 서사모아의 우폴루 섬이었다. 그곳의 사아나푸에서 데릭 프리맨이 나를 맞이하였다. 그는 사모아 전통가옥인 팔레에서 아내와 함께 살고 있었다. 그 집은 지붕을 떠받치는 나무기둥을 꽂는 화산석 주춧돌로 만들어져 있었다. 기둥들 사이에는 코코아 나뭇잎으로 짜서 만든 매트가 깔려 있었다. 넓은 프리맨의 집에서 편안히 묵을 수 있었다. 그들은 나에게 간단하게 매트의 한 자락을 떼어 주었다.

나는 여기에서 미국의 유명한 인류학자인 마가렛 미드의 책에서 읽은 폴리네시아 문화와 접촉하게 되었다. 물론 그 책을 읽었다고 최상의 준비를 했다고 할 수는 없다. 데릭 프리맨은 나에게, 마가렛 미드의 설명 중에 맞지 않는 사실이 있다는 걸 보여 주었는데, 나 자신도 그것을 직접 관찰하였다. 미드는 사모아에서는 아이들을 한꺼번에 키우기 때문에 어머니와 아이의 관계가 퇴보한다고 설명했다. 그런데 나는 첫날부터 고기를 잡으러 가는 어머니를 따라가려고 발버둥치는 아이를 그 아이의 누이들이 어떻게 붙잡는지 볼 수 있었다. 조금 후에는 하얀 수의를 입고 관 속에 누워 있는 딸을 위하여 어머니가 온밤을 어떻게 슬퍼하는지를 목격하였다. 다른 가족과 마을의 친지들이 그녀와 함께 관을 지키면서, 네 줄로 된 폴리네시아식 기타 우쿠렐레 반주로 슬픔에 잠긴 어머니를 위로하는 노래를 불러 주었다.

마가렛 미드는 폴리네시아 문화를 피상적으로만 본 것이다. 그런 전통사회 속의 아이들은 풍부한 사회적 관계망 속에 짜여 들어가 있다. 그들은 남녀노소를 불문하고 놀이하는 친구들을 가지며, 일상생활에서 늘 접촉하는 많은 아저씨와 아주머니 그리고 그 밖의 많은 사람들과 관계를 맺고 있다. 어머니와 아버지에 대한 관계는 각별히 중요하다. 예를 들면, 아이들은 무엇보다도 어머니에게 위안받는다.

마가렛 미드는 이상적인 공동체를 염두에 두고 사모아에 왔고, 그것을 이 섬에서 찾으려고 하였다. 그 사회란 어떤 선호적인 관계도 없는 평등하고 친화력 있는 평화로운 공동체이어야 한다는 것이다. 그녀의 설명에 따르면, 사모아 공동체에서는 전사들이 중요한 자리를 차지한 적이 없고, 용기가 중요한 덕이 되어 본 적이 없기 때문에 전쟁은 중요하지 않다고 했다. 그러나 최고 수장의 명칭으로서 말리에 토아(용감한 전사)라는 말이 모든 동전에 새겨진 것으로 보아, 그녀의 관찰은 틀린 것 같다. 전설에 따르면, 통가 인들은 약 700년 전에 하와이, 우폴루 그리고 투툴리아 섬에 정복자로서 정착했다는 것이다. 그러나 사모아 인들은 합심하여 봉기했고 점령자들을 쫓아 버렸다. 그 전설에 따르면, 후퇴하는 통가 족의 추장이 사모아 인의 용맹함을 인정하면서 떠나는 노래를 한 수 지었다고 한다.[68]

용감한 전사들이여,
그대들은 용감히 싸웠노라.
나는 전쟁을 하려고,
사모아에 다시 오지는 않으리.

하지만 여행을 하러
반드시 돌아오리라.

사모아 인들은 평등과는 거리가 멀다. 추장들 사이에도 위계질서가
있으며 카바의 껍질을 건네 주거나, 손님이 오면 어떻게 앉는가 등 모
든 것이 서열에 따라 결정된다. 사모아에는 유럽식 낭만이나 사랑이
없다는 마가렛 미드의 주장은 정말로 역겹기까지 하다. 데릭 프리맨은
질투와 상사병으로 인한 살인과 자살에 대한 수많은 자료를 가지고 있
으며, 그의 자료와 다른 자료들을 통하여 사모아 인들이 강력한 터부
를 통하여 그들의 성행위를 통제하며, 결코 난교(亂交)를 하지 않는다
는 것을 알았다. 사아나푸의 아름다운 해변을 거닐 때면, 내 뒤에는 늘
웃음을 짓는 어린 아가씨들이 졸졸 따라왔다. 그들은 나와 즐겨 이야
기를 하고 그들이 말할 수 있는 영어 문장을 말해 보면서 내가 대답해
주면 까르르 웃고는 하였다. 나는 그 아가씨들의 난처함과 교태에 관
한 풍부한 반응을 촬영할 수 있었다. 그러나 아가씨들의 교태는 그들
자신을 남자들에게 헤프게 허락한다는 것을 의미하지는 않았다.

오늘날 사모아 인들은 기독교도가 되었다. 여러 교단이 그들에게 영
혼의 치료를 약속했기 때문에, 마을에서는 여러 교파의 교회들을 발견
할 수 있었다. 일요일에는 트럼펫을 동반한 4성부 합창이 울려퍼졌다.
선교와 더불어 유럽식 의상도 같이 들어왔다. 일요일이 되면 여자들은
화사한 옷을 입고, 남자들은 인공섬유로 만든 치마를 두르고 아이들은
깨끗이 씻은 머리에 부용꽃을 꽂고 있었다.

데릭은 나에게 사바이 섬을 구경시켜 주었다. 추장에 준하는 대우를
받으며 존경받고 있던 그는 마을을 두루 알고 있었다. 내가 그의 친척
인 줄 알았는지 나에게도 존경을 표하였다. 그 마을에서 우리는 남자
들 집회소의 명예석을 제공받았으며, 후추나무에서 추출한 음료인 카

바를 마셨다. 그리고 바나나잎에 싸서 살짝 익힌 물고기와 야채를 주었다. 익숙하지 않은 자세인 다리를 꼬고 앉는 것이 좀 힘들었다. 카바맛은 별다를 게 없었지만, 음식은 기막히게 맛있었다.

데릭은 마가렛 미드가 선입관과 피상성으로 사모아를 절취단장하여 묘사하고 평가한 것을 강하게 비난하였다. 나도 사실을 통해서 잘 알았다. 그러나 어떤 이데올로기를 위하여 다른 민족에 대한 지식을 잘못 묘사하거나 왜곡하는 경험을 반복하게 된 몇 년 후에야, 그가 도덕적인 이유에서 왜 그렇게 분개했는지 제대로 이해할 수 있었다.

당시에 우리는 데스먼드 모리스의 『벌거벗은 원숭이』에 대해서 이야기를 하였다. 데릭은 그 책에서 인간은 더이상 벌거벗은 원숭이가 아니라는 지나치게 단순화된 생물학적 표상이 제시되었다고 했다. 나는 「슈피겔」지에 기고한 그 책의 서평 '벌거벗은 그러나 머리가 위에 달린 원숭이'에서, 모리스가 인간의 머리를 간과한 것 같다고 썼다. 그것은 농담으로 한 소리가 아니었다. 왜냐하면 나는 모리스가 독자들을 감동시키고 인간행동의 맥락에 주의를 끌게 하려고 일종의 충격적인 전략을 썼다는 것을 알았기 때문이다. 당시에는 인간에 관한 거의 모든 학문에서 소박한 환경이론이 판을 치고 있었기 때문에, 이런 형태의 현학적인 글쓰기가 득세하고 있었다. 그래서 어느 정도까지는 상당수의 정치가들, 특히 미국 정치가들의 사교와 행동에 꽤 영향을 주었다. 이와 달리 러시아에서는 그 사이에 그릇된 가설들을 과감히 버리는 것을 배우기 시작하였다.

1968년, 나는 지금까지 작업한 필름을 평가하는 작업에 들어갔고, 무엇보다도 눈인사에 대한 논문을 썼다.[69] 그래서 일전에 계획하였던 문화비교 다큐멘터리 프로그램을 구축하려고 하였다. 나는 전통적으로 살면서 다양한 경제구조를 유지하며, 다양한 지역에 살면서 다양한 인종으로 이루어진 문화를 장기적으로 연구하고 싶었다. 연구의 범위는 구석기시대의 수렵인과 채집인으로부터 신석기시대의 농경인과 목축인을 거쳐서 비서구지역의 농경문화에 이르기까지 광범위하게 잡았다.

1967년 괴테 문화원은 나에게, 베네수엘라의 오리노코 강 유역의 와이카라고도 불리는 야노마미 인디언을 연구하는 여행 경비를 대주었다. 대신에 이 여행을 떠나기 전과 끝낸 후에 강연을 하는 조건이었다. 그 전해에 나는 야노마미 지역에 탐사를 갔었던 뮌헨에 사는 잉가 슈타인포르트 괴츠에게 물어 본 적이 있다. 그녀는 나의 계획에 전적으로 동감하면서 나를 기꺼이 도와 주겠다고 하였다. 그녀는 몇 년 동안 나의 연구를 헌신적으로 도와 주었다. 나중에는 기꺼이 1차 야노마미 탐사를 안내해 주겠다고 한 그녀의 딸 엘케도 알게 되었다. 그녀 어머니의 자가용 비행기를 타고 오카나 쪽의 선교 본부로 날아갔다. 거기에는 야노마미를 잘 알고, 고맙게도 그들에 대한 많은 정보를 제공해 준 루이지 코코 신부가 살고 있었다.

우리는 처음부터 그 지역 부락의 추장의 초대를 받는 행운을 누렸으며, 그래서 시파리오테리에서 열리는 야자수 축제에 같이 가기로 하였다. 통나무배 하나에 엘케와 나, 추장과 그의 아내, 그의 두 아들이 타고 갔는데, 그 중의 하나는 아직도 젖먹이였다. 약 10명의 가족이 각자 그들의 보트에 타고서 우리의 뒤를 따라왔다. 오카모로 떠나는 자체가 이미 경이로운 체험이었다. 엄마는 작은아들에게 젖을 먹이면서 이따금씩 그 아이를 보트 언저리에 앉히곤 했다. 그러면 그 아이는 용변을 보았다. 그러는 사이에 엄마는 아이를 얼르고 달래면서 종종 고추를 빨아 주었다. 아빠도 마찬가지였다. 나중에 확인한 사실이지만, 야노마미 족의 고추 빨아주기는 엄마와 아빠가 젖먹이를 돌보아 주는 일상적인 애정 표현방식이었다. 큰아들도 아빠에게 그렇게 해달라고 했으나, 젖먹이 동생을 때렸기 때문에 엄마는 몹시 화를 내었다. 큰아

야노마미 부족(하수피웨테리)의 젊은 여인이 쾌활한 놀이를 통하여 무엇인가를 설명하려 하고 있다.

들은 그것이 영 마음에 들지 않았던 모양이다. 큰아들은 몹시 기분이 상한 얼굴로 동생에게서 물러섰다.

몇 시간이 지나서 기슭에 있는 야적장에 도착하였고, 동이 틀 때까지 야영하였다. 추장의 동행자들이 우리를 위하여 숲속에 자그마한 불을 지펴 주었고, 나무 사이에 걸침대를 하나 펴주었으며, 비를 피할 정도의 자그마한 지붕을 하나씩 만들어 주었다. 그들은 바나나와 훈연한 원숭이 고기를 주었는데, 매우 딱딱하였다. 엘케는 과감하게 몇 번 먹어 보았다. 특별히 나에게는 별미라는 원숭이 손을 주었다. 그것은 검은색이기는 했지만 사람의 손 같았다. 나는 정중하게 받아 살짝 베어서 살점을 조금만 뜯고는 다른 사람들에게 권했다. 모닥불가에서 자기의 걸침대에 누워서 먹었으며, 남자들은 아내들의 이를 잡아 주었다.

그들은 예쁘장한 이 한 마리를 찾았는지 아내에게 주면서 먹으라고 하였다. 젖먹이들은 아주 귀여웠으며, 중년 남자가 엘케를 돌보아 주었다. 그는 눈으로 접촉을 하면서 웃었는데, 그럴 때면 늘 눈썹을 재빨리 움직였다. 간간이 혀도 내밀었다. 다음 날 아침 우리는 7시쯤 기상해서, 오카모 강 옆을 따라서 세 시간 가량 더 갔다. 그리고 배를 기슭에 묶어 두고 숲속을 걸어가기 시작하였다.

잠시 후 초청자측의 사절이 우리 쪽으로 왔다. 남자들은 깃털로 장식하였고 그림을 그렸으며, 우리 쪽 추장과 그쪽 '환영위원회'의 한 남자가 거의 노래에 가까운 둘만의 대화를 시작하였다. 그 대화는 아주 빠른 속도로 이어졌다. 나중에 나는 이 의례화된 접촉의 노래를 많이 녹음하였으며, 지난 몇 년간 우리 팀 조교에게 번역을 시켜 보았다. 우리는 이런 식으로 환영을 받았다. 그러나 축제 준비가 아직 안 되었기 때문에 조금 기다리라는 요청을 받았다.

그 다음 날 아침 우리는 8시쯤에 일어났으며, 한 시간 반쯤 걸어가서 마을 앞 광장에 도착하였다. 거기에는 바나나잎으로 만들어진 바구니 안에 훈연한 새 요리와 삶은 야자수와 바나나가 준비되어 있었다. 식사를 마치고 나자, 우리의 동행자들은 몸을 씻었다. 그리고는 다시 몸에 그림을 그리면서 치장을 하였다. 나는 엘케와 함께 미리 마을로 들어갔는데, 거기에서 방문자들이 들어왔을 때의 반응을 체험하였다.

그 행사는 우리 쪽 추장이 자기의 아들과 함께 광장에서 원을 그리며 춤을 추는 것으로 시작하였다. 추장은 마치 전쟁을 하는 것처럼 활과 화살을 당기며 춤을 추었고, 단호한 얼굴표정을 하면서 발로 땅을 내리찍었다. 그는 이 행동을 우호적인 호소력을 가지는 위협행동과 연결시켰다. 그의 아들은 아버지 옆에서 춤을 추면서 총채 같은 것을 흔들어 댔다. 공격적인 자기표현과 그것을 진정시키는 신호로 어우러진 동작은 야노마미 족의 환영의 춤이 벌어지는 모든 축제에서 볼 수 있었다. 나는 그 춤의 다양한 변이형태를 관찰하였다. 예를 들면, 아이들 대신에 젊은 여인들이 야자 총채를 흔들면서 춤을 추거나, 전쟁의 몸짓을 하는 사람이 춤을 추고, 그 뒤에 무기를 들지 않은 전사가 손에 푸른 나뭇잎을 들고 따라가는 식이었다.

그러나 환영식의 상황을 특징짓는 쌍방간의 호소는 늘 공통적이었다. 당시에 나는 외국의 국빈이 오면 우리도 군사 퍼레이드를 거창하게 벌이는 것을 볼 때, 그들과 근본적으로 다를 게 없다고 생각하였다. 이 같은 군사적인 자기과시와 더불어 화동이 꽃을 하나 건네 주면서 우호적인 정감이 표시된다.

나에게는 춤을 같이 추는 것이 가장 중요한 체험이었다. 나는 행동의 보편소란 모든 문화에 공통적인 것, 예를 들면 흉내내는 행동방식에만 있는 것이 아니라 인간들 대부분이 유사하게 행동한다는 사실을 분명히 알게 되었다. 이때 인간의 행동은 보편타당한 규칙을 따른다. 우리 인간들은 춤과 축포 또는 장엄한 연설이나 굳건한 악수 등은 강력한 것으로 간주하며, 춤을 같이 추는 아이들, 미소, 친절한 연설이나 선물주기 등을 통해서 우호적인 감정을 전달할 수 있다. 여기에 상이한 연원을 가지는 많은 행동방식들 ── 그것이 각인된 것이든 선천적인 것이든 ── 이 출현할 수 있다. 인사의례의 현상형식은 달라질 수 있지만, 그것의 토대에 놓인 기본규칙은 변하지 않은 채로 있다.

그것은 중요한 인식이었으며, 인간의 상호작용에서 나타나는 질서를 간파할 수 있는 단서였다. 이로써 나는 언어적 행동과 비언어적 행동 사이의 연결고리를 착상하게 되었고, 보편적인 상호작용의 기본전략이 존재한다는 것을 의식하였다.

전세계의 모든 인간은 특정한 상황에서 동일한 원리에 따라 행동한다. 그 행동이 대부분 자동적으로 진행되는 아이들은, 여러 문화에서 그야말로 똑같이 반응하였다. 이와 달리 성인들은 종종 그들의 행위를 상응하는 규칙에 따라 언어로 옮긴다. 그들에게서는 언어적인 상투어구가 비언어적으로 표상된 유발자극을 대체하며, 행위의 기술이 행위의 비언어적인 진행과정을 대체한다.

공격성을 예방하기 위하여 널리 알려진 전략은 접촉중단이라는 위협이다. 모욕을 당한 아이는 자기의 놀이상대에게서 얼굴을 돌리며, 눈썹을 내리까는 동작으로 그 친구와의 시선을 피한다. 그리고 냉담하게 어깨를 들썩이며 친구관계를 끊자는 확실한 신호를 보낸다. 그러면 보통 공격한 아이가 그에 상응하여 자기의 행동을 중지하고, 제3자를 통하여 화해를 모색한다.

접촉중단의 위협이 매우 강력하다는 사실은 쉽게 짐작할 수 있다. 인간 역사의 대부분의 시기에서 우리의 선조들은 작은 공동체로 존재해 왔다. 다른 사람들과의 관계는 일종의 사회보장제도이며, 그 공동체에서 축출되면 그것은 거의 사형선고나 다름없었다. 우리가 사회적인 결합을 소중한 유산으로 존중하며 열성적으로 방어하고, 없어지지 않도록 애쓴다는 것은 이해되는 일이다. 아이가 비언어적인 행동으로 분명히 나타내고자 하는 것을, 나이가 좀더 든 청소년들이나 어른들은 모든 문화에서 언어로 번역한다 : "너하고 더이상 안 놀아! 난 자네와는 더이상 말하지 않겠어." 이제 인간의 사회적 행동의 보편문법을 연구하는 길이 열린 것이다.

추장 뒤에는 다른 춤꾼들이 따라갔는데, 그 중에는 몇 명의 여자들과 아이들도 있었다. 그들은 종종 즉석에서 춤을 추거나 짧은 행으로 된 노래를 불렀다. 우리가 나중에 연구를 통하여 밝혀 낸 바에 따르면, '프라이'라고 불리는 이 노래들에서는 우호적이면서도 자기 자신을 표출하는 호소가 중요하다. "나는 용감해! 나는 용감해!"라고 한 사람이 부르면, 다른 사람은 "나는 배고파, 네 고기가 먹고 싶어!"라고 화답한다. 그야말로 끔찍한 살육의 쾌락이다. 끝을 맺는 손님들의 원무가 끝나면, 방문객들이 각 가족에게 할당된다. 쉬기 위하여 각자 걸침대를 폈는데, 그것 또한 독특한 자기표출 행위였다. 많은 사람들이 자기 얼굴의 아래쪽 반을 손으로 가리는 모습을 보며 방문자들은 눈을 휘둥그레 뜨고 당황해하였다. 도대체 이 우호적인 만남의 상황에서 왜 그토록 거북하고 공격적인 자기표현을 보여 주는 것일까? 우리는 인간의 서열투쟁을 생각하면서 그에 대한 해답을 찾을 수 있었다.

우리는 우월관계를 만들기 위하여 동료의 약점을 잘 지각한다. 그것에 대항하려면 어쩔 수 없이 스스로를 능력 있고 강하며 확실한 존재로 부각시키고, 공개석상에서는 어떤 약점도 내보이지 않으면서 체면을 지키려고 한다. 우리가 우호적인 접촉을 시도하려면, 이미 말한 바처럼 자기표현을 우호적인 호소와 결부시키는 것이다. 그렇게 해서 우리는 동등한 토대 위에서 만날 수 있게 된다. 물론 애시당초 비대칭적인 관계가 지배하는 만남의 상황도 있다. 예를 들어서 서열이 낮은 자가 서열이 높은 자를 방문했을 때는 복종하는 태도를 나타낸다.

다음 날 아침 일찍 야자수 축제는 끝이 났다. 그 축제는 연달아 이어지는 세 부분으로 나뉜다. 처음에는 춤을 추면서 시작하는 개막 의식과 인사, 그리고 손님들을 그들이 묵을 가족에게 분배하는 의식으로 진행된다. 그리고는 집단은 물론 개인 차원에서도 집중적인 상호작용의 단계가 이어진다. 그리고 형식화된 작별로 끝을 맺는다. 상호작용의 단계에서는 손님과 주인이 죽은 자들을 함께 추모한다. 남자와 여자들은 앉아서 울며, 죽은 자의 뼈가루를 바나나즙에 섞어 마신다. 우리도 제례화된 축제에서는 고인들을 추모한다. 손님의 배정 또한 야노마미의 행사와 유사하였다. 나무껍데기로 만든 커다란 함지에 담긴 뜨거운 바바나 수프가 제공되었는데, 손님들은 그것을 작은 호리박으로 퍼먹었다.

추모식에는 남자와 여자들이 같이 참여하는 반면에, 다른 필수적인 의식은 성인 남자들에게만 허용되었다. 또한 에체나라는 약물을 흡입하는 것도 남자들에게만 허용되었다. 그 약물은 리아나 칡나무의 껍질과 알카로이드 성분을 가지고 있는 아카시아 종류의 나무 열매에서 추출한 것으로서, 짧은 파이프에 넣고 코로 번갈아 흡입하였다. 이 가루는 환각 상태를 야기하며, 남자들은 그런 상태에서 힘이 세지고 적군에게 보내는 악령을 지배하며, 미래에 대한 예지력도 얻을 수 있다고 믿었다. 나중에 우리는 그들이 에체나를 흡입한 상태에서 무슨 노래를 부르고 말했는지 녹화하였다. 무엇보다도 공통적인 유산은 적을 향한 공격과 관련해 언어화된 것이었다.

이른바 그러한 연대는 접촉의 노래를 통해서도 맺어진다. 그들은 축제가 있을 때만 관찰할 수 있는 '히모우'라는 노래를 하루 종일 부른다. 이때 노래가 불러지는 집의 지붕 아래에 있는 특정한 상대방을 향해야 한다. 그러면 둘은 서로 약속을 하고는 선물을 요구한다. 그리고 지나간 행동에 대해 비판한다. 상대방이 전쟁에 대하여 말하면, 발신자도 상대방을 초대하겠노라고 말한다. 밤에 불러지는 '와야모우'에서는 거래나 축제, 결혼관계와 연맹이 맺어지는 것이 보통이다. 그런데 이때에는 발신자도 특정한 사람을 향하는 것이 아니라, 그 부락공동체 전체를 향하여 노래를 부른다.

다음 날 아침에 우리는 선물을 받았다. 선물바구니 안에는 야자 열매와 바나나 그리고 훈연한 야생동물의 고기가 들어 있었다. 그곳을 떠나기 직전에 집단적인 히모우가 있었다. 그러자 남자들은 마을 광장 바닥에 짝을 지어 앉아서 서로 껴안으며 친교의 노래를 반복하였다. 그들은 이때 서로 강한 손짓을 하면서, 몇몇은 상대방의 등을 손바닥으로 때렸다.[70]

야자수 축제는 그 탐사에서 가장 멋있는 일이었다. 그 후로 우리는 각자 카누를 타고 오리노코 강 상류의 다른 부락을 방문하였다. 그 원주민의 세력은 거의 쇠퇴했지만, 여전히 정부의 통제가 미치지 않는 원시림 속에 사는 인디오 무리였다. 거주구역은 인상적이었다. 야노마미 족의 부락은 비스듬한 지붕으로 된 원형 벤치와 그 둘레를 에워싼 커다란 광장으로 되어 있었다. 각 가족은 공동 건축된 지붕의 한쪽에 살고 있다. 그곳의 기둥 사이에 걸침대를 걸어 놓았다. 바닥에는 자그마한 모닥불이 있었으며, 어느 곳에서나 부락공동체 전체를 볼 수 있었다. 말하자면 거주자들의 가족생활은 서로에게 공개되는 것이다. 남자와 여자들은 일상생활을 하고 있었는데, 우리 기준으로 보면, 거의 벌거벗고 다녔다. 여자들은 상징적인 의미만 가지는, 허리에 맨 가느다란 줄에 포를 걸친 정도였다. 그 밖에 그들은 장식품을 달았고 몸에 다양한 무늬를 그려 넣었다. 끈이 없다면 벌거벗은 거나 다름없었다.

내가 한번은 몇몇 여자들의 옷가지와 진주를 바꾸자고 하자 그 여자들은 부끄러워하면서 주었다. 그녀들은 자기들의 걸침대로 재빨리 되돌아가서 다시 새 끈으로 치마를 허리에 맸다. 그 전처럼. 남자들은 그들의 음경 포피를 붙잡아 두는 새끼줄을 매달고 다녔는데, 그래야 예절이 바른 것으로 간주되었다.

이 시기에 프랑스의 인류학자인 자크 리조도 우리가 탐사했던 그 지역에서 연구를 하였다. 나는 데릭 프리맨과 좋은 경험을 했기 때문에, 당연히 자크와도 대화를 나누려고 하였다. 그러나 그는 나의 요청을 거절하였고, 나는 처음으로 영역을 다투는 동료와 마주치게 되었다. 사실 이런 비우호적인 행동은 의외였다. 왜냐하면 내가 아는 대부분의 민족학자들은 늘 협조적이고 매력적인 대화상대였기 때문이다.

야노마미 족은 정이 많은 사람들이다. 그들은 호기심이 많았으며, 가끔 진주를 달라고 하거나 그 밖의 진귀한 것을 요구할 때는 좀 귀찮았지만, 우리는 그들을 사진 찍었고 그들의 풍속을 연구했다. 그들이라고 우리의 것을 연구하지 말란 법이 있는가?

이리마에테리 부족과 있을 때 체험한 에피소드가 생생하게 기억난다. 당시에 그 마을은 선교사들이 오가지 않는 상태였다. 오더라도 남자들만 왔다갔을 뿐이다. 그들에게 이방인 여자라고는 엘케가 처음이었다. 그들에게는 그녀의 옷과 금발머리가 신기했기 때문에 그녀를 정확히 알려고 하였다. 그래서 그녀의 아름다운 머리카락을 몇 개 뽑기도 하고 그녀가 입고 있던 블라우스의 단추를 풀려고 했다. 또 다른 젊은 여자 하나는 그녀에게 친교를 나타내기 위하여 입술과 코를 엘케의 뺨에 연신 부벼 대었고, 이빨로 그녀를 가볍게 물다가 벌린 입으로 강하게 키스를 하였고 머리카락도 뽑았다. 엘케에게는 미안하지만 좀 참으라고 하고 그 장면을 재빨리 촬영하였다.

야노마미 족은 대부분 다혈질이며 위험한 부족이라고 간주되어 왔다. 그들이 호전적인 것은 사실이지만, 그렇다고 그들의 영역에 들어서기만 하면 화살에 벌집이 된다는 것은 낭설이다. 우리가 중립적으로만 행동하면 그들과 별다른 갈등을 겪지 않으며 아무 일 없이 그들의 땅을 걸어다닐 수 있다. 마을에 좀 오래 체류하면서 젊은애들이 내 물건을 가져가게 하는 실험을 통해 그들의 공격성을 체험하였다. 나는 그 다음부터 감정이 격앙되는 것을 방지하기 위하여 경계선을 확실히 그어 놓아야 했다. 그것은 모든 야노마미 부족이 화해의 춤을 출 때처럼, 단호함과 우호적인 분위기를 잘 결합할 경우에만 성공한다. 그 점에 대해서는 나의 『어쩔 수 없는 유산』이라는 책에 자세히 설명해 놓았다.

야노마미 부족에 대한 탐사가 끝나자 나는 전세계의 여러 도시에 있는 괴테 문화원에서 수많은 강연회를 가졌다. 나는 강연 때마다 준비한 카메라를 가지고 갔으며, 내가 확인할 수 있었던 에피소드들이 새삼 기억나 기뻤다. 내가 받은 트로피들은 곧 인간행동의 다큐멘터리였다.

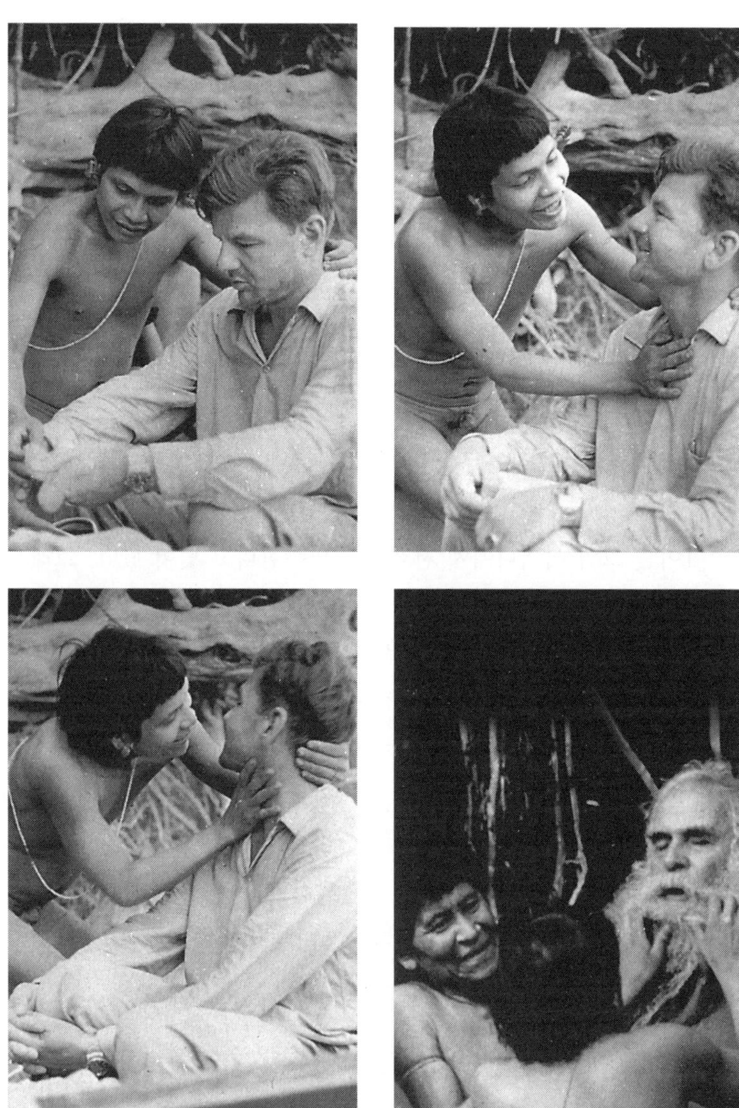

야노마미(하수피웨테리) 남자 하나가 나를 만지며 맞이하고 있다. 그리고 입과 코를 나의 뺨에 부빈다 (위 및 아래 왼쪽). 야노마미(사크리부데리) 남자가 둘리 파드레 루이지 코코의 수염을 만져 보고 있다. 우리는 이 마을을 방문한 첫번째 손님이었다(1970년).

다큐멘터리 프로그램

야노마미 탐사를 통하여 나는 문화비교 다큐멘테이션이라는 영역을 개척하기로 마음먹었다. 그래서 막스 플랑크 협회의 지원으로 그에 준하는 인류행태학 연구 프로그램을 만들려고 하였다. 물론 여건은 좋지 않았지만 연구할 분위기는 무르익어 있었다.

런던에서는 심리분석학자인 존 보울비가 생물학적 결속이론을 전개하였다. 그 이론의 핵심은 어머니와 아이가 일련의 종족사적인 적응을 통하여 서로를 조율한다는 것이다. 당시까지 사람들은 어머니가 아이에게 양분을 제공하고 보호를 통하여 편안한 느낌을 전달해 주기 때문에 아이는 그의 어머니에게 전적으로 의존한다고 믿어 왔다. 그래서 '사랑의 평면 가설'이라고 말했다. 물론 먹이를 줌으로써 결속이 강해지지만, 재미있게도 그것만이 유일한 전제조건은 아니다.

윌리엄 맥그루는 영국에서 아이들을 대상으로 하는 행태학적인 연구를 시작했으며, 미국에서도 비슷한 접근들이 시도되었다. 극도로 환경이론적인 자극-반응 심리학은, 반국회 반대당(APO)의 이데올로기들에게서 1967년 이래로 인기있는 지지자를 찾지 못했더라면, 아마 ── 진통을 겪으면서 ── 학계에서 사라져 버리고 말았을 것이다.

그 논란은 일단 콘라트 로렌츠의 책 『이른바 악이라는 것』에서부터 불붙기 시작하였다. 고무도장으로 찍은 듯이 늘 똑같이 반복되는 비난은 이런 것이었다. 로렌츠는 선천성을 지적하는 가운데 공격적 행동에 면죄부를 주고 있으며, 결국 나치의 범죄적인 광분도 묵인했다는 것이다. 뿐만 아니라 그러한 설명은 선천적인 것이란 우리 안에 확고하게 닻을 내리고 있기 때문에 파국적인 태도를 조장한다는 것이다. 그래서 사람들은 로렌츠가 과연 인간의 행동을 해석할 능력이 있는지를 의심

하였다. 그들의 말인즉, 물고기나 회색 거위의 관찰결과를 인간에게
유추, 적용시킬 수 없다는 것이다.

그러나 비판자들은 로렌츠가 의학을 공부하고 난 후에 실제적인 정
신과적 경험을 수집했다는 사실을 전혀 모르고 있었다. 뿐만 아니라
로렌츠가 동물에 대한 연구결과를 인간에게 그대로 적용한 것이 아니
라, 동물에 관한 연구과정에서 인간행동을 이해하는 데 유효한 것으로
입증된 작업가설을 발전시켰다는 것도 몰랐다.

공격성과 파국을 정당화한다는 비난에 관해서, 나는 오랫동안 로렌
츠의 비판자들이 그의 책을 읽지 않았거나 피상적으로 헛 읽었다고 생
각했다. 로렌츠는 그의 책에서, 오늘날의 사회에서 종 특유의 내재적
공격성이 인간의 가장 위험한 속성이라고 항상 강조해 왔다. 그러나
우리가 그 공격성을 숙명적인 것으로 보면 그런 속성을 자각할 수 없
고, 오로지 그 속성이 종족사적으로 어떻게 성장해 왔는지를 한발 떨
어져 연구할 때에만 제대로 자각할 수 있다고 말하였다. 일단 이런 현
상의 정상적인 기능을 파악하고 나서야, 그 현상의 병리적인 치료도
판정할 수 있을 것이다. 그렇다면 이것은 공격성을 효과적으로 통제할
수 있는 전제조건일 것이다.[71]

그러는 사이에 나는 상당수의 비판자들이 로렌츠의 견해를 왜곡하
기 위하여 그의 저작의 일정한 부분을 의도적으로 언급하지 않는다는
것을 분명히 알게 되었다. 지금도 여전히 그런 짓들을 한다. 예를 들
면, 요 그뢰벨과 로베르트 힌데가 편집한 공격성과 전쟁에 대한 책이
그러하다[72]. 그 책에서 로렌츠는 계속 공격받고 있는데, 패트릭 베이
트슨의 논문에는,[73] 공격성이란 학습에 의해서 영향받을 수 있다고 믿
지 않는 익명의 허수아비가 '순수한 본능이론가'로 내세워져 있다. 그
것은 날조이다. 나는 그 어떤 '순수한 본능이론가'도 알지 못한다. 뿐
만 아니라 나의 책에서,[74] 학습이란 공격적인 행동에 다양한 영향을

끼치며 전쟁은 문화발전의 결과일 거라고 지적한 바 있다. 그 책은 영
어로도 번역되었기 때문에 로렌츠 비판자들과 편집자인 로베르트 힌
데도 읽었으리라고 생각한다.

나는 이데올로기의 테제에 대하여 계몽으로 맞서려고 하였다. 나는
이것을 일단 1970년에 간행된 나의 책『사랑과 증오』에서 시도해 보았
다. 당시에 생물학자들은 짐승－인간 개념을 대변하면서, 인간에게 악
이란 선천적이며 인간에게는 어느 정도 짐승의 속성이 숨어 있다고 믿
었다. 그래서 나는 공격성에 대한 종족사적으로 발달된 프로그램이 우
리에게 내재할 뿐만 아니라, 결속을 강화하는 행동방식의 형태로 된
영향력이 풍부한 자연적인 상대자들도 있다는 것을 보여 주었다. 더욱
이 나는 종족사적으로 비교적 오래 되지 않은 이러한 일이, 새끼를 돌
보는 행동과 더불어 어떻게 탄생하는지 설명하였다.

나는 이미 갈라파고스 군도의 관찰로부터 파충류들(도마뱀)이 오로
지 우월과 복종만을 안다는 사실을 지적하였다. 일단 생물의 지속적인
발전을 통한 행동으로서 개체의 새끼돌보기가 완성되어야만 보호하는
행동방식이 나타날 수 있다. 그 행동방식은 새끼의 호소를 통하여 유
발된다. 새끼돌보기와 같이 동반되는 동기를 통하여, 진화는 성체들
사이의 결속에 기여할 수 있었던 예비적응을 창출하였다. 우리는 새와
포유동물의 과시행동에서 신호부여의 목적으로 완성되어 온, 보호하
는 행동방식과 유아적 호소를 보게 된다.

동물들의 행동에 대한 나의 지식은 나름대로의 논거를 만드는 데 도
움을 주었다. 그러는 사이에 나는 뚜렷한 유추현상을 증명할 수 있을
정도로 인간들과의 경험을 축적하였다. 예를 들면, 부드러움의 표현인
키스는 의례화된 키스를 통한 양분주기이며, 성인들의 한 옥타브 높은
소리로 아이들에게 향하는 유아언어는 연인들 사이에서도 자주 사용
된다. 양부모나 어머니 혼자 자녀들을 오랫동안 돌보아 주어야 할 경

우에는 개인적인 결속이 발달한다. 그런 결속이 집중적일 때 그것을 사랑이라고 부른다. 우리는 개인적인 새끼돌보기의 발달을 행동진화의 여명기로 간주할 수 있다. 왜냐하면 이런 새로운 통합적인 잠재력을 가지면서, 고등 척추동물은 사교적이면서도 협동적인, 공존의 완전히 새로운 가능성을 획득한다. 파충류의 생애를 각인하는 고통스런 행동의 지배는 점차 극복되었다. 그래서 내 책에서는 동물행태학과 인류행태학 사이의 연계가 이루어졌다. 그것은 행동상의 상동성과 기능상의 유사성을 발견하고자 할 때, 비교-관찰 방식이 얼마나 유용한지를 보여 준다.

이테올로기들과의 논쟁을 통하여 나는 1969년 당시에 뮌헨 소재 막스 플랑크 정신의학 연구소의 심리학자였던 마리오 폰 크라나하와 함께 공동으로 인류행태학 연구소 건립을 제안하는 건의서를 만들었다. 그 시안에 따르면, 연구소장으로 두 사람을 두되 크라나하는 발달심리학과 실험심리학을, 나는 문화비교적인 다큐멘테이션 프로그램을 담당하는 것이었다. 분과의 소장은 각각 네 명의 연구조교와 그에 필요한 기술인력을 지원받는다는 내용이다. 그러나 그 건의는 효력이 없었다.

당시 막스 플랑크 연구소는 지나치게 비대해져서 새로운 연구소의 설립에 더이상 관대하지 않았다. 더군다나 로렌츠 계열의 생물학적 행동연구는 1967년 이후로 기승을 떨쳤던 급진 좌파에게 맹렬히 공박받았다. 때문에 시대의 조류에 반하는 연구자를 지원하는 일은 불리한 것으로 간주되었다.

당시 좌파 정치 이데올로기에 따르면, 인간은 어느 모로 보나 쉽게 형성되고 조작될 수 있다는 것이며, 따라서 선천적인 기초성향의 존재를 주장한 사람은 거의 주목을 끌지 못하였다. 오늘날에도 상당수의 사람들이 그렇지만. 연구소에서도 콘라트 로렌츠와 위르겐 아쇼프를 지지했던 사람은 나뿐이었고, 다른 세 연구소장은 그 프로젝트에 적대적이었다.

한편, 막스 플랑크 재단은 내가 인류행태학 연구그룹을 만드는 것을 허용하였다. 나는 한 명의 연구조교와 여비서, 카메라 기술자와 두 명의 기술조교를 물색했다. 조교로는 젊은 언어학자 한 사람과 심리학자를 채용하였다. 민족학적인 연구는 당시까지 대부분 설문에 의존하였다. 이와 달리 나는 인간들이 상호간 어떻게 말하며, 아이들에게는 어떻게 말하고, 자발적으로 행동하는지 관찰하고 촬영하고자 하였다. 그런 일상현실의 언어적인 다큐멘터리는 인터뷰의 토대로 기여할 수 있을 것이다. 이런 식으로 나는 추후에도 연구할 수 있도록 사람들의 가치관과 상상력을 확인하고자 했다. 나는 질문으로 인해 영향받지 않는 자연스러운 다큐멘터리에서 출발하는 것이 불가피하다고 생각하였다. 이 방법은 상당한 성과가 있었다.

장기적인 연구 외에 가능하면 많은 다양한 문화의 표본조사도 계획하였다. 장기 연구를 위해서는 이미 두 민족을 선별하였다. 그 하나는 수렵과 채집 그리고 초기 수준의 농경을 시작하였던 야노마미였는데, 그들에게서의 작업조건은 이상적이었다. 다른 하나는 뉴기니의 신석기시대의 농경인들이었다. 하지만 1975년에 서뉴기니에서 에이포 부족을 알게 되기 전까지는, 어느 민족을 선택해야 할지 몰랐다. 구석기시대의 수렵 및 채집문화의 본보기로는 중앙아프리카 칼라하리 사막의 부시맨이 적합하다고 생각했다. 그들은 건조한 사바나에서 야생동물을 수렵하는 부족으로서, 그들의 터전은 유인원이 인간으로 발달해 가는 인간의 원초적인 생물계가 자리잡았던 곳이었다.

1970년 초 나는 두 번째로 야노마미를 방문하였다. 처음 20일 동안은 잉가 괴츠와 파드레 루이지 코초가 나와 동행하였다. 우리는 상부 오카모 강과 지류를 탐사했으며, 당시까지 전인미답이었던 아라토테리 족과 오토부테리 족을 방문하였다. 연이어 나는 혼자서 일주일 동안 와푸타웨테리 족과 함께 지냈다. 그 다음 몇 해 동안은 다른 문화에서와 마찬가지로 여기에서도 얼굴표정과 전형적으로 사회적인 상호작용을 고속촬영하여 자료를 수집하였다. 내 태엽 카메라는 녹화에 적합하지 않았기 때문에, 나중에 배터리로 구동되는 카메라로 촬영과 함께 동시녹음을 하기로 하였다. 당시에는 대부분 흑백으로 찍었는데, 그렇게 해서 생겨난 고속촬영 자료의 빠른 동작과정을 장면 하나하나 분석해 보니 중요한 것으로 입증되었다.

여름에 나는 부시맨에 대한 다큐멘터리 작업을 시작하였다. 이때 당시에 남아프리카의 요하네스버그에서 살고 있던 독일계 동물학자이자 민족학자인 한스 요아힘 하인츠의 도움이 결정적이었다.

나는 그에게 그가 몇 년 전부터 코 부시맨들에 대한 인류학 연구를 하면서 이 부족들과 최상의 관계를 맺어 왔다는 사실을 알고 있다고 편지를 썼다. 당시까지 나는 그를 동물행태학자로만 알고 있었을 뿐이다. 그는 몇 년 전에 머리가 없는 돌연변이 파리의 몸 청소 행동에 대한 흥미진진한 연구를 제시했었다. 대부분의 파리들은 무엇을 삼키고 나면 그들의 머리를 가슴에 숨긴다. 그러나 머리가 없는 곤충의 청소 행동 프로그램도 머리가 있는 정상적인 파리처럼 진행되었다. 그들은 앞다리로 존재하지도 않는 눈과 촉수를 더듬으면서, 허공에다 그 밖의 몸세척 운동을 계속 진행하고 있었다. 나중에 하인츠는 요하네스버그에 있는 비트바터스란트 대학에 기생충학 교수로 임용되었다.

1961년, 그는 이런 임무를 가지고서 가장 저명한 남아프리카의 인류학자 중의 한 명인 필립 토비아스와 함께 부시맨 탐사에 동행하였다. 그 후 그는 이 건조한 사바나에 사는 부시맨에게 매료되어 그들의 삶을 연구하기로 결심하였다. 그는 타캇스와네 근처에 살았던 코 부시맨의 작은 그룹과 친해졌고, 남크바라는 젊은 아가씨와 사랑에 빠져서

칼리하리 사막 중앙부에 사는 코 부시맨 부족의 가족이 오두막에 앉아 있다. 코 부시맨은 당시까지 그들의 전통대로 수렵과 채집으로 살고 있었다.

나중에 그 부족의 의식에 따라 결혼하였다.[75] 오늘날의 민족학자들 중에서 하인츠만큼 수렵과 채집부족의 삶을 잘 아는 사람은 거의 없다. 그는 내가 편지로 부탁한 것을 흔쾌하게 들어 주었다. 내가 요하네스버그로 가고 싶다고 하자, 우리가 그곳에서부터 모래 스키가 장착된 자신의 자동차로 코 부시맨 지역까지 갈 수 있다는 답장을 해주었다.

우리 일행은 모두 셋이었다. 하인츠와 나 말고도 부시맨의 놀이에 관심을 가져서 그것을 주제로 탁월한 박사논문을 썼던 하이데 스르베체스니라는 여학생이 하나 더 있었다.[76]

부시맨 부락에서의 생활은 완전히 새로운 경험이었다. 나는 수렵과 채집만으로 살아가는 이 쾌활하고 웃음을 즐기는 공동체에서 몇 주를 보냈다. 아침이 되면 여자들은 막대기와 바구니를 머리에 이고 채집하러 나섰으며, 두어 시간 뒤에는 들판에서 멜론이나 나무뿌리 등 맛있는 과실을 가지고 돌아왔다. 남자들은 활과 화살 그리고 올가미를 가지고 다녔다. 부시맨들은 작은 오두막에 살았는데, 이들이 얼마나 자유롭게 사는지 놀라울 뿐이었다. 각자는 자기가 필요한 것을 자유자재로 만들 수 있었다. 옷, 사냥무기, 가구 심지어 오두막까지도.

나는 부시맨들과 함께 늘 부지런한 공동체를 체험하게 되었다. 수천 년 전부터 보존되어 온 야생수렵의 전략은 별로 큰 힘을 요구하지 않았다. 이들은 성의 구별을 빼놓고는 분업이라는 것을 모른다. 부시맨들은 여러 가지 일에 분주하지만, 대부분은 앉아 있었고 종종 성별로 따로 앉았다. 그리고는 화살이나 타조알 껍질로 장식품을 만들면서 작은 무리로 나뉘어서 잡담을 했다. 그들은 모닥불 연기 주위를 돌면서, 아이들도 토닥거려 주곤 했다. 성인들은 —— 마치 맹수처럼 —— 두 명의 파트너가 의례화된 방식으로 싸우는 것 같은 많은 놀이와 춤 그리고 정교한 놀이들을 알고 있었다.

부시맨들은 아마 유사 이래로 인류가 해온 행동방식을 아직도 따르는 것 같다. 1만 년 전에서부터야 인간은 가축을 기르고 야생작물을 재배하기 시작하였다. 그 시기에 이르기까지는 지구상에 있는 대부분의 인간은 수렵과 채집으로 살아 왔는데, 그러는 사이에 부시맨들은 그야말로 작은 소수로 전락하고 말았다. 내가 보츠와나, 남아프리카와 앙골라 등을 처음 방문했을 당시의 부시맨들 중에는 아직도 전통적인 방식으로 사는 2천 명 가량의 코, 그위, 그리고 쿵 부시맨이 있었다.

내가 작업을 시작했을 때, 지구상의 수렵과 채집민족은 인류의 원초적인 평화애호의 증거로 인용되었다. 이 증거를 통하여 재산의 소유가 인간을 탐욕스럽고 호전적으로 만들었다는 테제를 뒷받침하려고 했던 것이다. 루소의 낭만주의적인 생각에 충실하여 말해 보자면, 수렵인과 채집인은 작은 열린 공동체에 살며 그 어떤 영역도 소유하거나 방어하지 않았다는 것이다.

부시맨 부락에서 받은 첫인상은 이러한 조화로운 모습과 일치하였다. 그러나 주민들끼리 거의 싸우지 않는 티롤의 산간지방에서도 똑같은 것을 확인할 수는 없을까? 좀 자세히 연구해 보면, 부시맨에게서는 다양한 형태의 공격성을 관찰할 수 있다. 아이들도 서로 치고받고 싸우며 위협한다. 최근의 연구에 따르면, 부시맨 공동체에서는 평균적으로 시카고에서보다 많은 사람들이 처참하게 살해된다고 한다. 그러나 오늘날의 부시맨은 그렇게 호전적이지 않으며, 아이들을 이런 식으로 교육시키지도 않는다. 우리는 전사로서 등장하였던 부시맨 족장에 대한 보고를 알고 있으며, 벽에 그림을 그리는 부족들끼리는 서로 적대관계라는 것을 알았다.

두세 번의 탐사에서 나는 흥미있는 관찰을 많이 수집해서, 1972년에 코 부시맨 공동체에 대한 짧은 중간보고서를 펴낼 수 있었다.[77] 보고서에는 나의 문제제기와 작업방식을 써놓았으며 그 프로그램을 논의에 부쳤다. 빠르게 주목을 받던 그 프로젝트에 그위 부시맨과 쿵 부시맨에 대한 연구를 나중에 추가하였다. 1971년에는 북나미비아의 코코 아랜드에서 소를 키우며 사는 힘바 족이 새로 추가되었다.

힘바 족은 아직도 그들의 전통의상과 치장을 하고 살며 헤레로 언어를 말하는 부족이었다. 그들은 쇠똥과 진흙을 이겨서 만든 벌집 모양의 나지막한 오두막에서 원형 공동체를 이루며 살고 있었다. 부시맨들과 달리 그들은 호전적이었다. 그들에게는 용기가 중요한 역할을 했으며 그것을 노래로 불렀다. 추장의 지위는 긴급상황에서는 군사적으로 강력한 무리를 만드는 능력으로 바뀌었다.

추장에 대한 충성은 날마다 열리는 오쿠마라라고 불리는, 우유를 맛보는 의례를 통하여 강화되었다. 추장의 허락이 떨어져야만 특정한 소

유리알 장식을 한 쿵 부시맨 소녀(위 왼쪽), 이마 앞에 매단 원판은 장식인 동시에 부적의 역할을 한다
(위 오른쪽). 막대기로 멜론의 씨를 발라 내고 있는 그위 부시맨 족의 여인(아래)

들의 우유를 마실 수 있었다. 매일 아침 남자와 여자들은 우유를 짜서 컵에 가득 담아 추장에게 우유 맛을 보라고 내놓는다. 그러면 추장은 한 모금 정도 마시거나 손가락으로 찍어서 맛을 본다. 간혹 우유 그릇을 만지는 것으로 만족하는 경우도 있다. 그리고 나서야 우유를 즐겁게 마실 수 있었다. 이러한 의식을 통하여 주민들은 기꺼이 추장에게 복종한다는 충성을 강화한다. 이것과 기능적으로 비교할 만한 것으로 우리 군대의 일석점호를 들 수 있다. 어느 곳에서나 복종은 집약된 군사적 행위를 위한 전제조건이다.

힘바 족은 이웃으로부터 그들의 소를 보호할 수 있는 능력을 필요로 한다. 그렇게 할 수 없으면, 그들의 삶의 뿌리가 곧 약탈당하기 때문이다. 힘바 족은 기골이 장대하고 아름다운 부족이다. 나는 20년 전부터 그들 곁에서 연구하였으며 늘 같은 부락을 방문하였다. 1970년대 당시에 자기 스스로 만든 인형을 가지고 노는 모습이 찍혔던 여자애들은 이제 그들이 어릴 때와 마찬가지로 자기가 만든 장남감으로 노는 아이들의 엄마가 되었다.

당시 나는 뉴기니에서 일단 다양한 그룹으로 나누어 여행하였다. 하겐스 산 근처의 메들파에서는 장례의식을 촬영했으며, 타님 헷의 머리를 굴리는 과시춤을 촬영하였다. 그리고 다리비 족과 나중에 비아미에서는 다양한 유형의 사회적 교호작용의 표본들을 연구하였다. 비아미 족은 내가 처음 방문하기 직전에 발견되었기 때문에, 나중에 더 자주 방문할 수 있기를 바랐다. 작은 공동체들은 공동의 지붕으로 연결된 기다란 집에 살고 있었는데, 그것은 정말로 재미있는 생활방식이었다. 그러나 나는 그때 베를린 민족학 연구소에 초빙되었다. 그곳에서는 당시까지 알려지지 않았던 뉴기니 서부 산지에 사는 민족 그룹을 연구하는 독일 학술진흥재단의 학제적 중점 연구과제를 수행하고 있었다. 프랑스의 탐사진이 단 한 번 그 지역의 산지 주민을 연구했을 뿐이었다.

그러는 사이에 그 부락을 공중에서 촬영할 수 있게 되었다.

이 연구사업에 대한 추진은 민족학 연구소의 연구진인 게르트 코흐와 클라우스 헬프리히로부터 시작하였다. 1974년 가을 그들은 — 나중에 나와 긴밀한 공동 연구를 하였던 — 인종의학자인 불프 쉬펜회벨의 지휘 하에, 에이포멕 강의 이름을 따서 에이포라고 불리는 부족과 접촉하기 시작하였다. 그 그룹은 작은 베이스 캠프를 친 다음 여러 마을을 방문했으며, 최초의 낱말 목록을 정리하였다. 당시까지 그 그룹은 공중에서 투하하는 원조식량을 지원받았다. 나는 그 작은 비행기를 타고 '공항'을 테스트했던 사람 중의 하나가 되었다.

뉴기니로의 비행은 종종 흥분되는 곡예 같았다. 우리는 산등성이와 골짜기 사이로 날아갔는데, 햇빛이 비추다가도 금세 짙은 안개 속을 날아가야 했다. 나는 비행기 옆으로 나무들이 얼마나 빨리 지나가는지 경험하였으며, 충돌을 가까스로 모면한 적도 꽤 있었다. 이번에는 모든 것이 아주 잘될 것 같았다. 날씨가 화창한 그날, 조종사는 그 기막힌 경관을 이리저리 살펴보면서 성경책을 읽었다. 그는 열여섯 살 때부터 비행기를 탄 이후로 비행에 두려움이 없었으나, 아시아 태평양 선교단이라는 극단적인 이단 종교의 신자였다. 나는 그의 옆에 앉아서 깊숙이 팬 계곡을 내려다보았다. 이 지역에서는 어느 탐사대도 길을 잃은 적이 없었기 때문에, 잠시 호기심 있게 쳐다보았다. 그 비행은 우리를 에이포멕 강 유역으로 데려다 주었다.

드디어 우리가 연구할 지역의 주민들이 보였다. 그곳은 하늘에서 보면 아주 작은 마을이었다. 나는 이 정도 고도에서 '숲 비행장'을 찍으려고 사진기를 들었다. 그러면 집에 있는 식구들이 우리가 어떤 곳에 착륙했는지 알 수 있을 것이기 때문이다.

나는 촬영을 했다. 그러나 두 번째 셔터를 누르려는데 무엇인가 잘못되었다는 느낌을 받았다. 비행사가 욕을 하며 투덜거리고 비행기가 고도를 잃기 시작하였다. 나는 본능적으로 카메라가 망가지지 않도록 아래쪽으로 내려놓았다. 그러고 나서는 모든 일이 순식간에 진행되었다. 나는 아직도 당시 우리가 암벽들 사이로 불시착하면서 비행기가 찢어져 나갈 때의 불쾌한 굉음을 기억하고 있다. 비행기 바퀴는 튕겨 나갔으며, 우리는 바위 쪽으로 나가떨어졌다. 거기에서 우리는 비행기의 동체에 묶어 놓았던 화물 컨테이너를 잃어버렸다. 그리고 일순간 정적이 흘렀다. 비행기에서 내렸다. 믿을 수 없게도 나는 아무 일 없었다는 듯이 쇼크를 전혀 받지 않았다. 나는 추락에 대비했었고 마음을 추스릴 수 있었다. 뭐 쇼크받을 이유도 없었지만 말이다.

불프 쉬펜회벨이 달려와서는 진 한 모금을 주었다. 그리고 사고를 수습하기 시작하였다. 술을 한 모금 했더니 괜찮아졌다. 우리 근본주의 신자인 조종사조차 술병을 받았다. 내 장비의 일부가 파손되었으며, 단단히 묶어 놓은 상자들은 마치 거인의 손으로 휘저은 것처럼 헝클어졌다. 아마 성냥 때문에 비행장 근처 여기저기에 팽개쳐진 물건들의 대부분에 불이 붙었던 것 같다. 우리는 그야말로 운이 좋았던 것이다. 비행기는 대파되었고 날개가 떨어져 나갔으며 착륙하면서 엔진도 떨어져 나갔다. 꼬리날개는 꺾였고 그야말로 처참했다. 사진기 반사경 렌즈도 무참히 부서졌다. 하지만 다음 번 비행기로 온 디터 호이네만이 고쳐 주었다.

이 첫 방문에서 2천미터 고도에 있는 작은 마을 마링담에서 석 달 동안 지냈다. 거기에서 나는 경치가 절경인 계곡이 내려다보이는 거주 구역의 변두리에 있는 작은 집에 살았다. 나는 그 집을 '안개의 집'이라고 불렀다. 아침에 종종 몇 시간씩 해가 비추면 마을 사람들은 햇볕으로 몸을 데우고는 하였다. 남자들은 남자의 집 앞에 있는 광장에서, 그리고 여자들은 여자들의 장소에서 아이들을 데리고 일광욕을 하였다. 그들은 담소를 하면서 그물을 짰으며, 아이들을 돌보고 있었고,

좀 큰 애들은 자기네끼리 놀고 있었다. 오후에는 종종 비가 들이쳤는데, 우리는 대부분 오후 4시쯤이면 일을 마치고 마을로 돌아왔다. 주변이 다시 건조해지면 아주 늦은 시간에도 촬영을 했다. 그러나 상당한 분량의 필름을 강물에 잃어버리기도 하였다. 안개구름이 우리를 감쌌고, 서늘하고 축축한 바람이 벽속을 지나갔다. 에이포 족들과 지내던 때와는 달리 내가 거주하던 집에는 불을 지필 장소가 없었기 때문에 가끔 지독한 추위에 떨 수밖에 없었다.

사람들은 우리를 좋아했으며, 종종 아침 일찍 찾아와서 고구마와 같은 자그마한 선물을 주곤 했다. 우리가 아직 잠을 자고 있으면 그들은 우리 막사 앞에 선물을 두고 우리가 그 선물을 가져가는지 멀리서 관찰하였다. 가빡 마을 사람들이 점점 자주 우리를 찾아와 우리의 오두막은 곧 사람들로 북적대었다. 그들은 이상하게 생긴 이방인들이 먹는 것을 보고 싶어했다. 우리는 케이크를 나누어 주었다. 그러나 아껴야 했기 때문에 조금씩만 나누어 주었다. 1/4조각의 케이크만으로도 그들을 기쁘게 하기에 충분하였다. 선물을 받자 그들은 허공을 빨아 대는 소리가 들릴 정도로 입을 쪽쪽거리면서 손을 머리에 얹으면서 맛있다고 하였다. 이런 행동은 원래 세계 각지의 민족들의 전투장면에서도 볼 수 있다.

그런데 에이포 족들은 무엇에 놀라는 경우 손을 머리 위에 얹는다. 그러면 다른 사람들도 따라 한다. 아이들이 울 때에도 이와 같은 동작을 취한다. 그 행동은 머리를 보호하는 역할을 한다. 말하자면 공포와 경악을 비언어적으로 표현하는 것이다. 에이포 족들은 "그것은 공포에 좋아"라고 말했다. 참 신기하지 않은가? 우리는 무엇인가 아주 좋거나 아름답거나 깜찍한 것이 있으면 그와 똑같이 행동해 보자는 생각을 하게 되었다. 그리고는 말하였다. "그것은 정말로 죽여 주게 아름답군. 나는 그것을 죽여 주게 좋아 해. 그것은 아주 맛있어"라는 뜻이다. ‘sehr’라는 독일어 표현도 영어의 ‘sore’와 어원이 같은 말인데, 그것은 원래 상처나 ‘고통스러움’을 의미했다. 분명히 말하건대 서로 무관한 문화들임에도 불구하고 공포, 경악 그리고 고통은 무엇인가 특별한 것을 표현하기 위하여 비언어적인 상응표현을 이용하는 강한 감정으로서 이 개념을 공통적으로 이용한다는 사실을 반증한다.

우리는 에이포 족에게 여러 가지 물건을 보여 주거나 제공하면서, 그들의 다양한 얼굴표현을 유발시켜 보았다. 마늘을 잘라 주면 정중하게 거절하는 반응을 보였다. 에이포 족은 마늘 냄새를 싫어했는데, 머리를 흔들거나 눈썹을 치켜세우고 눈을 감으며 코를 틀어막았다. 우리가 그 물건을 재차 제시하면 그들은 거부의 표시로 머리를 흔들어 댔다. 그들은 가끔씩 입술을 앞으로 뾰로통하게 내밀었다. 그러나 그 표현은 종종 미소와 중첩되었다. 그들은 선량한 마음씨를 가지고 있었으며, 이 모든 것을 농담으로 받아들였다. 종종 우리는 그들에게 고무로 만든 장난감 거미나 악어를 보여 주어 당황하게 만들어 보았다. 그러면 에이포 족은 어깨를 위로 움찔거리는 보편적인 반응 외에도, 손을 쓰거나 목의 근육을 흔드는 그들 문화 특유의 각인된 패턴을 보여 주었다. 여자들은 자신의 가슴을 높이 치켜 들고 젖을 짜버렸다. 그리고는 우리가 잠재적인 위험의 소지가 있을 때 성스러움을 지키기 위하여 “예수, 마리아”라고 하는 것과 비슷한 성스러운 구호를 외치곤 했다. 유방을 쳐드는 것은 원래는 모계사회의 특징으로 진정시키는 효과를 가지는 호소인데, 그것이 점차로 공격성을 차단하는 일반적인 몸짓으로 발전되었다. *

남자들은 이와 동일한 상황에서 다르게 행동한다. 에이포 족의 남자들은 옷으로서 음경 보호대(조롱박 : 이른바 Phallokrypte)를 착용하고

---

* 생식기나 유방의 노출을 위협수단으로 삼는 풍습에 대해서는 Hans peter Duerr의 근간 『외설과 폭력』(*Obszönität und Gewalt*)(1993)을 참조할 것.

폴커 헤셴이 들어 있는 사진에는 에이포 부족의 취재대상자가 앉아 있다.

있다. 그들은 놀라게 하면 음경 보호대를 엄지 손톱으로 퉁긴다. 이것은 남근주의적 위협행동의 독특한 형식이다. 그러나 이 몸짓 자체는 내가 발리네시아의 보초병상을 연구했을 때 언급한 적이 있는 문화적 보편소이다. 우리들 또한 유인원에게서와 비슷한 행동방식을 가진다. 남근에 의한 위협행동은 문화적으로 다양한 방식으로 나타날 수 있는데, 몸짓으로, 언어적으로 표출될 수 있다. 그러나 원칙적으로는 다 동일한 현상이다.

우리는 에이포 부족을 자주 방문하였고 많은 양의 촬영과 녹음을 확보하였다. 나의 공동 연구자인 불프 쉬펜회벨과 언어학자 폴커 헤셴은 언어를 녹음하고 장례의 노래와 의례화된 말하기를 번역하고 인터뷰를 진행하였다. 그 결과 아직도 살아 숨쉬는 신석기 문화에 대한 최초의 다큐멘테이션이 완성되었다. 이 작업을 통하여 우리는 에이포 족에게 사랑과 신뢰를 확인받을 수 있었다. 다음의 일화는 그들이 우리를 얼마나 신뢰하였는지 알게 해준다.

처음부터 프로젝트에 참가한 폴커 헤셴은 에이포를 다시 한 번 방문하였다. 바위코에 그림을 그려 놓았던 그 마을 사람들은 거주지를 포기하고, 선교사가 사는 근처에 있는 마을 주민들이 사는 곳으로 옮겨 왔다. 그 전의 크리스마스 때에는 선교사들이 그들의 성스러운 그물과 물건에 불을 질렀는데, 노인들이 그물 두 개만 구할 수 있었고 그것을 정원에 숨겨 놓을 수 있었다. 사람들은 헤셴에게 그것을 몰래 넘겨 주면서 부탁하기를, 그 그물을 남자들의 집 — 아마 박물관을 의미하는 것 같았다 — 에 보관해 달라고 하였다. 우리는 그 지역에서 많은 것을 수집하였다. 에이포 족은 이 물건들이 커다란 집에 전시되어서 후세들이 조상의 과거를 기억하기를 원했다. 그들은 매우 잘 이해하였으며, 그들의 성스러운 문화를 최소한이라도 지키려는 기회를 이용하려고 하였다.

뿐만 아니라 에이포 족은 사려가 깊다. 그들은 우리의 행동을 정확히 관찰하였다. 처음 그들에게 갔을 때, 그들은 우리를 여러 마을에 분산 배치시켰다. 불프 쉬펜회벨은 매일 아침 무선으로 다른 일행과 연락하였다. 어느 날인가 그는 아주 낙담한 얼굴로 무전기를 만지작거리고 있었다. 그때 옆에 있던 에이포 족 하나가 "야, 지난번에 여기서 말했을 적에는 이것을 저기에 꽂았잖아"라고 말했다. 안테나선을 말하는 것이었다. "그때처럼 다시 한 번 해봐." 사실 쉬펜회벨은 전날 저녁에 심한 뇌우 때문에 안테나선을 무전기통에서 빼놓고 다시 꽂는 것을 잊었던 것이다.

특히 처음 몇 달 동안은, 우리에게 그들이 신기한 것처럼 우리도 그들에게 관심을 끌었다. 언젠가 불프 쉐펜회벨이 물었다. "우리 여기 아주 오래 있었는데, 자네들은 우리를 어떻게 생각하지? 자네들은 우리의 무엇에 각별한 관심이 있지?" 그러자 하나가 일어나서 대답하였다. "너희들도 원래는 우리와 아주 비슷하군, 하나만 빼고 말이야. 너희들은 왜 옷을 꼭 짜고서 다시 한 번 더 터는 거지?" 음경 조롱박만을 걸치고 사는 이 에이포 족이 유럽 남자들의 전형적인 행동방식을 알지 못하였다는 것이 분명해졌다. 옷의 물기를 마지막 한 방울까지 쭉 짜내는 것은 위생적인 적응이다.

에이포 족은 문명의 경이에 놀라울 정도로 빨리 익숙해졌다. 처음에 그들은 금속이나 유리, 플라스틱이나 볼펜 등 모든 것에 호기심을 가졌다. 우리는 필기구들이 이웃의 코 뚫는 장신구로 이용되지 않도록 주의해야 했다. 얼마 전에는 코카콜라 병이 귀 장식품으로, 빈 통조림 병 뚜껑은 귀걸이로 둔갑하였다. 그들의 문화를 오염시키지 않으려면 그런 일을 막아야 했다. 그래서 처음에는 다 쓴 깡통들과 쓸 수 없는 필름들, 그리고 다른 문명의 찌꺼기들을 모조리 구덩이에 파묻었다. 언젠가 더 멀리 사는 무리들과 접촉하기 위하여 여행을 간 적이 있었는데, 돌아와 보니 에이포 족은 묻어 둔 보물을 캐내기 위하여 그 구덩이를 다 파헤쳐 놓았다. 그 중에 좀 지저분한 필름이 있었는데, 그들은 그것으로 배를 두르는 띠를 만들어 걸치고 있었다.

그 지역의 순찰이 끝난 후, 불프 쉐펜회벨은 비행기를 태워 주려고 두 명의 에이포 족을 초대하였다. 이들은 바깥을 더 잘 보려고 비행기의 문 밖으로 내려가려고 하였다. 그들의 적대 부락인 파 골짜기 근처를 지나갈 때쯤 되자 그들은 양손에 돌멩이를 가득 쥐었다. 에이포들은 사실 우리와 똑같이 생각하였다.

장기적인 다큐멘테이션 탐사의 마지막 부족으로, 우리는 트로브리안드 족을 선택했다. 그들의 문화에 대해서는 민족학자인 브로니슬라

현장작업에서 생기는 에피소드. 에이포 부족 여자 하나가 반사경 카메라를 신기하게 보는 동안, 그녀의
어린 아들이 카메라를 만지고 있다.

프 말리노프스키가 1915년에서 1918년에 이르기까지 중요한 개척연구를 하였다. 우리는 몇 년 동안이나 태평양의 섬에서 어업과 농경생활을 하는 원주민의 섬 공동체를 찾았었다. 우리는 일단 폴리네시아인들을 살펴보기로 하였다. 그들 중에서 사모아 인들이 아직도 그들의 근원과 가장 가깝게 살고 있었다. 그러나 그들에게는 이미 현대 문명이 뚜렷이 침투되고 있었다.

1979년, 나는 불프 쉬펜회벨과 함께 파푸아 뉴기니의 연안에 있는 트로브리안드 섬을 방문하였다. 우리는 본섬인 키리위나에서 탐사하였다. 여기에서 얌 감자가 수확되고 있었는데, 얌의 뿌리는 트로브리안드 부족의 기본식량이었다. 한 부락에서는 여자와 남자들이 꽃으로 머리 주위를 아름답게 치장했으며, 얼굴에는 그림을 그렸고 추수감사제를 지내려고 긴 풀치마를 입고 있었다. 또 다른 부락에서는 거주자들이 마을 광장에 모여서 만든 커다란 볼링핀 모양의 얌덩어리를 켜켜이 쌓고 있었다. 부락의 추장은 가장 큰 산을 쌓은 사람이었다. 트로브리안드에서는 남자가 정원사가 되면 성공한 것으로 존경받는다. 생산의 수확을 높이는 동시에 너무 많이 소비하지 않도록 해야 한다. 수확물의 일부는 일정한 분배기준에 따라서 가까운 친척들에게 분배된다. 그 문화는 모계사회에 가까웠다. 즉, 모계의 구성원들이 우선적으로 고려된다. 분배하고 난 나머지는 다음 번 수확 때까지를 대비하여 저장된다. 이렇게 하지 않으면 곤궁에 처한 이웃을 돌볼 수 없기 때문이다.

트로브리안드 부족은, 키가 1.5미터 이상이나 되고 특히 소중한 것으로 여겨지는 커다란 얌뿌리를 재배한다. 상당수는 심지어 나무로 울타리를 쳐놓는다. 사람들은 얌에 그림을 그려서 친척이나 소중한 친구에게 선물한다. 선물을 받은 사람은 그것을 기둥 위나 아래에 있는 오두막의 측면에 걸어 놓는다.

추장이 표창을 던져서 표시한 얌뿌리들은 커다란 창고에 저장되어

전시된다. 오두막인 그 창고의 지붕은 짚으로 엮어졌고 나뭇가지로 만들어져 있었는데, 박공의 앞면에는 다채로운 상징이 새겨져 있다. 가운데에서는 액을 쫓는 기능을 하는 가면의 모습이 자주 발견된다. 지붕 틈에 있는 옆 판자에는 상징적인 의미를 가지는 얼음새가 그려져 있다. 즉 그 새들이 겨울을 나기 위하여 호주로부터 트로브리안드로 날아오면, 얌을 심을 때가 되었음을 추측한다. 집들에는 종종 커다란 흰색의 조개껍데기판으로 만든 발이 드리워져 있다. 벽을 나누는 나뭇가지 사이에는 4~5센티미터 정도의 틈이 있는데, 그 사이로 아름답게 쌓아 놓은 뿌리들을 볼 수 있다. 그 벽은 또한 통풍을 도와 주는 기능도 하였다. 이때 얌뿌리들을 잘 볼 수 있게 정돈해 놓는다.

근처의 섬 카일레우나에 있는 타우웨마 부락에서 우리를 곧바로 좋아하게 된 공동체를 하나 찾았다. 밝은 모래사장이 있는 작은 만, 그 뒤로 기둥 위에 야자수잎으로 덮인 오두막들이 있었다. 그들은 여러 가지 일을 하면서 사는 아름다운 사람들이었으며, 돼지와 닭들 사이에서 애들이 뛰놀고 있었다. 해변가에는 아름답게 재단된 갑판에 그림이 그려진 어부들의 배가 정박해 있었다. 해변과 마을 위로는 바람에 흔들리는 높다란 코코넛 야자나무가 심어져 있었다. 그야말로 환상적인 이 공간은 푸른 숲으로 에워싸여 있었다. 오랫동안 원하던 곳을 드디어 찾아 내었다.

발리네시아 인들과 달리 트로브리안드 부족은 피부가 밝은 색으로 우아했으며, 아주 섬세한 얼굴을 가지고 있었다. 폴리네시아 인들과 마찬가지로 그들의 빽빽하고 헝클어진 머리카락을 하이비스커스꽃으로 장식하고 있었다. 그들은 우리의 방문을 반겼으며, 살 만한 재료들을 싸게 주겠다고 약속하였다. 우리는 그들의 목각품을 좀 샀으며 다시 오기로 약속하였다.

독일 학술진흥재단의 후원으로 다음 몇 해 동안 트로브리안드 부족의 생활을 연구할 수 있었다. 그때에는 불프 쉬펜회벨과 나 말고도, 언어학자인 군터 셴프트와 스위스의 민족학자인 잉그리드 벨 크란할스가 참가하였다. 그 사이에 군터 셴프트는 그 언어의 어휘와 문법을 정돈하였고, 잉그리드 벨 크란할스는 선물교환에 관한 단행본을 펴냈으며,[78] 쉬펜회벨과 나는 다시 상당한 양의 필름과 녹음 다큐멘테이션을 만들었다. 물론 그 일부분만이 해독되었을 뿐이다. 아직도 대부분의 배들이 판다누스잎으로 엮은 돛을 달고 있는 것을 보면, 이 문화가 어느 정도 원래의 모습을 간직하고 있는지 알 수 있었다. 그 돛은 좀 무거웠으며 천으로 만든 돛만큼 견고하지는 않았지만 꽤 쓸 만했다. 언젠가 그 보트를 타고 갔을 때, 물고기 한 마리가 보트를 뚫고 안으로 들어왔다. 그 놈은 아주 컸기 때문에 우리 배에 큰 구멍을 남겨 놓았다. 하지만 이 배는 쉽게 수리할 수 있다는 장점을 가졌다.

야노마미, 에이포, 힘바, 트로브리안드 및 발리네시아 부시맨에 대하여 우리는 아직도 몇 년간 더 연구할 예정이다. 지금까지 우리는 약 230킬로미터의 필름을 촬영하였는데, 그 중에는 아직도 평가되지 않은 상호작용과 의식들이 수록되어 있다. 그 자료들의 극히 일부분만이 분석되었고, 아직도 130편의 필름이 남아 있다. 그것들은 괴팅엔 과학영화 연구소의 키네마토그래피 백과사전의 협찬으로 편집되고 있다.[79] 이때에는 복제본 필름으로 작업하였다. 원본은 편집되지 않은 상태로 막스 플랑크 재단의 인류행태학 필름보관소에 보존되어 있다. 각 필름에는 괴팅엔 연구소에서 '과학영화 출판물' 시리즈로 공개된 보조자료가 딸려 있다. 우리 연구소에는 장기적인 연구로 인하여, 그것들을 보관할 공간이 전혀 없었기 때문이다.

이때 다른 문화들도 연구했으면 좋았을 것이다. 우리는 표본자료에 제한해야 했다. 그래서 1970년대 초반 나의 공동 연구자 크리스티안 아들러는 극지대 에스키모에 대한 박사학위 논문을 썼다.[80] 톰 피트케

내가 방문했던 몇몇 원시 부족들. 힘바 족의 여인들(위 왼쪽). 전통적인 머리장식을 하고 있는 쿵 부시맨 부족의 중년 부인(위 오른쪽). 그들은 몸에 산화딘 철분과 기름이 섞인 것을 바른다. 오늘날에도 대부분 전통적인 장식품으로 치장한다. 뉴기니에 있는 쿠쿠쿠 부족의 여인들(아래 왼쪽). 얄레낭 부족(아래 오른쪽). 그들은 에이포 족과 같이 멕 언어를 쓰지만, 각 부족의 방언은 차이가 있다.

인은 남티롤 지방의 팔레에서 다큐멘테이션 프로그램을 구축하기 시작했으며, 나는 호주에 있는 핀투비와 왈비리 족을 연구하기 시작하였다. 나는 앞으로 살라만카 대학의 민족학자 프란치스코 아바티와 함께 전통적인 스페인 마을에서 연구활동을 하려고 한다. 그 프로젝트들이 장기적으로 연구된다면 좋을 텐데.

1970년대 이래로 나의 학문적인 호기심의 희망 리스트에는 벵갈 만의 군도인 안다마넨이 있었다. 그곳에 있는 센티넬 섬에는 사람들과의 접촉을 꺼리는 네그리토들이 살고 있다. 그들은 자기들에게 접근하려는 사람들을 화살로 쏘았다. 그 섬에 대한 프로젝트는 본과 뉴델리에서 조인된 문화협정의 일환으로 독일-인도 공동 연구의 목록으로 받아들여졌다. 그러나 인도 관청이 모든 협조를 거부하였기 때문에 아직 아무도 성과를 보지 못했다.

원시민족에 대한 연구에는 늘 명암이 있다. 그때 우리가 명암의 어느 쪽을 지각하는가는 일차적으로 생리적 체질과 기질에 좌우된다. 저항력이 강하고 낙관적인 태도를 가진 사람이라면 연구에 잘 적응한다. 물론 현장에서의 작업은 쉽지 않은 경우가 많다. 힘바 부락에서는 대부분 땡볕을 쬐며 촬영했다. 작은 공동체의 구성원들은 그늘이 적은 나무 밑에서 쉬거나 일하고 있었다. 소들은 그들 주위를 돌면서 흙먼지가 뽀얗게 쌓인 두엄더미로 와서는, 코 점막으로 냄새를 맡고 맛보기 시작하였다. 그러면 파리들이 꼬였다. 내가 보기에 그 부락 안에 있는 파리들은 지구의 모든 사람들보다 더 많은 것 같았다. 그 순간을 놓칠 수 없었던 나는 늘 한 손은 셔터에, 다른 한 손은 렌즈조절기에 올려놓고 관찰하였다. 파리들은 귀, 코 가릴 것 없이 기어올랐다. 나는 우리의 열린 구멍에 파리들이 침입하지 못하도록 털을 만들어 주신 조물주에 감사한다.

그러나 점심식사와 창고에서의 저녁은 말할 수 없을 정도로 아름다왔다. 우리는 휴식을 취하면서 사람들이 준비한 간단한 식사와 럼을 넣은 차나 맥주 한 병을 즐기고는 하였다. 물을 적신 수건을 바람에 펼치면, 이 열대지방에서조차도 시원함을 느낄 수 있었다. 작열하는 캠프파이어에서는 감자가 익어 가고 있었다. 그 위에 걸쳐 놓은 석쇠에다 콘 비프를 곁들인 양파를 굽거나 콩 통조림을 데우곤 하였다. 그런 분위기에서는 모든 것이 다 꿀맛이었다. 우리는 육로로는 많은 것을 가지고 갈 수 있었기 때문에 힘바로 떠날 때는 장비를 잘 갖추었다. 야노마미와 함께할 때의 생활은 훨씬 검소하였다. 거기에서 우리는 작은 비행기로 선교 본부에 내려서, 카누를 타고 들어간 다음에 또 몇 시간을 걸어 들어가야 했다. 그곳에서는 필름촬영이 우선이었기 때문에, 우리의 생활은 어쩔 수 없이 제한적이었다.

오리노코 강 주위에는 하루 종일 모기 떼가 구름처럼 몰려들었다. 이 작은 흡혈귀는 피부에 많은 핏자국을 남겨 놓았다. 드러난 피부는 어디나 모기에 물린 자국뿐이었다. 하지만 긁으면 염증이 생겨 쉽게 열대종창이 되기 때문에 모기에 물린 자국을 긁으면 안 되었다. 박테리아와 곰팡이로 인한 이 혼합감염은 아주 끔찍한 것이었다. 밤에는 날아다니는 모기들을 쫓기 위해서 기껏해야 모기장을 치는 일밖에 할 수 없었다. 그래도 전혀 물리지 않을 수는 없었기 때문에, 말라리아에 걸릴 위험은 늘 있었다. 나는 열대종창에 세 번이나 감염되었고, 한 번은 말라리아에 호되게 고생한 적이 있다. 그래서 열이 41도나 되어서 앰뷸런스로 뮌헨 대학병원으로 후송되어야 했다. 말라리아 병원체들은 이미 약에 내성을 가지고 있어서 예방약도 전혀 효과가 없었기 때문이다.

샤포노의 모래빈대는 더 지독하였다. 우리는 날마다 빈대들을 제때에 잡아 내려고 발뒤꿈치와 손톱 밑을 검사해야 했다. 빈대 자리가 작은 점에 불과하면 핀으로 파낼 수 있었지만, 그것을 보지 못하고 놓치는 경우에는 점점 더 커져서 발톱이나 발바닥에 커다란 녹두 크기만한 자국을 남겼다. 그것은 매우 아팠으며 종종 이차감염을 일으켰다. 특히 아메바와 촌충으로 인한 장 감염은 위험하였다. 어느 정도까지는 예방이 가능하지만 완벽하게 할 수는 없었다.

아쉬운 점 하나는 개인적인 여가가 없다는 것이었다. 나는 야노마미를 관찰하였고, 그들은 나를 관찰하였다. 내가 여러 사람에게 시선을 돌릴 때 그들을 직접 대면하는 것이 아니라, 일단 앉아서 거울을 통하여 반사된 장면을 촬영하였다. 이와 달리 나와 동반자 두어 명에게는, 기어다니는 애들부터 어른까지 그 작은 마을의 모든 거주자들의 시선이 집중되었다. 말하자면 그들은 수동적인 관찰자가 아니었다. 그들은 나의 옷을 만졌고 손가락을 이리저리 살폈다. 야노마미에게는 그러한 행동이 결코 무례한 게 아니었다.

그들은 연필, 메모를 적은 노트, 점퍼, 빗, 안경, 칫솔 그리고 식량까지 내가 가진 모든 것을 원하였다. 여기에서 올바른 균형을 찾고, 질투로 인해 좋은 분위기를 해치지 않으면서도 통제를 유지하기란 쉽지 않다. 우리는 다정하게 그들의 머리를 쓰다듬어 주면서 팔 관절의 길이를 잴 수 있었고, 호기심을 가진 다른 자들의 놀라움의 소리가 돌발하면, 시간이 지날수록 부담을 주었다. 내가 타이프를 치면 그들이 손가락으로 타자기의 자판을 밀치는 것도 무관심하게 받아들여야 했다.

야노마미와 에이포에게서는 일종의 공격성을 테스트하려고 했다. 무엇보다도 사춘기 전후의 아이들은 창의력이 대단하였다. 언젠가는 난감하게도 누가 나의 노트에 그것이 사랑하는 신을 화나게 하였다고 써놓았다. 또 열 대여섯 살 가량의 남자 아이가 나에게 빈대를 던졌다. 결국 나도 화가 나서 맹수와 같이 소리를 질렀다. 그는 놀라서 도망을 치다가 돌부리에 걸려 넘어지면서 그만 무릎이 깨지고 말았다. 나는 미안해서 그 놈을 어깨에 들쳐메고 가파른 언덕을 올라 쉬펜회벨에게 데리고 갔다. 그러나 놀랍게도 다친 아이와 마을공동체는 그 사건을 다 좋게 받아들였다. 그는 나에게 연민을 표시하였다. 그러나 완고함과 우정을 과시하기 위한 반응을 어떻게 해야 할 것인가? 언젠가는 젊은 야노마미 하나가 나의 멋있는 스위스제 주머니칼을 훔쳤다. 내가 잃어버린 칼을 되찾고자 어떻게 말할지 다른 사람들은 초조하게 기다리고 있었다. 그들은 누가 도둑질을 했는지 알고 싶어했다. 범인은 현장에 없었지만, 그들은 나에게 범인의 걸침대가 있는 곳을 알려 주었다. 그 침대에서 나는 화살촉이 담긴 전통을 보았다. 나는 그 전통을 일부러 매트 앞에 풀어 놓았다가 가져와 버렸다. 그리고 그 범인이 내 칼을 가지고 오면 나도 전통을 되돌려 주겠다고 말하였다.

화살촉이 담긴 전통은 그 젊은 친구의 소중한 물건이다. 대나무 창에는 선물로 교환된 많은 물건이 달려 있었다. 젊은 야노마미 남자들은 상대방을 방문하면, 그들이 가진 전통 속의 내용물을 보여 준다. 그들은 화살촉을 펼쳐 놓고서 "이것은 마헤코토테리에게서, 저것은 파타노에테리, 요것은 이리마웨테리에게서 선물받은 것이지"라고 말한다. 그리고 남자들이 그들의 사회적인 관계의 그물을 펼치면 다른 남자들은 이 남자가 여러 마을에 훌륭한 전사들을 친구로 가지고 있으며, 그들도 소중한 형제라는 것을 알게 된다. 그러면 각자는 우리의 명함 교환과 비슷하게 서로 인사하고 친교를 맺는다. 예전에 비엔나의 한 건물 입구에는 방문자들의 명함을 놓는 접시가 하나 있었다. 거기에서는 누구나 자기보다 먼저 온 손님들의 이름을 볼 수 있었다. 방명록도 이와 비슷한 기능을 한다.

나에게 전통을 빼앗긴 그 청년은 이제 어떻게 반응할 것인가? 그는 밤늦게 돌아왔다. 아무 말도 하지 않았다. 밤이 되어 비가 쏟아지고 강한 바람이 몰아치자, 추장은 영혼에게 맹세하는 노래를 부르기 시작하였다. 위험이 닥칠 때면 야노마미 족은 언제나 그들의 노래를 부르곤 했는데, 마음을 진정시키기 위한 것이었다. 사람들이 아플 때에도 그 노래를 밤에 종종 들었는데, 대부분 몇 시간 동안 지속되었다. 나는 그 노래를 공동체를 위한 자장가라고 불렀다. 이번 노래들은 특히 아름답 게 울렸기 때문에 녹음하려고 하였다. 녹음기를 들고서 추장이 노래를 불렀던 샤포노스의 다른쪽으로 서둘러 갔다. 그때 나는 칼을 훔친 청 년의 걸침대도 보지 않고 마구 달려갔다. 그는 내 다급한 발걸음 소리 를 듣고는 내가 들고 간 마이크와 녹음기가 흉기라고 생각했던지 걸침 대에서 뛰어내려서 도망치고 말았다. 나는 웃지 않을 수 없었고, 다른 이들도 상황을 알아차리고는 다 같이 웃었다. 그의 걸침대 근처에 한 동안 아무런 기척이 없었던 것으로 보아 그는 매우 늦게 되돌아온 것 같다.

다음 날 아침 일찍 나는 그가 샤포노스를 어떻게 떠나는지 보았다. 10시쯤 되었을까, 그는 방금 잡은 싱싱한 피라니아 몇 마리를 친절하 게 내놓았다. 나는 그에게 수프 숟가락을 주면서 그것을 요리해도 된 다고 말해 주었다. 점심 때쯤 되어서 우리는 같이 앉아 물고기 수프를 떠먹었다. 그의 전통을 돌려 주고 내 칼을 되돌려받았다. 그 이후로 그 는 마을에 다시는 나타나지 않았다.

탐사를 하던 4년 내내 나는 어떤 민족으로부터도 나쁜 일을 당하지 않았다. 나의 지위는 분명히 방문자였고, 그들도 내가 그들의 생활에 관심을 가지는 이유를 잘 알았기 때문이다. 그들은 또한 나의 호기심 을 수용하였다. 우리가 작업을 하면 도와 주었다. 우리를 도와 준 일에 대한 대가로 선물을 주었다. 야노마미와 에이포에게는 특히 도끼, 칼, 유리알 등이 인기가 높았다. 에이포와 트로브리안드 섬에서는 탐사 동 료이자 친구로서 의욕적인 의사 불프 쉬펜회벨을 알게 되는 행운도 가 질 수 있었다. 그는 필요하면 심지어 수술도 했으며, 감염이나 궤양 등 의 병이 있으면 약을 가지고 그야말로 기적처럼 치료해 주었다. 환자들은 기꺼이 그의 채집을 도와 주었다.

언젠가는 쉬펜회벨이 의사가 없던 마을 딩거콘에 망가트라는 에이포 족 한 사람을 데려왔다. 현장탐사에 참가했던 그는 화살을 여덟 발이나 맞아서 부상을 당하였다. 그 중 두 발은 폐까지 뚫고 들어갔다. 불프는 그 부상자를 3킬로미터쯤 메고 왔기 때문에, 도착했을 때는 두 사람 모두 탈진한 상태였다. 다행히 망가트는 그 전에도 흉곽에 화살로 부상을 입은 적이 있어서, 그 흉터로 생긴 단단한 살이 폐가 다치는 것을 막아 주었다. 불프는 그를 팔에 안고 혈청을 주사해 주었다. 마을 거주자들은 벌써부터 장송곡을 부르고 있었다. 그들은 나무 밑동을 만지면서 슬프게 울고 있었다. "그는 나무의 사나이라네, 그는 나무의 사나이라네!" 그러면 망가트는 자기가 나무의 사나이라고 고개를 끄덕였다. 하지만 그런 일은 일어나지 않았다. 며칠이 지나자, 그는 다른 사람의 부축을 받으면서 마링담의 집으로 돌아갈 수 있었다. 그리고 일주일 후에 불프가 그를 방문했을 때에는 담배도 피면서 불피의 턱을 만지며 문 앞에서 자기의 생명의 은인을 반갑게 맞아 주었다.

화창한 날이 계속되었다. 아침 일찍부터 저녁 늦게까지, 엄마들이 아이들을 어떻게 가슴에 껴안고 남자들이 담뱃대를 어떻게 돌려 가며 피는지 관찰해 본 사람이라면, 그는 이 사람들의 삶에 참여하는 것이며 그들의 좋은 미래를 기원할 것이다. 그들은 우리와 별로 다르지 않게 서로에게 친절하며 적에게는 단호하다. 그러나 이제 우리도 증오와 적대감을 극복하고 다른 종의 인간을 존중하는 법을 배워야 한다. 야노마미나 에이포도 마찬가지로 이것을 이해할 수 있을 것이다.

대부분의 기록과 필름에서는 원시민족이 이색적인 민족으로 소개된다. 말하자면 그들이 우리와는 완전히 다르다는 것이다. 그러나 나는 정반대의 의견을 가진다. 물론 그들에게 우리와 다른 점이 없지는 않지만, 대부분 우리와 놀라울 정도로 유사하다.

나는 얼마 전에 원시민족의 어머니들은 아이들이 자주 죽는 데 익숙해져 있기 때문에, 그들의 아기가 죽어도 고통을 쉽게 잊는다는 황당한 글을 읽은 적이 있다. 어머니의 사랑은 후기 문명사회의 결과라는 것이다. 1989년, 나는 야노마미 부족의 장송곡을 녹음했는데, 우리는 죽은 아이의 부모를 잘 알고 있었다. 우리가 방문하기 두 달 전에 그들의 열두 살짜리 딸이 죽었다. 동이 틀 때쯤 부모는 통곡을 하였다. 아버지는 그 아이가 살았을 때의 일화를 말하고 침통한 노래를 부르면서 중간중간에 울었다. 그는 아이가 엄마와 함께 물고기를 잡으러 냇가에 갔던 일을 떠올리면서, "내 딸아, 이제는 고기를 잡으러 갈 수도 없구나"라고 통곡하였다. "불쌍한 딸아, 이 못난 애비야, 이 못난 에미야!"[81]

유치원에서의 연구

이미 언급했었지만, 영국에서는 이미 1960년대에 행태학자들이 모자(母子)관계 및 아동의 행동을 연구하기 시작했다. 이 분야에 대해서는 존 보울비가 그의 생물학적 결속이론으로 자극을 주었다. 매리 D. S. 에인즈워드, 매리 메인 그리고 나중에 클라우스 그로스만이 그의 이론적 입장을 따랐다. 아동행태학의 발전에 있어서 또 다른 초석을 놓은 것은 1972년에 발간된 윌리엄 맥그류[82]와 닉 블러턴 존스[83]의 연구였다. 그러나 이들과 마찬가지로 초기의 행태학자로 간주되는 로버트 힌데는 인류행태학을 처음부터 거부하는 입장이었다.

처음부터 나는 문화비교적인 연구의 틀 안에서, 아동집단에서 진행되는 재귀조직과정에 대한 종단연구를 위해 유치원 프로그램이 개발되어야 한다고 생각하였다. 아이들 사이의 서열과 친구관계 및 이때 동원되는 상호작용의 전략은 어떻게 형성되는가? 싸움은 어떻게 시작되고, 공격은 어떻게 차단되는가? 다른 아이가 자기에게 무엇을 선물하는 행동을 아이는 어떻게 판단하는가?

아동행태학을 연구하기 시작했을 때, 우리는 일단 인간의 안면운동을 연구하는 방법론인 '안면동작 코딩 시스템'(FACS)에 몰두하였다. 그것은 스웨덴의 칼-헤르만 히오르츠외의 연구에[84] 토대를 두어 미국의 심리학자인 폴 에크만과 윌러스 프리슨이 개발한 것이다.[85] 이 방법론은 우리에게 매우 설득력 있는 것으로 여겨져 우리는 임상에 적용하였다. 나중에는 에크만의 방법론의 절차들을 배우도록 연구보조원을 그에게 보냈다. 우리는 연구계획을 잘 세우기 위하여, 특히 미네아폴리스 소재 미네소타 대학의 아동발달연구소의 아동심리학자인 윌리엄 찰즈워드와 마리오 폰 크라나하와도 논의를 하였다.

찰즈워드와 크라나하 그리고 나는 1971년 6월에 슈타른베르크 근교의 페르하로 인류생태학 소그룹을 초청하기로 하였다. 그 그룹의 구성원은 폴 에크만, 윌리엄 맥그류, 윌리엄 찰즈워드, 괴팅엔 과학영화 연구소의 헤르만 쿠스치카와 뮌헨 막스 플랑크 정신의학 연구소의 볼프강 빅클러와 고트발트였다. 그 며칠은 아주 고무적인 날이었다. 우리는 문제설정과 방법론을 토론했고, 향후에도 지속적으로 만나기로 합의하였다. 1972년에는 빌 찰즈워드의 집에서, 1973년에는 다시 페르하에서, 1974년에는 런던, 그리고 1975년에는 셰필드에서 모였다. 여러 차례의 심포지엄 결과, 드디어 '국제 인류행태학회'가 결성되었는데, 나는 1972년 창립 이후로 그 학회에 몸담고 있으며 1985년에는 회장을 맡게 되었다.

1971년 4월에는 바바라 홀트가 나의 연구팀에 합류하였다. 그녀는 동물학으로 석사학위를 취득한 재원으로 인류행태학을 주제로 박사과정을 밟고자 했다. 그녀는 전통적인 유치원은 물론 반권위주의적으로 운영되는 유치원 등 여러 방식으로 운영되는 바이에른의 유치원을 연구하기 시작했다. 그녀는 아이들이 서로를 어떻게 다루고, 특정한 행동방식에 어떻게 반응하는지를 채록하였다. 그녀는 아이들이 놀이를 조직할 수 있고, 재치가 풍부함을 입증하였으며, 다른 애들을 달래며 다른 아이들과 나누어 가지고, 약한 애들을 보호하고 다른 아이의 공격에 대해서 방어할 수 있고, 급한 경우에는 존경심을 버리는 등의 행동으로 자신을 드러내는 아이들이 있다는 것을 알아 내었다. 다른 아이들은 이 아이들에게 주의를 기울이며 특정한 물건을 보여 주며 도움을 요청한다. 위에 말한 속성을 가진 아이들은 다른 아이들에게 최고의 인기를 누린다.[86] 다른 아이들은 그 아이의 행동을 눈여겨보았다가 따라 한다. 그것이 바로 유인원들 사이의 서열을 인식하기 위하여 영국의 행태학자 마이클 챈스가 다듬어 놓은 기준들이다.[87] 거기에서도 서열이 높은 존재는 남들 이목의 초점에 있다. 한 무리의 우두머리가 누구인지 알려면 구성원 중 누구에게 눈길이 가장 많이 가는가를 세기만 하면 되었다.

바바라 홀트는, 나중에 이와 같은 재귀조직과정을 일본의 유치원과 중앙아프리카의 칼라하리 사막의 그위 부시맨의 아동그룹에서도 확인하였다. 나는 이와 같은 이목집중의 기준이 인간에게도 존재하며, 그것이 일단 한 사람이 서열이 더 높은 사람에 상대적으로 규정되는 — 우리에게 긍정적인 것으로 평가되는 — 사회적인 변별특징이자, 결국 서열이 낮은 사람의 행동을 자신에게 걸맞은 위치로 가져온다는 그녀의 발견이 매우 중요하다고 보았다. 근본적으로 폭력에 기초하는 새나 포유류의 많은 그룹들의 상하관계와는 달리, 인간의 아동그룹에서는 공격성이 위치를 결정하는 것이 아니라, 그 아동의 친화력 및 사교적 능력 그리고 당연히 지식이 결정적인 역할을 한다. 말하자면 인

간의 서열질서에서는 '통솔력'이 문제되는 것이지 '힘의 우위'가 중요
한 것은 아니다.

우월관계는 정복자가 다른 이들을 복종시킬 때 형성된다. 정복자들
은 종종 통솔자의 사회적 · 전문적인 능력을 더이상 알아차릴 수 없는
익명의 공동체 속에 개인들이 존재할 경우에 군림한다. 그래서 우리는
공개석상에서 비춰지는 모습을 보고서 정치가들을 선택하고, 안전한
용모나 욕망이나 다를 바 없는 맹목의 제물로 만드는 것이다. 그런 자
들은 권력을 잡게 되면 권력을 무차별하게 행사하는 경향이 있다. 그
것은 그들이 억압받는 사람들을 개인적으로 알지 못하기 때문이다. 인
간은 이방인들에게 별로 가책을 느끼지 않는 존재이다.

나의 제자인 칼 그라머는 유치원 프로젝트를 완성해 갔다.[88] 그는
전체 인원이 20명인 바이에른의 한 유치원에 원격 조정되는 비디오 장
치를 달아서 아이들을 관찰하였다. 그는 1979년과 1982년 한 해 전체
를 비디오로 녹화했다.

사회생물학의 개화

1970년대는 인류행태학에서 결정적으로 중요한 시기였다. 이 시기에
인류행태학은 일단 동물의 행동을 연구하여 전개된 연구가설을 인간
에게도 적용할 수 있음을 입증하였다. 생물학은 인간에 대한 이 과학
에 토대를 제공한다. 인문과학조차도 궁극적으로는 일정한 행동의 구
현이 ─ 그것이 관습이든 건축양식이든, 종교적인 의례든 옷의 유행
이든간에 ─ 무엇을 위하여 존재하는가라는 질문을 다루는 것이다.

왜냐하면 우리가 행하거나 남기는 거의 모든 것은 우리 자신의 '적응력', 즉 우리 자신이 습득하고 후손들에게서 살아 남는 진화상의 적응 능력에 영향을 끼치기 때문이다.

결국 그것이 문화적으로 된 것이든, 종족사적으로 프로그래밍된 표현이나 지각이든 모두 중요한 것이다. 우리는 이 질문들을 끝까지 밀고 나가 실제로 행해볼 수도 있다. 연구란 다양한 층위에서 인과성의 사슬을 추적한다. 그리고 일단 그로부터 귀결되는 세부적인 지식이 예측을 가능하게 만든다. 문화는 —— 고등 유인원의 초기의 단초들은 물론이고 —— 인간의 많은 경이로운 삶의 표출 중의 하나이다. 문화는 또한 자기 자체의 법칙을 따른다. 그러나 문화를 창출하고 이용하는 것은 살아 있는 두뇌들이다. 우리가 원하든 원치 않든 우리의 행동은 늘 결과를 가진다. 오늘날과 같은 인류의 위기상황에서는 우리의 가치관, 정치적 행위와 일상생활의 행동이 우리의 생존을 도모한다는 점에서 의미가 있는지 물어 보는 것이 현명하다. 다행스럽게도 우리는 이 문제를 제기할 수 있으며, '생각하는'(sapiens)이라는 수식어는 그에 걸맞게 행동할 때에만 쓸모가 있다.

그런데 왜 그렇게 많은 지성인들은 생물학에 알레르기 반응을 보이는가? 아마 여러 가지 원인이 있을 것이다. 우리의 권력욕에 의해서 무너져 버린 오용된 자유의 개념 때문일 수도 있다. 우리는 자연 위에 군림만 하려는 것이 아니라 자연의 속박에서 벗어나 자유롭게 행동하려는 것이다. 우리는 자연이 종족사적인 유전의 형태로 물려 준 고삐를 그대로 가지고 살고 싶어하지 않는다. 물론 자연의 고삐에는 누구나 굴복해야 하지만 말이다. 우리는 그것을 인식하고 나아가 기초생리학은 고도의 정신적 능력과는 무관하다고 설명한다. 그렇다면 특정한 호르몬 분비선의 기능과 감동적인 사랑의 시 사이에 일정한 관계는 없는가?

이런 질문을 하는 것만으로도 어떤 일정한 학문적 분위기에서는 조롱거리가 된다. 예술은 그 이상이라는 것이다! 사실 단선적인 인과적 설명은 설 땅이 없다. 모든 새로운 발달단계와 조직화의 새로운 복잡성으로 인해서 그것들을 구축하는 성분들의 속성을 통해서는 설명될 수 없는 새로운 체계의 속성이 나타난다.* 그런데 그것이 모두 소용되는 것은 아니라는 것이다. 그러나 우리는 적어도 몇몇 영역에서는 목적으로부터 벗어나서 창조적으로 우리를 계발할 수 있기를 바란다. 그러나 목적을 넘어선 창조적인 것은 무엇보다도 진화인데, 그것을 확인해야 비로소 어떤 적응능력이 완수되었는지를 확인할 수 있기 때문이다.

우리 행위의 대부분은 선택을 초월하는 중립적인 것일 수 있다. 예를 들면, 생명을 유지하는 과정의 부수현상 같은 것이다. 심해 달팽이는 집을 지을 때 눈으로는 거의 볼 수 없는 어떤 패턴을 만드는데, 그것은 아마 어떤 중요한 생리적 과정의 무의미한 부수현상이거나, 그런 과정들과는 무관하게 유전적인 구축을 토대로 완성되어서 스스로를 유지하는(적응 중립적인) 특징일 것이다. 그러나 그렇게 각인된 달팽이가 얕은 바다로 이동하면 그런 상황은 완전히 돌변한다.

인간의 많은 문화적 역량에서도 이와 비슷한 것을 볼 수 있다. 예를 들어 미술을 보도록 하자. 우리는 게슈탈트 지각이 선천적인 법칙을 따르는 현상은 의심할 바 없이 적응으로 이해할 수 있다. 지각은 우리가 유희할 수 있는 다양한 선호과정을 제시한다. 네덜란드의 판화가인 마우리츠 에셔**는 거장다운 솜씨로 조망시각상의 오류를 야기하는

---

* 이것을 인지과학이나 사이버네틱, 물리학에서는 창발현상(emergence, Emergenz)이라 한다. 이에 대해서는 옮긴이의 역서 『구성주의』(까치글방, 1995)를 참조할 것.

** 에셔에 대해서는 D. R. Hofstadter의 대작 *Göedel, Escher, Bach*(1979)와 옮긴이의 한국어판 『괴델, 에셔, 바흐』(1–2권, 까치, 1998)를 참조할 것.

정신적 이미지들을 실험하는 방식을 보여 준 바 있다. 우리에게 선천적인 지각의 선입관은 동기와 마찬가지로 동화를 촉진하도록 적응하게 해주는데, 그것은 회화에서 목적이 없는 창조적인 행동에 대한 사전 기초성향을 창출한다. 물론 그 자체가 목적인 합목적적 미술과 소통을 위한 미술 사이에는 여러 완충지대가 존재한다.

스스로의 미학적인 지각을 다루는 예술가는 자신의 의도와는 관계없이 관찰자에게 영향을 끼친다. 대부분 그는 자기의 작품이 다른 사람을 어리둥절하게 하고, 인상을 주며 기쁘게 하는 등으로 주목을 끌기를 바란다. 그는 이런 목적 때문에 특정한 감정을 유발하기 위하여 시각적인 자극의 열쇠를 이용한다. 예술은 건축이든 노래든, 대부분 주의력을 결속시키는 미학적인 열광을 배경으로 정보를 전달한다.

생물학자가 그런 맥락들을 이해하려고 노력한다면, 이 세상을 모독하는 것인가? 그런 신비는 이해에서 선호되는가? 그것은 취향 이상의 사안이다. 일단 현실 부분을 인식하는 것은 각별한 종류의 미적 체험이다. 그래서 예술가나 과학자나 알고 보면 다 형제들이다. 그들은 현실의 단면을 조명하려는 동일한 노력을 한다. 결국 계몽은 생존을 위한 도움이다. 예술가와 과학자는 인간이 멸망하지 않도록 운명과 싸우는 연구자들이다.

생물학에 대한 어느 정도 비이성적인 반박들 중에는 매우 세속적인 동기에 기인하는 것들이 많다. 알고 보면 권력 때문에, 그리고 자기들의 이익 때문에 그러는 것이다. 권력욕에 사로잡힌 정치가들은 늘 그들의 생각대로 사람을 좌지우지하려고 한다. 인간은 자기들 손에 있는 밀랍인형에 불과하다는 것이다. 그들은 자기에게 장애가 될 '인간의 본성'을 용인하지 않는다. 동유럽의 마르크스주의는 바로 이런 무지 때문에 실패한 것이며, 북아메리카의 용광로 유토피아 또한 실패하였다.

상황이 그럴지라도, 이곳 유럽에는 다문화적 공동체의 은총이 가능하다는 움직임이 일고 있으며 동시에 있을 수 있는 갈등에 대한 경고 또한 존재한다. 우리는 인간행동에 내재하는 생물학적인 불변함을 고려할 필요가 없다는 것이다. 계몽이야말로 우리를 조화롭게 살 수 있게 해주기 때문에 바로 지금 해야 할 일은 계몽이라는 것이다. 인식보다는 캠페인이 앞선다. 예를 들면 기민당 정치가인 하이너 가이슬러가 그런 입장이다. 즉 그는 "우리는 결국 작은 부리울새는 아니다"라는 논거로 다문화적인 공동체의 구상에 대해 행태학적인 반박을 하고 있다. 마치 생물학자들이 노래 부르는 새들의 영역행동을 인간에게 적용하려는 듯이 말이다.

그러나 그것은 비교적 별로 해가 없는 경우이다. 생물학적 행동연구는 이미 다른 공격에 노출되어 왔다. 그 예는 이미 언급한 바 있다. 또 다른 것은 1974년에 미국에서 발행된 에텔 토바치와 그의 연구진의 『네 명의 마술쟁이 — 인종차별주의, 성차별주의, 군국주의 그리고 사회 진화론』이다. 인종차별주의자들이란 여러 다양한 인종의 행동에서 나타나는 유전으로 물려받은 차이를 지적하고 있으며, 성차별주의자들은 남성과 여성의 차이를 지적하며, 군국주의자들은 선천적으로 타고난 공격적 토대에 주의를 기울이며, 사회진화론자들은 일정한 민족 집단의 다양한 성공을 유전에 기인하는 재능의 차이로 환원하며, 선택의 영향을 부르짖는 자들이다. 이와 비슷한 선입관은 여전히 당시보다 덜하지 않다.

그렇다면 우리는 우호적으로 의도된 이데올로기를 위하여 진리에 침묵해야 하는가? 인종들 사이에 생리학이나 기질 또는 일정한 특수재능상의 차이들이 존재한다면, 우리는 인종주의라는 무차별한 비난을 퍼붓는 대신에 그것에 대해서 기술하고 연구할 수 있어야 한다. 미국의 행태학자 대니얼 프리드맨은[89] 백인, 흑인 그리고 중국인 신생아를 대상으로 실험한 적이 있다. 그가 뉴욕의 병원에 있는 중국 혈통의 신생아의 얼굴에 수건을 덮었더니, 그들은 조용히 있었다. 그러나 백인과 흑인 신생아들은 불편해하였다. 나는 프리드맨을 잘 알고 있는데, 그는 결코 인종차별주의자가 아니다. 인종차별주의라는 명칭은 인종들 사이의 차이를 확인하는 것에 그치지 않고, 그것을 평가하여 특정한 인종에 속함으로써 다른 인종보다 엘리트라는 우월감을 가지고, 그로부터 다른 인종을 지배하거나 축출할 수 있는 권리를 유도해내는 경우에 해당하는 말이다. 모든 영역과 민족에는 그런 인종차별주의의 대표자들이 있어 왔고 현재까지도 존재한다. 또 인문과학이나 자연과학 어디에도 존재한다. 어쨌든 나는 다른 영역에 비해서 생물학자들 중에는 인종차별주의자가 훨씬 적다는 인상을 받았다. 왜냐하면 생물학자들은 다양성을 인정하며, 그것이 보존되기를 바라기 때문이다.

하버드 대학의 역사학 교수인 스테픈 선스트롬은, 남방의 노예가 아닌 식민주의자의 일기 중 한 부분을 교재로 제시했다는 이유로 인종차별주의자라는 비난을 받은 적이 있다. 그가 노예제를 옹호했다는 것이다. 노예에 대한 기억이 존재하지 않는다는 것은 슬픈 일이다. 그러나 그렇다고 역사가 바뀔 수는 없다. 뿐만 아니라 선스트롬은 '인디언'이라는 개념을 사용하였는데, 그로 인해 비판자들의 눈에 차별주의자로 비쳤던 것이다. 그는 '인디언' 대신에 '아메리카 원주민'이라고 불러야 했을 것이다.[90]

나 또한 나의 『인류행태학 개론』의 영어판에서 그때까지 통용되어 오던 '부시맨'이라는 표현을 사용했다고 비난받은 적이 있다. 뿐만 아니라 사람들은 내가 부시 족들을 부시맨이 아니라 "샌"이라고 불렀다는 이유로 나를 성차별주의자로 몰아세웠다. 물론 부시맨들은 자신들이 "부시맨"으로 불리는 것을 선호한다. "샌"이라는 표현은 그들의 이웃부족인 반투 족이 부시맨들을 얕잡아 부르는 것이기 때문이다.

라틴아메리카 문학 교수인 노먼 홀랜드는 그의 수업이 '유럽중심주의적'이라는 이유로 하버드 대학에서 해고당했다. 그가 『백년 동안의 고독』을 다루었을 때, 저자인 콜롬비아의 가브리엘 가르시아 마르케스를 마르셀 프루스트와 제임스 조이스의 반열에 놓고 소개하였다. 이것은 '정치적으로 옳은 말'이 요구되는 미국 대학에서 횡행하였던 언어 테러의 결과이다. 조지 오웰이 "새로운 말"이라고 경고했던 그것이 바로 현실이 된 셈이다. 스스로 임명된 질서수호자들은 교수들이 '정치적으로 올바르게'[91] 행동하는 것을 감시한다.

행동연구자들은 종종 이렇게 비합리적인 공격들에 대해서 잘 반박하였다. 1973년에 콘라트 로렌츠, 니콜라스 틴베르헨, 그리고 칼 폰 프리쉬는 공동으로 노벨상을 수상하였고, 1981년에는 로저 스페리와 데이빗 허벨 그리고 토르스텐 비젤 같은 신경행태학자들이 노벨상을 수상하였다.

1970년대에는 새로운 분과 학문으로서 사회생물학이 만개하였다. 인간과학은 그로부터도 결정적인 자극을 받았다. 특히 에드워드 윌슨의 저서 『사회생물학, 새로운 통합』은 이정표적인 대작이다. 1975년에 발행된 그 책은, 동물들이 그들의 유전자의 확산을 극대화하고 '적응되어' 행동하기 위하여 특정한 상황에서 어떻게 행동해야 하는지를 손익계산의 관점에서 연구하였던 윌리엄 해밀튼, 찰스 윌리엄스, 존 메이너드 스미스와 로버트 트라이버스의 연구에 토대를 두었다.[92] 행태학자들이 당시까지의 '적응된'을 '종을 보존하는'과 등치했었다면, 사회생물학자들은 그러한 종의 이익은 존재할 수 없다는 것을 확실히 보여 주었다.

각 개체는 오히려 자기들의 유전자만을 최대한 확산시키려고 한다. 이때 각 유전자에 있어서 개체를 그 자체로 표시하는 것이 중요하다. 각 개체는 일회적이고, 유전적인 자기 이익을 대변하며, 따라서 진화를 촉진하는 뾰족한 주사기이다. 이제 개체를 결정하는 유전자들이 근접한 혈족들에게서도 발견될 확률이 어느 정도 있기 때문에, 개체가 가족구성원을 요구할 경우에도 개체는 적응되어 행동한다. 한 인격을 나타내는 유전자들이 그들의 자식이나 형제에게서 발견될 확률은 50퍼센트에 달한다. 손자나 조카에게서는 1/4로 줄어든다. 선택의 출발점은 친족의 등급에 따라 차별적으로 요구되는 개체들이다. 따라서 우리는 개체 또는 씨족 선택이라고 말한다. 씨족의 선택은 개체의 획득뿐만 아니라, 전체 습득의 경우이기도 하다.

어쨌든 인간에게는, 다른 집단들과의 전쟁이나 경제적인 경쟁에서 선택의 단위로서[93] 등장하게끔, 혈족이 아닌 집단들도 강력하게 결속시켜 주는 (종족사의 과정에 따라 개체 선택적으로) 구속적인 행동방식 및 동기가 전개된다. 이때 한 집단이 현저하게 이기주의자들로 구성되었는지, 아니면 집단에 충직하고 기꺼이 희생하는 개체들로 구성되었는지에 대한 차이가 나타난다. 집단의 층위에서는 개체 선택적으로 전개되었지만 좀더 넓은 의미의 선택과정에 보존되어야 하는 속성들도 존재한다. 인간에게서는 이기주의와 집단에 대한 충성의 미덕 사이의 적절한 균형이 중요하며, 개체와 집단은 선택의 단위로서 2단계 과정에서 출현한다.

집단은 근친을 포괄하는데, 그것은 역사적으로 성장한 모든 국가들에서 마찬가지이다. 공동의 족보를 통하여 이루어진 가족에 준하는 친족에 대한 암시는 모든 대집단에서 이데올로기적으로 강조되며, 원시부족 또한 그들의 숭배조상에 토대를 둔다. '국가/민족'[94]이라는 낱말 또한 이러한 정황을 표출한다.

더욱이 사회생물학자들은 그들의 손익계산에서, 제례화된 마상경기 같은 행동패턴도 개체 선택적으로 생성될 수 있다는 것을 보여 주었다. 종 구성원간의 호흡뿐만 아니라, 자기들 스스로의 위험의 감소도 중요한 것이다. 이러한 새로운 통합을 결정하는 행동생태학과 인구유전학의 결합은 그야말로 결실 있는 것으로 입증되었다.

일단 선택의 단위에 대한 활발한 토론이 전개됨으로써 정의가 불분명한 개념적 혼란이 횡행하였다. 우리는 선택의 단위로서 때로는 개체를, 때로는 유전자를 설정함으로써 선택을 규정하는 단위를 남발하였다. 더욱이 상당수의 사회생물학자들은 다른 사람들에게 거부감을 주는 용어를 사용하였다. 예를 들면, 리처드 도킨스는[95] 마치 유전자가 동기를 가지기나 한 듯이 "이기적인 유전자"를 언급했다. 물론 애초에 그것을 의도했던 것이 아니라 교육적인 자극을 주려고 했을 뿐이다. 그러나 그가 원하던 바와는 달리 오히려 더 심한 혼란을 조장했을 뿐이다.

그 밖에도 대부분의 사회생물학자들은 연속적으로 모델 계산에만 치중했을 뿐 행동관찰을 무시하였다. 그들은 무엇보다도 정상과 비정상 사이의 경계가 무엇인지를 밝혀 줄 함수를 발견하려고 하였다. 새로운 세계에 새로운 것을 보존해 주는 실험을 통해 각각의 돌연변이를 관찰할 수 있는가? 정확히 말하자면 그렇다. 이에 따르면, 인간공동체에서는 사기꾼, 강도 또는 살인자들도 진화의 실험으로 평가될지 모른다. 인간사회에서나 동물에게서나 그들은 일정한 비율을 차지한다. 역선택이 사라지게 할 만큼 충분히 강력하지 않기 때문에 그들은 존속할 수 있다. 예를 들어 마상경기에서는 늘 남에게 부상을 입히면서 싸우는 개체들이 있다. 우리는 그것이 전체 인구에서 얼마만큼의 비율로 나타나는지 모델 속에서 어느 정도 계산할 수 있다. 부상을 입히는 전사가 마상경기에 나타나면, 그는 그 경기가 동일한 상금을 주지 않고 마찬가지로 잠정적으로 부상을 입히는 전사가 된다는 전제 하에서 장점을 가진다. 그러나 일단 전체 인구 중에 일정한 수의 부상 입히는 전사가 나타나면, 그들은 장점을 상실한다. 왜냐하면 이제 그들은 더욱 자주 서로를 쓰러뜨릴 것이기 때문이다. 그래서 결국 상처를 입히는 전사와 마상경기자들 사이에 균형이 맞추어진다. 그것이 바로 모델이다.

어쨌든 현실은 종종 다르게 보이기도 한다. 마상경기 전사들은 대부분 부상 입히는 전사들의 레퍼토리를 사용한다. 그들은 일단 그들의 적수에 대해 규칙을 지키다가도 부상 입히는 방식으로 공격을 당하는 즉시 그들 자신도 순식간에 부상 입히는 전사로 돌변한다는 전제 하에 행동한다. 그로 인해서 부상 입히는 전사들은 늘 부상 입히는 전사들과 싸울 수밖에 없게 된다. 따라서 그들은 마상경기에서 서로 단점에 노출되는 것이다. 그렇다고 그들이 반드시 어떤 인구에서 완전히 사라지는 것을 의미하지는 않는다. 적어도 돌연변이로서 그들은 늘 다시 출현한다.

내가 알기로 존 메이너드 스미스가 어떤 인구에나 일정한 정도까지는 '일탈자들'이 존재한다는 것을 최초로 지적하였다.[96] 뿐만 아니라 메이너드 스미스는 "진화상으로 안정적인 전략"이라는 개념도 도입하였다. 나는 그가 의도라는 것이 존재하지만 부여되지는 않았다고 확언했기 때문에 그를 비판하였다. 오늘날 우리는 이것을 좀더 적절하게, 진화에 안정적인 상태라고 말한다. 그것은 게슈탈트의 복합형태들이 인구를 유전적으로 안정시키는 것과 비슷하게, 행동의 복합형태가 중요한 경우에는 선택적일 수 있다.

방울뱀의 한 배에는 늘 상이한 식성을 가지는 형제들이 있다. 어떤 뱀은 달팽이를 가장 좋아하고, 어떤 것은 벌레를, 그리고 또 어떤 것은 잡식성인 경우가 있다.[97] 갈라파고스 군도에는 세 가지 상이한 번데기 형태로 부화하는 나방이 있다. 각 형태는 부화장소를 선택함에 있어서 그들에게 가장 잘 적응된 위장색을 보여 준다.[98]

사회생물학적인 착상은 미국과 서유럽의 지성인 사회에서 강한 영향력을 가지고 있던 타불라-라사(백지)설에 타격을 입혔다. 그래서 격렬한 논쟁을 통해 종종 객관적인 요구를 하는 사회생물학의 입장을 격렬히 비난하였다. '이기적인 유전자'라는 생각은 유혈이 낭자한 이빨로 생존의 투쟁이 벌어지는 자연의 모습을 다시 일깨워 주었다. 이에 대해서는 간혹 폭력으로 구역을 접수하는 수놈이 전임 우두머리의 새끼들을 죽이는 사자와 인도원숭이들에 대한 관찰이 기여하였다. 상당수의 동물학자들은 사자나 인도원숭이가 전임자의 새끼를 죽이는 것은, 암놈이 다시 빨리 교미기로 돌아와서 새로운 폭군에게 굴복하게 만들 수 있다는 장점 때문이라고 믿고 있다.

그러나 이런 과정은 종종 피를 흘리지 않고도 전적으로 이루어질 수 있다. 새끼를 살해하는 것을 입증한다는 대부분의 데이터들은 검증되지 않은 것이다. 새끼죽이기에 대한 최초의 자료들은 '증거'가 부족했기 때문에 거의 출판되지 못하였다. 그 자료들 대부분은 자세히 검토해 보면 추측에 불과하다. 부상당하거나 죽은 새끼들을 발견하면 곧바로 우두머리에 의해 다쳤거나 살해되었다고 결론내린 것이다.

그러나 그것은 사회생물학의 기여를 비난하기 위한 부수현상일 뿐이다. 중요한 것은 사회생물학에서 주장하는 것이 유전적인 생존 그리고 그것을 위하여 진화과정에서 선천적인 지각방식, 동기 및 행동의 전략들이 구비되어 왔다는 것을 말한다는 것이다.

최초의 접촉

1980년대의 나의 인류행태학 연구의 분수령은 당시까지 문명사회의 발길이 닿은 적이 없던 중서부 뉴기니의 북쪽에 위치한 메크 부족을 방문한 것이었다. 이 잊을 수 없는 탐사의 출발점은 헬리콥터를 타고 도착한 코사레크의 다마크신 부락이었다. 폴커 헤셴, 불프 쉬펜회벨과 내가 참가하였고, 코사레크 족에서는 젊은 청년 실라스와 레비가 참가하였다.

우리를 다마크신에서 라우에낭으로 데려갈 사람을 이틀이나 찾아야 했다. 안내인들은 그 부족이 우리를 죽이지는 않겠지만 유령으로 간주하여 쫓을 것이라고 경고하였다. 대부분의 대원은 겁을 먹었으나, 멋있는 도끼와 칼을 가지고 갈 거라는 희망 때문에 공포의 이야기를 계속 듣기로 했다. 드디어 우리가 방문하려던 라우에낭 부락에 친척이 사는 켄자에를 만나게 되었다.

벌써 열 시간 동안이나 낯선 지역으로 들어왔다. 해가 쨍쨍한 아침 서늘한 강 골짜기와 울창한 숲을 지나는 —— 이 때문에 비지땀을 흘렸지만 —— 아주 아름다운 산책 끝에, 북쪽에 있는 이름모를 계곡의 거의 수직으로 솟은 언덕에 도달하였다. 그곳은 앉아 있기에는 너무 가팔라서 미끄러져 떨어질 정도였다. 가끔 우리는 바위 위로 울퉁불퉁 솟아난 덩굴 위에 멈추었다. 그때 눈이 너무 많이 내려서 몸이 흠뻑 젖었고 양말과 짐도 홀딱 젖어 버렸다. 사람이 사는 징후를 처음 알려 준 오두막이 있는 작은 정원에 도착했을 때에는 온몸이 젖어 있었다. 이 집은 모두가 들어가기에는 비좁았기 때문에, 나와 불프 그리고 폴커는 다른 건조한 숙소를 찾아 나섰다. 그 정원 건너편에 있는 자그마한 골짜기에서 좀 큰 집을 발견하였다.

입구에 있는 두꺼운 판자를 치워 버리고 인적이 없는 마룻바닥의 틈으로 난 좁은 구멍을 비집고 들어갔다. 그곳은 놀라울 정도로 정적에 휩싸여 있었다. 손전등으로 불을 비추자 세 개의 성스러운 방패가 눈에 띄었다. 우리는 성스러운 남자의 집에 들어간 것이다. 그곳은 음산하기 이를 데 없었다. 보통 때 같으면 그런 건물에는 권한을 가진 사람의 허락을 받아야만 들어갈 수 있었으며, 일정한 의식을 치러야 한다. 터부를 어기면 비싼 대가를 치러야 한다. 그 대가란 그들이 말하는 병이나 죽음 또는 흉작이나 지진 등이 일어나는 걸 말한다.

원주민들이 그들의 문화를 보존하기 위한 방어본능 때문에, 폴커 헤셴은 우리가 방문하기 전에 다마크신에 세 번이나 다녀왔다. 셍탈에서는 1968년에 두 명의 선교사가 화살에 맞아 죽은 적이 있었다. 원주민들은 그들이 마을을 다 불태운다고 여겼기 때문이다. 그들도 두려움을 가졌기 때문에 코사레크 사람, 즉 인 족은 최초의 접촉 시도를 거부한 것이다. 닙산에서는 1974년 5월에 터부를 어겼다는 이유로 세 명의 기독교도가 살해당하였다. 그래서 이 지역 사람들은 방문객들에 대해 상당한 불신감을 가지고 있다. 벨라릭에서 온 개신교도인 나리크는 1976년 코사레크 북쪽의 켈레카 부족의 영역에 들어가려고 했을 때 추방당하였다. 당시의 일을 그는 이렇게 술회하고 있다.

"1976년 3월 27일, 우리는 아홉 시간이나 걸어왔다. 켈레카 부족의 광장 부근의 숲에서 밤을 새웠다. 일요일 아침에는 안개가 짙게 깔렸기 때문에 몸을 숨겨서 켈레카 마을에 접근할 수 있었다. 그런데 갑자기 안개가 걷혔을 때 광장에서 거대한 돌무더기와 수북이 쌓인 장작들을 보았다. 그것은 모든 침입자를 끓여서 잡아먹겠다는 켈레카 부족의 신호였다. 나는 추장과 말하려고 소리를 쳤다. '너희들에게 주려고 도끼와 부시맨 칼을 가지고 왔다. 우리는 너희의 친구다. 접근해도 되겠는가?' 그러자 답변이 울려퍼졌다. '너희들은 왜 왔는가? 우리는 너희들이 오기를 원하지 않는다. 돌멩이와 장작이 있으니 이제 요리할 고기만 있으면 된다. 자, 이제 너희들을 잡으러 갈 것이다!' 이 말이 떨어지기가 무섭게 화살이 쏟아졌기 때문에 내 뒤에 있던 사람에게 소리를 쳤다. '짐을 다 버려, 도망가! 도망가!' 우리는 겨우 목숨을 건질 수 있었다."

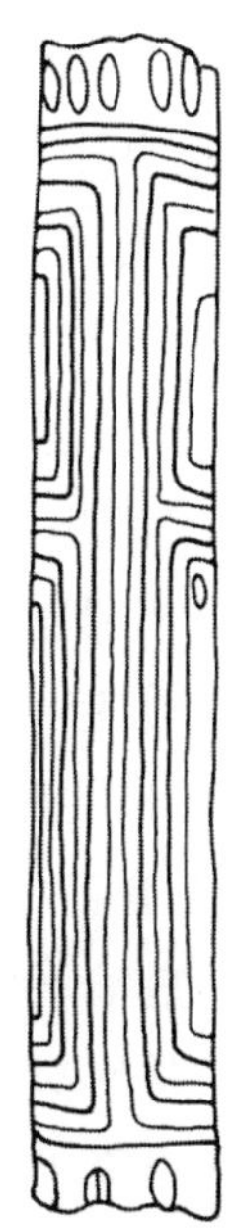

코사레크 부족 남자들의 집에 있는 성스런 기둥(메크 문화, 얄레낭)

1980년 3월, 사람들은 드디어 그들의 성스러운 것을 불태우려는 이 방인들을 몰아 내고 죽이는 데 사용할 방어의 마술을 생각해 냈다.

상황은 불안하였다. 무엇을 해야 하나? 지치고 습기에 쩔어서 다른 도리가 없었다. 왜냐하면 모든 무기를 내려놓고 선물을 가지고 그 마을에 갔기 때문에 매우 걱정스러웠다. 그래서 우리는 세 개의 성스러운 방패에게 보호해 달라고 빌었다. 그 방패에는 간단한 기호가 새겨져 있었다. 방패의 측면에는 나란히 겹쳐진 직각형의 흰 밭이 네 개 새겨져 있었다. 나무에 새겨진 그것은 번갈아서 흰색, 빨간색 그리고 검은색으로 채색된 선들로 둘러싸여 있었다. 그것이 상징하는 의미는 나중에 폴커 헤셴이 밝혀 냈다. 그 방패들은 곤궁의 시기에 만들어지며, 산에서 내려와서 그 방패가 놓인 것을 처음 본 사람들을 먹이로 잡아 먹었던 숭배물을 떠올려 준다. 결정적인 것은 모든 남자들이 방패를 완성하는 데 참여한다는 사실이다. 그들이 그것을 만드는 데는 시간이 꽤 걸린다. 그럼에도 불구하고 그들은 말하며 그 선에 의미를 부여한다. 많은 선은 식량이나 감자 내지는 사냥의 노획물을 의미하며, 남자들은 번성과 번창을 위하여 맹세한다. 방패가 완성되면 축제 분위기 속에서 성스러운 남자의 집 같은 곳에 세워진다.

켈라비 — 정원의 과실이 열림을 보장해 주는 — 는 우리가 잠자는 움막 위로 마치 보초같이 서 있었다. 석회와 홍갈색의 물감으로 그려진 켈라비의 커다란 요철은 우리의 유일한 광원이었던 촛불의 빛을 받아서 생동감 있고 거의 신성하게까지 보였다. 동시에 무엇인가 신성한 것 근처에서 무방비 상태로 잠에 빠져드는 것 같은, 마치 성당 안의 제단 근처에서 밤을 새는 듯 매우 조용하였다.

다음 날 아침, 1981년 9월 11일 일요일에는 화창하고 파란 하늘이 우리를 맞아 주었다. 우리는 일단 산 근처에 있는 강을 따라 산행을 했다. 그곳은 몇 개의 자그마한 개울만 건너면 될 정도였고, 결국 우리가 건너야 할 광장 지대에 당도하였다. 베인 나무들이 장애물로 놓여 있었기 때문에, 좁고 이끼가 덮인 미끄러운 나뭇가지 위를 곡예하듯이 건너갔다. 도처에 있었던 부러진 나뭇가지나 가시덤불에 걸려 다리에 상처를 입었다. 정말 험악한 길이었다. 결국 목적지인 라우에낭 부락 앞의 정원에 도착하였다. 긴장감이 돌기 시작하였다. 켄자에는 좀 불안해했다. 앞장을 섰던 그는 원치 않는 손님들과의 어려운 만남을 어떻게 처리해야 할지 고민하는 게 역력해 보였다. 한 세 시간쯤 후에 그는 우리에게 강 어귀에서 기다리라고 말하였다. 그는 우리를 맞이할 친척을 찾는 중이었다.

이 지역의 언어를 아는 폴커 헤셴은 라우에낭 족에게 우리는 수도 적고 전혀 위험하지도 않으며, 그들에게 의료봉사도 해주며 친구가 되고자 한다는 것을 말해 달라고 그에게 부탁하였다. 또 선물도 가지고 왔다고 말했다. 우리는 성소를 불태우는 그런 사람들이 아니며 오히려 그들을 존중하는 사람들이기 때문이다.

우리는 수영하고 식사하면서 시계만 쳐다보고 있었다. 켄자에가 어떤 소식을 가지고 올까? 한 시간 반이나 지나자 드디어 그가 다시 나타났다. 미소를 띠는 모습이 분명히 큰 짐을 벗은 듯했다. 손님들이 들어와도 좋다는 말을 하려는 듯이 말이다. 그들이 말하기를, 우리에게 부락에 들어와도 되며 그곳의 아궁이에서 음식을 대접해 주겠다고 한다. 또한 우리의 보조인도 마음을 놓았다. 실라스가 뛰어와서 외쳤다. "엘 왈리 시디크! 그(켄자에)는 정말 최고야!"

우리는 강을 건너서 작은 물풀이 있는 곳으로 갔다. 그리고 바위에 깊이 파고들어서 가파른 벽이 강을 양쪽에서 에워싸는 옆강으로 건너갔다. 바위를 하나하나씩 타고 넘어갈 때는 마치 중세시대의 요새를 기어오르는 기분이었다. 전체를 볼 수가 없었다. 그리고 강기슭을 벗어나서 다시 나뭇가지 위로 걸어가면서 정원 지역으로 힘겹게 균형을 잡으며 걸어갔다. 드디어 정원의 위쪽 끝에서 거위가 줄을 지어 오듯이 자신을 향해 오고 있는 우리 대열을 바로 보기 위해서 다리를 벌리고 바위에 앉아 있는 남자를 보았다. 그의 표정은 인상적이었으며, 흥분을 감추고는 있었으나 이마에 흐른 작은 땀방울과 간신히 억누르고 있는 거친 호흡으로 미루어보아 그도 긴장하고 있음이 분명했다. 그것은 서로의 약점을 숨기려는 전형적인 만남의 순간이었다. 그는 쪼그려 앉은 자세로 음경 보호대를 드러내 보였다. 그것은 다른 민족들을 통해서 이미 알고 있는 교미기 전의 위협행동이었다. 그에게 미소를 지었더니 아무 대응도 하지 않고 일어섰다. 그리고는 우리를 집이 세 채 있는 작은 부락으로 인도하였다. 작은 언덕의 저편으로는 좀 커다란 부락이 보였다. 그것은 우리에게 낯익은 오래 된 각본이었다.

그는 우리를 사람들이 몇 명밖에 없는 곳으로 데려갔다. 사람들이

파 계곡에서의 첫 접촉. 남자들은 좀 의심하는 태도로 팔짱을 낀 채 기다린다(위 왼쪽). 걱정하는 표정으로 여자가 남자의 팔을 붙잡는다(위 오른쪽). 카메라 촬영. 담배맛이 얼마나 '끔찍한지' 나타내려고 의례화된 머리보호 반응을 보이면서 에이포 족 남자가 표현을 하고 있다(아래).

여기에서 우리를 검사하는 동안에 더 큰 거주지들을 보았는데, 작은 집들 사이에 서 있던 두세 사람이 우리를 둘러보고 있었다. 그러나 이곳 사람들이 우리에 대하여 가지는 경계심은 그리 큰 것 같지는 않았다. 왜냐하면 이곳 서뉴기니 지역에서는 위험해 보이는 상황에서는 통상적으로 여자들이 집속에 숨어 있어야 하는데, 동네 여자들도 보였기 때문이다.

우리는 소금과 담배를 나누어 주었으며 우호적인 탐사의도를 알려 주었다. 재미있게도 라우에낭 부족은 소금이 무엇인지 몰랐다. 돌도끼 이외에 소금을 몰랐다는 사실은 이 지역이 다른 문명화된 지역과 교류가 없었다는 분명한 증거였다. 우리는 선물로 부시맨 칼 두 개와 쇠도끼를 주었다. 여기에서도 좀 본질적인 특징이 드러났다. 그들은 지나친 기쁨을 표시하지 않고 입술에 약간의 미소만 지을 뿐이었다. 별말 없이 선물을 거두어 갔다.

5시쯤 되어서 흙 화덕이 완성되었다. 우리는 고구마와 야채를 먹었으며, 별미라고 하는 나사 야자의 붉은 과즙으로 목을 축였다. 그들이 나누어 준 음식을 맛있게 먹음으로써 우리도 그들과 똑같은 사람임을 보여 주었다. 오두막 바깥에는 그곳에 머무르는 동안에 호기심 있게 우리를 관찰했던 여자가 하나 있었다.

식사가 끝나고 저녁 노을이 질 무렵 우리는 숙소로 향하였다. 우리는 그냥 맨땅 위에 지어진 오두막 아래층의 매우 작은 공간에서 잠을 잤다. 실라스와 레비가 밤에 그 밖의 정보들을 가지고 왔으며, 그들 나름대로 산 너머 저쪽 세상의 일에 대하여 잡담을 하였다. 그들은 우리가 추운 지방에서 왔기 때문에 옷을 걸치고 있으며, 그들과 피부는 다르지만, 마음씨로 미루어보아 그네들과 같은 사람이라고 말하였다. 그것은 불신을 녹여 주는 데 도움을 주었다. 불신이 완전히 사라진 것은 아니었지만 라우에낭 부족에게는 인간적인 것, 이해 가능한 것, 그리

라우에낭에서 돌아오는 길. 사진의 가운데는 폴커 헤셴, 오른쪽은 비아크의 전도사(왼쪽). 여인 하나와 그녀의 아이를 찍고 있다. 내 관심의 초점은 사진 가운데이다(오른쪽).

고 개괄할 수 있는 것의 세계는 산 두서너 개를 넘어가면, 그러니까 2 ~3일만 걸어서 가면 되는 정도의 범위에 불과했다.

그 사람들의 두뇌 속에서 무슨 생각이 벌어지는지 궁금해졌다. 그들은 우리에 대해서 무엇을 생각하며, 우리가 도착했을 때 왜 우리를 멈추게 했을까? 우리는 그것을 우리의 동반자들에게서 경험하였다. 라우에낭 부족은 우리를 귀신으로 보았다. 그것은 놀라운 일로 뉴기니에 대해 널리 유포된 상상과는 일치하지 않았다. 그 상상은 그들의 숭배자 중의 한 사람이 문화를 가져온다고 하는 악당들에게 쫓겨서 끔찍한 고문을 당한 뒤에 하늘로 갔다는 신화를 통해서 메크 부족에게서는 더욱 강화되었다. 그와 함께 켈라비가 나타났다. 그가 죽었던 자리인 메도발은 배양식물의 보관소이며 문명상품의 출현장소이자 인간 종족의 출현장이었다. 그것은 단 한 번에 생겨난 삶의 토대였다. 정치적인 조직, 정원 경작, 남성들만의 성소 등이 그것이다. 우리는 덜덜거리는 헬리콥터를 타고 날아갔다.

집주인은 우리 역시 그들의 신성한 것에 불을 지르려고 온 게 아닌지 늘 다시 되묻고는 하였다. 레비와 실라스는 코사레크 부족에게 그런 일을 한 것은 카테케텐이고 우리는 그들과 다른 사람들로서 오히려 그런 만행을 규탄하였다고 안심시켰다. 코사레크에서 온 젊은 남자들은 라우에낭과의 공통점을 발견하기 시작했으며, 그들은 춤의 축제, 무역상대자, 무역통로 및 상품들에 대하여 이야기하였다.

다음 날 아침에 우리는 더 큰 부락을 방문할 수 있도록 허락받았다. 많은 거주자들은 숲속으로 도망간 것 같았다. 몇몇 원주민들이 아직도 우리를 두려워해서 그런 것 같았다. 그러나 거기에 머물러 있었던 사람들은 칼과 쇠도끼의 품질을 인정하면서 가지고 있던 돌도끼를 정중하게 보여 주었다. 우리 곁에서 잤던 사람은 웃으면서 우리를 데리고 다녔다.

이제 우리는 일단 숨어 있었던 여자들을 보게 되었다. 남자들은 아픈 아이들을 데리고 왔으며, 여자애들도 치료받기를 원하였다. 불프 쉬펜회벨은 환자들의 신뢰를 빨리 얻었고 부락의 다른 사람들과도 곧 벽을 허물게 되었다. 그는 이미 코사레크 부족에게도 진료한 경험이 있었기 때문에 우리를 인도한 사람이 그의 솜씨를 인정하며 추켜세웠다. 부끄러움과 거리감은 순식간에 사라졌다. 우리가 다시 와도 되느냐고 물었더니 "오드 알루롬(물론이지요, 또 오세요)"이라고 대답했다.

돌아오는 데는 무려 5일이나 걸렸다. 코사레크에서 헬리콥터를 타고 간 그 길을 걸어서 와야 했기 때문이다. 우리가 묵었던 남자들의 성소 저편의 협곡으로 갈 때까지 몇 명의 남자들이 우리와 동행하면서 짐을 날라 주었다. 그 협곡은 라우에낭 부족과 적대적인 다마크신 부족의 숲과 사냥터로 가는 경계선이었다. 쉬면서 잠시 담소를 나누고 우리를 따라온 사람들과 작별하였다.

잠시 후 구름이 끼기 시작하더니 예측하지 못했던 광경이 펼쳐졌다. 우리는 중앙의 북쪽에 있는 강들이 합류하는 가장 큰 지류인 맘베라모 이리안 자야스까지 볼 수 있었다. 우리가 방문했던 라우에낭과 그 위 북쪽의 커다란 강 사이에는 더이상 사람이 살지 않는다고 하였다. 그 말이 맞겠지만 그렇지 않을지도 모르는 일이다. 그래서 그 말이 맞는지 좀 자세히 연구하고 싶었다.

야생의 개천을 건너가면서 구름이 심하게 끼어 걱정되었다. 우리와 동행한 사람 중의 하나가 다른쪽 기슭에 밧줄을 걸치는 데 성공하였다. 이 밧줄에 짐을 매달아 저쪽으로 미끄러뜨려 보냈다. 정작 우리가 그 밧줄을 타고 강을 건너려고 하자 개천은 물살이 센 강으로 변해서 건널 수 없었다. 셔츠와 바지만 입은 상태로 먹을 것도 없이 비를 흠뻑 맞으면서, 앞서 건너간 재수 좋은 우리 인솔자가 강 건너편에서 모닥불을 피우는 것을 처량하게 쳐다보고 있었다. 땅거머리들이 우글거렸기 때문에 이쪽 기슭에도 머무를 수가 없었다.

그곳에서 벗어나는 길에 우리는 사과야자나무 곡식을 모으는 한 사람을 만났고, 몸을 피할 수 있는 처마를 발견하였다. 그러니까 절벽 쪽으로 다시 한 시간이나 되돌아간 것이다. 기둥만 서 있을 뿐 지붕은 없는 집 곁에 완전히 젖은 채 주저앉았다. 측벽도 없는 집이었기 때문에 바람이 들이쳤다. 내 생애 가장 끔찍한 밤을 보냈다. 어쩔 수 없이 붕붕거리는 모기들에게 뜯겼고, 걸친 옷도 별로 없는 데다가 젖기까지 해서 온밤을 추위에 떨며 넘겼다. 불프 쉬펜회벨은 다음 날 아침에 사방 10센티미터 정도의 피부에 무려 200군데나 모기에 물린 자국을 확인하였다. 다음 날 다시 해가 떠 개천의 물이 줄어들자 건너갈 수 있었다.

이 지역의 북서쪽에 잠시 들른 후에 앞으로 탐사할 지역을 결정하려고 하였다. 동시에 우리는 작은 꿈을 이룰 수 있었다. 이미 협곡의 정점을 넘어섰고, 북쪽 산 앞자락 깊숙이 들어와 있었다. 그곳은 1979년에 에이포멕이 기독교 선교를 위하여 입성했던 곳이었다. 메크 부족의 영역 안에 있는 모든 커다란 고원지대의 계곡들은 근본주의자들의 손아귀에 있었다. 나는 협곡의 꼭대기에서 근본주의자들과 과학자들 사이에 존재하는 불신관계에 대하여 폴커 헤셴과 이야기를 나누었다.

약 6만 명의 메크 부족을 대상으로 당시에 이미 네 교파, 10명의 백인 선교사와 그 밖의 개신교도들이 있었다. 그 시기에 이 지역에서는 ― 우리와 같이 일하였던 ― 게르트 코흐와 클라우스 헬프리히가 조직한 독일학술재단의 연구진 등 불과 몇 개의 학술팀만이 연구를 할 수 있었다.[99] 1970년대만 해도 여기는 인류행태학과 민족학을 위한 풍부한 자료를 제공하는 연구지역이었던 것이다. 물론 나중에 사람들은 라우에닝 지역과 그 밖의 환경에서도 아주 오래 된 형태의 문화연구를 위한 자료들을 찾아 냈다. 그 지역은 주변을 둘러싸고 있는 산지에 의해서 외부로부터 고립되어 있었기 때문에 이 우주 시대에도 고유성을 간직하고 있는 부족들의 세부적인 문화를 연구할 수 있었다. 그 방문 이후로 약 17년이 지난 지금, 내가 듣기로는 그 사이에 문명화의 물결이 라우에닝에까지 스며들었다고 한다. 때묻지 않은 석기시대의 문화가 희생된 것이다.

야노마미 족에 대한 연구를 위하여 케네스 굿이라는 믿음직한 언어민족학자를 소개받게 되었다. 켄(케네스를 이렇게 불렀다)은 이미 여러 해 동안 하수피웨테리 부족과 함께 살면서 매우 복잡하게 암호화된 '계약의 노래'의 텍스트를 원주민의 도움으로 번역할 수 있을 정도로 야노마미 족의 언어를 잘 구사하였다. 1978년, 1979년 그리고 1980년에 우리는 같이 하수피웨테리를 방문하였다. 몇 년 동안 우리 사이가 원만치 못하였기 때문에 지난번 방문 때에는 좀 어려움이 있었으나, 그런 것은 이내 사라져 있었다. 켄은 이 세 번째 여행에서 자기의 앞날을 어떻게 결정할지에 대해 고민하였다. 그는 야노마미 처녀를 사랑하게 되었고 결혼을 약속하였다고 했다. 그의 책 『마음 속으로』[100]에서 켄은 당시 상황을 술회하고 있다. 그는 미국법에 따라서 그 처녀와 결혼하였고, 나는 1992년 초에 그들 부부와 세 자녀의 사진이 담긴 예쁜 장한 카드 한 장을 받았다.

켄과의 공동 연구를 끝마치고 난 후 새로운 공동 연구원을 찾았는데, 그는 하랄트 헤어초크라고 불리는 매우 재능 있는 언어학과 학생이었다. 그는 1982년에 파타노에테리 부족과 접촉하기 시작하여 야노마미 족의 언어를 매우 빨리 배웠다. 당시 파타노에테리 부족이 살던 거주지인 세로아나는 플라타날로부터 남쪽으로 이틀쯤 걸어서 가는 거리에 있었다. 1983년과 1984년, 나는 하랄트의 도움으로 세로아나에 대한 방대한 다큐멘트를 채록할 수 있었다. 그것은 하랄트가 내가 녹음한 대화들과 담소들을 옮겨 적은 다음 야노마미 원주민의 도움으로 번역한 것으로 매우 값진 자료였다. 예를 들면, 트란스에 거주하는 야노마미에게서 볼 수 있는 악령을 부르는 '악령쫓기 노래'의 텍스트들이 있었다. 그리고 어머니와 아버지가 아이들에게 하는 말도 번역하였다.[101]

하랄트는 명석하고 건전한 친구였으며, 자신의 놀라운 재능을 매우 흥미있는 방식으로 숲속의 원주민들의 속성과 결합시켰다. 종종 그는 심한 향수에 빠지기도 하였으나, 집중력이 뛰어난 학생이었다. 우리는 이미 3차 탐사를 계획하였고, 하랄트는 내가 세로아나에 체류할 것에 대비하여 미리 선발대로 떠났다. 1986년 1월 16일에 그와 만나기로 하였다. 하랄트는 세로아나에서 성탄을 보냈다. 그러나 그는 성탄절 첫

날 저녁 자기의 걸침대 곁에 두었던 총을 부주의로 건드려 오발사고로 죽고 말았다. 나는 아직도 그의 죽음에 대한 충격을 완전히 극복하지 못하고 있으며 그 일만 생각하면 눈물이 난다. 민속학을 공부하던 그의 아내 가브리엘레가 그의 작업을 이어 갔다. 또 다른 언어학자인 마리 클로드 마타이 밀러와 함께 두 번의 방문을 통하여 녹취작업을 속행하였다. 그동안에 마리 클로드 마타이 밀러는 비교적 어려운 텍스트들도 번역할 수 있을 정도로 야노마미 족의 언어를 구사하게 되었다. 앞으로 새로운 팀이 녹취작업을 계속해 갈 것이다.

1970년대에는 베네수엘라 당국이 그 지역에 대한 출입허가에 너무 늦장을 부렸기 때문에, 야노마미 족에서의 작업이 자주 어려워졌다. 그러나 그 이상의 작업중단을 막는 데는 성공하였다. 게다가 공동 연구원들이 바뀔 때마다 탐사지역 마을도 바꾸어야 했다. 케네스 굿이 빠지고 난 다음, 내가 이미 많이 작업해 놓았고 켄도 잘 알고 있었던 하수피웨테리에서의 연구를 마쳤다. 그동안 우리는 다시 친해졌기 때문에 실마리를 찾는 것이 가능했던 것 같다.

하랄트 헤어초크와 함께 우리는 파타노에테리 부족에 대한 연구를 시작하였으며, 이 그룹과 함께 아직도 공동 작업을 하고 있다. 마지막으로 우리가 그들을 방문한 것은 1991년이었는데, 우리는 그곳에 또 갈 예정이다. 이 공동체는 우리가 하는 일을 이해하며 그것을 흉내내는 가운데 부끄러움을 잊는 것을 충분히 보여 주었다. 그들의 얼굴을 찍어서 폴라로이드 사진을 보여 주기도 했다. 지난번 방문에서는 심지어 장례식의 전과정에 참여할 수 있었고, 화장한 뼈를 가루내어서 재를 마시는 장면까지도 필름에 담을 수 있었다.

파타노에테리 족은 아직도 경찰의 통제가 되지 않는 지역에 살고 있다. 오늘날에도 그들의 생활은 과거에 비해 약간만 변했을 뿐이다. 그러나 과거보다는 경찰의 통제를 좀더 받는 것으로 보였다. 무엇보다도 아이들은 모래벼룩으로 고통받고 있었으며, 갈라진 발바닥은 보통이 었고 장질환도 증가하는 상황이었다. 생활방식의 변화가 어떤 문제들을 배태하고, 모든 문화적인 진전이 어떤 새로운 적응을 요구하는지 추적할 수 있다.

야노마미 족의 위생적인 실생활과 위가 열린 지붕 밑에 사는 주거방식은 정주(定住)를 위해서 만들어진 것이 아니다. 손상되지 않은 채 보존되고 있는 문화의 그런 단면들은 보호되어야 할 것이다. 왜냐하면 야노마미 족이 스스로의 문화로부터 이탈함으로써 정체성을 상실할 위험이 있기 때문이다.

이런 맥락에서 나는 유럽식 의복 대신에 예쁘장한 그 지역의 전통의상을 발전시키는 것이 매우 중요하다고 수차례 강조하였다. 그들의 전통의상은 그 지역에서 조달할 수 있는, 그리고 야노마미 족에 의해서 가공될 수 있는 재료로 만들어야 한다. 그래야만 그들의 전통을 유지하면서도 새로운 생활조건에 상응하여 그들의 문화를 계속 발전시킬 수 있을 것이다.

나는 야노마미 족과 많은 아름다운 시간을 보냈으며, 그들과 더불어 더욱 많은 것을 경험할 수 있기를 희망한다. 우리는 종종 진심으로 마음을 터놓고 웃었으며, 그들도 마찬가지로 나의 서투름을 보고 웃었다. 1989년의 일이다. 한 작은 아이가 자주 울었다. 나는 그 아이가 크게 우는 것을 들었다. "나페, 나페(엄마, 엄마!)!" 그 아이는 심장이 터져라 울다가, 기침을 하고는 또다시 "엄마, 엄마!"를 외쳤다. 그러나 우는 소리가 들리던 오두막을 방문했을 때, 나는 그곳에서 아주 즐거운 표정의 어린애 하나만을 보았을 뿐이다. 참 수수께끼 같은 일이었다. 내가 그것에 대해 물어 보았으나 야노마미 족은 내가 무엇을 알려고 하는지 모르는 것 같았다. 며칠 후 그 처절한 울음소리를 다시 한번 듣게 되었다. 나는 즉시 그리로 갔다. 이번에는 울음소리가 그치지 않았다. 다만 울음소리는 오두막이 아니라 위쪽에서 나는 것이었다. 내 눈을 믿을 수 없었다. 나무 위에 그 절규의 장본인이 앉아 있었다. 그것은 다 자란 아름다운 앵무새였다. 이 커다란 앵무새는 커가면서 자기 주위에서 들리는 소리를 레퍼토리로 삼아서 빨리 그 언어를 흉내 낸 것이다. 앵무새는 분명히 민감한 시기에 병이 든 아이의 절규를 자신의 '어휘'로 받아들인 것이다. 뒤통수를 한 대 맞은 기분으로 쳐다볼 수밖에 없었다 .그러자 야노마미 족은 내가 의아해 했던 것이 무엇인지 알았다는 듯이 웃었고 나의 경악도 해결되었다.

'힘바 프로젝트'는 남서 아프리카의 북부지역에서 게릴라들의 활동이 심각한 위험수위에 이르렀기 때문에 1980년대 초부터 어려움에 부딪쳤다. 그러나 정부의 조치와 나미비아의 빈트후크(Windhoek) 출신 인류학자인 쿠노 부닥의 헌신적인 도움으로 작업을 계속할 수 있었다. 두 번의 여행에서 그들은 군인을 동원하여 우리를 보호해 주었고, 우리가 안전하게 북쪽으로 통과할 수 있도록 지뢰제거 차량을 선두에 세웠다. 그러는 동안 전황은 잠잠해졌다.

20년 전부터 알고 지냈으며, 촌락 공동체의 추장이었던 사랑하는 친구 카예자노 치포사는 1991년 1월에 죽었다. 이로 인해서 우리는 가까운 사람과의 작별과 어린아이의 성장하는 과정을 체험하였다. 나는 될 수 있으면 그것에 관해 많은 사실을 확인하려고 온힘을 기울였지만, 우리 그룹의 수가 너무 적어서 늘 안타까웠다. 인원이 더 많았더라면 우리의 연구단서와 방법론을 통하여 훨씬 더 많은 데이터를 살려 낼 수 있었을 텐데 말이다.

1989년에 우리는 타우에마에서 촬영할 수 있었던 아주 극적인 사망 사건의 목격자가 되었다. 그 사건은 트로브리안드 사람들의 사유방식과 도덕적 표상에 대한 통찰을 제공해 주었다. 어떤 소녀 하나가 열대 말라리아에 걸려서 3일 만에 급사해 버린 일이 있었다. 다음 날 아침

부모의 커다란 통곡소리가 우리를 깨웠다. 우리는 장례식에 참석하였다. 그녀의 부모는 친족들에게 둘러싸인 채 집 주위에 앉아 있었다. 어머니는 자기의 무릎을 베고 누워 있는 죽은 아이의 뺨을 쓰다듬으면서 울고 있었다. 그야말로 낙심한 아버지의 행동이 눈에 띄었다. 집에서의 장례식이 끝난 후, 사람들이 아이를 매장하러 떠나려고 하자, 아버지는 집 입구에 있는 마루터 위에 누워서 통곡하면서 데굴데굴 굴렀다. 나중에 그의 과장된 행동의 이유를 알게 되었다. 마을 주민들은 그의 딸이 죽은 것을 아버지 탓이라고 했다. 그가 사원에 있는 구장 열매를 훔쳤기 때문에 딸이 벌을 받아서 죽었다는 것이다. 그의 혈족이 그의 부인의 가족에게 벌금을 치렀다. 매장식에 이어 그녀는 금과 다른 선물을 가져왔다.

　녹취작업과 병행하여 필름제작은 괴팅엔의 연구소와 함께 공동 작업에 들어갔다. 뿐만 아니라 나는 1980년대에 일련의 전공서적과 책을 펴냈다. 그 중 가장 중요한 것은 『인류행태학 개론』[102]이다. 이 방대한 저술에서 나는 인간행동의 생물학에 대한 이론적인 토대를 토론에 부쳤으며, 그 새로운 분과학문의 거시적인 골격을 잡았다. 이때 심리학, 민족학, 사회학, 미학, 유인원학 및 생물학적 인류학 등의 많은 인접 분과를 통합하였으며, 인간행동을 좀더 잘 이해하기 위한 생물학적 사유의 단초와 연구방법의 적실성을 입증했다고 생각한다.

예술행태학

1969년 『벌거벗은 원숭이』라는 저서로 유명해진 영국의 행동학자 데스먼드 모리스가 나에게 자신의 책『예술 생물학』을 보내 주었다. 그는 런던 동물원에 있는 침팬지의 그림그리기 능력을 실험하였다. 그때 피실험동물은 각기 상이한 스타일의 그림을 그려 냈다. 예를 들어 한 침팬지는 어떤 한 가지 색으로 부채 비슷한 모습을 그렸다. 그에게 다른 색을 주면, 그 침팬지는 다른 색으로 그 위에 덧칠하는 것이 아니라 다른 공간에 두 번째 부채를 그렸다. 침팬지들에게 부채들을 반복해서 그리게 하면, 그들은 기존의 부채 위에 점을 늘어놓아서 다른 부채를 펼쳐 그린다. 잠시 후에 침팬지는 그리는 일을 중단했다. 말하자면 작품이 완성되었다는 것이다.

결과물은 미학적으로 꽤 쓸 만한 것이었다. 모리스가 침팬지의 그림을 현대미술 전시회에서 보여 주었을 때 비평가들은 격찬하였으며 특별한 재능이 있다고 생각하였다. 신문에는 어떤 기자가 피카소에게 그 침팬지를 어떻게 생각하느냐고 물어 보았다는 기사가 나왔다. 피카소는 대답 대신에 기자를 깨물었다고 한다.

데스먼드 모리스는 그 그림들이 대칭 평형의 균형을 가지는 멋있는 평면이라는 것을 알아 냈다. 만약 한쪽 구석에 어떤 점이 그려져 있다면, 침팬지는 다른쪽에도 점을 그리고 몇 개의 획을 그어서 기존의 점과 자기가 그린 점을 연결하였다.

이 이야기는 나를 매료시켰다. 내가 뮌헨의 헬라브루너 동물공원에 전화를 걸어 문의한 결과, 몇 마리의 믿을 만한 침팬지 암놈을 실험대상으로 할 수 있다는 것을 알았다. 나는 몇 장의 판지와 종이, 붓, 물감과 커다란 화판을 가지고 그곳으로 갔다. 문지기는 종이가 팽팽히 고정되어 있는 화판을 건네 주었고, 나는 물감이 묻은 붓을 건네 주었다.

침팬지들은 매우 탐구적이어서 막대기를 주면 그것으로 주변을 쑤셔 댄다. 붓을 주어도 마찬가지였다. 그들은 그 동작이 흔적을 남긴다는 것을 즉시 알아차렸다. 그들은 일단 놀라 소리를 지르다가 곧 붓으로 격렬하게 그려 대기 시작하였다. 간간이 흥분해서 붓을 빨기도 했다. 물감이 더이상 없다는 것을 확인하고는 붓을 되돌려 주었다. 정말 놀라운 능력이 아닐 수 없다! 나는 그들에게 계속 화판 위에 고정된 새 종이를 건네 주었다. 시간이 지나면서 그들의 동작은 더욱 신중해졌다. 침팬지들은 곧 그림을 다시 그리기 시작하였다.

데스먼드 모리스의 연구에서처럼 그들 사이에는 각자 뚜렷한 차이가 있었다. 예를 들어서 마우시는 무지개 모양처럼 왼쪽에서 오른쪽으로 몇 개의 획을 힘차게 그어 내렸다. 내가 두 번째로 물감을 건네 주자 마우시는 이번에도 전과 마찬가지의 그림을 그렸다. 그런데 앞에 그린 첫번째 무지개 위에 그렸다. 그러면 물감이 혼합되고 세 번째 물감을 결합하였다. 마우시는 그 색들을 혼합시키려고 하였다.

잔네트의 경우는 이와 달랐다. 잔네트는 종이의 아래쪽 중간쯤에 점을 하나 그렸다. 다른 물감을 주자 이 점에 다른 물감을 칠했으나 조금 작은 크기로 그렸다. 그리고 그 밖의 물감을 건네 주자 잠시 있다가 종이가 찢어질 정도로 격렬하게 눌러 댔다. 마우시와 달리 잔네트는 종잇장에 그림을 다 채우지는 않았다. 즉 그릴 수 있는 공간을 넘어서려 하지 않았다. 이러한 순수한 직관적인 해석에서, 잔네트는 마우시보다 좀 뒤떨어진다는 것을 알 수 있다.

나는 이런 맥락에서 아동심리학의 나무 실험을 기억하였다. 이 실험에서는 아이들에게 나무를 그리라고 한다. 아이가 그림의 공간을 나뭇가지들로 채우면, 그것은 그 아이가 건강한 자아의식을 가졌다는 증거로 간주된다. 그러나 나무가 조각난 가지들로 그려지면, 그 아이가 생각의 전개에서 무엇인가 장애받고 있다는 증거일 수 있다.

침팬지의 그림에서는 조화나 걸출함에 대한 미학적인 기본감각뿐만 아니라, 인간의 글씨에서처럼 각 침팬지들 사이의 개성도 표출된다. 베른하르트 렌쉬는 인간과 거리가 먼 동물들을 대상으로 한 실험(예를 들면, 까마귀를 대상으로 한 실험)에서 불규칙적인 것보다는 규칙적인 것을 선호하는, 우리 인간과 닮은 미학적 기본감각을 가진다는 것을 입증하였다. 미학적인 지각의 일정한 단면들에서는 오래 된 척추동물의 유산이 중요한 것 같다.

나는 침팬지의 그림 실험 이전부터 미학과 예술의 문제에 관심을 두고 있었다. 『동물학 편람』의 한 항목에서는 인간의 미술적·음악적 표현에 대해서 다루면서, 행위의 준비에도 전형적인 것과 같은 선천적인 메커니즘을 통하여 많은 주도 동기들이 특정한 속성을 유발한다고 설명하였다. 박사과정 학생 중의 하나인 라이너 에게브레히트는 군가나 자장가, 그리고 장송곡 같은 특정한 선율에서 개별문화를 초월하는 뚜렷한 유추현상들을 증명하였고, 행태학적으로 결정적인 개념을 증명해 주었다.

나의 많은 여행에서 항상 또다시 인간의 예술적인 산출물들과 대면하게 되었다. 이미 악마를 쫓는 남근 모양의 조각상들을 지적한 바 있다. 그것들은 인간에게는 특정한 문화적 형태를 체험하게 하는, 계통발생학적으로는 유인원의 짝짓기 전의 위협행동과 연관되는 우월감의 몸짓이다.

나는 연구소와 공동으로 연구하던 예술사가인 크리스터 쥐터린과 함께 유럽의 오래 된 교회들에 있는 기괴한 예술작품들의 의미론을 연구하였다.[103] 거기에서 외적으로는 매우 다양함에도 불구하고, 늘 동일한 동작들이 반복되는 것을 발견할 수 있었다. 남근의 표출, 여자의 국부, 유방 및 수염 그리고 다른 문화의 악을 쫓는 상들에서 발견되는 표현들이 늘 나타났다. *

---

* 이에 대해서는 Hans Peter Duerr의 『외설과 폭력, 문명화의 신화』(*Obszönität und Gewalt. Der Mythos vom Zivilisationsprozeß, Suhrkamp*)(1993)를 참조할 것.

그때까지 유별난 행동 때문에 정숙하지 못한 것으로 평가된 모습들은, 실은 정숙하지 못함과는 무관하고 대부분 면전에서 위압적인 표정으로 관찰자를 내려다보았기 때문에 옛 교회에서는 죄의 상징으로 분류되어 왔다. 이제 우리는 그것이 전세계에서 널리 찾을 수 있는 재앙막이 상징물이나 악을 막아 주는 모습이라는 것을 보여 줄 수 있다. 특정한 제스처나 흉내와 각별한 기능과의 결합은 이런 인위물의 이해를 위한 열쇠를 쥐고 있다.

생물학자들은 자연과의 일상적인 만남을 통하여 어쩔 수 없이 아름다움이라는 현상과 마주치게 된다. 에른스트 헤켈은* 그의 대저 『자연의 예술형식』에서 이것을 다루었다. 그러나 우리는 어째서 어떤 것은 아름답고 또 어떤 것은 추악하고, 어떤 것은 귀엽고 어떤 것은 위협적이라고 느끼는가? 많은 생물학자들이 그 문제를 제기하였으며, 많은 미학자들도 단순한 기술의 지평을 넘어서는 문제들을 제기하였다.

1979년부터 1983년까지 베르너 라이머스 재단의 여러 심포지엄에서는 예술가, 심리학자, 신경생리학자 및 생물학적 행태연구자들이 미학적 지각의 생물학적 토대에 대한 문제를 토론하였다. 이 행사에는 심리학자 에른스트 푀펠과 잉고 렌칠러, 작가인 프레데릭 터너와 몇년전에 나의 연구소에서 다양한 민족민요들의 보편소를 연구하던 객원연구원이자 지휘자이며 작곡가인 데이빗 엡슈타인 등과 같은 학자들이 참가하였다. 그 밖에도 그때 이후로 우리 연구소에서 예술행태학 연구 프로그램의 구축에 참여한 크리스터 쥐터린이 있었다. 여기에서는 종족사적인 프로그래밍을 발견하는 것뿐만이 아니라 예술이 사람들 사이의 연대공동체를 만들어 주는 사회공학에 어떻게 기여하는지라는 문제가 제기되었다.

---

* 개체발생(Ontogenese)은 계통발생(Philogenese)을 되풀이한다는 이론을 제기한 독일의 생물학자

예술행태학과 더불어 생물학적 행동연구는 전통적인 문화과학의 범주에 들어섰다. 문화란 생명현상, 특히 인간적인 속성을 가진다는 사실로부터 정당성을 확보하였다. 당시에 나는 삼층모델을 전개해서, 예술을 그저 '미/추'[104]라는 판에 박힌 이분법이 아닌 홍미·무관심 원리에 따라서 주의를 조절하는 미학적 지각에 기여하는 일종의 커뮤니케이션으로 해석하였다.* 물론 추함과 끔찍함에 대한 매료도 있을 것이다. 그러나 '미/추'는 미학적인 지각의 한 단면일 뿐이다. 나는 미학적 지각을 감각생리학적, 행태학적 그리고 문화적인 층위로 삼분한다. 이 모든 것에는 당위패턴이 밑받침되어 있다. 감각생리학적인 그리고 행태학적인 층위에서는 종족사적인 발달을 통해서 주어진 준거패턴이 문제가 되며, 문화적인 관점에서는 우리가 세대를 거쳐서 늘 새로 각인받는 유산이 중요하다. 어쨌든 우리는 개별적으로 새로운 표준패턴을 발달시킬 수 있으며, 그러는 한에서만 창조적일 수 있다.

결국 신경상의 구조는 준거패턴으로 이용되며, 그 구조를 가지고 입력되는 통보 내용과 비교하는 일정한 기대가 당위가치로 확정된다. 사람들은 이런 신경구조를 새들의 노래에 대한 연구에서 처음으로 발견하였다. 특히 유명한 것은 너도밤나무새에 대한 윌리엄 토피의 고전적인 연구이다.[105]

그는 사회적 모델이 없이 자란 너도밤나무새가 특정한 길이와 음절 수로 노래한다는 것을 보여 주었다. 즉, 그 노래가 선천적이라는 것이다. 이런 유형의 전형적인 분절을 노래 구절로 바꾸는 것은 물론 습득되어야 한다. 그들에게 다른 다양한 새들의 노래를 들려 주면, 그 너도밤나무새들은 자신과 같은 종의 노래를 모범으로 삼아 그것을 따라 배운다는 것을 확인할 수 있다. 말하자면 그들은 선천적으로 가지고 있는 당위패턴을 토대로 무엇이 옳은 소리인가를 '안다'. 그러한 표준 패

---

* 이것은 구성주의 미학이나 치옴피의 정서논리학(Affektlogik)의 원리와도 상통한다.

턴은 지각에 대해서도 존재한다. 젖먹이에게 희미한 상을 보여 주고 베개에 있는 도구 위로 머리를 움직여서 그림에 초점을 맞추어 주면, 아이는 더 나은 상을 보는 것을 빨리 배운다. 선명한 선과 상의 지각이 아이에게는 긍정적인 것으로서 체험된다.

게슈탈트 심리학자들은 지각의 법칙을 깊이 연구했다. 그것 중 상당수는 보편소에 속한다. 예를 들면, 우리의 지각은 규칙적인 질서를 추구한다. 게슈탈트 심리학을 정초한 학자 중의 하나인 볼프강 메츠거는 이것을 "지각의 질서감각"이라고 말한다. 어떤 평면이 집중적으로 정렬된 작은 점이나 점의 집합으로 균일하게 덮여 있을 때, 이 평면을 3초 간격으로 규칙적으로 관찰하면 그 기본패턴들이 수시로 변하는 것처럼 보인다. 마치 처음에 형성된 질서가 해체되고 다시 "자, 이제 또 무엇이 보이지?"라고 묻는다는 말이다.

주사위 착시의 보기를 통해서도 구체적으로 설명될 수 있다. 그 주사위는 반만 보이게 그려져 있지만 종이 위에 모든 면이 나타나 있는 것처럼 보인다. 그것을 보면, 우리는 일단 사각형을 측면으로 보게 되고, 그림을 건너뛴다. 그러면 지금까지는 배경이었던 영역이 갑자기 전경으로 둔갑하고, 주사위는 전혀 다른 공간적 위상을 가지게 된다. 그 그림은 3초마다 그런 식으로 뒤바뀌어 보인다. 어두운 전경과 밝은 배경으로 이루어진 그림의 실험에서도 이와 같은 일이 일어난다. 일단 가운데에 검은색의 성배가 보이다가, 갑자기 서로를 향하여 보고 있는 두 개의 밝은 얼굴 프로필이 보인다. 이때 어떤 선입관을 가지고 그것을 보는가에 따라 그때그때 성배나 프로필을 보는 순서가 달라질 수 있다. 여기에서도 약 3초마다 전환이 일어난다. 뿐만 아니라 문화적으로 강한 동기를 가지기는 하지만, 근본적으로 동일한 방식으로 체험되는 많은 시각적인 착시들이* 도처에 존재한다.

---

* 이것을 인지심리학에서는 라이어(Lyer) 착시라고 한다.

끝으로 '돋들림 현상'이 잘 연구되었다. 이것은 우리의 지각이 전형
으로 파악한 것을 강조하고 부수적인 것은 억제한다는 사실을 말한다.
이런 방식으로 우리는 인지도식을 형성할 수 있는데, 특히 이런 장치
를 통하여 조절되는 학습과정이 이루어진다. 우리는 '나무' '개' 또는
추상적인 '포유동물' '새' 같은 개념을 만든다. 많은 예술가들은 생리
학적 지각의 층위에서 관찰자의 역할을 한다. 시각적 착시와 전환되는
그림들로 사람을 매료시켰던 팝아트 판화가인 마우리츠 에서의 그림
들을 보라. 질서의 인식은 예술이든 과학이든 즐거운 것으로 체험된
다. "아하!" 하는 탄성을 지르며 체험하고 맥락관계들을 인식하는 일
은 만족스러운 것으로 받아들여진다. 지각의 생리학적 층위는 고등 척
추동물에서는 근본적으로 인간과 동일하게 구조화되어 있다.

행태학적인 층위에서 우리는 종 특유의 미학적 '선입관'에 따라 지
각한다. 많은 사람들이 "아름다움은 구경꾼의 눈속에 있다"는 옛 격언
을 알고 있다. 모든 종은 그들 특유의 선호와 혐오 경향을 가진다. 하
마의 성적인 미학적 이상은 칠면조나 인간의 것과는 근본적으로 다르
다. 선천적인 격발 메커니즘은 우리가 무엇을 선호하고 돌보며 회피해
야 할지를 규정한다. 신체상의 특정한 징표, 소리 표출, 페로몬(성 호
르몬) 등은 신호를 동원하여 동물의 유기조직에 상응하는 격발자를 개
발하였다.

우리 인간 또한 선천적인 격발 메커니즘을 토대로 특정한 행동패턴
과 감정에 반응한다. 그로부터 예술 또한 종종 스스로를 미학적으로
창출하며, 그러면 예술로써 예술 자체를 언급할 수 있다. 그렇지 않으
면 예술은 특정한 정보의 미학적 지각의 열광을 서술하려고 한다. 이
경우 예술은 커뮤니케이션에 기여한다. 미로의 비너스는 자기목적을
추구하는 예술의 산물로 파악될 수 있다. 그렇지 않다면 예술은 일정
한 미학적 가치를 교조화한다는 점에서, 미적 이상을 문화적으로 강화

하려는 의도로 창출된 것이다.

선천적인 격발 메커니즘은 사회적인 측면에서만 중요한 것이 아니다. 우리는 식물의 녹색이나 꽃의 개화를 긍정적인 것으로 지각하며, 뚜렷한 식물애호 경향을 보여 준다. 현대 도시인들은 고무나무, 양치류 또는 덩굴식물같이 과실수가 아닌 식물로 집을 장식한다. 식물은 예술에서도 탁월한 역할을 한다. 나는 이런 식물애호가 오래 된 생태학적 적응의 표현이라고 해석한다. 식물은 우리가 잘 살 수 있는 공간을 식별해 주는 표지로서 중요한 역할을 한다. 식물애호는 적절한 소생물권을 선별하기 위하여 개발된 지각적 선호의 결과인 것 같다.

미학적 지각의 세 번째 층위는 문화적인 그리고 개인적인 각인과 관련된다. 여기에서도 생물학적인 문제는 그 연원에 대해서 물어 본다. 그 대답 중의 하나는 다음과 같다. 인간은 타인과 다른 진화의 경로를 개척하기 위하여 일단 문화적으로 서로 경계를 만든다. 문화는 진화의 개척자이며, 경계구획은 시각적 표지는 물론 노래 같은 표지를 통해서도 만들어질 수 있다. 통상적으로 문화는 서로를 경계짓는 것들을 결속한다. 보편적인 가치평가를 넘어서는 문화 특유의 미학이 존재한다. 문화를 통하여 우리는 고향이나 국가 같은 개념들에 대하여 감정적으로 각인된다.

자기 자체만을 위하여 존재하는 예술은 놀이에 가까운 것으로서 인간의 창조적인 탐구적 활동이다. 이때 에서의 경우처럼, 예술은 지각의 근본적인 과정에 국한되거나, 행태학적인 층위에서 추상화의 정도에 따라서 우리의 정서로 다시 우리를 포장할 수 있다. 거기에는 문화적인 암호와의 유희가 뒤따른다. 장난 같은 실험을 통하여 인간은 소외를 향한 자유, 즉 고착된 지각의 강요로부터 해방되어 낡은 사교습관을 의식화하고 느슨하게 해주는 그런 자유의 가능성을 연다. 인간은 색다른 기호를 설정하고, 새로운 상징을 창출함으로써 전통적인 틀을

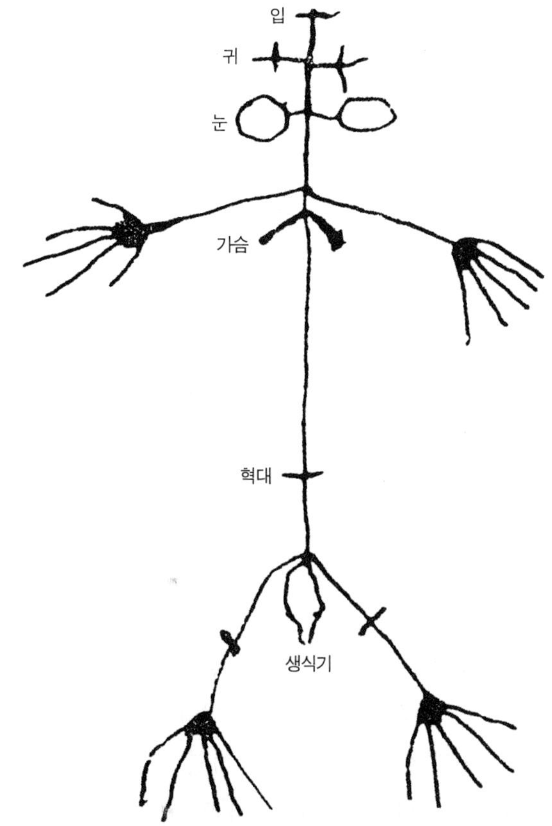

에이포 부족의 남자가 여자를 그린 그림. 매우 날카로운 선이 인상적이다.

넘어서 늘 새로운 진술을 할 수 있다. 그것은 음악이나 시에서도 마찬가지이다.

원시민족에 대한 탐사에서, 그림류의 산출물을 통한 예술적 창작이나 장식품 등을 목격했을 뿐만 아니라, 때때로 그 예술적인 형성의 연원에 대한 질문에 비추어 보면 주목할 만한 상징적인 의미가 있는 단순한 기호들의 패턴들과도 마주친다. 거기에서는 기호와 복제 사이의 관계가 중요한 것이다.

유별난 바위, 산, 골짜기, 물길은 원조의 흔적으로 해석된다. 그들이 잘 나타나는 장소는 성소로 숭배되며, 토템 원조가 바깥의 적으로부터 그들을 보호해 주는, 그 집단을 위한 제례의 중심지로 터부시된다. 그곳에서는 성인식을 치른 젊은 남자들이 성인의 범주로 받아들여지며, 그 다음에야 그들은 성소를 방문할 수 있다.

이런 의식에서는 토템숭배의 역사가 낭독되며 그것은 모래나 바위에 간단한 상징으로 그려진다. 모든 성인은 그 상징을 계란형의 판 또는 돌 위에 긁어서 이른바 나무 또는 돌 쿠링가스를 만든다. 그것들은 성인식을 떠오르게 하는데, 성소에 보존하는 부족의 무기가 된다.

라우에낭의 예배용 방패도 이와 비슷한 상징체계를 보여 준다. 방패에 새겨진 장식선은 그것을 새겨 넣은 조각공이 각별한 의미를 부여한 것을 암시한다. 어떤 것은 감자를 의미하고, 다른 것은 숭배를 통한 보호를 기원한 것이다.

라우에낭과 에이포에 속하는 메크 문명 사람들은 우리가 처음 보았던 그런 그림들은 만들지 않았다. 그러나 우리가 무엇을 그려 달라고 하자, 그림과 상징문자가 섞인 것을 스케치하였다. 몸은 하나의 획으로 묘사되었고 거기에 팔, 다리, 입, 귀, 눈 등이 추가되었다.

나는 아이들이 그리는 최초의 그림도 상징적인 것이라고 생각하였다. 아이는 일단 무엇인가 정의되지 않은 것을 긁어 그려 놓고, 그것을 개나 자동차로 부른다. 그리고 나이가 들어 가면서 사물을 구체적으로 묘사하기 시작한다.

우리는 석기시대로부터 기호와 선으로 장식된 대상을 많이 알고 있다. 그 중에 2만7천 년 전의 매머드 이빨에 그려진 카드 비슷한 묘사가 있다. 그것은 남 매렌의 파블로프에서 발견된 것인데, 절묘하게도 오스트레일리아 대륙 중앙에 사는 쿠링가 부족의 긁은 그림을 연상시

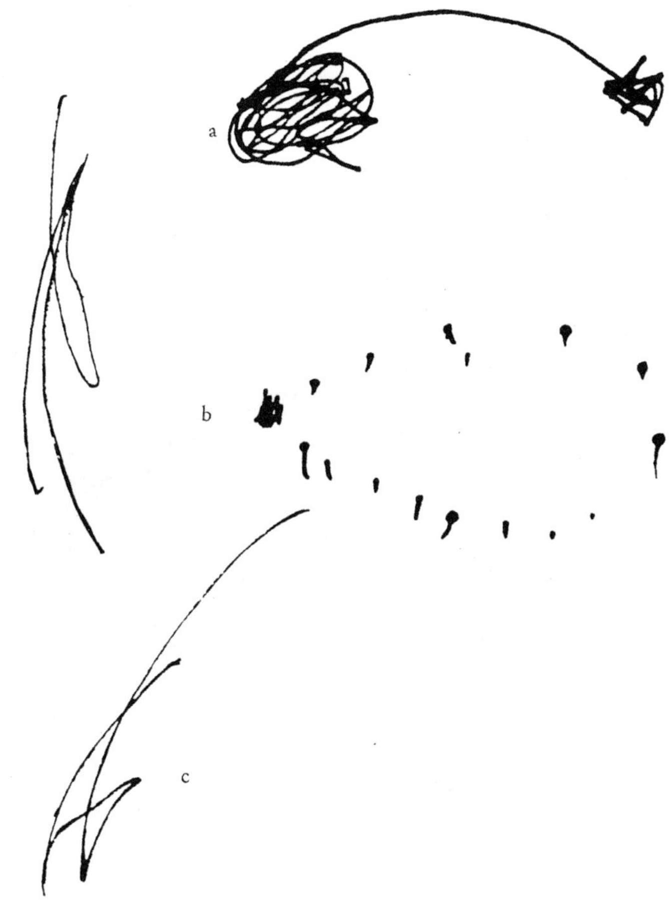

아동들의 그림에서는 묘사보다는 기호형성이 선호된다. 어쨌든 아이들은 기호형성에서도 묘사하는 대상의 특징을 포착하려고 한다.

a) 1년 9개월 된 아이의 그림 : 여기에서 " 여기 화물차가 들어갔다가 나왔다가 ……부딪히고……"를 설명했다.

b) 1년 7개월 된 아이의 그림 : 여기에서는 "토끼가 팔짝…… 팔짝"을 설명했다.

c) 2년 6개월 된 아이가 그린 집 두 채

(출전 : Prinz von Hohenzollern u. Max Liedtke, *Vom Kritzeln zur Kunst*, Hellbrunn, 1987)

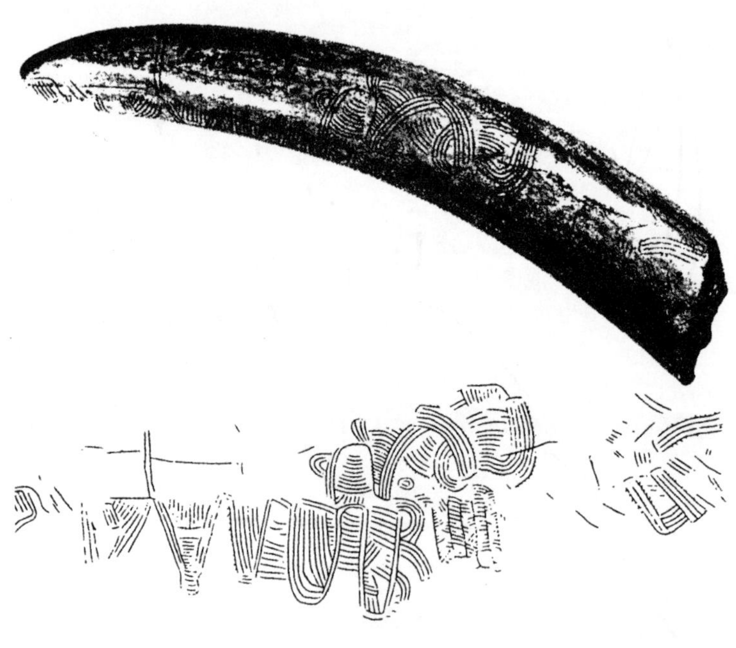

매머드 이빨 끝부분에 새겨진 파블로프 지역 풍경(길이 37미터). 이 그림은 4개의 모티브로 이루어졌다. 파도 모양의 선은 계곡을 흐르는 강, 계곡을 따라 펼쳐진 평야, 그리고 골짜기의 가파른 경사를 나타낸다. 그리고 여러 겹의 활은 산의 봉우리를, 가운데의 이중 원은 거주지를 나타낸다(출전 : R. Häberlein, 1990)

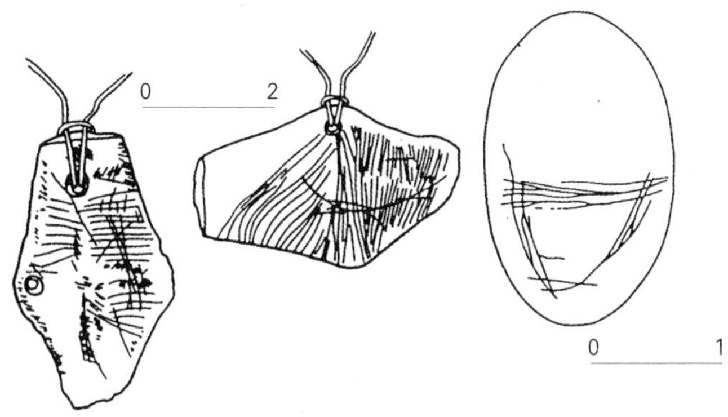

아마도 여성의 생식기를 나타내는 것으로 보이는 균열무늬가 그려진 목걸이 및 계란형 돌(초기 구석기 시대, 프랑스 아실리엔 지방 출토)

킨다. 고고학자인 한스위르겐 뮐러 베크와 게르트 알브레히트,[106] 그리고 지리학자인 롤란트 해버라인[107]의 견해에 따르면, 그것은 파블로프 지역의 주변을 스케치한 것이라고 한다. 파도 모양의 선들은 강의 흐름을 보여 주며, 여러 개의 석회석 빗으로 그려진 평행선들은 산자락에 있는 산사태 지역을 나타낸다는 것이다. 가운데 겹으로 그려진 원은 거주지를 나타낸다. 고고학자들의 견해에 따르면, 이 그림은 그 지역 사람들이 환경과 밀접한 관계를 가지며, 고향이라는 특정 지역에 대한 귀속성을 보여 주는 것이라고 한다. 따라서 매머드 이빨이 숭배 대상으로서 사용되었다는 것을 쉽게 추측할 수 있다.[108]

프랑스의 아실리엔 지방(약 1만 년에서 8천년 전경)에서는 작은 석판 위에 새겨진 그림 하나가 발견되었는데,[109] 그것은 목걸이끈을 매달 수 있게 가운데 구멍이 뚫렸으며, 다른 선들과 교차되는 많은 평행선들이 새겨져 있었다. 상당수의 그림이 유럽의 석기시대 때 액을 쫓는 상징으로 쓰여 온 여자의 음부 모양과 유사하다.[110]

인간은 아주 일찍부터 기호를 만들 수 있는 능력을 가졌음에 틀림없다. 인간은 기호의 도움으로 보고하고 있으며 그것을 입증하였다. 우리의 조상이 그림을 긁어 표현할 수 있기 이전에 이미 문자기호를 구사할 수 있었다는 사실을 배제할 수 없다. 그것은 일단 놀라운 것이다. 왜냐하면 이미 동물도 상징행위나 다른 시각적인 유발행동을 통하여 커뮤니케이션 행위를 하고 있기 때문이다. 그런 점에서 인간은 종족사적으로 기호를 만들 준비가 되어 있다고 가정할 수 있다. 오늘날에 이르기까지 모든 문화에서, 복제로부터 기호에 이르는 모든 발달경로가 있다는 사실은 이런 견해와 모순되지 않는다.

우리의 연구는 인간의 문화역량에 대한 행태학 연구로 가는 중요한 진일보이다. 이때 인문과학의 여러 분과(예를 들면 민속학, 언어학 및 예술사학 등) 사이의 복합적인 협동을 통하여 행동생물학에 접근할 수 있는 흥미있는 가능성들이 열린다. 이 분야들은 통상 연속적인 이주 및 다른 만남을 통해서 지식과 경험을 확산하였던 상황을 통하여 다양한 문화에서 나타나는 유사성을 탐색한다. 그러한 유추현상들은 모든 인간들에게 근본적으로 동일한 자연적인 장치에 대한 표현일 것이며, 종족사적인 적응이 지각과 행위를 같이 규정한다고 말할 수 있다.

인간과 침팬지

제인 구달과는 처음 만난 이래로 계속 친분을 쌓아 왔다. 서로 연락을 하며 학술회의에서 만나서 경험을 나누었다. 그런 인연으로 제인은 1983년 나에게 곰베 보호구역에 있는 그녀의 침팬지들의 행동을 기록하지 않겠느냐고 물어 왔다. 인간의 행동에 대한 나의 기록영화를 본 그녀는 짧은 장면이 아닌 연속적인 장면으로 전체를 보여 주는 촬영기법에 매료되어 있었다. 나는 기꺼이 하겠다고 말했다. 나는 이미 그곳이 관찰을 위해 훌륭한 조건이 갖추어져 있다는 것을 알고 있었다. 인간과 가장 가까운 이 친척을 가까이에서 사귀고, 제인과 함께 작업할 수 있는 기회를 놓치고 싶지 않았다. 1984년, 1986년, 1987년 그리고 1988년에 야생 침팬지들의 행동을 필름에 많이 담을 수 있었다.

곰베 보호구역은 탕가니카 호수 근처에 있다. 제인은 강기슭에 부엌과 손님방 및 거실과 침실이 딸린 막사 비슷한 길쭉한 집에 살고 있었다. 부엌은 별로 사용하지 않고 주로 식량을 쌓아 둘 뿐이었다. 우리는 집 앞에 있는 지붕이 드리워진 베란다에서 요리를 하였다. 화덕은 낙수 홈통에서 뜯어 낸 양철로 만든 커다란 통이었다. 주변에서 가느다란 나뭇가지들을 모아서 불을 지폈는데, 훌륭한 땔감이었다. 하지만 식도락을 충분히 즐기지는 못하였다.

언젠가 한번은 일꾼 하나가 닭요리를 준비하려고 부엌에 닭 한 마리를 묶어 두었다. 우리는 저녁 때 그 닭을 일단 풀어 주었다. 다음 날까지 닭에게 주는 최후의 은총이라고나 할까? 어차피 수프를 끓여 먹기에는 너무 늦었기 때문이다. 닭에게 모이를 주었다. 닭은 식성이 좋아서 잘 먹었고, 잠을 자려는지 의자 팔걸이 위에 앉았다. 다음 날 아침 닭의 꼬꼬댁거리는 소리가 들렸다. 참, 짐승의 운명이라니!

나는 당분간 콩과 국수 그리고 바나나만 먹으며 지냈다. 제인은 온화한 사람이었으며, 나 또한 그녀의 생활 방식에 적응하게 되었다. 우리는 저녁 때만 요리했으며, 호수를 바라보고, 수영도 하고 침팬지와 인간에 대해서 이야기하였다. 종종 한 무리의 파비안(개코원숭이)이 방문하였다. 제인은 그 원숭이들 각각에 대해 속속들이 알고 있었다.

우리는 거의 매일 어느 계곡의 도드라진 입구가 있는 야외 연구소에 10~15분 정도 걸어서 갔다. 그곳에는 작은 무리로 떼지어 있는 침팬지들이 규칙적으로 왔으며, 그들이 우리에게 보이는 재미있는 상호작용을 관찰하였다.

1987년에 알파 지위 — 즉, 가장 높은 서열 — 에 올랐던 고블린과 서열이 높은 다른 침팬지 수놈이 늘 소음을 만들면서 돌진했다. 다른 침팬지들이 있을 때는 특히 심했다. 그 놈은 소리를 치며, 종종 전에 꺾어 놓은 나뭇가지나 막대기를 끌어당기거나, 주위에 흙덩이나 돌멩이를 집어던졌다. 그 인상적인 쇼는 늘 연구소에 있는 빈 물통을 평평한 손바닥이나 발로 힘차게 걷어차는 것으로 끝났다. 수놈 침팬지들은 그들의 영역에서 항상 다시 찾아 내는 나무 밑동을 그런 식으로 내리쳤다. 그들의 큰 소리와 가슴치기는 무리에게 서열이 높은 침팬지가 차지하는 위치를 신호하는 것이다. 그런 동물은 먹이나 나무를 찾을 때도 마찬가지로 소리를 친다. 소음은 — 인간과 마찬가지로 — 그들에게도 교미 직전의 위압적인 행동의 중요한 성분이다.

서열이 높은 수놈의 '인사하기 출현'은 사실 친근한 만남 상황에서의 인간의 행동을 연상시킨다. 그것은 인간에게나 침팬지에게나 다 같이 친교적인 호소와 연관된다. 수놈 침팬지가 달려와서 가슴을 두드리면 — 이를 통하여 그가 왔다는 것을 다른 침팬지들에게 알리고 나면 — 평온해진다. 암놈들과 서열이 낮은 침팬지들이 그에게 다가와서 그를 맞이하며 등을 보여 준다. 그는 그들에게 벌레를 잡으라고 하고, 그들도 마찬가지로 그에게 벌레를 잡아 달라고 한다. 그와 같은 행동은 일종의 시위일 뿐 무리의 특정한 구성원을 상대로 한 것은 아니다. 어쨌든 새끼를 데리고 있는 암놈들은 알파 옆을 비켜가며, 내려왔던 나무로 황급히 되돌아간다. 알파가 다시 조용해지면, 그들은 그 주위에 모이려고 다시 내려온다. 중간을 가로막는 서열이 낮은 놈들은 종종 짓밟히거나 평평한 손바닥으로 얻어맞는다. 그러나 그 후에 그 놈은 서열이 높은 놈에게 다가가서 친밀한 교제를 위하여 손을 내뻗는

다. '보스'가 그 손을 쓰다듬으면 만사 오케이다.

1987년 나는 고블린이 포획한 개코원숭이가 어떻게 무리 속에 포함되는지 촬영하였다. 그 놈이 엄청나게 허풍을 떨고 높은 나무로 올라가자, 다른 놈들이 그 뒤를 따라갔다. 그들은 그의 뒤를 따라 나뭇가지에 매달려서 손을 달라고 구걸하였다. 그러자 고블린이 손을 내밀었다. 알파는 다른 침팬지들과 공존하면서 자기의 조심스러운 행동을 통하여 입지를 강화하는 것이다.

우두머리 자리를 놓고 벌이는 수놈 두 마리 사이의 투쟁은 격렬한 난장판이 될 때가 많다. 이때 부상당하는 경우도 있으나 죽는 경우는 아직 못 보았다. 한 무리 속에서의 공격적 행동은 잘 통제되는 것 같다. 교미 전의 위협적인 행동을 통하여 많은 것이 결정된다. 제인 구달은 휘발유통 위에서 멋진 묘기를 보이는 수놈이 어떻게 베타(제2위)에서 알파(즉, 우두머리)로 등극하는지를 설명해 주었다. 그 놈은 휘발유통 위에서 곡예하는 것을 배웠으며, 동시에 여러 개의 빈 통을 발로 걸어차면서 소리를 내며 굴리는 방법도 배웠다. 침팬지들은 분명히 주목할 만한 동물이다. 침팬지를 잘 알게 되면, 그저 단순한 '짐승'이라고 부르기가 주저스러워진다.[111]

동물원의 침팬지를 관찰해 보면 종종 불쌍한 느낌을 받는다. 그 원인은 여러 가지이다. 고도로 조직되고 우리와 거의 비슷한 존재는 우리 안에 갇혀서 살기에는 적합하지 않다. 널찍한 주택이라면 남기지 않았을 오물과 안절부절 못하는 행동들을 지켜보면 너무도 안타깝다. 구경꾼들과 접촉하려는 그들의 노력은 —— 우리가 그들을 어느 정도 우리 자신의 자화상으로 보기 때문에 —— 위협받는다. 그들은 인간과 너무도 가깝고 다른 동물들과는 판이하다. 따라서 우리에 갇힌 우리의 사촌들은 아마 대부분 배신당했다고 느낄 것이다. 침팬지들을 야생에서 만나면, 그들의 멋있는 모습뿐만 아니라 그들의 생동성과 도구를 능숙하고 사려 깊게 사용하는 솜씨에 그저 놀랄 뿐이다.

나는 침팬지 암놈인 원더가 종잇장을 씹어 스펀지처럼 만들어서 나뭇가지 구멍에서 나오는 물을 적셔 먹는 절묘한 장면을 촬영하였다. 또 한번은 침팬지 새끼인 김벨이 자기를 미끄러뜨린 나뭇잎을 유심히 보더니 다른 나뭇잎을 가지고 오는 것도 촬영하였다. 제인 구달은 이 두 가지를 다 기술했으며, 내가 오랜 기간 동안 상세하게 기록할 수 있었던 개미 잡아먹기도 기술하였다. 나도 이 기발한 현상을 기술한 바 있다.

침팬지들은 붙잡혀 와서도 막대기로 구멍과 틈새를 쑤셔 댔는데, 이런 식으로 무엇인가를 탐지하기 위해 도구를 쓰는 일이 그들의 기초성향임을 보여 주는 것 같았다. 그러나 그러한 쑤시기가 어디에 쓸모 있는 것이며, 먹이를 얻는 데 어떻게 이용할 수 있는가는 분명히 학습되어야 한다. 이때 다 자란 침팬지(보통은 어미)의 행동이 결정적인 모범이 된다. 그것에 대해서도 나는 중요한 촬영을 할 수 있었다. 1986년 9월 24일, 나는 새끼 침팬지 다르비가 어미인 리틀 비와 함께 개미를 잡아먹는 것을 보았다. 다르비는 처음 해보는 것이었다. 새끼는 일단 풀잎 대롱으로 열린 개미구멍을 서투르게 이리저리 쑤셔 본다. 그러나 다르비는 인내심이 많아서 옆에서 개미를 잡고 있는 어미가 어떻게 하는지 잘 살펴보고 있다. 한동안 그것을 지켜본 다르비는 단번에 성공하였다. 이 노련한 개미사냥꾼은 대롱으로 헛수고하는 법이 없다. 다르비는 주저하지 않고 어미에게 개미가 달라붙은 빨대를 내민다. 어미는 빨대에 붙은 개미를 털어 냈는데, 아마 다르비에게 일종의 안심을 확인시켜 주는 행동인 것 같았다. "애야, 지금 잡은 것은 먹어도 된단다!" 다르비는 얼굴을 찡그리기는 했지만 개미를 계속 잡아서 직접 털어 먹었다.

개미잡기는 다른 침팬지 종에서도 관찰된 바 있다. 뿐만 아니라 집단 특유의 도구사용의 형식이 존재한다. 어떤 작은 집단에서는 야자수 열매를 깨기 위해서 돌이 사용되기도 한다. 그러나 곰베 보호구역에 있던 침팬지들은 그것을 아직 발견하지 못하였다. 그들은 야자열매를 여전히 이빨로 힘겹게 깼다.

침팬지들은 인간에게서는 좀더 발전된 형태로, 결국은 인간 특유의 표현방식으로 판명되는 행동에 대한 상당한 해결의 실마리를 제공해 준다. 그러나 그런 능력의 발달이 침팬지에게서는 더이상 진전되지 않고 사장된 것 같다. 그들은 인간의 오래 된 신체기관과 공통점을 가진다. 특히 사회적인 행동의 많은 국면에서 그러하다. 예를 들면, 친절하게 껴안기나 입술을 만지면서 인사하기, 키스해 주기, 접촉하기 위하여 손을 내밀기, 안면의 표정운동, 인간과 전반적으로 유사하게 입을 벌린 표정이나 거울을 보는 듯한 얼굴 등을 들 수 있다. 집단의 구성이나 영역의 귀속이라는 점에서도 많은 유추현상이 발견될 수 있다.

제인 구달의 연구와 다른 영역에서 연구하였던 일본의 몇몇 연구그룹은 침팬지들이 아버지 쪽 구역의 집단에서 산다는 것을 밝혀 냈다. 따라서 그들은 어느 정도 다 친척들이며, 이로 인해서 암놈을 차지하려는 경우에서조차 경쟁과 공격을 자제한다. 이와 달리 암놈들은 첫번째 출산 후에는 다른 곳으로 이동할 수 있다. 수놈과는 판이한 특징이다. 암놈들은 그들의 영역을 방어한다. 수놈들은 무리를 지어서 자기 보호구역의 경계를 순찰하며, 심지어 종종 다른 영역으로 침입해 들어가기도 한다. 다른 집단의 침팬지를 놀라게 하는 데 성공하면, 그들은 그 침팬지를 습격하여 깨물고, 경우에 따라서는 부상을 입힐 정도로 마구 다룬다. 심지어 그들은 다른 무리의 암놈들도 공격한다. 제인 구달은 결국 약한 무리의 소멸로 귀결되는 두 집단 사이의 싸움을 기술하였다.

여기에는 인간이 더욱 발전시킨 발달상황이 도입된다. 즉 전쟁이란

전략적으로 계획되어, 파괴무기를 동원하는 집단공격이 한 문화과정
의 결과가 되어 버린 것이다. 침팬지들에게서도 전쟁을 볼 수 있는데,
그것은 결국 공동의 조상으로부터 물려받은 유물인 영역의 경계설정
과 이방인 학대라는 기초성향에 근거하고 있다.

　침팬지와 마찬가지로 인간에게도 부권 영역성이 존재한다. 남자들
은 일단 방어공동체를 구축한다. 이에 반해서 여자들은 대부분 그 집
단 밖의 남자들과 결혼한다. 여자들의 새로운 집단충성심을 전개하고
낡은 것을 포기하려는 경향이 남자들보다 본질적으로 큰 것일까? 우
리가 애국심이나 조국을 말하는 것은 우연인가? 아니면 애국이나 영
역귀속성 같은 것이 여자들보다는 남자들의 사안이라는 것이 대부분
의 문화에서 당연한 일이기 때문인가? 이런 문제들을 해명하는 것이
중요할 것이다.

　침팬지들은 아주 긴 유년시절을 가진다. 다 자라서도 어미 곁을 떠
나지 않는다. 고블린은 자기 집단의 우두머리로서 여전히 늙은 어미인
멜리사를 보호했으며, 벌레를 잡아 주거나 자기도 벌레를 잡아 달라고
했다. 또한 형제 자매들간의 결속력도 유지되었다. 그래서 한 어미 침
팬지로부터 그들의 자손과 아주 작은 새끼들에 이르기까지 서로 다 벌
레(이)를 잡아 주는 집단을 쉽게 볼 수 있다. 어미가 죽어서 어린 새끼
를 남겨 놓는 경우에는 형제 침팬지가 새끼를 돌본다. 그리고 암놈들
이 데리고 다니며 보호해 준다. 그러나 나이 많은 수놈 형제들도 어린
남동생을 보호해 주며, 커가는 과정에 필수적인 온화한 분위기를 만들
어 준다.

　멜리사가 죽었을 때 그렘린은 아직 어린 침팬지였다. 고블린은 그렘
린을 즉시 동생으로 받아들였다. 그는 고블린 뒤를 따라다녔으며, 고
블린은 그렘린을 보호해 주었다. 하루는 베토벤이라는 수놈이 그렘린
과 너무 거칠게 장난을 쳐서 그렘린이 공포의 소리를 지르자 고블린은

곧바로 베토벤을 격렬하게 공격하였다.

　멜리사가 죽기 전에 특이한 일이 벌어졌다. 멜리사에게는 장질환으로 죽은 어린 젖먹이 새끼가 있었다. 멜리사는 죽은 아기 침팬지를 하루 종일 자기 곁에 두고 있었다. 멜리사가 죽은 새끼를 내려놓자, 어린 그렘린은 동생과 놀아 주려고 하였다. 새끼가 죽은 그날 멜리사는 새끼를 둥지로 데리고 갔다. 우리는 쌍안경으로 멜리사가 새끼를 어떻게 등에 업고 절망적으로 위를 쳐다보는지 관찰하였다. 처음 며칠 동안 멜리사는 우리를 아주 잠깐씩 떠났다. 그리고는 다시 절망에 빠지는 것이었다. 제인 구달은 멜리사가 상체를 벌떡 쳐들더니만 숨을 거두는 것을 보았다. 멜리사는 이미 늙었기 때문에 죽음 자체 그리 놀랄 일은 아니었다. 과학자로서 나는 더이상은 설명할 수 없다. 그러나 웬지 멜리사가 낙심한 나머지 삶을 포기한 것 같다는 느낌을 받았다.

　제인과 나는 침팬지의 미래에 대하여 자주 이야기하였다. 침팬지 집단이 축소되고 있으며, 인간의 거주지역에 점점 포위당하고 있다. 이러한 잠식을 통제해야만 침팬지들은 생존할 가능성이 있다. 아프리카의 다른 지역에는 비교적 큰 원숭이 집단이 있지만, 그들도 위험에 처해 있기는 마찬가지이다. 국제적인 협약에도 불구하고 어린 침팬지를 유럽의 제약회사의 실험용 동물로 팔아 먹는 밀매상들이 여전히 기승을 부리고 있다. 어린 침팬지를 잡으려면 통상 그 어미도 죽여야 한다. 그리고 침팬지 새끼 하나를 생포하기 위해서 두세 마리 어미가 희생되는 경우도 심심찮게 일어난다. 얼마 전 비엔나의 유명한 제약회사 하나가 50마리의 어린 침팬지를 수입했다는 사실을 들은 적이 있는데, 그 뒤에는 정말로 역겨운 드라마가 은폐되어 있다. 물론 침팬지가 인간과 근친이기 때문에 의학실험을 위해 중요한 것은 사실이다. 그러나 그들이 고통을 느끼지 않게 실험할 수 있을 것이다. 그것은 또한 연구를 위해서도 중요하다.

중앙아프리카에는 또 다른 침팬지 종인 보노보나 난쟁이침팬지가 산다. 그들은 통상적인 침팬지보다 더 귀엽게 생겼고, 행동의 특성에 있어서 인간에 더욱 가깝다. 네덜란드의 동물학자인 프란스 드 바알은 난쟁이침팬지에 대한 재미있는 사실을 기술하였다. 야생에서의 생활에 대해서는 별로 알려진 바가 없다. 나의 두 공동 연구자인 고트프리트 호만과 바바라 프루트는 이 동물을 중앙아프리카에서 관찰하기로 하였다. 1991년 12월, 시카고에서 열린 학술회의에서 바바라 프루트는 주목할 만한 세부사항을 보고하였다. 난쟁이침팬지의 둥지는 낯선 자들에게는 터부이다. 난쟁이침팬지가 야생 무화과가 달린 나무를 발견하면, '점령했다'는 표지를 남김으로써 그 나뭇가지를 자기 소유로 예약한다. 나는 귀추가 주목되는 이 현장연구의 다른 결과를 손꼽아 기다리고 있다.

5장 오늘과 내일

해야 할 과제

오늘날 우리는 어디에 서 있으며, 앞으로 어떻게 될 것인가? 현재를 평가하기에는 아직 시기상조인 것 같지만, 우리는 새로운 천년대로 넘어가는 이 시점에서 미래의 발전을 위한 방향이 설정되어야 하는 한계선이 성급히 다가온다는 불안감을 느끼고 있다. 미래는 자발적인 개체의 것인가, 아니면 군중의 것인가? 그토록 재능을 타고난 호모 사피엔스는 개미같이 철저하게 조직된 국가체계를 창출할 것인가? 그렇다면 인간의 사회적 조직은 앨더스 헉슬리나 조지 오웰이 전망하였던 것에 상응할 것인가?

이미 이 두 가지 발전경향이 다 출현하였다. 그러나 헉슬리가 경고했다시피, 폭력을 통한 인간의 지배는 내부적으로 중병에 걸린 국가의 보호보다 훨씬 덜 성공적이었다. 우리는 보호에 너무 쉽게 적응하였다. 왜냐하면 우리는 타인을 기꺼이 도와 주면서도 동시에 어린애로 돌아가서 보호받기를 원하기 때문이다. 그렇게 존재들에게 상응하는 과제들이 결여된다면, 지능과 정신적 지각능력의 지속적인 진화가 정지하거나 심지어 역전되는 현상, 즉 역진화적인 성격을 띠지 않을까? 정신적인 발달은 아마도 자신의 개체성을 포기하지 않는 지배층에만 국한될 것인가? 우리는 그것을 모르지만, 평균을 향하는 추세는 드러난다.

거대한 집단에서는 유전의 변화가 힘겹게 일어난다. 성공적인 종은 변화에 둔감하다. 인간은 어쨌든 사회적인 격리와 계층화, 그리고 제한된 생태학적 환경을 가지는 이주를 통하여 다른 집단으로부터 떨어져 나와 작은 집단으로 분화해 가는 경향이 있다. '주변부'에 사는 집단은 진화의 개척자가 될 수 있을 것이다. 한 인구의 커다란 부분이 그들의 향락적인 욕구를 만족시키기 위하여 더 작은 계층에 의존한다면, 그것은 두 집단을 분리시키게 될 것이다. 개방적인 계급사회에서는 재능들이 '여과되는' 가운데, 더 높은 지능을 갖춘 사람들이 위로 상승한다. 늘 새로 탄생하는 상류층에 속하는 사람들은 나머지 사람들보다 더 심한 경쟁을 요구받으며, 따라서 더 높은 정신적인 능력을 확보해야 한다. 오늘날은 배우자들도 이미 선천적으로 재능을 갖춘 사람들이 선호되는 세상이다.

정신적으로나 정서적으로는 아직도 석기시대의 인간과 다름없는 현대인은 자신이 직면해 있는 과제들을 어떻게 극복할 것인가? 나는 우리가 극복하리라는 것을 믿어 의심치 않지만, 어떤 대가를 치러야 하는지는 모르겠다. 현재와 같이 자기 스스로를 지각하도록 하는 일에 매진한다면, 인간은 자기의 종족사적인 프로그래밍의 헛수고를 피할 수 있을 것이며 좀더 안전한 길을 갈 수 있을 것이다.

우리는 선천적으로 타고난 행동의 기초성향을 잘 알아야 한다. 그래서 고삐를 죄어야 한다. 왜냐하면 수렵 및 채집 유산의 상당한 부분이 오늘날에는 그다지 어울리지 않기 때문이다. 나는 "그다지 어울리지 않는다"라고 말했는데, 그 이유는 어떤 일부 영역에서는 아직도 중요한 과제를 수행할 수 있기 때문이다. 그러나 예를 들면, 적절한 지점에서 멈추지 않고 성공과 권력을 갈구하는 우리의 지나친 욕심 때문에 위험이 증가한다. 그러한 적극적인 의지는 긍정적인 점이 있지만 부정적인 점도 있다. 석기시대 수준의 마음자세로 마치 무한하기라도 한 것처럼 자연을 착취해 온 것은 해악이다. 우리는 경제성장이라는 이상에 사로잡혀서, 우리의 한계를 오래 전에 깨달았다는 사실조차 잊고 있다. 그러나 우리는 또한 예견을 하는 존재로서 환경의 재앙을 벗어나기 위한 새로운 길도 모색하고 있다. 우리는 뒤를 돌아다보면서 변명을 하기도 하고 우리 손자들이 살 미래를 생각하기도 한다.

우리는 금세기에 많은 긍정적인 것을 이루어 냈다. 인간들 사이의 결속감도 심화되었고, 먼 곳에 사는 사람들이 곤궁에 빠지면 도움을 주기도 한다. 전쟁은 지탄받으며 무력분쟁에서 민간인의 고난을 감소시키기 위한 협약도 진전을 보았다. 동물과 인종의 말살은 범죄로 여겨진다. 신분상승의 기회가 만족스럽게 분배되지는 않았지만, 누구나 상승의 기회를 가지는 열린 공동체에서 살아가고 있다. 평등권의 이념과 개인의 자유 및 자결권은 세계 전지역으로 확산되었다. 그러나 또 다른 지역에서는 인구가 폭발적으로 증가하고 있으며, 이로 인하여 기아와 고난 또한 함께 증가하고 있다. 그곳에서는 사회적 불안과 전쟁이 일상사가 되어 버렸다.

자유민주주의 정부 형태는 전체주의의 유토피아를 극복하였다. 그래서 우리는 70년 이상이나 지속되어 온 공산주의 지배가 평화롭게 붕괴되는 것을 지켜본 산 증인이 되었다. 불과 몇 년 전만 해도 불가능하게 보였던 것이 이제는 하룻밤만 지나면 현실이 된다. 철의 장막은 걷혔고, 독일은 다시 통일의 기쁨을 만끽하였다. 동유럽의 여러 민족은 자유로워졌으며 그들 스스로의 운명을 결정할 수 있게 되었다. 바르샤바 조약기구는 해체되었으며, 소비에트연방도 독립국가연합(CIS)으로 재편성되어, 민주주의와 자유시장경제가 추진되고 있다.

이제 제3차 세계대전의 위험은 없어졌다. 그러나 신생국들간의 국지적인 갈등으로 인한 전쟁의 위험은 여전히 사라지지 않고 있다. 또한 지난 수십 년간의 계획경제의 여파로 인하여 이 나라들에서 생기는 소요도 감안해야 한다. 민주화를 향한 의지는 고무되어야 한다. 그렇지 않으면 서방은 무혈전쟁의 열매를 놓치게 될 것이며, 지금까지 세계평화를 위하여 쏟아부었던 것보다도 몇 배나 많은 대가를 치르게 될 것이다.

독일 또한 통일로 인해 곤란을 겪고 있다. 특히 돈이 부족한 것 같

다. 독일 정부는 그렇게 많은 돈이 들 줄 몰랐다고 말하고 있으나, 그
것은 사과의 말이 될 수 없다. 정부는 이런 경우를 위해 적절한 보호조
치를 취했어야 한다. 군대의 임무는 늘 우발적인 사태에 대비하는 것
이다. 이와 달리 정치가들은 지난 40여 년간 단 한푼의 돈도 마련해 놓
지 않은 채 통일만 외쳐 댔다. 바로 이것이 우리가 극복해야 할 민주주
의 시스템의 약점이다. 수준 낮은 교육, 부족한 상상력, 쟁점사항에
대한 교조적인 경직성 등이 사태를 잘못 평가하게 만드는 요인들이다.
심지어 상당수의 정치가, 사회학자 및 작가들은 국민을 현혹하는 발언
으로 죄를 지었다. 의식적으로 그랬는지 아니면 경악할 만한 판단착오
때문이었는지는 모르지만, 그 결과를 생각해 보면 모두 달갑지 않은
태도이다.

　1948년에 베를린에서 「데어 모나트」라는 잡지를 창간하고 독일의
신문방송학 발전에 일조한 멜빈 J. 라스키는 그렇게 강렬하고도 무비
판적인 언론인들과 논쟁을 벌였다.[112] 보기로서 그는 테오 좀머*를
든다. 당시 「차이트」 지의 주필이었던 좀머는, 베를린 장벽이 무너지
기 석 달 전에 동독에 대해서 다음과 같이 썼다. "국민과 당국의 관계
는 전에 없이 긴장이 풀어졌다. 국민은 모든 일이 잘될 것으로 보고 있
다." 그리고 요약을 하였다. "에리히 호네커 치하의 삶에서 저편의 또
다른 독일 국가의 시민들은 그에게 거의 맹목적인 존경을 보낸다." 귄
터 그라스는 통일이 임박하여 동독 주민들이 서방으로 대량탈출을 했
을 때, 대부분의 동독 사람들처럼 성급한 통일에 반대하였다. 심지어
아우슈비츠의 역사 이후에 이제 독일인들은 더이상 한 국가 안에서 살
권리가 없다는 해괴한 도덕적 논거들조차 목소리가 점점 커져 갔다.

　주도적인 서독의 정치가들은 장벽이 무너지기 직전에 동독을 인정
해야 하며, 통일논의는 '무책임하며' 양 독일 국가 사이의 관계를 손상

---

* 독일의 중도 성향의 일간지인 「벨트」 지의 회장

시킬 것이라고 선언하였다. 사민당 부총재이자 자르란트 주지사였던 오스카 라퐁텐과 빌리 브란트도 이와 비슷한 말을 하였다.[113] 그러나 그들은 용기를 내어 자신들의 실수를 인정하는 자세를 취했다. 물론 통일에 따른 인간적인 그리고 경제적인 어려움은 생각보다 컸으며, 수많은 미디어와 정치인들의 사탕발림과 현혹에도 불구하고 나아지지 않았다.[114]

체면을 유지하려는 정당 정책상의 이해와 시도들은 철회되어야 한다. 국가나 공동체보다도 정당의 이익이 우선하는 그런 민주주의는 자멸의 무덤을 파는 것이다.[115]

여러 지역에서 발단되고 있는 국적 갈등도 우려를 낳고 있다. 이런 싸움들에서는 무엇이 문제가 되는가? 그로부터 무엇을 배울 수 있는가? 국민과 국적 사이의 분쟁은 늘 있어 왔고, 이것은 지난 200년 이래로 가장 심각한 문제 중의 하나였다. 세력 확장을 추구하던 국가들 사이에서 두 차례의 세계대전이 벌어졌다. 따라서 많은 정치가들과 사회적으로 적극적인 사상가들은, 모든 악의 원천인 민족국가와 싸워야 한다고 말할 수밖에 없었다. 그들은 모든 차이를 하루 아침에 균등화하자는 세계주의를 주장하고 있다. 공산주의 유토피아도 이런 입장을 대변하였다.

이제 유럽의 동쪽에서는 수십 년에 걸친 공산주의 국가들의 애국주의가 그들이 지배하던 많은 민족들의 민족의식을 해체하는 데 성공하지 못했음이 드러났다. 이들은 어디에서 저항력과 생존력을 얻는가? 어째서 그렇게 심각하게도 다양성이 보존되며, 심지어는 폭력을 수반하는 저항에도 불구하고 민족주의가 점증하고 있는가?

그 이유는, 삶이란 다양성의 토대 위에서 안전해지기 때문이다. 또한 그것은 생물학적인 층위에서 돌연변이로, 그리고 유전자를 복합하는 방식으로, 그들의 환경과 싸우며 보존되거나 사멸하는 변종들과 하위종 및 다른 종을 창출한다. 이것은 인간에게는 문화와 인종의 다양성을 통하여 일어난다. 고유의 풍속, 이데올로기 및 목표설정, 사회공학 및 경제형태로 규정되는 모든 민족성은 삶의 흐름의 실험을 제기하며, 그렇게 해서 어느 정도 진화의 전초기지가 된다. 통일성이 아니라, 다양성이 바로 생명의 원리이다. 상당수의 고등 포유동물에게 각인된 집단행동과 이방인 박해라는 개별적인 거리두기와 영역성이 바로 그런 극도로 상이한 패턴에 해당한다.

나는 우리-집단 행동의 원천이 가족적이며 가장 작은 집단은 어머니-아이 관계라는 것을 말한 바 있다. 젖먹이조차 잘 알기 때문에 신뢰감을 주어도 될 사람과, 낯설기 때문에 꺼려야 하는 사람을 구분하도록 태어났다. 6~9개월이 되면 아이들은 아는 사람과 모르는 사람을 분명히 구별하기 시작하며, 그에 상응하여 달리 행동한다. 그때까지 이 젖먹이는 웃으며 모든 사람을 맞이했지만, 이 시기가 되면 이방인에 대하여 이중적인 반응을 보인다. 전형적인 경우를 들자면 그 아이는 이방인에게 웃음을 짓지만, 어머니에 대한 시선은 부끄럽게도 감춘다. 그리고 다시 이방인에 대해서 친절하게 향하며 친근한 접촉을 준비하거나 겁을 내는 거절 사이를 왔다갔다 한다. 이방인이 좀 거리를 두면 그 아이는 점차 그와 친해질 수 있다. 그러나 이방인이 성급한 접근으로 접촉을 강요하면 종종 당황하여 자신을 방어한다. 이러한 이방인 공포는 아이가 이방인과 나쁜 경험이 없더라도 전개된다.

공동체 안의 이웃은 우호적인 정향은 물론 공포와 그로 인한 도망 및 방어까지 야기하는 신호의 담지자이다. 이 마지막 행동을 촉발하는 자극은 그 아이가 일단 일정한 성숙단계에 이르러야만 지각된다. 그러나 그것을 위해 경험이 필요하지는 않다. 오히려 우리는 친분으로 원초적인 불신을 없애도록 만들어져 있다. 어떤 사람을 더 잘 알수록 그 반응은 불신으로부터 곧장 신뢰로 선회한다. 이런 식으로 우리는 거의 가족에 준하는 우리-집단을 만들고, 더 큰 인간 공동체를 만들게 된다. 가족은 어느 정도는 발전되어 가는 동안에 확장된다. 그러나 다른 가족과의 경계는 그대로 있다. 처음에는 구성원 각자가 서로를 다 아는 개인화된 소집단이 존재한다. 여기에서도 친분이 신뢰를 형성하며, 아는 사람을 도와 주는 원리가 통용된다. 친분은 어느 정도 친족의 징표로 이해된다. 원래 그런 집단은 가까운 친족이었다. 그 구성원은 전반적으로 모습이 유사하며 의복이나 언어 등의 문화적인 징표로 그것을 강조한다. 이러한 토대 위에서 인간은 서로 모르는 대집단을 연대 공동체로 통합할 수 있었다. 공통의 언어와 풍속으로 묶어 준 것이다.

원시부족이나 문명인이나 공동의 족보가 이데올로기처럼 강조된다. 유럽 인들도 그것을 '민족(nation)'이라는 말로 표출한다. 서뉴기니의 에이포 족은 그들의 족보를 공동의 문화운반자로 소급한다. "우리는 한가족이다. 우리는 형제 자매이다!" 그들은 이렇게 말한다. 우리는 가족의 윤리를 유전적으로는 가까워도 직접 알지는 못하는 집단구성원에 적용하며, 가족이나 지역집단 및 국가 등에 대한 충성의 등급에 따라서 그들과 연대한다.

상호 구별의 메커니즘은 정체성을 보장하며, 이를 통하여 문화적이고도 생물학적인 관점에서 다양성의 보존을 보장한다. 모든 것은 진화의 변천에 굴복하며 문화적이고 유전적인 교환으로 결실을 맺는다. 다만 이 과정들이 다양성을 위협하지는 않을 것이라는 점이 중요하다.

다인종의 공존은 각 인종이 그들 고유의 사고방식에 따라 스스로를 통제할 수 있는 고유의 영역을 가질 경우에만 가능하다. 인간이 다른 민족에 의한 지배를 두려워할 필요가 없을 때 그들은 조심스럽게 서로 개방되며 이방인에게도 우호적이 된다. 예를 들어 스위스는 네 인종간의 비교적 행복한 공존을 보여 주고 있다. 유럽 공동체는 이와 비슷한 방식으로 상호간의 인정을 발전시키려 하고 있다.

　자기 인종에 대한 우호적인 인정이 공격적인 민족주의에 빠지지 않으려면, 모든 인종이 다른 인종에 대한 공포 없이 살 수 있어야 한다. 전쟁의 장구한 역사는 인간이 과연 전쟁을 문화적으로 극복할 수 있는가에 대한 불신을 주었다. 이 불신은 근처에서 더 강하게 생존하려고 하는 작고 약한 인종들만을 움직이는 것이 아니다. 커다란 민족들도 그것을 체험하며 스스로를 지키고 안정시키기 위하여 다른 민족에 대한 우월한 입장을 도모한다. 이와 같은 지배욕은, 진정한 평화를 원한다면 극복해야 할 최우선적인 과제이다. 이런 방향으로의 길은 개인의 인권뿐만 아니라 수많은 민족의 자결권도 보장하는 규약을 통하여 진행되어야 한다. 그러나 그 수준에 이르기까지는 아직 갈 길이 멀고, 무엇보다 스페인 바스크 분리주의에서 볼 수 있듯이 유럽에서도 요원하다.

　런던에서 교편을 잡고 있는 저명한 사회학자이자 정치학자인 랄프 다렌도르프의 글을 읽어 보면 놀라게 된다(그러지 않을지도 모르지만). "오로지 사람들만이 권리를 가진다. 민족의 자결권은 야만적인 도구이다."[116] 그는 '자결권'을 권력 수립을 위한 투쟁의 개념으로 간주했다. 피억압자들이 억압자들에게 대항하는 경우에도 그들은 권력, 즉 자기 스스로를 통제하려는 권력을 위해 투쟁하는 것이다. 따라서 집단의 권력이 통상적으로는 인간의 굴복을 위한 것이지 인간을 해방시키기 위한 것이 아니라고 하는 다렌도르프의 주장은 일방적이다. 나아가 그는 이렇게 말했다. "이 모든 결과에 대한 테제를 말하자면, 아르메니아 인들이 꼭 아르메니아 인들과 살아야 할 권리는 없다. 그러나 서로 동일한 존재들로서 공동체 아르메니아 시민으로서의 권리는 존재한다. 즉 그들 고유의 언어와 문화를 보존하는 데 부당한 대접을 받지 않을 권리는 있다."

　다렌도르프는 참 관대하기도 하다. 하지만 아르메니아 인들의 생각은 그와 다를 것 같다. 그들은 쿠르드나* 바스크 또는 다른 민족처럼 자발적으로 통치하기를 원할 것이다.[117] 그렇다면 그들의 입장이 그르다는 것인가? 나는 독단론이 우려된다. 정치에서의 그런 입장은, 원래의 의도는 좋았을지라도 금세기에 많은 불행을 낳았다.

민족문제를 해소하려는 시도들은 동유럽의 상황이 아니더라도 이미 실패하였다. 나는 문화다원적인 유럽과 문화다원적인 세계를 원하는 사람들 편이다. 그러나 오늘날 많은 유럽 국가들이 민족국가와 갈등을 빚고 있는 그런 문화다원적인 이민 공동체는 원하지 않는다. 그들은 유럽 국가들이 전세계의 이주자들에게 문을 열고, 그들의 민족 고유성을 보존하고, 그들의 문화를 이민국에서도 가꾸게 해달라고 요구한다. 예를 들어 기민당 정치가 하이너 가이슬러가 말했듯이,[118] 과거의 소비에트연방처럼 하나의 '헌법 애국주의'가 다양성을 평화적으로 결속시켜야 한다는 것이다. 낭만적인 몽상으로 들리는 문화다원 공동체 안에서의 공존은 인종과 민족간의 선입관을 허무는 데 기여할 것이다.

가이슬러는 "동화(同化), 민족·문화적인 이민은 전반적으로 과거사가 되어 버렸다"라고 독일에 선언하였다. 왜냐하면 "터키와 유고슬라비아, 이탈리아와 스페인, 모로코와 일본, 타밀과 인도, 이란과 레바논 출신의 사람들이 독일인이 될 수는 없기 때문이다." 민족국가를 주장하는 사람은 다 쇼비니스트 취급을 받는다. 그 혼자만 그런 주장을 하는 것이 아니다. 루츠 호프만과 헤르베르트 에벤의 견해에 따르면, 독일인들이 독일과 독일인을 언급하는 그 순간 이미 그들은 외국인에게 적대적으로 행동하리라는 것이다.[119]

물론 외국인 적대주의자 또는 인종주의자라고 비난받는 게 두려워서 누구도 그 문제를 진지하게 토론해 보지 않았다. 그러나 그 사이에 지금까지 이루어져 온 민족혼합의 결과는 조화가 아니라 장기적으로

---

* 터키와 이라크 등지에 흩어져 사는 소수민족의 하나이다.

는 우리의 민주주의까지도 위협할 수 있는 사회적 불안이라고 말하는
몇몇 이상주의자들도 있다. 이런 추세 하에 생기는 비극은 많은 현명
한 사람들도 좋은 의도에도 불구하고 그들의 무지함 때문에, 심지어는
미래의 재앙을 야기하는 심각한 문제라는 것이다. 그것은 국민들 사이
에서 간혹 일어나는 감정의 폭발과 점증하는 이민 적대감에 책임이 있
는, 늘 언급되는 '부족한 계몽' 때문만은 아니다. 한 예로 망명자 문제
는 진작부터 있어 왔지만 제대로 거론되지 않는다. 문화적인 다양성
너머로 모든 인간에게 적용되는 인간행동의 상수가 존재한다는 것을
염두에 두어야 한다. 그것은 결속을 가능하게도 하지만, 종종 분란을
일으키는 요인이 되기도 한다.

　이방인 적대감이 바로 그것이며, 영토상의 경계구획 또한 마찬가지
이다.[120] 중부 및 서부 유럽 인들에게 문화다원적인 이민 공동체가 권
고되고 있다. 그러나 중부 유럽이나 서부 유럽에는 이주민들이 자리잡
고 영토상으로 뿌리내릴 수 있는 새로운 공간이 없기 때문에 그런 주
장은 아름다운 몽상일 수밖에 없다. 인종적인 정체성을 유지하는 상황
에서 이민자들이 많이 밀려들어온다면, 그것은 침입으로 간주될 수 있
으며 그에 상응하는 방어 메커니즘이 작동한다. 이때에 오래 된 행동
메커니즘이 다시 출현하는 것이다. 그것은 잘못된 교육의 결과가 아니
라, 오히려 장구한 종족사의 결과이다. 즉 그것은 인간의 타고난 기초성
향으로서 전세계에 공통적이다. 우리가 초대하는 사람들도 그러하다.

　진화를 비로소 가능하게 만든 경계구획은 다양한 층위에서 이루어
진다. 개체나 집단 차원에서나 통상 유전적으로 가까운 친족이 포괄된
다. 벌은 알다시피 벌침의 냄새를 가지는데, 낯선 벌침 냄새에 일벌들
은 공격당한다. 한 무리의 쥐들은 그들 고유의 냄새로 스스로를 표시
하며 다른 냄새가 나는 쥐들을 공격한다. 집단의 경계설정과 이방인
방어는 우리와 가까운 유인원들에게만 국한되는 현상이 아니다. 원한

다면 더 많은 보기를 들 수 있다. 영토성에서도 마찬가지이다. 동물은 그들이 확보할 수 있는 자원에 경계를 지어 방어한다. 그리고 인간을 포함해서 많은 동물들에게는 자기가 만든 생산물을 가질 수 있는 영역이 가장 중요한 자원이다. 여기에서도 많은 유추현상이 인용될 수 있다. 종종 영토는 관할표지를 통하여 소유물로 표시되는데, 상당수의 포유류는 냄새표지를 만든다.

자원의 확보라는 이유 때문에 인간 또한 문화적으로 동물과 비슷하게 이방인 적대와 영역성을 발전시켰을 것이다. 장 자크 루소에 따르면, 비(非)평화는 농경과 더불어 탄생했다. 왜냐하면 농경이 시작된 이후에야 인간은 울타리를 만들고 자기의 소유물을 방어하기 시작했기 때문이라는 것이다. 이런 시각은 1960년대 말기에 인류학자들에게 수용되었다. 그래서 그 구성원이 영역과 무관하게 한 집단에서 다른 집단으로 교체될 수 있는 수렵 내지 채집민족의 '해바라기 성향'도 거론되었다. 이러한 자유롭고 평화로운 삶의 방식의 보기로 칼라하리 지역의 부시맨과 피그미, 그리고 에스키모들이 인용된다.

이런 주장은 그 사이에 우호적인 신화로 드러났다. 수렵 및 채집민족은 근본적으로는 농경민족의 발전된 형태와 별반 다르지 않게 행동한다.[121] 그들은 땅이나 땅과 관련된 자원에 있어서 개인이나 집단의 소유물을 구별한다. 일단 땅의 권리가 존중되지 않으면 갈등으로 발전한다. 영역성의 표현형태는 극도로 다양한데 그것이 열대 우림의 거주자나 극지방에도 널리 퍼져 있다는 사실은 인간이 유인원 친척과 크게 다르지 않다는 것을 반증한다. 자신의 땅을 방어할 준비가 되지 않은 민족은 경쟁하는 인종들이 들끓는 이 세상에서 생존할 확률이 적기 때문에 그런 현상은 놀라운 일이 아니다.

앞서 말한 이방인 적대는 보편소에 속한다. 그러나 이러한 확인으로 외국인 적대가 선천적이라고 호도되어서는 안 된다. 우리는 이방인을 적대시하도록 교육받은 것이다. 어쨌든 이방인에 대한 공포 때문에 그것을 배울 확률이 높다는 것이다. 사회적인 공존의 조화를 이루기 위하여 우리는 어떤 나라에 정주하려는 이주자들에게, 그들이 문화적으로도 적응할 것을 요구한다. 유럽 내부에서는 내부 이주가 많았기 때문에 별 어려움이 없다. 예를 들어 수많은 프랑스 인과 폴란드 인, 이탈리아 인이 독일로 이주해 별 어려움 없이 독일인이 되었다. 이와 반대로 독일계 이주자들도 프랑스 인이나 이탈리아 인이 되었다. 유럽인들은 서유럽에서 동유럽에 이르기까지 넓은 지역에서 유사한 인종학적 혼합을 겪어 왔다. 우리 각자는 누구나 다 파리나 밀라노, 비엔나, 바르샤바 또는 모스크바에서 태어날 수 있다. 게다가 무엇보다도 건축과 음악의 공통적인 양식, 각 시대에서 표출되는 밀접한 문화적 근친성이 추가된다. 하지만 대량이주에서는 경제적이고 생태학적인 어려움이 나타날 수 있다.

문화나 인종상으로 우리와 먼 사람들이 유럽의 전통적인 민족국가에 대규모로 이주해 들어오면, 그들의 풍속이나 외모로 인해 다양한 인종이 서로 경계지어질 확률이 매우 높다. 각 그룹은 일단 그들 고유의 이익을 대변하기 때문에 자동적으로 경쟁상황이 전개될 것이다. 특히 경제적인 위기의 시기에는 두 집단 모두 겪어야 할 상당한 갈등을 자극할 수 있다. 각 집단의 인구증가율이 다르기 때문에 경쟁상황은 격앙될 수 있다. 따라서 조화로운 공존을 위해서는 전통적인 민족국가 내부에 다인종 공동체가 구축되는 것을 막아야 한다.

뿐만 아니라 이런 맥락에서, 이 문제에 대해 생태학적인 관점도 논의되어야 할 것이다. 유럽은 인구가 과밀하고 거의 바닥난 화석연료로 살고 있다. 인구가 감소해야만 호전될 수 있는 한계상황에 도달한 것이다.

포괄적인 이민 옹호자들은 유럽도 이민국가라고 설명한다. 물론 그렇다. 하지만 그렇다고 해서 유럽 국가들이 앞으로도 이민국가로 머물러야 하는 건 아니다. 사회과학자들과 많은 미디어들은 "해야 한다"는 교조적인 말투투성이다. 부유한 우리가 제3세계의 빈곤한 사람들을 수용해야 한다는 것이다. 그러나 우리가 수백만 명을 수용한다고 하더라도, 제3세계의 모든 빈곤한 사람들을 도울 수는 없을 것이다. 오히려 우리는 그들의 고난과 운명을 수입해야 한다. 아프리카 인구는 매년 3.2퍼센트씩 증가한다. 파키스탄은 1981년에 인구가 9천만이었으나, 현재는 1억 4천만에서 1억 5천만 명 가량 된다. 인도의 인구증가도 비슷한 실정이다. 제네바에 있는 국제노동기구의 연구에 따르면, 남부 지중해 지역(북아프리카)의 인구는 1950년부터 1990년 사이에 5,200만 명에서 1억 6,500만 명으로 불어났다. 2025년이 되면 2억 8,500만 명이 될 거라고 한다. 유럽과 미국에서 간행되는 제3세계의 고통에 대한 보고서도 이런 사실에 대해서는 침묵하고 있다. 그들의 테제는 제3세계의 가난이 복지를 누리고 있는 사람들의 죄라는 것이다.

현재 상태로 인구가 증가하면 서방세계의 경제적인 노력도 별 효과가 없을 것이다. 가장 중요한 문제는 인구과잉이며, 오늘날 그것을 억제하는 것은 윤리적인 요구이다. 제1차 세계대전 이후 국제연맹이 결성되었을 때 그들의 거주자를 자기들 관할 하에서 편안하게 살 수 있도록 출생률을 조절하는 나라에 대해서만 가입을 허용했다. 이 요구는 여전히 유효하다. 오늘날 우리는 모든 국가가 그들 고유의 사안을 조절하는 자결권을 가졌다고 생각한다.

어쨌든 어떤 집단이 그들의 자원만으로는 버티지 못하고 다른 민족에게 부담을 주는 이주의 압력이 생겨날 정도로 수가 지나치게 증가한다면, 그것은 더이상 그 국가만의 문제가 아니다. 그로 인하여 어쩔 수 없이 또 다른 이주가 생겨나면, 그것은 나라를 빼앗는 행위와 마찬가

지이다. 이런 과정이 폭력적이라면, 한 나라는 당연히 그것을 방어할
권리가 있다. 이와 달리 대다수 폭력이 수반되지 않는 이주는 보장되
어야 한다고 믿는다. 그러나 문제는 두 경우의 결과가 같아질 수도 있
다는 점이다.

「차이트」지에 실린 작가 게르하르트 쾨프의 논설 서두에는 "유럽은
증오로 뭉쳐 있다"고 씌어 있다.[122] 그런 말투로 "유럽이라는 집안에
있는 행복한 시대의 독일인들은 외국인에게는 기껏해야 쓰레기통일
뿐이다. 유럽이라는 집의 뒷문으로는 이미 끔찍한 개념인 '고향'이 스
며들고 있다. 벨파스트에서 베르크 카라바흐까지, 로슈토크에서 바스
크까지 말이다"라고 씌어 있다.

물론 일정한 인종이 억압받고, 어떤 인종이 다른 인종을 좋아하지
않기 때문에 갈등이 생긴다. 인간에게 자결권과 땅을 주면, 그들은 서
로 사이좋은 이웃이 될 것이며 문화교류에도 관심을 가질 것이다.

인간은 본성상 문화적 존재이다. 인간은 자신의 선천적인 기초성향
을 극복할 수 있다. 또한 인간은 이데올로기를 통하여 자기 보존의 메
커니즘을 극복할 수도 파괴할 수도 있다. 그 결과는 인종의 해체일 것
이다. 예를 들어 미합중국이 행복한 문화다원적인 실험을 인용할 때
면, 자기 증오의 발작을 일으키는 상당수 유럽 인들은 자기 민족의 구
성원에게 인종말살을 유혹한다. 뮌헨의 저널리스트인 요아힘 리들은
1990년에 「쥐트 도이치」지의 부록 잡지에서 뉴욕에 대한 흥미있는 보
고를 하였다.[123] "한 인종으로부터 자라난 어떤 한 국가의 연대 공동
체가 이런 식으로 해체되면 각 개별그룹은 앞뒤 가리지 않고 자신의
이익을 대변하며 국가는 허수아비가 된다."

문화다원적 공동체의 옹호자들은 그 의도가 좋을지라도 그들의 극단
적인 연설투로 인하여 공개적인 발언을 방해하거나 장기적으로는 민주
주의까지도 위협한다는 사실을 잘 모르고 있다. 전반적으로 모두가 외

국인에게 적대적이고 인종차별주의적이라고 주장하는 논의에 한몫 거드는 사람들은, 다원주의자들의 정치적인 그리고 지성적인 수준에 의심을 표시하며 극단주의적인 조직으로의 경향을 부채질한다. 인종차별주의자란 복수성을 환영하고 그것으로 그들 고유의 문화적·생물학적 유산을 보호하는 사람들이 아니라, 자기 인종의 우월성에서 출발하여 그로부터 다른 인종에 대한 지배를 정당화하려는 작자들이다. 이와 달리 대부분의 생물학자들은 인종학적 다원주의를 옹호한다.

우리가 문화다원적인 이민사회를 반대하는 모든 사람을 인종차별주의자나 외국인 혐오주의자라고 싸잡아 비난한다면 문제해결에 도움이 안 된다. 물론 그렇게 불러 마땅한 사람들이 분명히 있다. 그러나 다행스럽게도 소수일 뿐이다. 반대이든 찬성이든 속이 빈 구호보다는 외국인 적대감의 원인을 논의하는 것이 더욱 의미있는 일이다. 그러나 유감스럽게도 이 문제를 다루는 많은 학술회의에서는 문제를 시인하는 데 그칠 뿐이다.

1992년 5월에 「쥐트 도이치」지는 '인종차별주의의 원인을 찾아서'[124]라는 제목 하에 게오르크 폰 폴마르 학술원에서 개최한 학술회의 내용을 보고하고 있다. 그 테제에 따르자면, 오늘날의 외국인 적대현상은, 우리의 부(富)는 오로지 우리가 열심히 일한 덕분이라는 환상을 방해하는 사람들에 대한 방어에 기여할 것이다. 따라서 주택을 건설하거나 독일과 외국의 청소년을 공동 작업하게 하는 것만으로는 외국인 증오를 해결할 수 없다는 것이다. "오히려 우리 우월문화의 주장이 얼마나 내화되었는가를 의식하고 우리에게 착취당한 제3세계를 위하여 과소비를 줄이도록 해야 할 것이다. 위계질서는 없어져야 하며 소수인종은 의회나 경제분야 또는 언론 등 어디에서도 활동할 수 있어야 한다. 그렇다면 굳이 문화다원적 공동체가 필요하지 않다"라고 보고하고 있다. 이 제안은 호르스트 하이칭어의 만평을 생각나게 한다. 히틀러 콧수염을 달고 있는 한 남자가, 한편으로는 —— 공포를 야기하는 외국인 모조품으로 —— 콧수염이 달린 터키 인의 얼굴과 악마의 뿔과 음침한 표정으로 묘사되고 있고, 다른 한편으로는 주둥이가 열린 자루를 쥐고 있다. 끔찍한 남자가 그 모조품 앞에서 자루 안으로 막 들어가려고 한다. 오스카 라퐁텐*과 한스 요헨 포겔**로 보이는 두 남자는 그 과정에 대해 다음과 같이 사족을 붙이고 있다. "외국인 선거권을 요구하면서 저 사람들을 다시 자루에서 꺼내자구!"

'얻을 수 없는 부'에 대한 지적은, 열심히 일하지만 복지를 누리지 못하는 많은 시민들을 분노하게 만들 것이다. 상당수의 독일인은 심지어 최저 생계수준에 있다. 나는 젊은 학자들이 연구와 수업으로 살아가면서 생존하는 것이 얼마나 어려운 일인지 항상 새롭게 실감하고 있다.

제3세계를 착취해서 복지를 이루었다는 비난이 독일인들에게 쏟아져야 할 이유는 없다. 식민지라고는 전혀 또는 아주 잠시만 가졌던 스위스나 오스트리아는 더욱 그럴 이유가 없다. 산업화의 역사를 아는 사람이라면 우리의 '복지'가 어떻게 이룩되었는지 알 것이다. 그것은 수많은 노동자 세대의 피와 땀, 기술자들의 훌륭한 교육수준, 농부의 근면함, 과학자와 기술자의 풍부한 상상력, 그리고 말할 것도 없이 설립에서부터 오늘까지 이끌어 온 기업가들의 조직능력 덕분이다.

지금 우리는 인구감소를 보정하고 새로운 노동력을 충당하기 위한 통계적인 이유에서 이민을 약속해야 하며, 그렇지 않으면 연금이 제대로 지불되지 않을 것이라는 소리를 심심찮게 듣는다. 예를 들면, 사민당 원내총무인 한스 울리히 클로제는, 독일이 10년 후면 30만 명에 이

---

* 독일 사민당의 유명한 정치가로 당수를 거쳐, 1998년 사민당 정권의 재무부 장관으로 있다가 슈뢰더 총리와의 불화로 인해 1999년 초 사임했다.

** 독일 사민당의 원로 정치가

르는 외국인 노동력을 필요로 할 것이라고 말하였다. 인구의 절반이 25세 이하인 북아프리카 국가들로부터 그 노동력을 데려올 수 있다는 것이다.[125] 이와 달리 다른 보고서들에는 현대의 조립생산 기술이 노동력을 점점 필요로 하지 않게 되어 다음 세기에 가면 엄청난 실업자들을 어떻게 처리할 것인가에 골머리를 앓게 될 것이라고 적혀 있다.

어떤 말이 맞는가? 나도 결정을 내릴 수 없다. 하지만 우리가 정말로 노동력을 수입에 의존해야 한다면, 노동자로 재취업하는 것도 고려할 수 있을 것이다. 보수가 좋다면 도덕적으로 가능한 일이다.

국민들 사이에서는 문화적이고 유전적인 변천이 늘 있어 왔다. 그러나 그 변천은 긴 시간대에 걸쳐 일어났으며 정체성과 연속성을 보존하면서 이루어진 것이다. 이를 토대로 할 때 문화들은 서로를 풍요롭게 할 수 있다. 그러나 한 민족이 다른 민족을 문화적으로, 심지어 생물학적인 폭력으로 몰아붙이면, 우리는 그것을 인종말살 또는 종의 말살이라고 심판한다. 모든 민족에게는 자기 인종상의 고유성을 지킬 권리가 주어져야 한다. 이런 요구는 국제적으로 공인된 것이다. 이로부터 영국인, 독일인, 이스라엘 인, 일본인, 쿠르드 인, 아르메니아 인 그리고 다른 모든 민족들도, 우리 시대의 정치 이데올로기의 유토피아와 종종 충돌하기는 하지만, 그들의 정체성과 지속적인 발전을 보존해야 한다는 결론이 도출된다.

심심찮게 들리는 말이 있다. "우리가 무엇이 잘났는가?" 우리는 인류라는 다채로운 그림을 만드는 수많은 모자이크 타일의 조각에 불과하다. 자연은 우리나 그 어떤 다른 인간집단에 관심이 없다. 우리 이전에 많은 종들이 멸종되었다. 현재 지구상에서 꼼지락거리며, 뛰어다니고, 날아다니며, 헤엄치는 모든 유기체들은 25억 년에 이르는 끊어지지 않은 과거를 돌아볼 수 있어야 한다. 이런 무구한 각 선조는 유전적으로 후손을 남기며 생존해 왔고, 기나긴 역사가 그것을 조율해 왔다.

그리고 자연의 어떤 관심도 뚜렷하지 않더라도 오늘날의 유기체들의 선조는 그들의 유전적인 자기 이익을 충분히 대변해 왔다. 이때 그들은 어느 한순간에 이루어진 상태를 고집한 것이 아니라 삶의 흐름을 면면히 지켜 준 오늘날의 다양성으로 서서히 발전해 온 것이다.

멜빈 라스키는 디오니소스적인 광신자로서의 인간과, 이성을 가지고 사유하는 존재로서의 인간 사이에는 영원한 투쟁에 대한 깊고도 뿌리 뽑을 수 없는 원인이 존재해 왔다고 썼다. 인간의 심장은 그에게 유토피아의 꿈을 주며, 혁명적인 희망을 심어 준다는 것이다. 인간의 이성은 인간에게 사려와 주의를 가르친다는 것이다. 라스키는 유토피아주의자들의 논거방식과 전략은 몇백 년 전부터 오늘날까지 변한 것이 없다는 사실을 입증하였다. 객관적인 판단이 그들의 장점은 아니다. 그들은 확신에 차서 행동하였고 종종 피를 흘리기도 하였다.

물론 문화다원적인 이민 공동체와 국가애국주의의 옹호자들이 그렇게까지 극단적인 것은 아니다. 그러나 최근에 일어난 1992년의 캘리포니아 인종폭동에서처럼 지구상의 여러 지역에서 일어나는 소요들은 그런 공동체의 잠재적인 긴장이 좋은 의도에서 시작됐더라도 파국이라는 결과를 낳을 정도로 심각한 것임을 보여 주었다.

우리의 행동은 상상력과 이상에 의해 인도된다. 오스트리아계 영국의 철학자 칼 포퍼는 "그릇된 관념과 선입관 및 이상으로 인한 노예화"를 경고하고 있다. 그러면 무엇이 옳은 것인가? 우리는 스스로 자유롭고 타인들에게도 그런 자유와 상이성을 존중하자는 칸트의 요구에 따라서 자유의 이상에 접근할 수 있을 것이다. 이 목표는 이성적으로 입증할 수 있다. 우리는 종족발생적으로 보편론자인 동시에 세계에 대하여 개방적인, 호기심 많은 존재로 태어났다. 우리의 탐구적인 자유를 보존하고 이웃을 존중한다면, 이런 능력을 계속 발전시킬 수 있는 기회를 통하여 행동의 각별하면서도 인간적인 단면을 교양화할 수 있다. 그런 점에서 이러한 모범상은 수긍이 간다. 그러나 그것 또한 옳은 것인가?

우리는 이 세계를 선입관을 가지고 지각한다는 사실을 유념해야 한다. 예를 들어 우리는 이 세상의 규칙성을 감안한다. 그것도 바로 종족사 및 문화와 개인적인 경험에 의거해서 말이다. 화면에 비추어져서 대칭으로 커지는 점을 보고 마치 어떤 대상이 자기와 충돌하는 것으로 판단하는 생후 14일 된 아기도 이미 세상에 대한 전제를 가진다. 그 아기는 시각적 인상을 촉각의 결과, 즉 충돌이라는 인상과 결합시키고자 한다. 그 기대는 아기에게 선천적으로 주어진 프로그램의 일부이다. 이 전제는 분명히 호모 사피엔스의 종족사의 과정에 보존되어 왔다.

우리는 근본적으로 일단 소유할 만한 가치가 있는 현실의 단면을 지각한다. 그것을 위하여 우리의 지각장치는 유기체가 환경에 적극적으로 대면하면서 선택을 통하여 창출된 것이다. 그러나 말했다시피, 이 장치로 생존에 필요한 그 이상을 파악할 수 있다. 우리가 고안한 도구의 도움으로 우리는 생물학적으로 부과된 한계를 초월할 수 있다. 예를 들면 자외선을 볼 수 있게 만들거나 목성의 위성인 조(Jo)에 있는 분화구도 볼 수 있다.

그러나 우리에게는 한계가 있다. 존재의 감각 또는 오로지 자기 존재에 대해서 물을 경우에, 그리고 원천과 종말 그리고 우주의 무한성 등에 대해 숙고할 경우 곤란에 빠진다. 우리 두뇌와 감각기관은 지구상에 존재하는 과제를 해결하도록 발달해 왔으며, 그것을 위하여 우리의 지각장치에는 주체 외부의 현실과 대면하는 이 세상에 대한 가설이 프로그램되어 있다. 지금까지 알려지지 않은 이 세상의 현실들을 새로 인식하게 되더라도 우리 성능의 한계를 인정해야 한다. 우리의 두뇌가 더 진화하기를 기대할 수 있지만, 그것은 미래의 일일 뿐만 아니라 환경에 의한 엄격한 요구가 전제되어야 한다. 이런 제한이 없다면 유기체들은 퇴화할 것이다. 새들이 천적이 없는 섬에서 굳이 날아야 할 이유가 없어지면 날아다니는 능력을 쉽게 상실하게 되는 것처럼 말이다. 동굴에 사는 동물들은 종종 눈이 퇴화된다. 마찬가지로 우리가 이성을 사용하지 않는다면 이성 또한 퇴화하는 것은 당연한 이치이다.

우리는 선과 악, 미와 추, 충직과 의무 그리고 수많은 덕과 부덕을 구별하고 있다. 자신이 희생자가 아니더라도 불의를 보면 흥분하고, 죄를 지으면 양심의 가책을 받는다. 즉 다른 사람과의 교제에 있어서 우리가 수긍한 규칙들에 따르는 것이다.[126] '아름다움'이나 '추함'이라는 개념은 종족사나 문화적으로 각인된 모범상에 토대한다. 그것은 이상적인 유형의 환경특징일 수도 있고, 인간 신체의 이상적인 유형의 속성일 수도 있다.

다른 유기체의 지각은 다른 모범상에 의해서 규정된다. 선과 악을 어떻게 이해할 것인가에 대한 관습도 종(種)이나 문화와 관련되어 있으며, 그 내용은 새로운 환경조건 하에서 생존하는 역사와 함께 변하는 요구에 따라 달라진다. 익명의 거대한 공동체에서는 개인화된 공동체에서와는 다른 윤리가 요구된다. 문명화가 진행되면서 비교적 큰 공동체의 관심이 개인의 요구보다 우선권을 획득한다.

인간집단의 생존은 무엇보다도 전쟁이라는 긴급상황에서 필요한 만큼의 병정을 동원하는 능력과 나아가서 지도층의 조직능력에 좌우된다. 이것은 또다시 상당한 정도의 집단충성을 전제로 하며, 규정을 준수하고, 공동체의 규칙에 따를 것을 요구한다. 조국애, 자기 집단을 위하여 전쟁에 기꺼이 참여하는 것과 같은 이른바 국가를 수호하는 덕목은 역사적으로 중요한 고비에 형성되었다. 그것은 그들의 고풍스러운 정서 속에서 원래는 분명히 가족적이었으나, 나중에는 문화적으로 큰 집단으로 옮겨진 행동규범과 연계된다.

곤궁한 시기에는 자연적인 우선권에 대한 평가가 바뀌기 시작한다.

현대 사회에서도 공동체보다는 가족이 우선한다. 그러나 전쟁 때에는 그 우선권이 복원되어 자기의 이익은 유보된다. 예를 들면, 도피반응과 같은 내적인 '적'을 극복하고, 가치갈등에서 다른 것에 복종할 때 덕으로 간주된다. 연민의 압력이 문제가 될 경우, 그것은 정신적으로 끔찍한 부담을 야기할 수 있는데, 군 지도부가 병사들에게 포로를 사살하라고 명령할 경우에도 그러하다. 전체주의 시스템에서는 일탈자 또는 배반자라는 이유로 자신의 부모를 고발하는 아이의 행위가 덕으로 간주된다. 그럼에도 불구하고 가족을 먼저 생각하는 경향은 여전히 강하다. 그것은 사회생물학적인 근거를 가진다. 친척은 유전적으로 서로 가까우며, 유전적인 생존을 토대로 선택되었다. 따라서 국가들은 족벌주의를 추구하고 있으며 다양한 선동기법을 동원하여 공동체에 대한 동원 가능성을 강화하는 것이다.

무엇이 옳고 그른가, 무엇이 선하고 악한가는 공동체가 처한 상황에 따라 다르다. 그것은 다른 공동체와 전쟁을 하는가 또는 평화상태에 있는가, 곤궁에 처해 있는가 아니면 복지를 누리는가에 따라 좌우된다. 중요한 것은 그 공동체의 후손들이 존속하는 일이다.

가치관은 특히 시간과 더불어 변한다. 작은 집단의 윤리는 국가의 윤리에 의하여 해체되었다. 나라에 도움이 되는 것이 옳은 것으로 간주되었다. 두 번의 세계대전 이후에는 새로운 관습을 향한 노력에 의해서 각인되었고 현재도 그러하다. 민족들 사이의 협동적인 세계 공동체를 만들려는 노력에서는 공동의 이익이 전면에 나서고 민족이기주의는 약화된다. 사람들은 자기 민족뿐만 아니라 그들의 인종에도 유대감을 느껴야 한다. 때로는 그야말로 국가의 이익을 인류의 아래에 놓는 극단적인 세계주의까지도 요구한다. 그러나 이것은 우리가 이미 말한 이유에서 너무나 지나친 요구이다.

다른 사람의 개체성을 존중하라는 요구는 이웃의 자유가 위험에 처

한 경우에는 자기에게 이익이 되는 충동을 자제하라는 계명과 같은 뜻
이다. 그렇게 할 수는 있으나, 실제로 그런 식으로 모든 사람을 고려해
야 할 경우에는 어려움에 봉착하게 된다. 작은 집단에서는 서열이나
우월을 위한 노력중에 장애가 나타나면 서로를 존중한다. 그러나 이것
은 인간들에게서는 거의 민주적인 지도질서에 의하여 점점 해체된다.
우리는 이방인에 대하여 우월해하고 그들을 지배하려는 점점 강해지
는 충동을 억제하는 법을 배워야 한다. 이것은 문화적인 과제이다. 우
리가 그것을 해결해야만, 다른 언어를 사용하고 우리와 족보가 다른
사람들과도 유대를 맺을 수 있고 나아가 일체감도 느낄 수 있다.

어쨌든 여기에서나 이와 비슷한 경우들에서 쌍방의 대립은 기능작
동을 위한 전제조건이다. 그것은 프랑스의 인류학자인 마르셀 모스와
클로드 레비 스트로스가 주고받기를 통해서 이루어지는 관계에 비추
어 인식했다시피, 사회적 교제의 기본법칙이다. 이 법칙은 또한 예를
들면, "눈에는 눈, 이에는 이"라는 오래 된 함무라비 격률처럼 부정적
으로 평가되는 행동방식에 대해서도 적용된다.

새로운 것이 생성되어야 할 경우에는 낡은 것은 변화하거나 파괴되
어야 한다. 그러나 그로 인해서 전통이 붕괴될 위험이 도래한다. 그 결
과 뿌리가 송두리째 뽑히고 방향을 잃게 되며, 도피반응을 유발할 수
있다. 예를 들면 만병통치를 제시하는 이데올로기나, 극단적인 경우에
는 약물을 통한 환상의 비전 등이다. 그러나 종종 새로운 것이 형성되
지도 않은 채 옛것이 붕괴되기도 한다.

현재에는 '모든 게 다 맞다'는 기치 아래 상당수의 전통적인 미적·
윤리적 가치가 공격당하고 있다. 아직 걱정할 정도는 아니라고 보지만
내가 보기에는 몇 가지는 도덕적으로 대변할 수 있는 한계를 넘어선
것 같다. 예를 들면 헤르만 니치라는 사람이 말하는 "신비와 예술로
호도된 피의 제전"의 기술이 그런 것들이다. 거기에서는 벌거벗은 젊

은 여자가 다리를 벌린 채 십자가에 매달려 있고, 그 위에 금방 도살한 양의 창자와 피를 끼얹는다. 그러면 그 '예술가'는 피로 범벅이 된 여인과 모조 남근으로 섹스를 하는 것이다. 관중들은 예술가의 능력에 열광하며, 놈팽이들은 그 짓을 인정한다. 나는 그것을 섹스 새디스트적인 광란으로 보며, 이런 종류의 모델이 일탈에 민감한 청소년의 머릿속에 위험한 흔적을 남기리라는 것을 믿어 의심치 않는다.

이 문제는 텔레비전의 공격적인 장면이 어린이와 청소년에게 끼치는 영향을 조사해 봄으로써 실험적으로 입증될 수 있다. 한편 윤리적인 반박이 당연히 제기된다. 왜냐하면 그런 시도들은 젊은이에게 흔적을 남길 수 있기 때문이다. 이와 달리 '행위예술'이 성행할 당시에는 피로 물든 모의 강간이 많은 이의 환호를 받는다. 우려의 소리는 거의 들리지 않는다. 이와 반대로, 그런 상연이 의식화되고 우리 내부의 악을 없앨 것이라는 경박한 테제가 들리고는 한다.

1991년도 클라겐푸르트 문학상 시상식에서 오르스 알레만은 「슈피겔」지에 축약되어서 해설과 함께 간행된 '아동과 섹스하는 자'라는 도발적인 텍스트를 낭독한 바 있다. 그 텍스트는 지극히 폭력적이며 외설적이다. 그런 작자가 문학상을 수상하다니! 헬무트 카라세크는 그것을 변명하는 해설에서, 문학의 역사는 무엇보다도 스캔들의 역사라고 해명하였다.[127] 문학은 보이체크와 같은 살인자, 메데아와 같은 유아살해범, 그리고 맥베스와 같은 시해자도 영웅으로 만든다는 것이다. 마치 우리가 그에 상응하여 문학의 내용과 수준을 가늠할 수 있는 것처럼 말이다. 알레만의 텍스트는 충동을 염두에 둔 것이다. 하지만 나에게는 좌절인 동시에 품위의 상실로 느껴진다. 역겹고 추악한 저질성이 명성을 얻는 것은 심각한 일이다. 여기에서는 모범의 거울이 아니라 일그러진 거울만이 주어질 뿐이다.

낡은 가치관을 분쇄하려는 노력은 가족들에게로 향해 있다. 「차이트」지의 긴 기사에서는 아이들은 사랑받지 못한다고 설파된 바 있다. 아이들은 지긋지긋하고 가치 없는 선물이며, 아이들이 커가는 것이 기쁨을 주지 못한다는 것이다. 전적으로 "아이들과의 전쟁에 대한 합리적인 이유는 없다." 그것은 부모들이 자기 인생의 상당 부분을 새로운 세대에게 바쳐야 한다는 이기적인 현혹과 애매한 기대의 혼합이다. 부모들에 의해서 자주 사용되는 주장인 "어린애들이 비로소 삶에 최초의 의미를 가져다 준다"는 말에 대하여 그 기사를 쓴 외르크 알브레히트는 다음과 같이 설명한다. "그런 식의 설명은 산토끼들도 할 수 있다. 자신의 인생을 오로지 후손을 탄생시키는 것으로만 보는 것은 가장 우둔한 생물학주의이다."[128]

물론 모두 다 그렇다고 매도할 수는 없다. 생물학자들이 그렇게 표현하는 것은 아니며, 기껏해야 유기체들을 유전자의 자기 확산수단으로 규정하려는 이유에서 그렇게 말하는 것이다. 그런 표현들은 오늘날 살고 있는 모든 유기체들이, 점증하는 유전자들의 잠재적인 비사멸성을 말해 주는 싹의 궤도에 의해서 결합되어 있다는 사실을 규명해야 한다. 유기체들은 변하기도 하고 교환되기도 한다. 그러나 죽을 수밖에 없는 유기체와 달리, 그것들은 그들의 유기체가 계속 번식한다는 전제 하에 생존할 것이다. 그 안에 생명의 의미가 있는 것인지는 모르겠다. 그 의미는 설명될 수는 있겠지만, 검증 가능한 방식으로 규정될 수는 없다.

우리는 어쨌든 생명에 의미를 부여할 수는 있다. 나 또한 그것을 내 아이들에게서 체험한 사람 중의 하나이다. 우리는 이것을 계약이라는 관점에서 관찰할 수 있다. 대부분의 부모는 사랑과 보호를 투자하는데, 이것은 의무로 해석될 수 있다. 그러나 거의 모든 사람들이 아이 키우는 것을 기쁨으로 받아들이기 때문에 그것을 의무라고 생각하지는 않는다.

세대를 거쳐서 나타나는 가치관, 관점과 교육방식에 의문을 제기하는 것은 유럽식 정신생활의 전통 중의 하나이다. 이것은 우리를 구해 주는 동시에 우리가 교조주의에 빠지지 않도록 막아 준다. 나는 다른 사람을 이해하려는 관용이 그리워질 때가 있다. 많은 사람들은 종종 자기 자신의 관점과 다른 견해를 교조적이라는 이유로 거부하며 다른 의견을 억누르는 가운데 자신이 발전한다고 믿는다. 그런 진술을 생물학적으로 입증한다면, 우리는 조만간 '멍청한 생물학주의'에 봉착하게 되리라는 걸 예견할 수 있다.

이러한 말의 성찬의 배후에서 학문적인 지식이 부족하여 생물학자의 생각을 좇아갈 수 없는 자들은 위축된다. 예를 들면 그들은 남자와 여자의 행동이 성의 역할을 각인하는 환경에 의해서만 규정되는 것은 아니고, 생물학적인 유산에 의해서도 결정적으로 규정된다고 지적한다. 그렇게 말하지 않으면 곧장 성차별주의자로 비난받기 때문이라는 것이다. 섹스는 일단 쾌락의 문제라는 말을 가끔 듣는다. 쾌락이라는 말에 반대하지는 않지만, 쾌락에 대한 책임은 없는가? 여자들이 남자들보다 낭만적인 사랑을 더 밝힌다면 어떻게 되겠는가?

그것에 대한 몇 가지 징후가 있다. 여자들은 성적인 체험에 있어서 훨씬 더 감정적으로 몰입하여 남자 파트너와 섹스할 수 있다. 남자의 경우보다도 더 말이다. 이때 여자들의 오르가슴에서 분비되는 옥시토신 호르몬이 결정적인 역할을 한다. 이에 따르면 남성과 여성 사이의 관계는 대칭적이지 않다. 따라서 여자 파트너가 성관계로 인해 남자보다 더 많은 상처를 받을 수 있다는 것을 감안해야 한다. 비록 남녀가 진정으로 사랑한다 하더라도, 결혼증서가 있든 없든 차이가 없기 때문에 결혼을 안 한다는 것은 남자와 여자에게 의미하는 바가 다르다. 여자는 그 관계에 더 많은 투자를 한다. 여자들의 재생산기간은 남자들보다 짧아, 번식을 위한 적령기는 18세에서 30세이다. 서로 맞지 않는다는 이유로 파트너들이 몇 년 뒤에 헤어지면, 여자들은 결혼해서 가족을 이룰 수 있는 전망이 급격히 줄어든다. 괜찮다는 말은 매우 비양심적인 답변이다. 그런 이유 때문에 사람이 죽을 필요는 없다는 것이다. 남자는 얼마든지 있으니깐 말이다. 미래는 싱글과 쾌락의 세계라는 것이다. 나는 그 따위 저질 쾌락주의가 많은 사람을 불행하게 만들 것이라고 생각한다.

우리는 이 시대의 커다란 도전에 대해 얘기하면서 인구과잉, 자원고갈, 환경파괴, 제3세계의 빈곤과 민족갈등을 수시로 언급해 왔다. 그러나 그것은 서로 복합되어 나타나는 문제들이다. 어쨌든 대부분의 열거에서 아주 중요한 문제가 빠져 있다. 즉 정치 지도층의 문제이다. 베르질은 우리의 신을 선거함으로써 우리의 운명을 결정한다고 말한 적이 있다. 좀더 현실적으로 말하자면, 우리는 신을 정치 지도층으로 교체한다는 말이다. 우두머리들은 과거의 마법사들과 비슷하다. 그러나 오늘날에는 더이상 이런 능력이 요구되지 않는다. 대신에 지식으로 무장된 지도층을 원한다.

독일의 철학자인 아놀드 겔렌은 인간을 "위험에 처한 존재"라고 적절히 규정한 바 있다.[129] 그것은 일단 우리를 창출하도록 만든 묘사로서는 성공이다. 우리는 동물 경쟁자들과 적들을 축출하였다. 우리는 모든 은총과 위험을 동반하면서 기술문명과 거대한 공동체를 발전시켜 왔다. 우리는 스스로를 이 발전에 적응하도록 노력하고 있으며, 정부 및 경제형태, 사회공학이나 교육 프로그램들로 실험하고 있다. 우리는 그것을 수천년 전부터 해오고 있지만, 많은 사람들이 주장하듯이 이미 도래한 인구과잉으로 인하여 한계상황에 이른 것 같다. 그런 상황은 정치 지도층에게 유연성과 사태 파악력, 인본주의적인 정책과 사람에 대한 지식을 요구한다.

나는 인류의 미래를 비관하지 않는다. 그런 견해를 가지는 사람은 지구상에 너무 많다. 문제는 우리가 재앙으로부터 무엇을 배울 수 있는가, 그리고 다른 재앙들을 피할 수 있는가이다. 우리를 속박하고 우리 지각의 지평을 좁히는 고착된 이데올로기의 위험에 빠지지 않도록 정신차려야 한다. 정서상의 오류도 감안해야 하며, 나아가 우리 자신이 성장과정에서 형성되는 환경의 산물이 아니라 우리 종족사의 산물이라는 것을 인정해야 한다.

인류행태학의 미래

인류행태학 연구의 첫 20년간 관심의 초점은 종족사적인 적응 —— 즉 인간의 선천적인 행태 —— 에 집중되었다. 맹농아에 대한 연구를 통하여 일련의 표현운동, 예를 들면 흉내에는 유전적 요인이 있다는 것과, 결속과 거리두기*의 서로 다른 기초적인 행동패턴은 종족사적으로 미리 프로그래밍되었다는 것을 증명하였다. 나아가 문화비교학적인 기록들은 동물의 유전과는 비교될 수 없지만, 마찬가지로 종족발생적인 사전 프로그래밍으로 간주되어야 하는 인간행동의 보편소가 있다는 것을 증명하였다. 행태론이나 생리학의 많은 현상은 오히려 인간 특유의 것이다. 이를테면 우리 인간의 말하기에 이미 존재하는 신경상의 구조를 생각해 보면 된다.

어쨌든 상당수의 것들이 실제로는 오래 된 유산이다. 동물의 행태에서는 계통발생의 상동성이 증명될 수 있다. 다양한 교육 스타일과 문

---

* 거리두기에 대해서는 미국의 인류학자 Edward T. Hall, *The silent Language*, 1956 을 참조하라.

화를 가지는 유치원 원아들에 대한 연구에서는, 보편적인 상호작용 전략과 특히 서열질서에 개입하는 재귀조직과정이 존재한다는 것을 입증하였다.

끝으로 우리 인간이 제도적으로 미리 주어진 규칙의 체계에 따라서, 그리고 어느 정도는 선천적인 지침에 따라 사회적인 교류를 구조화한다는 발견이 중요하였다. 이런 규칙의 테두리 안에서 다양한 연원을 가지는 행동방식이 기능적인 대표자로 동원될 수 있는데, 그것은 의식과 교제형식의 외적인 다양성을 가능케 하였다. 인간은 이것에 대해서 언어적으로 행동할 수 있다. 이때 인간은 동일한 지침을 존중한다. 이러한 인식을 통하여 언어적 행동과 비언어적 행동 사이의 괴리가 메워지며, 인간 사회행동의 보편문법을 연구할 수 있는 길이 제시된다.[130]

연구를 진척시키면서 발견한 선천성은 원래 예상했던 것보다 훨씬 더 중요하다는 것이 밝혀졌다. 감수성, 지각, 사고와 행위, 그리고 학습조차도 매우 다양한 방식으로 종족발생적인 적응과 함께 규정되었다. 그것은 이런 능력에 토대가 된 복잡한 화학적 특성을 가지는 수많은 신경조직들이, 유전자에 규정된 청사진에 따라 기능적으로 완숙된 기관체계로 발달한다는 것을 의미한다. 이때 학습은 미리 점검된 장소에서만 나타난다. 예를 들면 이른바 '모범상'과 같은 특정한 학습 기초성향에 따라서 규정되었다.

인간의 안면운동은 어느 정도까지는 문화 보편소적인 공통성을 가질 수 있음을 보여 준다. 다른 유인원과의 비교에서 알 수 있듯이 흉내내는 표현은 부분적으로는 매우 오래 된 것이다. 아이들이 움직일 때 보여 주는 선천적인 행동패턴을 언어로 번역할 수 있는 인간의 능력은 감정과의 단절을 통한 인간들 사이의 대결을 객체화하는 데 기여하며, 특히 물리적으로 상대를 해치지 않고도 싸움을 가능하게 해준다. 의례화된 갈등을 극복하는 인간 특유의 형식은 비교적 커다란 공동체 속에

진주장식을 하고 있는 투르칸 여인(위 왼쪽). 가부키 배우가 질투를 하는 여인역을 하고 있다(위 오른쪽). 전통장식을 하고 있는 나미비아의 쿵 부시맨 여인(아래 왼쪽). 춤을 추기 위하여 치장한 트로브리안드 부족의 여자(아래 오른쪽)

서 공존하게 해주는 전제조건이다. 인간은 근본적으로 모든 행동을 언어로 번역할 수 있으며 이를 통하여 정서적으로 홀가분하게 상호작용할 수 있다. 뿐만 아니라 인간은 언어적 커뮤니케이션 패턴과 비언어적 커뮤니케이션 패턴을 혼합함으로써 자신을 더욱 확실하게 표현할 수 있다. 예를 들어 말하기에 거북한 메시지를 어색한 웃음으로 뭉뚱그려 표현하거나, 신랄한 비난도 좀 부드럽게 표현할 수 있다. 이를 통하여 인간은 커다란 공동체 속의 삶을 가능하게 만들었다.

그러나 공격성과 서열투쟁이 개인적인 친분으로 충분히 약화되지 않는 익명의 대규모 공동체에서는 그렇지 못하다. 개인적으로 알지 못하는 사람에 대한 행동은 강한 투쟁성으로 규정되었다. 따라서 호르몬 반사작용으로 가열된 서열욕구를 통한 적극적인 피드백은 무차별하게 격앙될 수 있다. 인간은 자기가 사용할 수 있는 속성을 적극적인 자기표현을 위하여 임의로 자유롭게 이용할 수 있기 때문에 매우 놀라운 도덕의 무절제에 이르게 된다.[131]

우리의 선천적인 프로그래밍 속에는 분노의 끈이 숨겨져 있다. 우리는 문화적으로 현대 세계에 적응해야 하며 그것을 통하여 맹목적적인 시행착오에 빠지지 않고 사려를 통하여 연관관계에 이를 수 있어야 한다. 왜냐하면 그것이 우리의 개별적인 괴로움을 덜어 주기 때문이다. 그러나 우리의 이성을 효과적으로 동원하기 위해서는 우리 자신을 철저히 알아야 한다. 이것은 포괄적인 인류행태학적·문화인류학적인 연구를 전제로 한다. 거기에는 특히 행태학자, 심리학자, 사회학자, 민속학자, 예술학자, 역사학자 및 언어학자들이 참여해야 한다. 그들은 우리의 종족사적인 형성의 결과로부터 나오는 것을 받아들여야 한다. 그렇게 해서 인문과학자들과 자연과학자들은 서로 생산적인 공동작업을 할 수 있다.

우리의 작은 팀은 지금까지와 마찬가지로 앞으로도 몇 가지 연구에 몰두할 것이다. 문화비교적인 기록도 계속할 것이다. 나의 관심은 특히 언어적인, 그리고 비언어적인 상호작용을 가능하게 하는 규칙을 연구하는 데 있다. 오늘날 인간의 문화적 행동이 어느 때보다도 관심의 초점이다. 그래서 우리가 인식한 생물학적인 토대, 예를 들면 소유, 영토욕, 서열욕구, 이방인 차별 등과 같은 행동의 기본패턴이 공동체들마다 문화적으로 어떻게 표출되고 변화하는지 연구하고 싶다. 또한 그것이 촉진과 억압에 의하여 얼마나 변화될 수 있고, 사회정치적인 요구 속에서 인간을 평화롭게 유지시키기 위하여 이 '초석'이 어떻게 이용될 것인가도 묻고자 한다. 나누어갖기와 주기는 예를 들어 소유에 대한 존경과 상호성을 통하여 규정된 지침에 복종한다. 물건의 전달은 파트너가 그 제공물을 수용할 경우에만 구속적인 사회적 기능을 충족시킬 수 있다. 거절은 거리를 두는 행위로서 종종 공격적인 도전으로 간주되기도 한다.

어린애들도 이미 물건건네기의 규칙을 준수하며 직관적으로 물건주기의 경제적·사회적인 기능을 꿰뚫고 있다. 언어를 배우기 전에 아이들은 이미 그들이 사귀고 싶은 대상에게 물건을 보여 주려고 한다. 그러나 놀이상대가 그들의 물건을 빼앗아 가거나 소유에 대한 존경이라는 규칙을 어기면 물건주기를 거절한다.[132]

나는 전쟁 직후의 첫 스위스 여행에서 선물을 통한 매우 정감 어리고 친교적인 조절을 인상적인 방식으로 체험하였다. 당시 나는 은색 왜가리와 자줏빛 왜가리 새끼를 빌헬미넨베르크에서 바젤 동물원으로 옮기던 중이었다. 일을 다 끝내고 난 나는 허탈한 기분으로 바젤 역 앞에서 짤막한 일정의 스위스 일주 기차를 기다리고 있었다.

사람들은 내가 살기 좋은 나라에서 오지 않았다는 것을 알았을 것이다. 당시 나는 대부분의 고향 사람처럼 오랜 기간 제대로 먹지 못한 상태였고 옷차림도 남루했기 때문이다. 당시 오스트리아와 스위스의 생활수준의 차이는 매우 컸으며, 이 복지국가에서 나는 초라해지는 비참함을 느꼈다. 동시에 나는 그들의 모습에 대해서 감탄하였다. 파괴된 유럽의 한복판에 이러한 은총받은 섬이 숨어 있다니, 주여!

내 옆에서는 젊은 부인이 그녀의 어머니와 이야기하고 있었다. 나의 안쓰런 모습을 보더니만, 젊은 부인이 자동판매기로 가서 동전 하나를 넣고는 커다란 초콜릿을 빼오는 것이었다. 그리고는 사랑스러운 미소를 머금으며 친절한 인사와 함께 초콜릿을 내밀었다. 이런 기본적인 호의를 통하여 그 젊은 부인은 내가 오늘날까지도 스위스에 대하여 간직하고 있는 긍정적인 선입관을 각인해 버렸다.

나는 그 젊은 부인에게 주소를 물어 보며 얼마나 수줍어했던지. 그녀는 아직도 그 에피소드를 기억이나 할지? 혹시 여기 이렇게 쓰고 있는 감사의 말을 그녀가 읽고 있는지? 후에 내가 귀속감과 공격성, 사랑과 증오에 대해서 생각했을 때 나는 당시의 체험을 기억하곤 했다.

나누어가지기와 준다는 것은 물건 건네주기의 규칙을 준수하면서 문화적으로 상이하게 수행될 수 있다. 오늘날 절친한 공동 연구자인 미국의 민족학자인 폴리 위스너는 칼라하리 지역의 쿵 부시맨들에게서 일종의 사회보장에 가까운 상호교환 시스템을 발견하였다. 한 그룹의 구성원은 평균 약 18명의 상대들과 선물을 주고받는 관계를 유지한다. 이러한 선물교환 상대자들은 —— 물론 그 즉시는 아니더라도 —— 상대방의 선물에 보답하는 것이 의무였다. 이런 방식으로 지속적인 관계망이 유지되며, 이것은 종종 세대를 이어 전승되기도 한다.

선물로는 아주 공들여 만든 예술품 수준의 팔찌나 여러 물건들이다. 곤궁기에는 선물 상대자들은 그들이 관할하는 채집영역이나 사냥영역을 상대방에게 허락한다. 그리고 한 사람이 다른 선물 파트너를 방문하면, 그는 손님을 며칠 동안 보살펴야 한다. 그가 더 오래 머무르면, 손님은 채집영역에서 먹을 것을 스스로 마련할 수도 있다. 이렇게 해

서 쌍방성에 토대하는 교환체계는 국지적인 그룹을 넘어서 광범위한 관계망을 수립한다.[133]

국지적인 그룹 안에서는 쉽게 상할 수 있는 노획물은 사냥꾼에 의해서 정확한 규칙에 따라 분배된다. 이때 그의 성공으로 인해서 칭송받는 것이 아니라 야단을 맞는다. 누구나 노획물에 대한 권리를 가지기 때문이다. 성공적인 사냥꾼은 존경받지만, 우월성은 용납되지 않는다. 기술문명으로의 적응, 도시환경과 거대한 공동체는 인간에게 어려움을 준다. 그것은 특히 현재의 사회적인 부하를 감당하기 어렵게 만드는 우리의 정서적인 욕구에도 원인이 있다. 그래서 잃어버린 낙원에 대한 환상이 늘 다시 나타난다.

그런데 구석기시대의 사냥꾼과 채집인의 삶이 낙원은 아니었다. 당시에는 질병과 배고픔, 습격과 맹수 그리고 수많은 위험이 존재했다. 그러나 우리는 야생생활을 하면서 적응해 왔으며, 그러한 도전이 없으면 위험을 찾는 정도까지만 적응하였다. 우리들은 이카루스가 항해하듯이 행글라이더를 타고 절벽으로 추락하며, 가파른 언덕을 기어오르며, 스키를 타고 계곡으로 떨어진다. 그리고 깊은 바다로 잠수하며 모험의 여행을 즐긴다. 우리는 일상생활에 존재하지 않는 과로를 즐기는 것이다.

이와 달리 오늘날 우리는 이 시대의 스트레스 요인에 직면하고 있다. 우리 머리 위로 교통수단이 굴러다니고 있으며, 현대 도시환경은 자연과는 거리가 멀다. 그리고 거대한 규모의 불신과 개별화가 우리를 짓누른다. 우리는 각자가 다른 모두를 알아야 하는 공동체를 위하여 만들어진 것이다. 그러나 그러한 그룹의 크기는 (최근의 연구에 따르면) 상한선이 500명인데, 이미 그 선에 도달하였다. 그 이상으로 커진 공동체에서는 공존을 보장받기 위한 특별한 지도층과 사회적인 테크닉이 필요하다.

특정한 영역에서 협동하는 지도층 엘리트의 수효는 이와 마찬가지로 500명에 근접한다. 그렇지 않으면 개인적인 친분에 근거한 상호작용은 제한적으로만 가능하거나 더이상 가능하지 않을 것이다. 역사적인 연구와 문화비교는 이러한 수적인 한계를 입증한다.[134]

정치적으로 다루어야 할 국민이 너무 많기 때문에 더욱 많은 사람이 결정과정에 참여해야 한다면, 위계질서의 추가적인 구축이 필요해진다. 상호교제를 위한 우리의 제한된 능력에 대한 지식은, 우리 시대의 경제적인 그리고 정치적인 지도층의 효율을 개선하도록 도울 수 있다.

감정의 카오스 속에서 이리저리 시달리면서, 인간은 자신의 성공을 통하여 몰입해 있는 상황을 해결하려고 한다. 다른 그룹과 경계지어지고 필요한 경우에는 그들과 전쟁도 불사하는 작은 그룹의 전략은 현재에는 위험한 국지적 충돌로 귀결된다. 우리는 새로운 길을 모색한다. 우리에게는 변화된 조건이 점점 더 요구된다. 인간은 다가오는 모든 생존전략에 적응해야 한다.

농경과 목축을 통해 더욱 많은 인간이 지구에 살 수 있게 되었다. 무역을 하면서 고정된 장치들과 방어를 위한 용병을 가지는 분업화된 도시문화가 생겨났다. 연대감으로 설득되거나 강요되어야 했던 커다란 그룹을 이끌고 나가기 위하여 새로운 사회공학이 발전하였다. 그러나 성직자와 귀족사회는 와해되었다.

인간은 통상 스스로를 실험하고 정향하는 데 수천 년이나 걸린다. 이미 고대 그리스 인도 오늘날의 현대적인 주제들을 토론하였다. 다만 신속한 해결이 필요없었을 따름이다. 인구가 적은 세계에서는 시간이 충분하였으나, 오늘날의 우리에게는 더이상 시간이 없다. 또한 현대 기술의 엄청난 효과에 직면하여 큰 실수가 있어서도 안 된다.

문화적인 새로운 적응과정에서 우리는 기존의 종족사적인 프로그래밍과 정서를 얼마나 이용하고 그 기능을 전환할 수 있는가? 우리는 미래 세대를 진지하게 고려하지 않고 "우리 뒤에 홍수가 오리라"라는 원리에 따라 무책임하게 살고 있다. 바로 우리 자신과 아이들의 운명이 코앞에 놓여 있다. 나중에 올 것은 우리를 더욱 고려하지 않으며, 다른 것은 우리의 몸을 싸늘하게 식혀 줄 것이다. 여기에서는 책임이라는 이성적으로 근거된 에토스를 정서적으로 기초하고, 그것을 우리의 병합적인 정서에 결속시켜야 한다. 그렇게 해서 우리의 가족적인 풍속의 이상을 우리가 모르는 거대그룹의 구성원에까지 연장하고, 그들을 '형제 자매'로서 공동체에 편입시키려는 것이다. 그래서 우리는 세대를 극복하는 에토스를 미래에까지 이르는 연대 공동체로 만들도록 노력해야 한다. 그래야만 다가오는 세대를 위하여, 착취의 극대화에 토대를 둔 우리의 본성을 양보할 수 있는 희망이 있다.

이런 맥락에서 나는 앞으로 인간의 교조화 가능성과 이데올로기의 의미도 다루고 싶다. 나는 수백만 명의 인명을 초토화한 나치의 엘리트 국가사회주의의 절정기를 몸소 체험하였다. 그러나 세계는 여전히 공산주의와 자본주의의 투쟁, 유럽에서의 자유민주주의의 발달, 유럽이라는 정체성의 등장과 지나친 평등주의와 국제주의에 대한 반응으로서의 민족주의와 극단적인 원리주의의 난관에 처해 있다. 동시에 보다 나은 삶과 인간을 위하여 추진되는 옳은 길을 향한 탐색의 시나리오가 이기적인 목적을 위해 종족과 종교에 따라 반복되는 권력욕에 의해서도 추구되고 있다.

이 모든 것은 새로운 모범상을 찾으려는 노력의 표출이다. 이때 모든 것을 독트린으로 고양하고 객관적인 반대를 무시하는 인간의 파국적인 추세는 뚜렷해진다. 어떻게 해야 하는가? 특정한 입장의 대변자들은 일단 자신들의 테제를 반복하면서 스스로 확신한다. 그들은 결국 자신의 믿음만을 고집하며 남의 말에 귀기울이지 않게 된다. 그래서 미국의 근본주의 교파의 설교 중에는 "네가 어떤 것을 믿지 않으면,

네가 믿을 때까지 기도하라”는 말이 있다. 이데올로기를 주장하는 사람들은 인간의 무리를 그들의 정서로 끌어들이고 비이성적인 행위에 동기를 부여하는 데 어떻게 늘 성공하는가? 우리의 놀라운 교조화에서는 무엇이 문제인가? 이데올로기는 어떤 상투 어구를 사용하며, 우리를 현혹과 우리 자신으로부터 보호해 주는가? 그것이 바로 인류행태학이 도전해야 할 과제들이다.

종교 내지 정치적인 이데올로기의 고백에서 표명되는 문화적으로 정의된 공동체의 가치에 대한 감정적인 결속력은 종족사적으로 전개된 기초성향을 암시한다. 교조화라는 현상이 각인(콘라트 로렌츠의 개념 ‘Prägung’)에 근접한다는 ‘치료거부반응’ 또한 그런 입장을 지지한다. 나는 이러한 선천적인 학습 기초성향의 뿌리가 우리의 가족적인 장치에 있다고 본다. 엄마-아이의 결속관계를 교란요인으로부터 보호하기 위하여 특수한 학습 기초성향이 완성되었다. 이때 어머니의 일반화된 속성이 얼마나 파악될 수 있고, 그것이 대부분의 동물들에게서는 어떻게 이루어지며, 어느 정도까지 개별적인 특성이 나타나는가를 연구해야 할 것이다. 이 두 가지 다 중요할 것이다.

인간은 얼마든지 형성 가능하다. 그러나 인간은 언젠가 마치 지나친 요구를 받은 것처럼 반역에 반응할 것이다. 오늘날과 같은 삶의 조건하에서 무엇을 추측해야 하며, 무엇으로부터 우리를 보호해야 하는가? 교조화의 과정은 어떻게 작동하며, 감정적인 장악에 영향을 주기 위하여 어떤 상황목록이 동원되며, 가치관은 얼마나 어떤 발달단계로 상이한 층위에서 각인되는가? 인간은 얼마나 새로 학습할 수 있는가? 마지막으로 예술을 통한 가치전수는 어떤 역할을 하는가?

여기에서 부분적인 영역에서는 이미 다른 인간과학에 의해서 전개되는 인류행태학이 연구영역을 개시한다. 그들의 생물학적인 단초를 통하여 행태학은 문제제기들을 세분하고 기능적인 측면, 행동심리학적인 과정과 그 과정의 종족사적인 기초를 지적하는 가운데 결정적으로 기여할 것이다. 그 주제는 곧바로 정치적인 관심과도 연계된다. 거기에서 나는 커다란 기회와 동시에 몇 가지 곤란한 점을 본다.

우리가 중점을 두는 것은 도시행태학적인 연구 프로그램을 만드는 것이다. 인간과 동물은 환경을 형성하면서 또한 환경에 영향을 준다. 동물은 고정된 프로그램에 따라서 —— 대부분의 새들은 종 특유의 패턴에 따라서 —— 그들의 둥지를 틀며, 비버는 댐을 만들고, 다람쥐는 굴을 판다. 그런 식으로 형성된 환경은 그들의 여타 행동 프로그램에 상응한다.

그러나 자기의 환경을 더이상 자연적이지 않은 방식으로 형성한 인간은 다른 식으로 행동한다. 도시의 환경, 기술문명과 익명의 사회와 더불어 인간은 자기가 원하지 않았던 그런 주변환경을 창출하였다. 우리는 그런 환경에 어느 정도 버틸 수는 있겠지만 더 나아지는 것은 아니다. 이때 기술적인, 인문·과학적인 그리고 예술적인 만개를 위한 무한한 가능성이 우리에게 제시되며, 이것은 동시에 새로운 형태의 인류공존을 위한 실험이기도 하다. 그렇기 때문에 환경을 보전하고, 될 수 있으면 가능한 요구를 모두 들어 줄 필요가 있는 것이다. 그러나 오늘날 사정은 그렇지 못하다.

대도시에서 아이를 키워 본 사람이라면 그 쓰라린 경험을 체험했을 것이다. 너무 거대한 잘못된 발전선상에서 기획자들과 정치가들은 20년 전까지만 해도 자동화 도시라는 개념을 구상했다. 그것은 생활공간을 도로에, 즉 이전에는 아이들의 놀이터이자 어른들의 만남의 장소 같은 수많은 도시구역의 기능을 희생시키는 결과를 낳았다. 자동차 교통은 거주자의 운동공간의 자유를 제한하며 애들과 노인의 생명을 위협하였다. 그것은 사고뿐만 아니라, 유독가스에 의한 것이기도 하다. 이런 곳에서는 사람들이 서로 무엇을 기대하는지 알 수 없으며, 정치

적인 무책임도 극대화된다. 하지만 이런 문제를 해결해야 하는 것이
바로 정치 지도층의 임무이다. 시민들은 그것을 할 수가 없다. 그들은
다만 어떤 정치가의 능력을 신임하거나 그들의 이익을 대변하는 정당
을 택하는 한도 내에서 정치력을 발휘할 뿐이다.

이러한 사태에 직면하여, 도시인들이 그들의 존속을 위해 충분할 정
도로 인구를 억제하는 것은 이해가 가는 일이다. 하물며 대가족을 위
해서 필요한 거주공간은 오늘날 거의 감당할 수 없다. 그래서 도시가
점증하는 '독신자들' 때문에 인구번식의 종착역이 되는 것도 놀랄 일
이 아니다. 그런 일은 과거에도 있었다. 이를테면 인구소멸을 보정하
기 위하여 많은 사람을 살게 했던 나라에서 말이다. 1800년경에 독일
의 도시인은 전체 인구의 25퍼센트 정도에서 1982년 기준으로는 84.2
퍼센트로 증가하였다. 이로써 과거의 인구밀집 지역의 인구증발이 문
제가 되었으며, 국가는 그것을 더이상 보충할 수 없다. 물론 전체 인구
가 줄어드는 것은 바람직하지만, 안정적인 상태에 도달하려면 도시들
은 더 친가족적이 되어야 한다.

현대 대도시의 삶을 무겁게 만드는 요인은 많다. 소음, 오염 및 악취
말고도 아름다운 주말에 접근하기에는 너무 멀리 떨어져 있는 자연이
바로 그것이다. 우리는 종족사적으로 녹지 속의 생명에 각인되어 있
다. 우리는 올바른 환경을 위한 원형의 모범상으로서 동물과 식물이
풍부한 사바나 풍경을 가지고 있었다. 그래서 우리는 전세계에 사바나
를 모델로 하는 자연공원을 조성하는 것이다. 나무와 숲이 펼쳐져 있
는 광활한 목초지와 작은 개울, 그것이 바로 우리의 이상적인 풍경이
다. 굳이 시선을 주목시키고 우리를 압도하는 거대한 숲이어야 할 필
요는 없다. 농경지 또한 이런 이상에 준하는 것이다. 우리는 모두 당연
히 식물을 좋아하는 애호가들이다. 식물은 자연의 대체물로서, 우리가
집 안에서 고무나무나 화초 등을 키우는 것도 그 때문이다.[135] 엄청난

규모의 녹지가 아니어도 충분하다.

　도시인들에게 부담을 주는 부하는 또 다른 곳에도 있다. 우리는 낯선 사람과의 공동 생활에서 스트레스를 받는다. 그래서 불신을 조장한다. 인간은 서로 잘 아는 작고도 개괄이 가능한 소집단 속에 살기를 원한다. 그러나 그러한 공동체의 형성은 현대의 건축방식과 교통으로 인한 고향의 환경변화로 인하여 점점 위협받고 있다. 그래서 우리는 군중 속의 고독을 탄식하며 너무도 많은 이방인들과의 교류에 고통스러워한다. 그 결과 상당수의 현대 대도시들은 엇비슷해진다. 상호간의 구별을 위해서는 그저 일회성만 있으면 되고, 도시의 모습에 약간의 개성만 있으면 된다. 그것이 예술적으로 높은 가치를 가진다면, 그들 조상의 업적에 자부심을 가지는 거주자들의 고향에의 귀속감과 공속감을 촉진한다.

　도시에는 단점도 있고 장점도 있다. 단점은 개선될 수 있다. 예를 들면 건축상의 조치를 통하여 공동체를 형성하고, 우리를 고립으로부터 해방시키는 것이 가능하다. 도시계획자는 거주환경 속에서 만남의 무대를 창출할 수 있다. 여기에서 사람들은 그저 잠시 머무르기 위해 존재하는 영역으로 강요당하지 않고도 서로 즐겁게 만날 수 있다. 예를 들어 건축가 해리 글뤽은 사회통합적인 구조로 오스트리아의 수도 비엔나의 몇몇 공공 임대주택의 옥상에 만든 수영장을 들었다.[136) 비엔나 알트 에를라(Alt Erlaa) 거주구역과 같은 거대한 프로젝트 자체는 이런 식으로 개성을 갖게 되었다. 거주자의 80퍼센트 이상이 널찍하게 만들어진 수영장을 주기적으로 이용하였고 서로 자연스럽게 알게 되면서 작은 공동체를 형성하였다. 뿐만 아니라 글뤽은 각 주호(住戶)에 녹지 발코니를 만들어 줌으로써 자연에 가까운 모습을 창출하였다.

　1980년에 비엔나 시는 새로 건축된 거주구역 주민의 만족도를 연구하는 학제적인 프로젝트에 나를 초빙하였다. 그 프로젝트는 도시발전

연구소에 의해서 추진되었다. 거기에는 비엔나의 사회연구가인 에른스터 게마허, 그라츠의 사회학자인 쿠르트 프라이짓처와 한스 하스, 그리고 내가 참여하였다. 그것은 여론조사와 사회학 및 인류행태학의 흥미있는 학제적 공동 연구였다. 안덱스 연구소에서는 불프 쉬펜회벨과 칼 그라머가 참여하였다.

우리는 환경에 대한 계량통계적인 행동관찰을 통하여 그곳에 사는 거주자들의 거주안락도를 알 수 있었다. 우리는 비엔나 거주구역과 24군데의 만남의 장소에서 이용자의 빈도와 상호작용의 빈도 및 그 특성을 연구하였다. 시내 중심의 번화가, 상가, 진입영역이나 놀이터 등을 통하여 그런 구역의 형성이 이용자의 행동에 어떤 영향을 주는지 보여주었다.

주거에 대한 만족도는 환경 속에서의 상호작용의 빈도와 직결되었다. 상호작용 빈도가 높으려면 중간 정도의 이용밀도와 충분한 휴식 및 체류에 적합한 실내기후를 가져야 한다. 어떤 한 경우에서 우리는 개선의 제안을 모색할 수 있었다.

이 연구를 진행하면서 우리는 도시행태학 연구의 방법론을 발전시켰다. 1991년 비엔나 시는 루트비히 볼츠만 협회의 후원 하에 도시행태학 연구소의 설립을 위임하였다. 나는 이 제안을 기쁘게 수락하여 칼 그라머를 연구소장으로 추천하였다. 1992년 1월 칼 그라머와 내가 주도하여 루트비히 볼츠만 도시행태학 연구소가 창립되었다. 연구 프로그램은 거주지 만족도에 대한 연구뿐만 아니라, 가능하면 다양한 각도에서 도시 속에 사는 인간의 행동을 연구하는 것이다.

안덱스

나는 현재 슈타른베르크 근교의 작은 마을 죄킹에 살고 있다. 이곳은 잡목과 연못 및 호수가 있는 경사지로, 농사에 이용되는 전형적인 빙퇴석 지역이다. 에를링 안덱스의 성 안에 있는 나의 집으로부터 이 환상적인 숲을 지나 12킬로미터쯤 차를 타고 오는 길에는 신록이 우거져 있고 아름다운 교회들이 많다. 농군들은 아마 적어도 1500년 전부터, 아니면 훨씬 전부터 이곳을 일구어 왔을 것이다. 란트슈테텐 마을은 원래 7세기 이후로 란디스테티라고 불려 왔다. 당시에도 오늘날만큼이나 많은 농가들이 있었을 것이다. 이 오래 된 농촌 풍경은 오늘날처럼 그 당시에도 분명히 아름다웠을 것이다. 전혀 부식되지 않은 똑같은 푸른 초원, 여름이면 가축들이 풀을 뜯어먹는 작은 숲과 목초지, 그늘을 드리우는 작은 나무, 이 모든 것이 변함없는 곳이다.

그래서 외국에서 손님이 오면 —— 유럽 공동체의 거대한 기업들의 경쟁에 신물이 난 사람들에게는 —— 농촌 경제형태는 우리가 보존해야 할 많은 유산 중의 하나 이상이라는 것을 암시해 주었다. 오스트리아와 스위스 그리고 독일 및 다른 유럽 국가의 알프스권에서는 농경문화가 근본적으로 중요하다. 그것은 우리 삶의 모든 단면을 각인하였으며 이런 아름다운 경치를 만들었던 것이다. 농부들이 그 경치를 가꾸지 않았더라면 그 땅은 진작에 황량해졌을 것이다. 따라서 땅이 그들에게 삶의 질을 보장해 주는 것은 당연한 일이다.

연구소에 있는 구석방으로부터 아름다운 바로크 풍 교회와 특히 맥주가 유명한 신성한 안덱스 산이 있는 에를링은 걸어서 8분 정도 거리밖에 안 된다. 숲과 목초지로 둘러싸인, 수영을 할 수 있는 에를링 수도원 안의 자그마한 호수에도 자전거로 금방 갈 수 있다.

작년에 나에게 각별한 명예가 주어졌다. 안덱스 수도원장인 안셀름 빌그리 신부가 나를 식사에 초대한 것이다. 이제 나는 그곳이 내 집처럼 편안하다. 40년이나 독일에 살다 보니 그럴 만도 하다. 나는 이곳에서 이질감을 느껴 본 적은 전혀 없었지만 사교적이며 활기있는, 그리고 어느 정도는 모순을 안고 살아가는 비엔나와 그 주민들에 대한 향수가 가끔씩 일곤 한다. 그 도시는 로베르트 무질이 말했듯이, 인간적인 노력의 표출에 있어서 여러 번 잘못된 길을 간 적이 있다.

"이 도시처럼 아름답고 오래 된, 변화무쌍한 취향의 시대를 거치면서 건축의 위용을 만들어 온 그런 도시는, 사랑할 수 있는 능력에 대한 증거인 동시에 그것을 지속적으로는 할 수 없는 무능력을 의미한다. 그 건축물의 위용은 위대한 역사뿐만 아니라, 역사의 향방의 지속적인 변천도 같이 말해 준다. 그렇다면, 이런 도시는 계절마다 다른 방식으로 영원한 시대를 주장하려는 돌목걸이가 되어 버린 변천 그 자체인 것이다."

비엔나는 나와 우리 주민을 만들어 준 도시이며, 그 안에 우리가 속한 풍경이기도 하다. 나는 이 책의 마지막 줄을 쓰면서 비엔나 숲의 따사로운 5월의 햇살을 받고 있다. 여기에서 동쪽을 보면 시내 전체와, 아련한 수평선에서 은빛 띠가 사라지는 강들이 내려다보인다.

수백 년간 기독교와 서양 전통의 전위지역이었던 이곳은, 무역과 평화로운 문화교류의 시대나 전쟁의 와중에서도 늘 동서남북의 모든 민족이 만나는 곳이었다. 내가 앉아 있는 이곳에서 나의 아버지는 1940년 4월 25일에 자그마한 스케치 하나를 그려 놓고 그 위에 슈테판 성인의 600주기를 맞이하여 다음과 같은 시를 적어 놓았다.

개똥지빠귀는 저녁 노래를 부르네
시원한 봄날은 나른해지고

공기는 아직도 따사로운데
개똥지빠귀는 노래를 부르네
봄에
가시나무 사이로
자욱한 시내 위에 솟은
성 슈테판 교회의 십자가
개똥지빠귀는 노래를 부르네
봄에
그 도시는 언제나 피어나리
교회탑이 지키고 있는 한
개똥지빠귀가 노래를 부르는
봄에

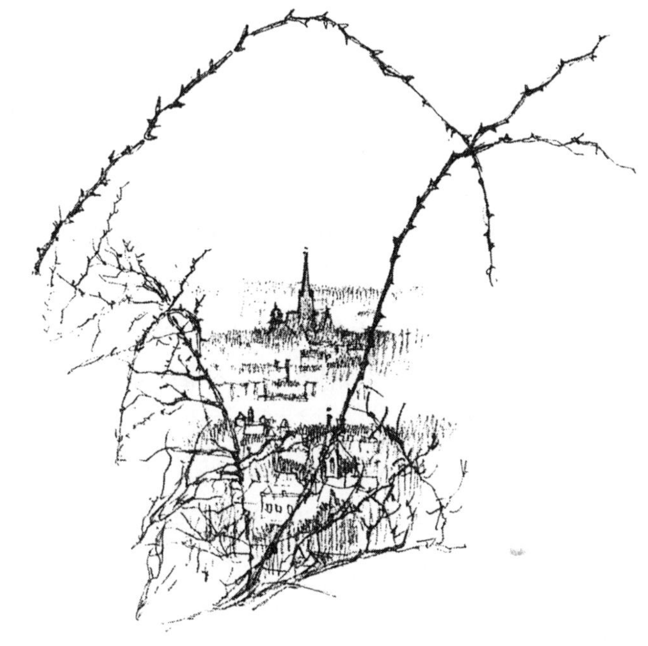

지은이 소개

이 책의 저자인 이레내우스 아이블 아이베스펠트(Irenäus Eibl-Eibesfeldt)는 1928년 6월 15일 오스트리아의 수도 비엔나 근교의 되블링이라는 마을에서 어머니 마리아 아이베스펠트(본명 마리아 하우닝어)와 아버지 안톤 아이베스펠트 교수의 아들로 태어났다. 키얼링에서 유년시절을 보내며 초등학교를 다녔고, 1939년에는 비엔나 되블링으로 이사를 가서 그곳에서 김나지움(인문고등학교)을 다녔다. 1944년에는 공군보조병으로 징집되었고 제국노역봉사대(RAD)에서 군사훈련을 받은 다음, 1945년 3월에 제대하였다. 그 후 김나지움 학업을 마쳤다. 아래에 그의 연보(年譜)를 정리했다.

1945 여름학기에 비엔나 대학교에 입학.
1946 빌헬미넨베르크 생물학 연구소의 연구원. 양서류에 대한 연구를 시작. 학술잡지인 「환경」(*Umwelt*) 지의 '양서류, 파충류' 담당 편집장.
1947 포유류(오소리, 집쥐)의 행동발달, 커뮤니케이션 및 사회행동에 대한 연구 시작.
1948 스승인 콘라트 로렌츠가 소련에서 오스트리아로 귀향한다. 그의 강의를 듣고 토론에 참여하면서 그가 작고할 때까지의 공동 작업에 첫발을 내디딤.
1949 빌헬미넨베르크 연구소를 떠남. 로렌츠가 설립한 알텐베르크 소재 비교행동 연구소의 연구원. 자연사와 물리학 분야의 교직과정을 수료한 후, 비엔나의 피아리스텐 김나지움에서 교편을 잡는다. 이해 12월에 동물학 전공(식물학 부전공)으로 박사학위 취득.

1950 학술지 「동물심리학」(*Zeitschrift für Tierpsychologie*)에 '행태목
록 연구단계'(Ethogrammphase)의 초기 논문들이 실림.

1951~52 막스 플랑크 연구소의 지원으로 로렌츠가 운영하던 행동생
리학 연구소에 합류하기 위하여 베스트팔렌의 불더른으로 이주
한다. 하인츠 질만과 함께 개구리 및 유럽 햄스터에 대한 최초의
필름작업.

1953~54 휴스턴에서 시작하여 카리브 해와 갈라파고스 군도로 이어
지는 제1차 '자리파'(Xarifa) 탐사 출발. 물고기들 사이의 청소
공생과 바다도마뱀의 운동 메커니즘 발견. 커뮤니케이션 연구에
대한 저작들 간행.

1955 경험의 여부와 관련된 실험에 대한 자연과 환경 논쟁에 가담. 갈
라파고스 군도의 환경보전을 위한 유네스코(UNESCO)와 국제
환경보호협회(IUCN)를 위한 선언문 작성.

1957~58 UNESCO와 IUCN의 후원으로 갈라파고스 군도 탐사. 제2
차 '자리파' 탐사를 학술적으로 정리. 미얀마와 인도에서 귀환.
(Vaduz/Liechtenstein 소재) 국제해양 연구소의 학술연구소장
으로 임명(연구소장은 한스 하스).

1959 두뇌 메커니즘과 학습에 관하여 몬테비데오에서 심포지엄. 남아
메리카 종단 여행. 버뮤다 생물학 연구소에서 연구.

1960 저서 『갈라파고스』 출간. 하인츠 질만과 함께 갈라파고스 군도
탐사. 문화영화 〈갈라파고스, 에덴동산의 착륙〉의 수중촬영 및
과학자문. (괴팅엔 소재) 영화백과사전(Encyclopedia cinemato-
graphica) 시리즈를 위한 영화촬영.

1961 미국 시카고 대학교(심리학과)에 객원교수로 초빙. 연이어 미국
을 여행하고 연구차 오하우(하와이) 코코넛 섬의 해양생물학 연
구소 방문.

1962 영국, 오스트리아 및 미국에서 열린 심포지엄에 참석. 갈라파고
  스 군도 연구를 위한 찰스 다윈 재단의 집행위원으로 선임.

1963 동아프리카 및 수단 여행. 미국으로 두 번에 걸친 강연여행. 젱
  켄베르크 자연 연구협회 회원에 위촉.

1964 (케냐, 탄자니아, 우간다 등지의) 부족들의 일상행동을 연구하기
  위한 인류행태학 개척 연구(한스 하스와 공동 연구). 저서『일천
  (一千) 개의 환초(環礁) 제국에서』출간.

1965 한스 하스와 두 번째 자료 취재여행. 리우데자네이루, 페루, 멕
  시코, 캘리포니아, 하와이, 일본, 홍콩 및 발리에서 사람들의 행
  태를 촬영. 2차에 걸친 미국 강연여행.『동물학 편람』에「설치류
  (齧齒類)의 행동」이라는 저서가 수록.

1966 갈라파고스 군도로 여행. 저서『행태학, 행동의 생물학』출간. 맹
  농아들에 대한 연구.

1967 저서『비교행태학 개론』출간. 미국 미네소타 대학(아동발달 연구
  소)에 3학기 동안 객원교수로 초빙. 트리니다드 소재 윌리엄 비
  비 연구소 및 카요 산티아고(푸에르토리코) 소재 원숭이 연구소
  방문. 발리, 뉴기니 및 사모아 섬의 여행을 토대로 인류행태학
  다큐멘터리 프로그램을 구축하기 위한 실험 연구.

1969 괴테 문화원 후원으로 과테말라, 멕시코, 영국령 온두라스, 바하
  마 군도, 자메이카 및 베네수엘라에 강연 여행. 야노마미 부족에
  대한 첫 탐사여행. 야자열매 축제의 행태학. 괴테 문화원 후원으
  로 일본, 필리핀, 스리랑카, 인도 및 아프가니스탄으로 강연여
  행. 막스 플랑크 재단 부설 인류행태학 연구소를 설립하기 위한
  선언문 작업.

1970 막스 플랑크 재단 부설 인류행태학 연구진들과 교류. 저서『사랑
  과 증오』출간, 곧 슈피겔 지의 베스트셀러에 오름. (오리노코 강

상류의) 야노마미 부족과 (칼라하리 사막의) 코 부시맨 방문. 한스 하스와 함께 쿡 선장의 항해 200주년을 기념하여 대환초지대에서 출발하여 타히티, 모레아, 랑기오라에 이르는 잠수 탐사여행. 국제해양 연구소의 학술연구소장 임기만료.

1971 과학계에 끼친 봉사와 학문 전파의 공로로 뷜세-금메달 수여. 코 부시맨, 쿵 부시맨 그리고 (서남아프리카의) 카오코랜드의 힘바 부족 방문. 야노마미 부족과 (파라과이의) 아요레오 부족 방문.

1972 야노마미 부족과 코 부시맨 및 호주 중앙부, 아른헴랜드, 뉴기니 및 발리 방문. 미국 방문. 저서『코 부시맨 사회』출간. 국제공격성연구학회 및 국제인류행태학회의 창립회원.

1973 저서『미리 프로그래밍된 인간』이 출간되어 베스트셀러가 됨. 야노마미, 부시맨, 힘바 부족 및 발리 인들에 대한 취재여행. 미국 여행.

1974 그위 부시맨, 타사다이, 트볼리 및 아그타(필리핀), 발리 부족에 대한 자료 취재여행. 갈라파고스 군도로 여행.

1975 갈라파고스 군도로 여행. 막스 플랑크 행동심리학 연구소에서 독립한 인류행태학 연구소의 주도 하에 탐사. 야노마미, 힘바, 서부 뉴기니의 에이포, 크레타, 뉴질랜드 등으로의 취재여행. 저서『행태연구의 시각에서 본 전쟁과 평화』출간.

1976 미국과 캐나다로 강연여행. 힘바, 그위 부시맨에 대한 자료 취재. 저서『인간연구의 새로운 길』을 출간.

1977 쿵과 힘바 부족에 대한 취재여행. 레오폴디나 소재 독일 아카데미 회원. Centre for Scientific Culture Ettore majorana의 회원. (한스 하스와 공저로)『상어-살육자의 전설』출간. (쿠르트와 공동으로)『인간발전단계와 행동』공동 편집. 라이머스 재단의 후원으로 세계 최초로 인류행태학 학술회의 개최.

1978 인도, 네팔, 발리 등으로 취재여행. 오리노코 강 상류의 안다만
    족과 야노마미 족에 대한 연구여행. 리히텐슈타인 펜클럽 창립
    회원.
1979 야노마미, 에이포 및 (서부 뉴기니) 얄레낭 부족 취재여행. 호주
    산림과학 아카데미의 회원으로 위촉. 미학의 생물학에 관한 주
    제로 라이머스 재단에서 심포지엄 개최.
1980 세철렌과 아미란텐 군도로 잠수탐사. 야노마미 부족에 대한 취재
    여행.
1981 얄레낭과 뉴기니의 라우에닝에 대한 첫 취재여행. 미국으로 강연
    여행. 커뮤니케이션 연구를 위한 버다(Burda) 상 수여.
1982 트로브리안드 군도에 대한 취재작업 시작. 갈라파고스 군도와 말
    레디벤 및 나미비아로 여행. 저서『말레디벤 사람들』출간.
1983 야노마미, 트로브리안드 부족에 대한 취재여행. 예술행태학 연
    구 프로그램의 수립
1984 저서『인간행동의 생물학』출간. (제인 구달과 공동으로) 키고마 연
    구소에서 키우는 침팬지들에 대한 다큐멘터리 작업을 시작. 야노
    마미와 트로브리안드 부족에 대한 탐사. 말레디벤으로 잠수탐사.
1985 힘바 부족에 대한 다큐멘터리 작업 및 남아프리카 탐사. 세계 인
    류행태학협회 회장으로 피선. 서남아프리카 자연과학협회의 회
    원으로 위촉. 공동 편집자들과 함께『도시와 삶의 질』이라는 책
    을 편집. 비엔나 시에서 위탁한 주거만족을 위한 행태학 연구 프
    로그램을 수립. '만족스러운 거주'라는 테제를 완성.
1986 호수 목장에 있던 막스 플랑크 행동생리학 연구소로부터 인류행
    태학 연구소가 독립함. 힘바 부족과 부시맨 취재. 제인 구달이
    키우던 침팬지들에 대한 필름촬영. 서부 자바 지역과 발리 및 미
    국 여행.

1987 칼라파고스 탐사. 이스터 군도와 미국 방문. 크레타 섬과 트로브
리안드 군도에 대한 취재여행. 침팬지에 대한 다큐멘터리 촬영.
미국 과학향상협회 정회원.

1988 저서 『인간, 위험에 처한 존재』를 출간. 새로운 연구영역인 행태
학을 정립한 공로로 필립 모리스 연구상 수상. 갈라파고스 군도
와 말레디벤 군도로 탐사여행. 일본과 미국으로 취재여행. 에를
링 안덱스 지역의 작은 성으로 연구소 이사.

1990 윌리엄 찰즈워드와 함께 뉴델리 슬럼가에 대한 도시행태학 연구
실시. 힘바 부족 및 트로브리안드 원주민에 대한 다큐멘터리 작
업. 미국(알래스카와 하와이)여행. 유럽 과학예술아카데미의 창
립회원.

1991 야노마미 부족에 대한 다큐멘터리 취재. 러시아, 일본, 에콰도
르, 이스라엘과 미국 여행. (크리스터 쥐터린 여사와 공저로) 『공
포의 한복판에서 인간의 방어 상징체계의 자연사 및 문화사를
위하여』 출간.

역자 후기

이레내우스 아이블 아이베스펠트(Irenäus Eibl-Eibesfeldt, 1928~) 교수는 생물학이나 인류학 전공학자들에게는 행태학(行態學 : Ethologie)이라는 새로운 학문분과의 창시자로 널리 알려져 있는 세계적인 학자이다. 아쉽게도 그의 학문적 업적이 손쉽게 접할 수 있는 형태인 우리 말로 소개된 적이 없다. 그런 점에서 자서전적 성격을 띠는 이 저서는 학문적 경향과 업적 그리고 인생관을 두루 엿볼 수 있는 인간 아이베스펠트의 전모를 담음으로써 각별한 의미를 가진다.

저자는 이 책에서 생물학과 생리학 등의 자연과학과 인류학과 민족학, 언어학 등의 조화는 물론, 자신의 개인적인 성장기와 20세기의 크고 작은 사건들을 교차 · 조명하는 절묘한 스펙트럼을 만드는 데 성공하고 있다. 그런 점에서 아이베스펠트는 탁월한 과학자인 동시에 훌륭한 저술가의 반열에 올라 있다고 해도 과언이 아닐 것이다. 무릇 번역을 하는 옮긴이 스스로도 감동을 받은 이 흔치 않은 책에 대한 나름대로의 소화를 요약해 보았다.

첫째, 연구를 하는 학자와 자신의 시대에 책임감을 느끼는 지식인은 따로 존재할 수 없다. 그는 무려 500여 편에 달하는 논저를 쓴 이 시대의 탁월한 학자이면서도, 자신이 속하는 사회, 아니 전인류에게 던져진 정치 · 사회 그리고 문화적인 화두에 참여하는 행동하는 지식인의 표상을 보여 주고 있다. 예를 들면 사안의 심각성은 인식하면서도 정치적인 입장 때문에 토론의 도마 위에 올리기 힘든 인종갈등, 이민국가로서의 유럽 등의 문제에 대하여 (독일 기민당 원내총무였던 유명한 정객 하이너 가이슬러 같은) 정치가들과 열띤 논쟁을 벌이는 그는 더이상

상아탑에 안주하는 창백한 지식인이 아니라, 시대의 고민에 적극적으로 참여하는 행동가이기도 하다.

둘째, 저자의 개인적인 삶의 편린들을 신변잡기로 전락시키는 우를 범하지 않으면서도 갈등과 화해, 전쟁과 평화, 그리고 고난과 불안정으로 점철된 어린 시절과 두 차례의 세계대전 속에서 무너져 가는 소시민의 일상, 전쟁은 싫어했지만 조국을 지키지 않을 수 없었던 무력한 개체들의 절망, 그래도 그 사이에서 무너지지 않는 애틋한 우정, 전후의 고난을 학업에의 열정과 풋풋한 연애로 이겨 나가는 슬기, 그리고 부모와의 어쩔 수 없는 사랑을 잔잔한 시로 엮어 내는 이야기 솜씨는 거의 연금술사의 경지에 이르고 있다. 그래서 자화자찬의 수렁에 빠지지 않으면서도, 자신의 인생과 같이 흘러간 시대를 소상하게 재현하는 데 성공하는 자서전의 문학적 전범을 보여 주고 있다.

셋째, 저자는 지식인들이 사회에 엄정하고도 책임 있는 메시지를 꾸준히 전파해 왔는가에 대하여 늘 반성을 촉구하고 있다. 동시에 그의 이러한 요구는 학문의 이름으로 정신적 사치를 남발하는 인문학자들의 부르주아적 궤변이 아니라, 자연과 바다, 갈라파고스와 야노마미, 부시맨과 에이포, 심지어는 들꽃과 돌이끼, 상어와 청소 고기 등의 만물의 행태에서 드러나는 자연의 섭리를 공정하고 현장감 있게 그려 내고 있다는 점에서 또한 독보적이다.

생물학에 어두운 옮긴이는 이 책의 번역이 한편으로는 부담스러웠지만, 다른 한편으로 이 책에 녹아 있는 저자의 방대한 인문학적 소양과 지식은 생활과 사회, 전공과 연구 어느 면에서도 균형을 잃지 않고 쾌저의 모습으로 다양한 독자층의 관심을 불러일으키기에 충분하다고 말하고 싶다. 참고로 아이베스펠트 교수가 이끌고 있는 막스 플랑크 재단 부설 인류행태학 연구소 홈페이지(http://www.evolution

humb.univie.ac.at)에는 그의 이력사항과 무려 523편에 이르는 논저 목록이 올라와 있으며 한스 하스와 공동으로 구축한 영상기록보존소에 대한 정보도 있으니, 관심을 가진 독자들은 참조하기 바란다.

행태학적 관심의 중요성을 일찍이 인정하여 이 책을 기획하고 논의의 터전을 마련해 주신 (주)사계절 출판사의 강맑실 사장님, 많은 토론을 통하여 기획 및 편집 그리고 꼼꼼한 교정까지 맡아 주신 강윤재 팀장님께 깊은 감사의 말씀을 드린다. 그리고 특히 잠수 및 잠수장비, 해양생태에 대하여 옮긴이에게 많은 도움말을 준 이곳 제주대학교의 동료 랄프도이치 교수에게도 감사의 말을 전하고 싶다.

이제 아이베스펠트 교수의 고희(古稀)를 맞이하여 「베를리너 모르겐 포스트」(*Berliner Morgen Post*) 1998년 6월 15일자에서 지칠 줄 모르는 그의 학문적 열정과 참여의식을 기리는 기사를 소개하며 역자의 말을 맺고자 한다.

인간의 행동에서 무엇이 선천적으로 타고난 것이며, 무엇이 문화적으로 습득된 것인가? 오늘 고희를 맞이하는 아이베스펠트 교수는 평생 이 문제의 해명에 매달린 장본인이다.

그의 가장 큰 학문적인 성공들은 바이에른의 막스 플랑크 행동생리학 연구소에서 이루어졌다. 비엔나 태생인 그는 그곳에서 20여 년 동안 학문적인 기반을 완성해 나갔다. 이 시기에 그는 척추동물의 커뮤니케이션 행동과 포유동물의 종족사적인 행동을 연구하였다. 1967년에 발간된 그의 저서인 『행동연구의 총론』은 오늘날까지도 여전히 행태학의 고전으로 간주되고 있다.

그는 지구의 거의 모든 곳에 걸친 수많은 연구 여행 ― 특히 갈라파고스 군도 ― 을 통하여 학문적 업적의 토대를 이룩하였다. 해당 지역에 대한 다양한 문화적인 경험을 통하여 인간행동에 대한 관심을 키워 갔으며, 그 결과 1960년대에는 다양한 인종의 일상행동과 의식(儀式)을 수록한 문화사적인 영화 시리즈를 만들게 되었다. 이 연구의 결과 인류행태학을 독자적인 학문분과로 정립하기에 이른다. 1975년에는 막스 플랑크 연구소에서 독립한 인류행태학 연구소의 소장이 되었으며, 1984년에 출간된 저서 『인간행동의 생물학』(개정증보판, 1997)은 이 새로운 학문분과의 결정적인 지침서가 되기에 이른다.

물론 그의 학문적인 입장에 이의를 제기하는 경우가 없는 것은 아니다. 야콥 폰 윅스퀼과 콘라트 로렌츠의 계보를 잇는 그는 인간들 사이의 행동에서 나타나는 공격성과 공포의 여러 측면을 규명하는 데 노력해 왔다. 순수한 생물학적인 관심보다는 정치적인 시각에서 도마 위에 오르는 그의 연구업적들은 1980년대에 이르러 일약 국제적인 주목을 받게 되었다. 이때 그는 낯선 존재에 대하여 가지는 공포감은 생물학적으로 물려받은, 인간의 어쩔 수 없는 유산이라는 주장으로 인하여 논쟁의 불씨를 지폈다. 이와 같은 공포행동은 거주영역이 좁아지면 곧잘 공격성으로 바뀐다는 것이다. 그래서 1990년대 들어서 오스트리아에서 득세하고 있는 우파 정치가 외르크 하이더의 지지자들이 늘 아이베스펠트를 들먹이는 것도 놀라운 일은 아니다. 그러나 정작 그 자신은 이러한 생물학적 갈등의 문제를 정치적으로 악용하는 데 철저하게 반대하고 있으며, 오히려 한계에 도달한 인류의 갈등문제를 생물학적으로 당당하게 다루자는 소신을 굽히지 않고 있다.

1999년 봄
한라산 자락 삼의악 오름을 바라보며
永江

주 석

1) 1928년생이 가지는 각별한 시대사적인 의의에 대해서는 Martin Greiffen-
hagen, *Jahrgang 1928. Aus einem unruhigen Leben,* München, 1988을
참조.

2) 어머니의 시는 다음과 같다 :

"오늘 나의 종(鍾)들이 울리면 / 나의 성탄도 같이 울리겠지 / 햇살이 웃으
면서 / 나에게 아들을 하나 주시었으니 / 꼭 자정일 필요는 없으리라 / 꼭
바람이 일 것도 / 눈이 휘날릴 일도 없으리라 / 나의 아이가 성스럽지는 않
을지라도 / 악한 아이는 결코 아니리라 / 오로지 그저 나의 사랑하는 / 늘
사랑하는 아이일 뿐 …… / 햇살이 비추는 저 속에서 울리는 찬란한 종(鍾)
일 뿐 ……."

3) 베네수엘라, 가이아나 그리고 브라질 사이에 펼쳐진 평탄고원에 대해서는
Uwe George가 쓴 탁월한 책 *Inseln in der Zeit,* Hamburg, 1988을 참조
할 것.

4) R. Hesse & F. Doflein, *Tierbau und Tierleben,* Jena, 1934(2판).

5) I. Eibl-Eibesfeldt, *Die Biologie des menschlichen Verhaltens. Grundriß
der Humanethologie,* München, 1986(2판). 또한 *Der Mensch, das
riskierte Wesen,* München, 1988을 참조.

6) Leopold Banny, *Dröhnender Himmel, brennendes Land. Der Einsatz
der Luftwaffenhelfer in Österreich 1943-1945,* Wien, 1988.

7) 나의 병역수첩에는 17대라고 씌어 있었지만, 포신에는 21대라고 적혀 있
다. 우리는 인정받기 위하여 그것을 제시한 적이 있었다.

8) RAD(Reichsarbeitsdienst) : 제국노역봉사대.

9) W. Sombart, *Sozialismus und soziale Bewegung,* Jena, 1919(7판).

10)Hugo Portisch & Sepp Riff, *Österreich* Ⅱ,제1권 : *Die Wiedergeburt
unseres Staates,* Wien, 1985 ; 제2권 : *Der lange Weg in die Freiheit,*

Wien, 1986.

11) Ruth Elias, *Die Hoffnung erhielt mich am Leben,* München, 1988.

12) Bernhard Bavink, *Ergebnisse und Probleme der Naturwissenschaften,* Basel, 1948(7판) ; C. Wesenberg-Lund, *Biologie der Süßwassertiere,* Wien, 1939 ; *Biologie der Süßwasserinsekten,* Berlin/Wien, 1943.

13) 연구소 내력에 대해서는 아래 책들을 참조 : Otto Koenig, *Verhaltensforschung in Österreich*, Wien/Heidelberg, 1983 ; *Das Paradies vor unserer Tür,* Wien, 1971 ; *Beim Menschen beginnen. Otto Koenig im Gespräch mit Kurt Mündl,* Wien, 1991 ; H. J. Painitz, 33 *Jahre Wilhelminenberg : Von den Reiherkolonien des Neusiedler Sees zur Kulturethologie, Forschungsgemeinschaft Wilhelminenberg,* Wien, 1979 ; 그밖의 정보에 대해서는 연구소의 학술지인 *Umwelt,* Wien, 1946-1948을 참조.

14) 그 가게의 이름은 Greißlerei(오스트리아, 독일어로 '구멍가게')였다.

15) E. Trumler의 "Zurückgedacht". 이 논고는 Otto Koenig , *Verhaltensforschung in Österreich. Konrad Lorenz 80 Jahre,* Wien, 1983, pp. 37~.

16) I. Eibl-Eibesfeldt, "Ein Beitrag zur Paarungsbiologie der Erdkröte", *Behaviour,* 2/1950, pp. 217~236.

17) K. Lorenz, "Der Kumpan in der Umwelt des Vogels", *Journal für Ornithologie,* 83/1935, pp. 137~413 ; K. Lorenz, "Die angeborenen Formen möglicher Erfahrung", *Zeitschrift für Tierpsychologie,* 5/1943, pp. 235~409.

18) I. Eibl-Eibesfeldt, "Über die Jugendentwicklung des Verhaltens eines männlichen Dachses unter besonderer Berücksichtigung des Spiels", *Zeitschrift für Tierpsychologie,* 7/1950, pp. 327~355.

19) I. Eibl-Eibesfeldt, "Beiträge zur Biologie der Haus-und der Ährenmaus nebst einigen Beobachtungen an anderen Nagern", *Zeitschrift für Tierpsychologie,* 7/1950, pp. 558~587.

20) I. Eibl-Eibesfeldt, "Über das Vorkommen von Schreckstoffen bei Erdkrötenquappen", *Experientia,* 5/1949, p. 236.

21) Ch. Darwin, *Der Ausdruck der Gemütsbewegungen bei Tier und Mensch,* Stuttgart, 1877 ; H. S. Reimarus, *Allgemeine Betrachtungen über die Triebe der Thiere,* Hamburg, 1773.

22) O. Heinroth, "Beiträge zur Biologie, insbesondere Psychologie und Ethologie der Anatiden", *Verhandlungen des 5. Internationalen Ornithologen-Kongresses,* Berlin, 1910, pp. 589~702.

23) 이에 대한 자세한 내용은 I. Eibl-Eibesfeldt, *Grundriß der vergleichenden Verhaltensforschung,* München, 1987(7판) 참조.

24) "저에게 건강한 아동 열댓 명만 보내십시오. 그러면 제가 구체적으로 구상한 세계들로 그들을 교육시켜서 그 어떤 임의의 유형에 속하는 전문가로 만들 수 있습니다. 그 아이들의 재능, 취향, 능력, 직업, 조상의 인종 등과 상관없이 의사, 변호사, 예술가, 상인, 사장, 심지어는 거지와 강도까지도 만들 수 있습니다." J. B. Watson, *Behaviorism,* New York, 1930, p. 104.

25) A. R. Jensen, *Bias in Mental Testing,* New York, 1980 ; "Multiple Rock Review of Bias in Mental Testing", *The Behavioral and Brain Sciences,* 3/1980, pp. 325~371.

26) I. Eibl-Eibesfeldt, *Die Biologie des menschlichen Verhaltens*에 들어 있는 논의를 참조.

27) Z. Y. Kuo, "Ontogeny of Embryonic Behavior in Aves", *Journal of Experimental Biology,* 61/1932, pp. 395~430, pp. 453~489. "동작, 우향성, 잠재적인 능력의 범위에 있어서 인간의 손이 다른 그 어떤 동물의 손보다 유연하다는 사실을 통해서, 우리는 인류가 언어를 발명하기 훨씬 전에도 지구상의 가장 창조적이고 원천이 풍부한 피조물이 된 이유를 설명할 수 있다. 어떤 유인원들은 거의 인간 수준이지만, 완벽하지는 않다. 바로 손에 결정적인 차이가 있다. 나는 종종 인간 신생아와 고릴라 새끼의 두뇌를 맞바꾼 다음, 인간의 언어나 문화를 완전히 벗어난 곳에서 키우게 되

면, 아마 아동은 인간의 특징을 가지고, 고릴라는 고릴라의 특징을 가지고
성장할 것이라고 생각해 보곤 한다. 왜냐하면 이 두 종의 신체적 골격과 손
의 미세한 구조는 상당히 다르기 때문이다." (188쪽)

"모든 동물의 세계에서 인류로 알려진 종이 다른 어느 종보다 탁월한 능
력을 가졌다면, 그것은 인류가 인간의 두뇌를 가져서라기보다는 인류가 한
쌍의 손과 인간의 언어 메커니즘이 극도로 복잡한 발화–문자 언어를 개발
했기 때문이다." Z. Y. Kuo, *The Dynamics of Behavior Development. An
Epicenetic View*, New York, 1967. 그것이 환경이론적인 이데올로기에 맞
는다면, 오늘날에도 그런 말도 안 되는 소리를 출판해서 인간에게 적용하
는 것이 여전히 가능하다.

28) 소련 치하의 포로생활 동안에 쓰인 그의 원고는 행태연구를 위한 원대한
구상의 토대였다. 그가 가져온 원고는 분실된 것으로 알려졌다가 얼마 전
에 다시 발견되어 1992년에 Piper 출판사에서 출간·공개되었다 : K.
Lorenz, *Die Naturwissenschaft vom Menschen. Eine Einführung in die
vergleichende Verhaltensforschung. Das russische Manuskript 1944~1948*,
München, 1992.

29) 또한 내가 기르던 다람쥐들과의 교배 및 성장에 대해서는 필자의
"Beobachtungen zur Fortpflanzungsbiologie und Jugendentwicklung
des Eichhörnchens(Sciurus vulgaris L.)", *Zeitschrift für Tierpsy-
chologie,* 8/1951, pp. 370~400.

30) I. Eibl-Eibesfeldt, "Vergleichende Verhaltensstudien an Anuren",
"*Zeitschrift für Tierpsychologie,* 9/1953, pp. 383~395 : [Wissenschaft-
licher Film C 628 des Instituts für den Wissenschaftlichen Film(WF)],
Göttingen, 1953.

31) I. Eibl-Eibesfeldt, "Zur Ethologie des Hamsters(Cricetus cricetus
L.)", *Zeitschrift für Tierpsychologie,* Nr. 10/1953, pp. 204~254 :
[Biologie des Hamsters, I & II. Wissenschaftlicher Film C 646 & C 647
des IWF], Göttingen, 1953.

32) I. Eibl-Eibesfeldt, "Zur Biologie des Iltis(Putoris putoris L.)", *Verhandlungen der Deutschen Zoologischen Gesellschaft*, Erlangen, 1955, pp. 304~323 : [Wissenschaftlicher Film C 697 des IWF], Göttingen, 1955.

33) I. Eibl-Eibesfeldt & H. Sielmann, [Am Froschtümpel, Film F 400 des Instituts für Film und Bild in Wissenschaft und Unterricht(FWU)], München, 1952 ; [Im Hamsterrevier, Flim F 401 des FWU], München, 1953 ; [Die Iltiskoppel, Film 417 des FWU], München, 1954; I. Eibl-Eibesfeldt, [Biologie des Hamsters, I & II. Wissenschaftlicher Film C 646 des IWF], Göttingen, 1953 ; [Paarungsbiologie der Anuren, Wissenschaftlicher Film C 628 des IWF], Göttingen, 1952 ; [Biologie des Iltisses, Wissenschaftlicher Film C 697 des IWF], Göttingen, 1955 ; [H. Sielmann, Das Jahr mit den Spechten], Berlin, 1958.

34) I. Eibl-Eibesfeldt, "Über eine besondere Form des Duftmarkierens beim Riesengalago(Galapago crassicaudatus)", *Saügetierkundliche Mitteilungen*, 1/1953, pp. 171~.

35) Hans Hass, *Menschen und Haie*, Zürich, 1949 ; *Drei Jäger auf dem Meeresgrund*, Berlin, 1952.

36) Hans Hass, "Beitrag zur Kenntnis der Reteporiden mit besonderer Berücksichtigung der Formbildungsgesetze ihrer Zoarien und einem Bericht über die dabei angewandte neue Methode für Untersuchungen auf dem Meeresgrund", *Zoologica*, 37, Heft 101, Stuttgart, 1948.

37) William Beebe, *Galápagos, das Ende der Welt*, Leipzig, 1935 ; *Das Arcturus-Abenteuer. Die erste Tiefsee-Expedition der New Yorker Zoologischen Gesellschaft*, Leipzig, 1928.

38) W. E. Ankel, "Die blaue Flotte", *Natur und Museum*, Nr. 10/1962.

39) Wulf Emmo Ankel, "Pottwalfang bei den Azoren", *Orion*, 10/1955,

pp. 604~613 ; 더 자세한 내용은 필자의 제1차 '자리파' 탐사에 대한 보
고를 참조 : I. Eibl-Eibesfeldt, "Bericht von einer Reise zu den
Galápagosinseln unter besonderer Berücksichtigung verhaltens-
kundlicher, herpetologischer und ichthyologischer Beobachtungen",
Die Aquarien-und-Terrarien-Zeitschrift, 10/1957.

40) I. Eibl-Eibesfeldt, "Über symbiosen, Parasitismus und andere
zwischenartliche Beziehungen bei tropischen Meeresfischen",
Zeitschrift für Tierpsychologie, 12/1955, pp. 203~219.

41) I. Eeibl-Eibesfeldt, "Der Fisch Aspidontus taentiatus als Nachahmer
des Putzers Labroides dimidiatus", *Zeitschrift für Tierpsychologie,*
16/1959, pp. 19~25.

42) I. Eibl-Eibesfeldt, "Neuere Literatur", *Die Malediven,* München,
1987(2판) 및 *Grundriß der vergleichenden Verhaltensforschung,* 같은 곳.

43) I. Eibl-Eibesfeldt, "Freiwasserbeobachtungen zur Deutung des
Schwarmverhaltens verschiedener Fische", *Zeitschrift für Tier-
psychologie,* 19/1962, pp. 165~182.

44) 갈라파고스에 대해서는 1960년에 쓴 책에서 설명한 바 있다. 개정 증보판
들에서는 해당하는 시기의 최신 연구현황과 그 군도의 발전상을 보고하였
다. 최근의 양장본 개정판은 1987년에 나왔으며, 최신 완전 개정판은 1991
년에 문고판으로 나온 *Galápagos. Die Arche Noah im Pazifik*이다.

45) I. Eibl-Eibesfeldt, "Ethologische Beobachtungen am Galápagos-
Seelöwen, Zalophus wollebaeki Sivertsen", *Zeitschrift für Tier-
psychologie,* 12/1955, pp. 286~303.

46) I. Eibl-Eibesfeldt, "Eine neue Rasse der Meerechse, Amblyrhynchus
cristatus venustissimus, nebst einigen Bemerkungen über Amblyr-
hynchus cristatus cristatus", *Senckenbergiana biologica,* Nr. 37/1956,
pp. 87~100 : 그밖의 섬에 사는 종에 대해서는 나중에 기술하였다 :
"Neue Unterarten der Meerechse Amblyrhynchus cristatus, nebst

weiteren Angaben zur Biologie dieser Art", *Senckenbergiana Biologica,* 43/1962, pp. 177~199.

47) I. Eibl-Eibesfeldt, "Der Kommentkampf der Meerechse (Amblyr-hynchus cristatus bell.), nebst einigen Notizen zur Biologie dieser Art", *Zeitschrift für Tierpsychologie,* 12/1955, pp. 49~62.

48) I. Eibl-Eibesfeldt, "Wonders of a Noah's Ark off the Coast of Ecuador", *UNESCO Courier.* Nr. 18~23, Januar 1958 ; "Survey on the Galápagos Islands", *UNESCO Mission Reports,* Nr. 8, Paris, 1959 ; "Naturschutz-probleme auf den Galápagosinseln", *Acta Tropica,* 17/1960, pp. 97~137.

49) Heinz Sielmann, *Ins Reich der Drachen und Zaubervögel,* Gütersloh, 1970.

50) D. S. Lehrman, "A Critique of Konrad Lorenz's Theory of Instinctive Behavior", *Quarterly Review of Biology,* 28/1953, pp. 337~363.

51) I. Eibl-Eibesfeldt, "Angeborenes und Erworbenes im Verhalten der Säuger", *Zeitschrift für Tierpsychologie,* 20/1963, pp. 705~754.

52) K. Lorenz, "Phylogenetische Anpassung und adaptive Modifikation des Verhaltens", *Zeitschrift für Tierpsychologie,* 18/1961, pp. 139~187.

53) 내 실험결과의 요약이 나의 저서 *Angeborenes und Erworbenes im Verhalten der Säuger*에 실려 있다. 또 *Grundriß der vergleichenden Verhaltensforschung*도 참고할 것.

54) Erich von Holst 및 호수 목장의 다른 학자들의 연구물들은 I. Eibl-Eibesfeldt, *Grundriß der vergleichenden Verhaltensforschung*에 해설되어 있다.

55) 막스 플랑크 행동심리학 연구소의 연혁에 대해서는 *Jahrbuch der Max-Planck-Gesellschaft,* 1961, Ⅱ부, pp. 762~788 및 Max-Planck-Gesellschaft (편), *Berichte und Mitteilungen,* 4/1978 ; *Max-Planck-Institut für*

Verhaltensphysiologie.

56) 이 탐사에 대하여 한스 하스는 자신의 저서 『미지의 세계로 탐험』, Berlin, 1961에서 보고한 바 있다. 거기에서 그는 탐사의 조직상의 문제점을 지적하고 있다. 나 또한 그 탐사에 대한 여행기를 쓴 바 있다 : *Im Reich der tausend Atolle,* München, 1964.

57) 상어와 우리의 실험들에 대해서 한 권의 저서와 여러 학술지 논문에서 보고하였다. H. Hass & I. Eibl-Eibesfeldt, "Erfahrungen mit Haien", *Zeitschrift für Tierpsychologie,* 6/1959, pp. 739~746 ; "Wie Haie Wirklich sind, München, 1986 ; 또한 I. Eibl-Eibesfeldt, *Die Malediven* 도 참조.

58) I. Eibl-Eibesfeldt, "Beobachtungen und Versuche an Anemonen-fischen(Amphiprion) der Malediven und der Nikobaren", *Zeitschrift für Tierpsychologie,* 12/1955, pp. 203~219, 그 밖의 문헌은 *Die Malediven* 및 *Grundriß der vergleichenden Verhaltensforschung* 참조.

59) K. Miyagawa & T. Hidaka, "Amphiprion clarkii Juvenile : Innate Protection against and Chemical Attraction by Symbiotic sea Anemones", *Proc. Japan Academy,* 56/1980, pp. 356~361.

60) I. Eibl-Eibesfeldt & Sol Kramer, "Ethology, the comparative Study of Animal Behavior", *Quaterly Review of Biology,* 33/1958, pp. 181~211.

61) William A. Henry Ⅲ, "Beyond the Melting Pot", *Time Magazine,* 9. April 1990, pp. 34~37.

62) I. Eibl-Eibesfeldt, "Ethologie", *Die Biologie des Verhaltens,* Frankfurt/Main, 1966.

63) I. Eibl-Eibesfeldt, *Grundriß der vergleichenden Verhaltensforschung,* München, 1967(7판, 1987).

64) I. Eibl-Eibesfeldt & Wolfgang Wickler, "Die ethologische Deutung einiger Wächterfiguren auf Bali", *Zeitschrift für Tierpsychologie,*

25/1968, pp. 719~726. 또한 우상들의 비교에서 보이는 악마를 지시하는 목상들의 몸짓과 제스처에 대한 단행본으로는 I. Eibl-Eibesfeldt & Ch. Sütterlin, *lm Banne der Angst. Zur Natur-und Kunstgeschichte menschlicher Abwehrsymbolik,* München, 1992.

65) Hans Hass는 우리의 다큐멘터리 취재작업에 대하여 그의 책 *Wir Menschen,* Wien, 1968에서 보고한 바 있다.

66) I. Eibl-Eibesfeldt, "The Expressive Behavior of the Deaf-and -Blind Born", in M. v. Cranach & I. Vine eds., *Social Communication and Movement,* London, 1973, pp. 163~194 : *Ausdrucksverhalten eines taubblind geborenen Mädchens,* [Wissenschaftlicher Film E 2427 des IWF], Göttingen, 1984 : [Publikationen zu Wissenschaftlichen Filmen Sektion Biologie, Serie 17], Nr. 26/E 2427, Göttingen, 1985.

67) I. Eibl-Eibesfeldt & H. Hass, "Neue Wege der Humanethologie", *Homo,* 18/1967, pp. 13~23.

68) Krämer, *Die Samoa-Inseln* Ⅰ · Ⅱ, Stuttgart, 1902f.

69) I. Eibl-Eibesfeldt, "Zur Ethologie menschlichen Grußverhaltens. I. Beobachtungen an Balinesen, Papuas und Samoanern", *Zeitschrift für Tierpsychologie,* 25/1968, pp. 196~213.

70) I. Eibl-Eibesfeldt, "Eine ethologische Interpretation des Palm-fruchtfestes der Waika(Venezuela), nebst einigen Bemerkungen über die bindende Funktion von Zwiegesprächen", *Anthropos,* 66/1970, pp. 767~778 및 *Das verbindende Erbe. Expeditionen zu den Wurzeln unseres Verhaltens,* Köln, 1991.

71) "현재 인류의 문화사적인 그리고 기술문명의 상황에서 나타나는 종 내부의 공격성을 가장 심각한 위험으로 간주할 만한 충분한 이유가 있다. 그러나 그렇다고 해서 그런 위험에 대처하는 우리의 입장들이, 그 위험들을 형이상학적인 또는 어쩔 수 없는 무엇으로 용인함으로써 개선시키려 하지는 못할 것이다. 혹시 그런 위험을 배태한 자연적인 원인들의 연쇄체를 추적하

는 것이면 모르겠지만. 인류가 권력을 요구한 곳이라면 어디에서나, 자연 현상이 어떤 방향으로 임의의 선택을 하는 것은 그런 선택에 영향을 주는 원인들의 연쇄에 주의를 기울이는 덕택이다. 정상적이고도, 자신의 종을 보존하는 삶의 과정에 대한 연구인 이른바 생리학은 그런 과정의 장애를 규명하는 병리학의 불가결한 토대이다. K. Lorenz, *Das sogenannte Böse,* München, 1963, p. 47.

72) I. Groebel & R. Hinde, "Aggression and War", *Their Biological and Social Bases,* New York, 1989.

73) P. Bateson, "Is aggression instinctive?", in J.Groebel & R.Hinde, 위의 책, pp. 35~47.

74) I. Eibl-Eibesfeldt, *Krieg und Frieden aus der Sicht der Verhaltensforschung,* München, 1975.

75) H. -J. Heinz & M. Lee, *Namkwa, Life among the Bushmen,* London, 1978.

76) H. Sbrzesny, *Die Spiele der !Ko-Buschleute,* München, 1976.

77) I. Eibl-Eibesfeldt, *Die !Ko-Buschmanngesellschaft. Gruppenbindung und Aggressionskontrolle,* München, 1972.

78) Gunter Senft, *Kilivila, the Language of the Trobriand Islanders,* Berlin, 1982 ; I. Bell-Krannhals, "Haben um zu geben. Eigentum und Besitz auf den Trobriand-Inseln, Papua Neuguinea", *Baseler Beiträge zur Ethnologie,* 31/1990.

79) 1988년에 공개된 필름들의 목록이 I. Eibl-Eibesfeldt, *Human Ethology,* New York, 1989에 실려 있다.

80) Ch. Adler, *Polareskimo-Verhalten : Mechanismen der Gruppenbildung, Aggression und Aggressionskontrolle der Eskimos im Thule-Distrikt,* Dissertation, Biologische Fakultät der Ludwig-Maximilians-Universität, München, 1977.

81) 이 장송곡의 독일어 번역은 나의 저서 *Das verbindende Erbe*에 실려 있

다. 그리고 *Anthropos*, 85/1990, pp. 507~515에는 원어의 전사와 번역이 같이 실려 있다. *Yanomami Wailing Songs and the Question of Parental Attachment in Traditional Kinoases Societies*도 참조.

82) W. C. McCrew, *An Ethological Study of Children's Behavior*, Cambridge, 1972.

83) N. G. Blurton-Jones, *Ethological Studies on Child Behavior*, Cambridge, 1972.

84) C. H. Hjortsjö, *Man's Face and Mimic Language*, Malmö(Studentenliteratur), 1969.

85) P. Ekman & W. Friesen, "Facial Action Coding System", *Consulting Psychologists Press*, Palo Alto, 1978.

86) B. Hold, "Rangordnungsverhalten bei Vorschulkindern", *Homo*, 25/1974, pp. 252~267 ; "Rank and Behavior : An Ethological Study of Preschool children", *Homo*, 28/1977, pp. 158~188.

87) M. Chance, "Attention Structures as the Basis of Primat Rank Orders", *Man S. S.*, 2/1967, pp. 503~518.

88) K. Grammer, *Biologische Grundlagen des Sozialverhaltens*, Darmstadt, 1988. 이 책에는 유치원 프로젝트에서 이루어진 연구성과들도 언급하고 있다.

89) D. G. Freedman, *Human Sociobiology*, New York, 1979.

90) 이에 대해서는 "Multi-kultureller Joghurt", *Süddeutsche Zeitung*, 1991년 11월 2일자 참조.

91) 이에 대해서는 "Inquisition und Zensur", *Der Spiegel*, 21/1991 참조.

92) 참고문헌에 대한 상세한 논의는 I. Eibl-Eibesfeldt, *Grundriß der vergleichenden Verhaltensforschung* 참조.

93) I. Eibl-Eibesfeldt, "Warfare, Man's Indoctrinability and Group Selection", *Zeitschrift für Tierpsychologie*, 60/1982, pp. 177~198.

94) '민족(Nation)'이라는 낱말의 어원은 라틴 어 'natio'(타고남, 성, 종족)

이다.

95) R. Dawkins, *The Selfish Gene*, Oxford, 1976.

96) J. Maynard-Smith, "The Theory of Games and the Evolution of Animal Conflict", *J. Theoret. Biol.*, 47/1974, pp. 209~221.

97) G. Burghardt, "Chemical Prey Preferences Polymorphism in New-born Garter Snakes(Thamnophis sirtalis)", *Behavior*, 52/1975, pp. 202~225.

98) E. Curio, "Die Schutzanpassungen dreier Raupen eines Schwärmers auf Galápagos", *Zoologisches Handbuch*, 91/1966, pp. 1~29.

99) 이 프로젝트에 참여했던 여러 연구원들의 연구결과가 *Mensch, Kultur und Umwelt im zentralen Bergland von West-Neuguinea*(Berlin) 총서에 실려 있다. 이 총서 중에서 인류행태학에 관한 것으로는 다음의 책들이 있다 : I. Eibl-Eibesfeldt, W. Schiefenhövel & V. Heeschen, *Kommunikation bei den Eipo*, Beitrag 16, Berlin, 1989 ; W. Schiefenhövel, *Geburtsverhalten und reproduktive Strategien der Eipo*, Beitrag 16, Berlin, 1988 ; 그리고 여타 중요한 행태학 관계 내용은 V. Heeschen, *Ninye bun-Mythen, Erzählungen, Lieder und Märchen der Eipo*, Beitrag 20, Berlin, 1990을 참조.

100) K. Good & D. Chanoff, *Into the Heart*, New York, 1991.

101) 그러한 텍스트 전사 및 번역의 보기들은 IWF에서 만든 영화백과사전 필름들의 부록에서 얻을 수 있다.

102) I. Eibl-Eibesfeldt, *Die Biologie des menschlichen Verhaltens*.

103) I. Eibl-Eibesfeldt & Ch. Sütterlin, *Im Banne der Angst. Zur Natur- und Kunstgeschichte menschlicher Abwehrsymbolik*, München, 1992.

104) I. Rentschler, B. Herzberger & D. Epstein, *Beauty and the brain. Biological Aspects of Aesthetics*, Basel, 1988 ; I. Eibl-Eibesfeldt, "The Biological Foundation of Aesthetics", 같은 책, pp. 29~68.

105) 윌리엄 토피의 연구 및 페터 말러의 연구에 대해서는 필자의 *Grundriß*

*der vergleichenden Verhaltensforschung*에 상세히 설명되어 있다.

106) H. Müller-Beck & G. Albrecht, *Die Anfänge der Kunst vor* 30,000 *Jahren,* Stuttgart, 1987.

107) R. Häberlein, "Kartenähnliche Darstellungen im Eiszeitalter", *Kartographische Nachrichten,* 5/1990, pp. 185~187.

108) 원본은 Brünn 소재 고고학 연구소에 있다.

109) F. D'Errico, "Technology, Motion and the Meaning of Epipaleo-lithic Art", *Current Anthropology,* 33/1992, pp. 94~109.

110) I. Eibl-Eibesfeldt & Ch. Sütterlin, *Im Banne der Angst. Zur Natur-und Kunstgeschichte menschlicher Abwehrsymbolik,* München, 1992.

111) J. Goodall, *The Chimpanzees of Gombe. Patterns of Behavior,* Cambridge & London, 1986 ; 이 책에는 사회행동, 개미잡이 및 연장(도구) 사용에 관한 참고문헌이 들어 있다.

112) M. J. Lasky, *Wortmeldung zu einer Revolution,* Berlin, 1991. 여기에서 통일에 극단적으로 반대했던 몇몇 작가들의 문제 있는 발언들을 꼬치꼬치 따지고 싶지 않다. 나는 독일의 재통일을 커다란 행운으로 느꼈으며, 그것은 유럽과 문화민족 독일인 모두에게 그렇다고 본다. 오로지 이런 점에서만 통일하던 그날 비엔나 시청에 비엔나 시장 헬무트 질크가 독일 국기를 상징적으로 게양한 것이 이해될 수 있다. 이 점에 대해서는 귄터 네닝의 친근하고도 비판적인 설명을 참조하라 : G. Nenning, *Die Nation kommt wieder, Würde, Schrecken und Geltung eines europäischen Begriffs,* Zürich, 1990.

113) 1989년 9월 1일, 역사적인 재통일이 오기 몇 주 전, 에곤 바르는 다음과 같이 선언하였다 : "통일에 대해서 꿈꾸거나 지껄이는 짓을 즉시 중단하라!" M. J. Lasky의 책에서 인용.

114) 작센 주 의회회장인 디터 라인프리트는 1992년 베르케도르프 대담에서 다음과 같이 말하였다 : "좀 진부할지도 모르는, 하지만 망각되어서는 안 될 몇 가지 일을 기억하고 싶다. 1989, 90년 시점에서 이 독일민주공화국

(구 동독)이 이제 드디어 사라진다는 것에 국민의 절대 다수가 기뻐했다는 사실에는 의심의 여지가 없다. 우리들 대부분은 지난 5년간 전개되어 온 개인적인 상황에 전적으로 만족하고 있다. 그것에 만족하는 사람들은 여론에 호소하지 않으며, 신문방송 또한 그들에게 관심을 가지지 않는다. 따라서 언론매체에서는 전반적으로 부정적인 묘사가 대부분이다(의사록 51쪽).

115) 정당이 일반적인 이해관계를 따르다 보니, 선거공약을 지키려고 국가재정을 무차별 낭비하는 결과를 낳았다. 정치가들은 성장을 생각하지만 재정이 그것을 감당하지 못한다. 그러면 그들은 미래를 위해서 국채를 발행한다. 그러는 사이에 호경기임에도 불구하고 재정적자가 누적되는 경우가 흔하다. 그것은 장기적으로는 책임질 수 없는 일이다. 우리는 지속적인 성장을 낙관할 수 없으며, 아직 수익을 보지도 못한 것에 지출할 수 없다. 그렇다면 이제 어떤 비상 프로그램에 새로 우선권을 주어야 하는지가 중요하다. 내가 보기에는 동유럽과 동부 독일에 대한 개발원조가 가장 중요한 사안으로 보이며, 어쨌든 서방의 임금 투쟁보다는 더 중요한 것이다.

116) R. Dahrendorf, "Nur Menschen haben Rechte", *Die Zeit*, 18/1989.

117) 그것도 타당한 이유에서 그러하다. 이른바 소수민족이 그들의 다수민족이 다른 인종에 속하는 그런 국가 속에 같이 사는 한, 그들은 소수민족의 지배를 잠재적인 위협으로 느낄 수밖에 없다. 국제법은 다수민족에 의한 공격으로부터 그들을 충분히 보호하지 못하고 있다. 그런 일은 터키에 사는 아르메니아 인들도 겪어야 했고, 현재는 터키에 쿠르트 및 티베트 소수민족이 살고 있다. 이때 우리들은 다른 국가의 '내부 사안'에 개입하기를 꺼리고 있으며, 이에 따라 통상 언어적인 항의나 유감 성명을 낼 뿐이다.

118) H. Geißler, *Zugluft, Politik in stürmischer Zeit*, München, 1990.

119) L. Hoffmann & H. Even, *soziologie der Ausländerfeindlichkeit, Zwischen nationaler Ideutität und multikultureller Gesellschaft*, Weinheim & Basel, 1984.

120) 인종중심주의의 보편성에 대해서는 : V. Reynolds, V. Falger & I. Vine, *The Sociobiology of Ethnocentrism. Evolutionary Dimensions of*

Xenophobia, Discrimination, Racism and Nationalism, London, 1987 ;
영토귀속성과 전쟁에 대해서는 : I. van der Dennen & V. Falger,
*Sociobiology and Conflict. Evolutionary Perspectives on Competition,
Cooperation, Violence and Warfare,* New York, 1981(및 참고문헌)을 참
조하라. 또한 I. Eibl-Eibesfeldt, *Krieg und Frieden,* München, 1976(2
판) ; *Taschenbuch,* München, 1990.

121) 나는 『행태 연구의 시각에서 본 전쟁과 평화』에서 이 주제를 상세히 다
루었다. 또한 필자의 *Die Biologie des menschlichen Verhalten*s 참조. 이
두 책에는 참고문헌들이 소개되었는데, 그 중에서 특히 H. -J. Heinz, G. B.
Silberbauer & R. B. Lee의 연구들을 참조하였다.

122) Gerhard Köpf, "Europa eint der Hass", *Zeit-Magazin*(1992년 1월 10
일자).

123) "뉴욕 시민의 거의 2/3는 최근에 실시한 여론조사에서 새로 선출된 시장
또한 이러한 사분오열된 인종모자이크를 통합시키는 데 실패할 것이라고
대답했다. 뉴욕의 길거리 싸움에서는 서로 다른 지하문화들 사이의 좌우충
돌이 일상사이며, 이 바빌론의 도시는 그들의 관할구역에 쳐들어오는 상대
편 인종들 사이에 영역이 분할되어 있다. 공격적인 집단의례는 도시구역
특유의 분위기를 만든다. 위협의 몸짓은 유일하게 남은 유용한 커뮤니케이
션 형식이다. 여러 언어로 된 목소리의 혼합이 이 문명의 미로 속에서 으르
렁대고 있다."

124) *Süddeutsche Zeitung*(1992년 5월 26일자).

125) *Süddeutsche Zeitung*(1992년 5월 25일자).

126) 남에게 조롱당하거나 이와 연관된 체면 손상에 대한 두려움은 징벌에 대
한 두려움 못지않게 중요하다. 그러나 그것에 그치는 것이 아니다. 규칙을
어겼을 때의 불안감과 규칙을 지켰을 때의 편안함은 두뇌화학적인 과정에
연유할 수도 있다. 엔돌핀 분비는 안락한 기분을 조성할 수 있다. 이때 그
규칙이 문화적인 전승이나 종족사의 프로그래밍에 근거하는가의 여부와는
관계가 없다.

127) H. Karasek, "Verbrechen der Phantasie", *Der Spiegel*, 28/1991.

128) J. Albrecht, "Ungeheuer lieb. Vom Baby zur Landplage", *Zeit-Magazin*(1991년 12월 27일자).

129) A. Gehlen, "Der Mensch", *seine Natur und seine Stellung in der Welt*, Berlin, 1940.

130) 이에 대한 자세한 사항은 I. Eibl-Eibesfeldt, *Die Biologie des menschlichen Verhaltens* 및 *Grundriß der vergleichenden Verhaltensforschung* 참조 ; 인류행태학을 연구하는 연구소들에 대해서는 막스 플랑크 재단에서 발행한 *Berichte und Mitteilungen. Forschungsstelle für Humanethologie in der Max-Planck-Gesellschaft*, München, 1990 참조.

131) I. Eibl-Eibesfeldt, *Der Mensch, das riskierte Wesen*, 같은 곳.

132) I. Eibl-Eibesfeldt, *Die Biologie, des menschlichen Verhaltens*, 같은 곳.

133) P. Wiessner, Haro, *A Regional System of Reciprocity for Reducing Risk among the !Kung San*. Ph D. Diss., University of Michigan, Ann Arbor, University Microfilms, 1977 ; "The !Kung San Networks in a Generational Perspective", in M. Biesele et al. eds., *The Past and Future of !Kung Ethnography, Quellen zur Khoisan-Forschung*, Nr. 4, Hamburg, 1986, pp. 103~136.

134) K. Kosse, "Group Size and Societal Complexity : Thresholds in Long-term Memory", *Journal Anthropological Archeology*, 9/1990, pp. 275~303. 150명 이상의 개체들이 개인적으로 서로 상호작용하게 되면, 정보의 유통은 이미 의례화되고 형식화된 경로를 따라 흐른다. 이 이하의 수치에서는 정보의 유통을 조절하고 활동을 조율하기 위해서는 가족 수준의 권위만으로 충분하다. 집단에서의 수가 500명 정도까지는 한 공동체의 구성원들은 서로를 식별하며, 소문이나 정보를 교환하고, 그 집단과 관련된 결정사항에 일정 정도까지 참여한다. 500명 이상 2500명까지의 공동체(촌락)에서는 하나의 정보가 비공식적인 방법으로 전달될 수 있으나, 그 과

정은 점차 느려지고 오류가 될 확률이 점차 커진다. 이 정도의 집단에서는
결정을 내릴 때 서열이 높은 리더들이 중요한 역할을 한다.

135) I. Eibl-Eibesfeldt, *Die Biologie des menschlichen Verhaltens,* 같은 곳.

136) H. Glück, in I. Eibl-Eibesfeldt etc eds., *Stadt und Lebensqualität,* Stuttgart / Wien, 1985.

생명의 황금나무야 푸르러라

1999년 5월 25일 1판 1쇄

지은이 : 이레내우스 아이블 아이베스펠트 / 옮긴이 : 박여성
펴낸이 : 강맑실 / 펴낸곳 : (주)사계절출판사
주소 : (우) 110 - 062 서울시 종로구 신문로 2가 1-181
전화 : (02)736-9380(대표) / FAX : (02)737-8595 / 등록 : 제 8-48호

ⓒ Irenäus Eibl-Eibesfeldt, 1999

값은 뒤표지에 적혀 있습니다.
잘못 만들어진 책은 구입하신 서점에서 바꾸어 드립니다.

사계절출판사는 성장의 의미를 생각합니다.
사계절출판사는 독자 여러분의 의견에 항상 귀 기울이고 있습니다.
천리안, 하이텔, 나우누리 ID : sakyejul
http : //www.sakyejul.co.kr
e · mail : sakyejul @ soback.kornet.nm.kr

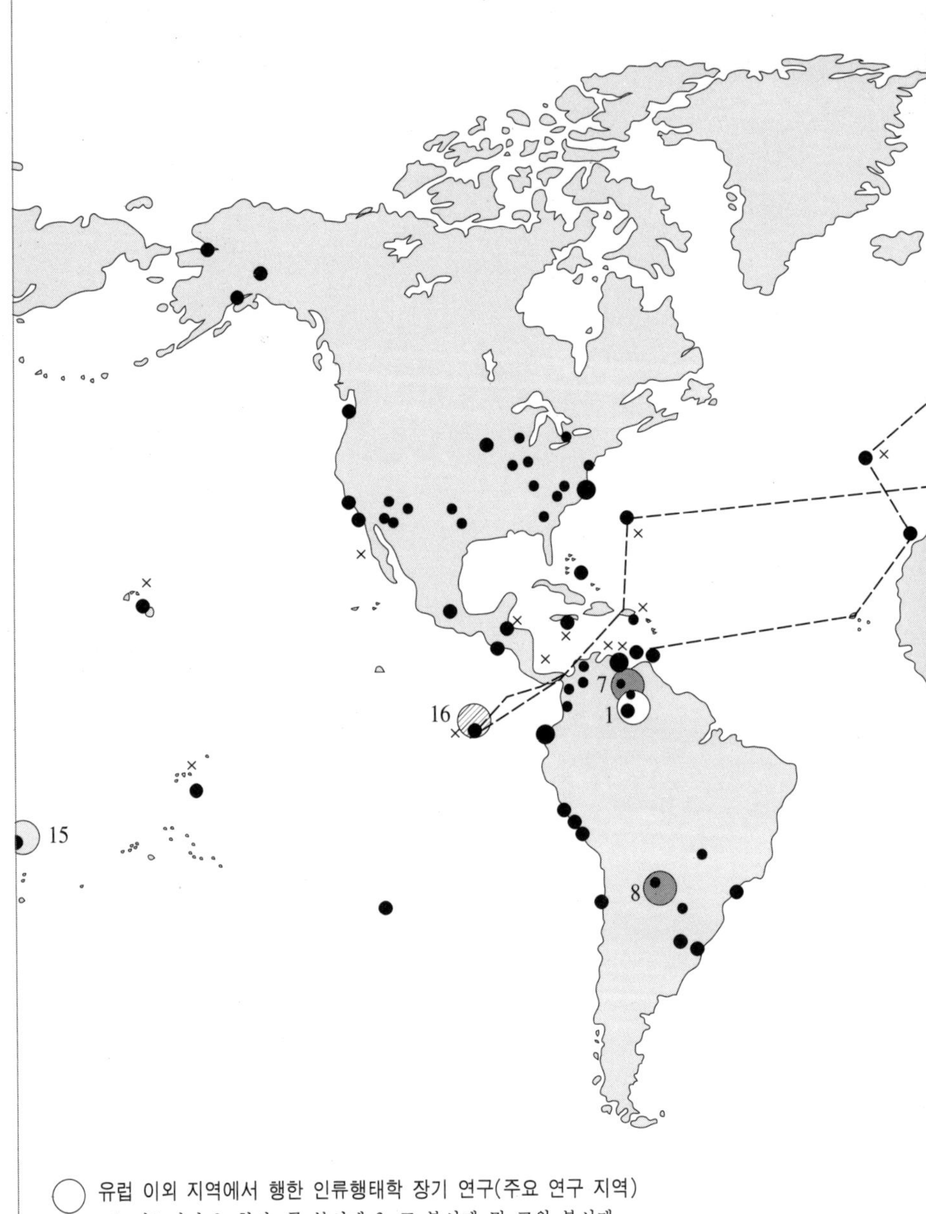

○ 유럽 이외 지역에서 행한 인류행태학 장기 연구(주요 연구 지역)
1. 야노마미 2. 힘바, 쿵-부시맨 3. 코-부시맨 및 그위 부시맨
4. 발리네시아 인 5. 에이포 6. 트로브리안드 부족

● 한 차례에 걸쳐 행한 다큐멘트 취재 여행
7. 호티 8. 아요레오(모로) 9. 기징갈리 10. 핀투비와 발브리 11. 아그타
12. 타사다이, 블리트와 트볼리 13. 카라모조, 투르카나
14. 보이타프민, 다리비, 쿠쿠쿠쿠 및 비아미 15. 사모아

동물학에 관한 연구 지역
16. 갈라파고스 17. 탕가니카 18. 말레디벤

유럽 외의 방문 지역

× 잠수했던 지역

—— 1차 및 2차 '자리파' 탐사 항로